Durchgriffswirkung von Maßnahmen der UN und ihrer Sonderorganisationen unter besonderer Berücksichtigung von Resolutionen des UN-Sicherheitsrates – Die Entwicklung supranationaler Strukturen

SCHRIFTEN
zum internationalen und zum öffentlichen
RECHT

Herausgegeben von Gilbert Gornig

Band 49

PETER LANG
Frankfurt am Main · Berlin · Bern · Bruxelles · New York · Oxford · Wien

Katja Schmitz

Durchgriffswirkung von Maßnahmen der UN und ihrer Sonderorganisationen unter besonderer Berücksichtigung von Resolutionen des UN-Sicherheitsrates – Die Entwicklung supranationaler Strukturen

PETER LANG
Europäischer Verlag der Wissenschaften

Bibliografische Information Der Deutschen Bibliothek
Die Deutsche Bibliothek verzeichnet diese Publikation in der Deutschen Nationalbibliografie; detaillierte bibliografische Daten sind im Internet über <http://dnb.ddb.de> abrufbar.

D 5
ISSN 0943-173X
ISBN 3-631-50590-6

www.peterlang.de

Für Volker

"A general rule is that words used in a treaty should be read as having the meaning they bore therein when it came into existence. But this meaning must be consistent with the purposes sought to be achieved. Where, as in the case of the Charter, the purposes are directed to saving succeeding generations in an indefinite future from the scourge of war, to advancing the welfare and dignity of man, and establishing and maintaining peace under international justice for all time, the general rule above stated does not mean that the words in the Charter can only comprehend such situations and contingencies and manifestations of subject-matter as were within the minds of the framers of the Charter."

Seperate opinion of *Judge Sir Percy Spender*, Certain Expenses of the United Nations (Article 17, paragraph 2, of the Charter), Advisory Opinion of 20 July 1962, ICJ Reports 1962, p. 151 ff. (186).

DANKSAGUNG

Bei Herrn Professor Dr. Matthias Herdegen, Direktor am Institut für Völkerrecht und am Institut für Öffentliches Recht (Abt. Verwaltungsrecht), Rheinische Friedrich-Wilhelms-Universität, Bonn möchte ich mich für die Überlassung des hochaktuellen Themas, die ausgezeichnete Betreuung, die Durchsicht der Manuskripte, die wertvollen Anregungen und die rasche Erstellung des Erstvotums herzlichst bedanken.

Herrn Professor Dr. Dr. Christoph Grabenwarter, Lehrstuhl für Öffentliches Recht, Rheinische Friedrich-Wilhelms-Universität, Bonn danke ich für die Erstellung des Zweitvotums.

Für die Aufnahme in die Schriftenreihe "Schriften zum internationalen und zum öffentlichen Recht" danke ich Herrn Professor Dr. Gilbert Gornig, Lehrstuhl für Öffentliches Recht, Völkerrecht und Europarecht, Philipps-Universität Marburg.

Herrn Professor Dr. Christian Tomuschat, Direktor am Institut für Völker- und Europarecht, Humboldt-Universität, Berlin habe ich maßgeblich meine Begeisterung für das Völkerrecht zu verdanken.

Herrn Dr. Thilo Rensmann danke ich vielmals für die zahlreichen Anregungen.

Frau Rechtsanwältin Bettina Lutz habe ich für die Unterstützung bei der Materialzusammenstellung zu danken.

INHALTSVERZEICHNIS

ABKÜRZUNGSVERZEICHNIS

Abs.	Absatz
Abschn.	Abschnitt
a. F.	alte Fassung
Anl.	Anlage
Anm.	Anmerkung
AJIL	American Journal of International Law
ASIL Proc.	American Society of International Law, Proceedings
Art.	Artikel
Aufl.	Auflage
BayVBl.	Bayerische Verwaltungsblätter
Bd.	Band
Bearb.	Bearbeiter
BGB	Bürgerliches Gesetzbuch
BGBl.	Bundesgesetzblatt
BGH	Bundesgerichtshof
BGHZ	Entscheidungen des Bundesgerichtshofes in Zivilsachen
BRD	Bundesrepublik Deutschland
BT	Bundestag
BT-Dr.	Bundestags-Drucksache
BVerfG	Bundesverfassungsgericht
BVerfGE	Entscheidung des Bundesverfassungsgerichtes
BVerwG	Bundesverwaltungsgericht
BVerwGE	Entscheidung des Bundesverwaltungsgerichtes
bzgl.	bezüglich
CCPR	Convention on civil and political rights
CMLR	Community Market Law Review
CPJI	Cour permanente de justice internationale
D. C.	District Court
d. h.	das heißt
Doc.	Document
Docs.	Documents
Dok.	Dokument
dt.	deutsch
DVBl.	Deutsches Verwaltungsblatt
EA	Europa-Archiv
EAGV	Vertrag zur Gründung der Europäischen Atomgemeinschaft
ECOSOC	Economic and Social Council
ECV	Eurocontrol-Vertrag
ed.	editor
éd.	éditeur
eds.	editors
EEA	Einheitliche Europäische Akte
EG	Europäische Gemeinschaften
EGV	Vertrag über die Europäische Gemeinschaft
EGKS	Europäische Gemeinschaft für Kohle und Stahl

EGKSV	Vertrag über die Gründung der Europäischen Gemeinschaft für Kohle und Stahl
EGMR	Europäischer Gerichtshof für Menschenrechte
EJIL	European Journal of International Law
EMRK	Europäische Menschenrechtskonvention
EPÜ	Europäisches Patentübereinkommen
EU	Europäische Union
EuGH	Europäischer Gerichtshof
EuGRZ	Europäische Grundrechte-Zeitschrift
EVG	Europäische Verteidigungsgemeinschaft
EWGV	Vertrag zur Gründung der Europäischen Wirtschaftsgemeinschaft
f.	für/ folgende (Seite)
ff.	folgende (Seiten)
Fn.	Fußnote
GAOR	General Assembly Official Records
GB	Great Britain
gem.	gemäß
GG	Grundgesetz
GMBl.	Gemeinsames Ministerialblatt
H.	Heft
HR Comm.	Human Rights Committee
Hrsg.	Herausgeber
IBRD	Internationale Bank für Wiederaufbau und Entwicklung
ICAO	International Civil Aviation Organization
ICC	International Criminal Court
ICLQ	International and Comparative Law Quarterly
ICTY	International Criminal Tribunal for the former Yugoslavia
IGH	Internationaler Gerichtshof
ILM	International Legal Materials
ILO	International Labour Organization
ILR	International Law Reports
IPBPR	Internationaler Pakt über bürgerliche und politische Rechte
IRG	Internationales Rechtshilfe-Gesetz
iSd.	im Sinne des
iSv.	im Sinne von
iVm.	in Verbindung mit
JIR	Jahrbuch für internationales Recht
JSG	Jugoslawien-Strafgerichtshof-Gesetz
JuS	Juristische Schulung
JZ	Juristenzeitung
lit.	litera
LJIL	Leiden Journal of International Law
OLG	Oberlandesgericht
OR	Official Records
NATO	North Atlantic Treaty Organization
NJW	Neue Juristische Wochenschrift
No.	Number
Nos.	Numbers

Nr.	Nummer
p.	page
PatG	Patentgesetz
Par.	Paragraph
Rdnr.	Randnummer
Res.	Resolution
RGBl.	Reichsgesetzblatt
RGDIP	Revue générale de droit international public
Riv. dir. int.	Rivista di diritto internazionale
Rs.	Rechtssache
S.	Seite
SARPS	International Standards and recommended practices and procedures
SCOR	Official Records of the Security Council
Slg.	Sammlung
sog.	sogenannt
S/RES	Sicherheitsrats-Resolution
SRK	Seerechtskonvention
Sten.Ber.	Stenographischer Bericht
StIGH	Ständiger Internationaler Gerichtshof
Suppl.	Supplement
SZIER	Schweizerische Zeitschrift für internationales und europäisches Recht
Tz.	Textziffer
Uabs.	Unterabsatz
UN	United Nations
UNCC	United Nations Claims Commission
UNCIO	United Nations Conference on International Organization
UNCLOS	United Nations Convention on the Law of the Sea
UNESCO	United Nations Educational, Scientific and Cultural Organization
UNJYB	United Nations Juridical Yearbook
UNTS	United Nations Treaty Series
UNYB	United Nations Yearbook
US	United States
USA	United States of America
v.	von; versus; and
VG	Verwaltungsgericht
vgl.	vergleiche
VN	Vereinte Nationen
vol.	volume
VVDStRL	Veröffentlichungen der Vereinigung der Deutschen Staatsrechtslehrer
VwGO	Verwaltungsgerichtsordnung
WEU	Westeuropäische Union
WHO	World Health Organization
WVRK	Wiener Vertragsrechtskonvention
YBWA	The Yearbook of World Affairs

ZaöRV	Zeitschrift für ausländisches öffentliches Recht und Völkerrecht
z. B.	zum Beispiel
Ziff.	Ziffer
ZRP	Zeitschrift für Rechtspolitik

Einleitung und Gang der Untersuchung

In der völkerrechtlichen Literatur mehren sich die Stimmen, wonach sich die Vereinten Nationen (UN) zu einer Supranationalen Organisation entwickeln.[1] Während diese Tendenz teilweise als revolutionär bezeichnet[2] und positiv aufgenommen wurde[3], wurde sie auch vehement zurückgewiesen[4] und aufgrund des Eingriffes in die staatliche Souveränität sowie der Ausweitung der Befugnisse der UN ohne eindeutige Rechtsgrundlage kategorisch abgelehnt.

Diese Arbeit soll aufzeigen, inwieweit tatsächlich die Tendenz besteht, daß sich die UN in Richtung einer Supranationalen Organisation entwickelt haben und ob eine solche Entwicklung gegebenenfalls konstitutionell angelegt ist. Ferner ist diese Entwicklung auf der Grundlage der UN-Charta dogmatisch zu begründen.

---

[1] Nach *D. Thürer*, "Der Wegfall effektiver Staatsgewalt: 'The Failed State'" in *D. Thürer/M. Herdegen/G. Hohloch (Hrsg.)*, "Der Wegfall effektiver Staatsgewalt: 'The Failed State'", 34 Berichte der Deutschen Gesellschaft für Völkerrecht, 24. Tagung in Leipzig, April 1995 (1996), S. 9 ff., 24 ist der Sicherheitsrat zu einem supranationalen Regierungs- und Verwaltungsorgan der internationalen Gemeinschaft geworden. *Ch. Tomuschat*, "Sanktionen durch internationale Strafgerichtshöfe", Verhandlungen des 60. Dt. Juristentages, II/1 (1994), Sitzungsbericht Q 53 ff., 66/67 hält die Haftbefehle nach Art. 19 des Statuts des Jugoslawien-Tribunals für nationale Vollstreckungstitel. Nach *M. Herdegen*, "Die Befugnisse des UN-Sicherheitsrates", 236 Schriftenreihe/ Juristische Studiengesellschaft Karlsruhe (1998), S. 34 drängt die Auswirkung übertragener Hoheitsgewalt mit Durchgriffswirkung für Einzelne dazu, die Vereinten Nationen und bestimmte (Hilfs-)Organe der Vereinten Nationen als "zwischenstaatliche Einrichtung" im Sinne von Art. 24 Abs. 1 GG zu begreifen.

[2] *T. Meron*, "The Case for War Crimes Trials in Yugoslavia", 72 Foreign Affairs (1993), S. 122 ff. bezeichnet die Errichtung des Jugoslawien-Tribunals als "act of groundbreaking importance."

[3] *Ch. Tomuschat,* Anm. 1, Q 67: "Ganz offensichtlich sind die Vereinten Nationen in die Rolle einer supranationalen Organisation im Sinne des Art. 24 Abs. 1 GG hineingewachsen, eine Entwicklung, die von vorneherein im Kapitel VII der UNO-Charta angelegt war". *Tomuschat* hält eine gesetzliche Klarstellung allerdings auch für wünschenswert.

[4] Häufigster Kritikpunkt ist der Hinweis auf die fehlende Rechtsgrundlage, so auch *G. Biehler*, "Souveränität im Wandel", 35:1 Der Staat (1996), S. 99 ff., 104: "Daß aber unerkannt, ohne völkerrechtlichen Vertrag und Gesetz 'durch Gesetz Hoheitsrechte auf zwischenstaatliche Einrichtungen übertragen' (Art. 24 Abs. 1) worden sind, verwundert zumindest."; *B. Graefrath,* "Jugoslawientribunal - Präzedenzfall trotz fragwürdiger Rechtsgrundlage", 47 Neue Justiz (1993), S. 433 ff., 433; *B. Simma*, Diskussion in *D. Thürer/M. Herdegen/G. Hohloch (Hrsg.),* "Der Wegfall effektiver Staatsgewalt: 'The Failed State'", 34 Berichte der Deutschen Gesellschaft für Völkerrecht, 24. Tagung in Leipzig, April 1995 (1996), S. 135 ff., 138/139.

Das brisante Thema umfaßt auch die Frage, inwieweit sich im Rahmen einer traditionellen Internationalen Organisation überhaupt supranationale Züge entwickeln können. Aus diesem Grund ist es von ebenso aktueller wie grundsätzlicher Bedeutung.

Mit der Wandlung der weltpolitischen Verhältnisse in den letzten Jahren, insbesondere mit dem Endes des Ost-West-Konfliktes, hat sich das weltpolitische Gefüge verändert.[5] Die UN waren als Internationale Organisation zuvor von dieser Polarisation in ihrem Handlungspotential eingeschränkt.[6] Dem Sicherheitsrat gelang es bis zum Ende des Ost-West-Konfliktes aufgrund der gegenseitigen Blockade der Veto-Mächte nur begrenzt, den ihm zugewiesenen Aufgaben gerecht zu werden.

In Art. 1 I der UN-Charta[7] setzen sich die UN das Ziel, "den Weltfrieden und die internationale Sicherheit zu wahren und zu diesem Zweck wirksame Kollektivmaßnahmen zu treffen, um Bedrohungen des Friedens zu verhüten und zu beseitigen." Außerdem haben sie das Ziel, "internationale Streitigkeiten und Situationen, die einen Friedensbruch bewirken können, durch friedliche Mittel nach den Grundsätzen der Gerechtigkeit und des Völkerrechts zu bereinigen." Die Verwirklichung dieser Ziele übertragen die Mitglieder in Art. 24 I dem Sicherheitsrat und erkennen an, "daß der Sicherheitsrat bei der Wahrnehmung der sich aus dieser Verantwortung ergebenden Pflichten in ihrem Namen handelt."

Dieser Aufgabe kann der Sicherheitsrat nun in größerem Maße nachkommen.[8] Sein erweitertes Mandat hat er insbesondere bei der Beilegung des Konfliktes im Irak in bisher unbekanntem Maße unter Beweis gestellt.

Zunehmend hat der Sicherheitsrat beim Wegfall effektiver Staatsgewalt im 'failed state' treuhänderische Funktionen für den funktionsunfähigen Staat übernommen und die staatsinterne Infra- und Verwaltungsstruktur wieder aufgebaut, wie in

---

5 USPräsident George Bush sprach in diesem Zusammenhang von einer "New World Order", Abdruck der Rede vor dem Kongreß zum Ende des Golf-Kriegs in EA (1991), D 218.

6 So auch *G. R. Watson*, "Constitutionalism, Judicial Review, and the World Court", 34:1 Harvard International Law Journal (1993), S. 1 ff.: "With the end of the Cold War, the U.N. Security Council has suddenly sprung to life. No longer paralyzed by superpower vetoes, the Council has embarked on an era of unprecedented activism."

7 Alle Artikel sind, sofern nicht anders gekennzeichnet, Artikel der UN-Charta.

8 Vgl. zum Funktionswandel des Sicherheitsrates *T. Bruha/M. Krajewski*, "Funktionswandel des Sicherheitsrats als Verfassungsproblem", 46:1 Vereinte Nationen (1998), S. 13 ff.

Kambodscha und Somalia. Darüber hinaus hat der Sicherheitsrat bei der Verletzung von humanitärem Völkerrecht z. B. wie in Angola nichtstaatliche Einheiten und Einzelpersonen in den Adressatenkreis seiner Resolutionen mit einbezogen. Der Sicherheitsrat konkretisiert in seinen Maßnahmen nach Kapitel VII Pflichten des humanitären Völkerrechts, das eine persönliche Verantwortlichkeit individueller Täter kennt.[9] Seine Resolutionen sind in den Mitgliedstaaten unmittelbar anwendbar, da sie in den nationalen Bereich einbrechen und Einzelpersonen und Behörden der betroffenen Staaten verpflichten. Damit wird der Sicherheitsrat in Bereichen tätig, die prinzipiell der Souveränität des Staates unterstehen. Mit dem 'Durchgriff auf den Einzelnen'[10] geht ein Bedeutungsverlust des Staates und eine Einbuße an Macht zugunsten nichtstaatlicher Akteure einher.[11]

Der Durchgriff auf den Einzelnen und der Eingriff in den staatlichen Rechtsraum fand seinen vorläufigen Höhepunkt in der Errichtung der *Ad hoc*-Tribunale für das ehemalige Jugoslawien und Ruanda zur Ahndung von Verletzungen des humanitären Völkerrechts.

Mit dem Erlaß von Maßnahmen mit Durchgriffswirkung auf den Einzelnen nimmt der Sicherheitsrat eine Kompetenz wahr, die grundsätzlich Organe Supranationaler Organisationen kennzeichnet. Durch den Erlaß von unmittelbar anwendbaren Sicherheitsrats-Resolutionen zeichnet sich innerhalb der UN eine Entwicklungstendenz zu einer Supranationalen Organisation ab.

---

9 *G. H. Aldrich*, "Individuals as subjects of international humanitarian law" in *J. Markarczyk (ed.)*, Theory of international law at the threshold of the 21st century, Essays in honour of K. Skubiszewski (1996), S. 851 ff., 851.

10 Nach *B. Fassbender*, "The United Nations Charter As Constitution of The International Community", 36 Columbia Journal of Transnational Law (1998), S. 529 ff., 610 können Einzelne Adressaten von Sicherheitsrats-Resolutionen sein: "Inasmuch as the activity of individuals can have a bearing on the maintenance of international peace and security, they, too can be addressees of Security Council decisions."

11 So spricht *C. Kreß*, "Staat und Individuum in Krieg und Bürgerkrieg", 52:42 NJW (1999), S. 3077 ff., 3081 von einer "individualschutzorientierten Rechtsentwicklung", *Prof. Slaughter*, Diskussionsbeitrag, "Plenary Theme Panel: The challenge of non-state actors" in Proceedings of the 92nd annual meeting, April 1 - 4, 1998, 92 ASIL Proc (1998), S. 20 ff., 36 von einem "... issue of a 'power shift' from states to non-state actors ..." und *R. Dupuy*, "The United Nations Facing the Crisis of the Nation State" in *N. Jasentuliyana (ed.)*, Perspectives on international law (1995), S. 201 ff., 209 von einem "submerged state".

1. Kapitel

Supranationale Organisation

Um eine Gegenüberstellung zwischen Internationaler und Supranationaler Organisation zu ermöglichen, werden zunächst die Wesensmerkmale einer Supranationalen Organisation am Beispiel der Europäischen Gemeinschaften dargestellt. Gleichzeitig soll auch der Unterschied zwischen einer Supranationalen und einer Internationalen Organisation aufgezeigt werden.

Eine Internationale Organisation ist eine auf einem völkerrechtlichen Vertrag beruhende Staatenverbindung, die gemeinsame Ziele verfolgt und über eigene Organe zur Erfüllung der Aufgaben innerhalb der Organisation verfügt.[1]

1. Definition Supranationale Organisation

Zur Klärung des Wesens einer Supranationalen Organisation ist der Inhalt des Begriffs der Supranationalität zu ermitteln. Bislang hat sich keine allgemein gültige Definition des Begriffes Supranationalität herausgebildet. Eine Supranationalität *per se* kann es nicht geben, sondern Supranationalität ist nur als Eigenschaft einer Organisation denkbar und kann allein im Zusammenhang mit einer Organisation beurteilt werden.[2] Der politische Ursprung des Begriffes[3] ist ein Grund für die zahlreichen Kontroversen um eine eindeutige juristische Begriffsbestimmung.

Mit den Facetten der Diskussion um den Begriff der Supranationalität braucht sich im Rahmen dieser Arbeit nur insofern auseinanderzusetzt werden, als es für die Beurteilung der UN entscheidend ist.

Der Begriff der Supranationalität tauchte erstmals in Zusammenhang mit dem Schuman-Plan auf. In der offiziellen französischen Erklärung vom 9.05.1950, an der Robert Schuman mitgewirkt hat, heißt es zur Supranationalität:

---

[1] *R. L. Bindschedler* "International Organizations, general aspects", in *R. Bernhardt (ed.)*, 2 Encyclopedia of public international law (1995), S. 1289 ff., 1289.

[2] *K. D. Schwantes*, Supranationalität (1962), S. 5/9.

[3] *F. Capotorti*, "Supranational Organizations" in *R. Bernhardt (ed.)*, "International Organizations, general aspects", 4 Encyclopedia of public international law, Instalment (2000), S. 737 ff., 740.

> "Le supranational se situe à égale distance entre, d'une part, l'individualisme international qui considère comme intangible la souveraineté nationale et n'accepte comme limitations de la souveraineté que des obligations contractuelles, occasionnelles et révocables; d'autre part, le fédéralisme d'Etats qui se subordonnent à un Super-Etat doté d'une souveraineté territoriale propre."[4]

Der Begriff der Supranationalität ist in Art. 9 V und VI EGKS-Vertrag (EKGSV)[5] als erstem Vertragswerk enthalten und definiert: Die Mitglieder der Hohen Behörde

> "exercent leurs fonctions en pleine indépendance, dans l'intérêt général de la Communauté. Dans l'accomplissement de leurs devoirs ils ne sollicitent ni n'acceptent d'instructions d'aucun gouvernement ni d'aucun orga-nisme. Ils s'abstiennent de tout acte incompatible avec le caractère supranational de leurs fonctions. Chaque Etat membre s'engage à respecter ce caractère supranational et à influencer les membres de la Haute Autorité dans l'exécution de leur tâche."

In der deutschen Übersetzung wurde "supranational" mit "überstaatlich" wiedergegeben.

Art. 9 V EGKSV bezeichnet im Gegensatz zu den offiziellen französischen Erklärungen von 1950 nicht das ganze System, sondern nur die Hohe Behörde als supranational. Durch Art. 19 Fusionsvertrag[6] wurde Art. 9 V EGKSV aufgehoben.

Auch der nicht ratifizierte Vertrag über die Gründung der Europäischen Verteidigungsgemeinschaft (EVG) und der Entwurf der Europäischen politischen Gemeinschaft hatten sich als Gemeinschaften supranationalen Charakters bezeichnet.

Im EGV und EAGV ist der Begriff der Supranationalität nicht enthalten.

---

[4] "Documents relatifs au projet français de mise en commun des productions de charbon et d'acier et à l'institution d'une Haute Autorité nouvelle", La Documentation française No. 1330, abgedruckt in: 13 ZaöRV (1949/1950), S. 651; abgedruckt auch in Vorwort zu *P. Reuter*, La Communauté de charbon et de l'acier (1953).

[5] Vertrag über die Gründung der Europäischen Gemeinschaft für Kohle und Stahl (EGKS-Vertrag) v. 18.04.1951, BGBl. II 1952, S. 447 ff.

[6] Vertrag zur Einsetzung eines gemeinsamen Rates und einer gemeinsamen Kommission (Fusionsvertrag) v. 8.04.1965, BGBl. II 1965, S. 1453 ff.

2. Völkerrechtlicher Ansatz: Abgrenzung Supranationale Organisation - Internationale Organisation

Aufgrund der verschiedenen Funktionen, die dem Begriff der Supranationalität zuerkannt werden, differieren auch die inhaltlichen Konzepte.

Im überwiegenden Teil der völkerrechtlichen Literatur wird die Supranationale Organisation definiert, um sie von den traditionellen Internationalen Organisationen abgrenzen zu können.[7] Supranationale Organisationen werden häufig als Organisationen *sui generis* bezeichnet.[8]

Für den Begriff der Supranationalität aus völkerrechtlicher Sicht besteht keine feststehende Definition, sondern die Supranationalität dient der Beschreibung des Zustandes der Verdichtung und Integration zwischen den Mitgliedstaaten untereinander und den Mitgliedstaaten und der Organisation. Der Ansatz einer Definition ergibt sich aus der Betrachtung der Struktur der Europäischen Gemeinschaften. Die im Rahmen der institutionellen Struktur der Europäischen Gemeinschaften bestehenden supranationalen Elemente finden sich als Entwicklungsfacetten nunmehr auch im Rahmen der UN wieder.

Da die Supranationalität als spezielle Eigenschaft bestimmte zwischenstaatliche Organisationen kennzeichnet[9], kann grundsätzlich jeder völkerrechtlichen Staatenverbindung supranationaler Charakter zukommen.

Das völkerrechtliche Erkenntnisinteresse ergibt sich aus der angestrebten Möglichkeit der Klassifizierung der verschiedenen Arten Internationaler Organisationen: unterschieden werden kann anhand des Kreises der Mitglieder, der Aufgabenstellung und des Integrationsgrades der Organisation.[10] Hierbei ist die

---

[7] *G. Jaenicke*, "Supranationale Organisation" in *K. Strupp/H.-J. Schlochauer (Hrsg.)*, Wörterbuch des Völkerrechts, Bd. III, 2. Aufl. (1962), S. 423 ff., 423; *C. Parry/J. Grant/A. Parry/A. Watts (eds.)*, Encyclopaedic dictionary of international law (1988), S. 384.

[8] So für die EGKS *H. L. Mason*, The European Coal and Steel Community (1955), S. 126; für die EG spricht *I. Seidl-Hohenveldern*, Völkerrecht, 8. Aufl. (1994) Rdnr. 802 von einer Zwitterstellung zwischen einer Internationalen Organisation im klassischen Sinn und einem Staatenbund oder gar Bundesstaat.

[9] *H. Mosler* in *J. Isensee/P. Kirchhof (Hrsg.)*, "Die Übertragung von Hoheitsgewalt", Handbuch des Staatsrechts der Bundesrepublik Deutschland, Bd. VII Internationale Beziehungen (1992), § 175 Rdnr. 19 definiert "supranational" als ein in verschiedenem Grade vorhandenes Strukturelement einer auf völkerrechtlichem Vertrag beruhenden Organisation.

[10] Vgl. *P. Daillier/A. Pellet*, Droit international public, 5. Aufl. (1994), Nr. 381; *V.*

verdichtete Integration das entscheidende Kennzeichen der Supranationalität. Im Vordergrund dieser Einteilung steht der Staat als solcher, der in die umfassende Organisationsstruktur der Organisation eingegliedert ist und seine Stellung in der Organisation, in der er durch Entscheidungen der Supranationalen Organisation auch gegen seinen Willen verpflichtet werden kann. Die Supranationalität gilt als das Kennzeichen der integrierten Zusammenschlüsse im Verhältnis zu den Mitgliedstaaten, wobei unter Integration in diesem Zusammenhang die Konzentration von Hoheitsrechten bei einem autonomen Hoheitsträger verstanden wird.[11]

Der Hauptunterschied zu einer traditionellen Internationalen Organisation besteht darin, daß eine Supranationale Organisation ihren Mitgliedstaaten in irgendeiner Weise übergeordnet ist.[12]

Eine Literaturmeinung interpretiert den Begriff Supranationalität etymologisch als eine über den Nationalstaaten stehende verbindliche Ordnung und versteht unter Nationen die Nationalstaaten.[13] Zur Feststellung des speziellen Charakters der Supranationalität ist dieses Kriterium allein jedoch nicht geeignet, da nach dieser Definition jede zwischenstaatliche Organisation allein aufgrund ihres Zusammenschlußcharakters als supranational einzuordnen wäre.[14]

Auch Ansichten, die die Begriffsbestimmung mit Hilfe einer über die ursprünglichen wirtschaftlichen und politischen Ziele hinausgehenden Zweckbestimmung vornehmen[15], fassen den Begriff der Supranationalität zu weit und tragen daher nicht zu einer Abgrenzung bei, da auch andere als Supranationale zwischenstaatliche Organisationen über die unmittelbaren Ziele hinausreichende Zwecke anstreben können.[16]

Epping in *K. Ipsen (Hrsg.)*, Völkerrecht, 4. Aufl. (1999), § 31 Rdnr. 5 ff.; *M. Schweitzer*, Staatsrecht III, 7. Aufl. (2000), Rdnr. 529.

[11] *Mosler* in *Isensee/Kirchhof (Hrsg.)*, Anm. 9, § 175 Rdnr. 17.

[12] *Schwantes*, Anm. 2, S. 5.

[13] *M. Zuleeg*, "Wandlungen des Begriffs der Supranationalität", 11/3 Integration (1988), S. 103 ff., 104.

[14] *Capotorti* in *Bernhardt (ed.)*, Anm. 3, S. 741.

[15] *H. P. Ipsen*, "Über Supranationalität" in *H. Ehmke/J. J. Kaiser/W. A. Kewenig/K. M. Meessen/W. Rüfner (Hrsg.)*, Festschrift für U. Scheuner zum 70. Geburtstag (1973), S. 211 ff., 216; *Mason*, Anm. 8, S. 128.

[16] *G. Leibholz*, "Zum Begriff der Supranationalität" in Recueil d'études de droit international en hommage à Paul Guggenheim (1968), S. 814 ff., 818.

3. Verfassungsrechtlicher Ansatz: Übertragung von Hoheitsrechten

Das Verhältnis des einzelnen Mitgliedstaates zu der Organisation und die Verteilung der Kompetenzen zwischen Mitgliedstaat und Organisation wird durch eine verfassungsrechtliche Sicht weiter geklärt[17]. Das Spannungsverhältnis zwischen dem internationalem und nationalem Recht beruht auf der Notwendigkeit einer verfassungsrechtlichen Klärung. Die Übertragung von Hoheitsrechten auf die Supranationale Organisation und der sich daraus ergebende Verlust von Hoheitsrechten auf nationaler Ebene steht im Vordergrund des verfassungsrechtlichen Definitionsansatzes. Die Übertragung der Hoheitsrechte ist ein Element, vielleicht das wichtigste, der Supranationalen Organisationsform.

Ansatzpunkt für eine verfassungsrechtliche Begriffsbestimmung ist Art. 24 I GG, der den Begriff der Hoheitsrechte enthält[18], so daß eine Orientierung an der Interpretation von Art. 24 I GG erfolgt. Durch Art. 24 I GG wird nicht die Summe der Staatsgewalt als Hoheitsrechte übertragen.[19] Hoheitsrechte werden als Bestandteile der staatlichen Hoheitsgewalt angesehen[20], die als Gestaltungsrechte von Rechtsverhältnissen im Über- und Unterordnungsverhältnis zwischen öffentlicher Gewalt und Privaten[21] zur Rechtsetzung, Verwaltung oder Rechtsprechung ermächtigen.[22] Nach überwiegender Ansicht sind Befugnisse zum schlicht-hoheitlichen Tätigwerden keine Hoheitsrechte im Sinne von Art. 24 I GG.[23]

---

[17] Vgl. *I. Brownlie*, Principles of public international law, 4. Aufl. (1990), S. 689: "The constitutional structure of an international organization involves a nice distribution of powers between the organization and the reserved domain of domestic jurisdiction of member states ...".

[18] Art. 24 I GG normiert die Übertragung von Hoheitsrechten an zwischenstaatliche Einrichtungen für den Bund.

[19] *Mosler* in *Isensee/Kirchhof (Hrsg.)*, Anm. 9, § 175 Rdnr. 28, *Schwantes*, Anm. 2, S. 12; *Ch. Tomuschat*, Bonner Kommentar, Art. 24 (Zweitbearbeitung 1981), Art. 24 Rdnr. 20.

[20] So *Mosler* in *Isensee/Kirchhof (Hrsg.)*, Anm. 9, § 175 Rdnr. 33.

[21] *A. Randelzhofer* in *Th. Maunz/G. Dürig/u. a.*, Kommentar zum Grundgesetz, Bd. III Art. 20 a - 53, Lfg. 1 bis 39, Art. 24 (1992), Art. 24 Rdnr. 29; *O. Rojahn* in *I. v. Münch/Ph. Kunig (Hrsg.)*, Grundgesetz-Kommentar, Bd. 2 Art. 20 - 69, 4. Aufl. (2001), Art. 24 Rdnr. 19; *Tomuschat*, Anm. 19, Art. 24 Rdnr. 21.

[22] *Mosler*, Anm. 9, § 175 Rdnr. 34; *Randelzhofer*, Anm. 21, Art. 24 Rdnr. 33; *Rojahn*, Anm. 21, Art. 24 Rdnr. 19; *Schwantes*, Anm. 2, S. 14 und *Tomuschat*, Anm. 19, Art 24 Rdnr. 21 begrenzen die Verwaltungsbefugnisse auf Befehlsmacht und Zwangsgewalt, wobei diese Begrenzung nach *Rojahn*, Anm. 21, Art. 24 Rdnr. 19 keine Stütze in Wortlaut und Zweck des Art. 24 GG findet.

[23] *Mosler* in *Isensee/Kirchhof (Hrsg.)*, Anm. 9, § 175 Rdnr. 19 ff.; *Randelzhofer* in

Die Wirkungsweise von Hoheitsrechten einer zwischenstaatlichen Einrichtung wird in dem Durchgriff in den staatlichen Herrschaftsbereich gesehen[24], der ein unmittelbares Tätigwerden der Organisation aus eigener Zuständigkeit im innerstaatlichen Rechtsbereich ermöglicht.[25] Diese Rechtsakte können nicht nur an den Mitgliedstaat als Völkerrechtssubjekt, sondern auch an Rechtssubjekte und Rechtsanwendungsorgane der staatlichen Rechtsordnung adressiert sein.[26] Eine Umsetzung durch innerstaatliche Gesetze oder andere nationale Rechtsakte ist nicht erforderlich.[27]

Hervorzuheben ist, daß die zwischenstaatliche Organisation aus eigener Zuständigkeit Hoheit ausübt.[28] Durch die Übertragung, deren Inhalt unterschiedlich gedeutet wird, wird für die Supranationale Organisation eine eigene Hoheitsgewalt geschaffen.[29] Nach der Rechtsprechung des Bundesverfassungsgerichts öffnet Art. 24 I GG die deutsche Rechtsordnung so, daß der ausschließliche Herrschaftsanspruch der Bundesrepublik Deutschland zurückgenommen und der unmittelbaren Geltung und Anwendbarkeit eines Rechts aus anderer Quelle innerhalb des staatlichen Herrschaftsbereich Raum gelassen wird.[30] Das Bundesverwaltungsgericht spricht von einem Hoheits- oder Souveränitätsverzicht.[31] Nach *Randelzhofer*

Maunz/Dürig/u.a., Anm. 21, Art. 24 Rdnr. 40 ff.; *Tomuschat*, Anm. 19, Art. 24 Rndr. 21.

24 *H. Jarass* in *H. Jarass/B. Pieroth (Hrsg.)*, Grundgesetz für die Bundesrepublik Deutschland, 5. Aufl. (2000), Art. 24 Rdnr. 4; *Mosler* in *Isensee/ Kirchhof (Hrsg.)*, Anm. 9, § 175 Rdnr. 19 ff.; *Randelzhofer* in *Maunz/ Dürig u.a.*, Anm. 21, Art. 24 Rdnr. 30; *Rojahn* in *v. Münch/Kunig (Hrsg.)*, Anm. 21, Art. 24 Rdnr. 20; *K. Stern*, Das Staatsrecht der Bundesrepublik Deutschland, Bd. I, 2. Aufl. (1984), § 15 II 4, S. 523; *Tomuschat*, Anm. 19, Art. 24 Rdnr. 8; *Ch. Tomuschat*, "Die staatsrechtliche Entscheidung für die internationale Offenheit" in *J. Isensee/P. Kirchhof (Hrsg.)*, Handbuch des Staatsrechts der Bundesrepublik Deutschland, Bd. VII "Internationale Beziehungen" (1992), § 172 Rdnr. 41.

25 *Mosler* in *Isensee/Kirchhof (Hrsg.)*, Anm. 9, § 175 Rdnr. 19.

26 *Rojahn* in *v. Münch/Kunig (Hrsg.)*, Anm. 21, Art. 24 Rdnr. 20.

27 *M. Herdegen*, Internationales Wirtschaftsrecht, 2. Aufl. (1995), Rdnr. 22; *Rojahn* in *v. Münch/Kunig (Hrsg.)*, Anm. 21, Art. 24 Rdnr. 20.

28 *Mosler* in *Isensee/Kirchhof (Hrsg.)*, Anm. 9, § 175 Rdnr. 19 definiert supranational als die eigene Zuständigkeit der Organisation durch unmittelbares Tätigwerden im innerstaatlichen Rechtsraum; *Schwantes*, Anm. 2, S. 15 hebt hervor, daß die Hoheitsrechte der Organisation zu eigenem Recht übertragen werden müssen, eine Übertragung lediglich zur Ausübung nicht ausreichend ist. *Tomuschat*, Anm. 19, Art. 24 Rdnr. 17 spricht von originärer Hoheitsgewalt.

29 *Stern*, Anm. 24, S. 523.

30 BVerfGE 37, 271 (280); 58, 1 (28).

31 BVerwGE 54, 291 (299).

führt die Übertragung dazu, daß die Bundesrepublik darauf verzichtet, diese Kompetenzen auszuüben.[32] Trotz inhaltlicher Differenzen im einzelnen besteht Einigkeit darüber, daß eine internationale Einrichtung durch einen völkerrechtlichen Vertrag und die parlamentarische Zustimmung in Gesetzesform mit Hoheitsrechten ausgestattet wird.[33]

Die Organe der Supranationalen Organisation werden anstelle der nationalen Organe tätig.[34] Nach diesem Verständnis von Supranationalität[35] tritt die Zuständigkeit der nationalen Organe zurück.[36] Die Rechtsakte der Supranationalen Organisation bzw. von deren Organen haben unmittelbare Rechtswirkungen für die staatlichen Organe und sonstigen Träger öffentlicher Gewalt.[37]

Dieser Vorstellung der Kompetenzersetzung steht die Rechtsprechung des Bundesverfassungsgerichtes entgegen.

Der Begriff der Supranationalität hat Eingang in die Rechtsprechung des Bundesverfassungsgerichtes gefunden.[38] Dieses hat den Begriff bislang nicht abschließend definiert, als wesentliches Merkmal jedoch wie die Literatur die Durchgriffswirkung angesehen.[39] Nach dem *Nachrüstungs*-Urteil[40] kann Art. 24 I GG

---

32 *Randelzhofer* in *Maunz/Dürig/u.a.*, Anm. 21, Art. 24 Rdnr. 59.

33 *Rojahn* in *v. Münch/Kunig (Hrsg.)*, Anm. 21, Art. 24 Rdnr. 11.

34 So für die Europäischen Gemeinschaften *Mosler* in *Isensee/Kirchhof (Hrsg.)*, Anm. 9, § 175 Rdnr. 20; *Tomuschat,* Anm. 19, Art. 2 Rdnr. 8 weist darauf hin, daß die supranationale Rechtsordnung im Vollzug auf die Mithilfe der Verwaltungsbehörden und Mitgliedstaaten angewiesen ist.

35 Im internationalen Sprachgebrauch wird der Begriff der Supranationalität auch für jede die Staaten als solche verpflichtende Entscheidung Internationaler Organisationen oder Gerichte gebraucht, *Capotorti* in *Bernhardt (ed.),* Anm. 3, S. 738; *J. W. Eysinga,* "Supranational" in *W. Schätzel/H. J. Schlochauer (Hrsg.),* Festschrift für H. Wehberg zu seinem 70. Geburtstag (1956), S. 130 ff. bezieht Supranationalität auf das gesamte Völkerrecht.

36 Nach *Mosler* in *Isensee/Kirchhof (Hrsg.)*, Anm. 9, § 175 Rdnr. 20 handeln internationale Organe anstelle deutscher Organe, auch wenn diese eine entsprechende Tätigkeit vor der Übertragung nicht ausgeübt haben; *Tomuschat,* Anm. 19, Art. 2 Rdnr. 8.

37 *Rojahn* in *v. Münch/Kunig (Hrsg.)*, Anm. 21, Art. 24 Rdnr. 6.

38 BVerfGE 51, 222 (233).

39 Nach BVerfGE 37, 271 (280) - *Solange I* - wiederholt in BVerfGE 58, 1 (28) und ähnlich BVerfGE 73, 339 (374) - *Solange II*- öffnet Art. 24 GG die nationale Rechtsordnung mit der Folge der unmittelbaren Geltung und Anwendbarkeit eines Rechts aus anderer Quelle. BVerfGE 22, 293 (296): "Die Organe der EWG üben Hoheitsrechte aus, denen sich die Mitgliedstaaten zugunsten der von ihnen gegründeten Gemeinschaft entäußert haben."

40 BVerfGE 68, 1.

nicht entnommen werden, daß eine Übertragung von Hoheitsrechten immer nur dann anzunehmen sei, wenn der Einrichtung eine Durchgriffsbefugnis gegenüber Einzelnen eingeräumt werde.[41] Stattdessen stellt das Gericht darauf ab, daß ein tatsächlich gegebenes oder rechtlich mögliches ausschließliches Herrschaftsrecht zugunsten fremder Hoheitsgewalt zurücktritt.[42]

Im Schrifttum ist dieser Satz als Bruch mit der vorherigen Definition von Hoheitsrechten durch das Bundesverfassungsgericht angesehen worden.[43] Das Bundesverfassungsgericht hat im *Nachrüstungs*-Urteil nicht die Zurücknahme einer nationalen Zuständigkeit als einen Fall des Art. 24 I GG angesehen, jedoch die Zustimmung der Bundesregierung zur Stationierung von Waffen durch einen fremden Staat, der für eine zwischenstaatliche Einrichtung hoheitlich tätig wird. Da das Bundesverfassungsgericht Art. 24 I GG generell bei Hoheitsausübung im deutschen Rechtsraum anwendet, kann das *Nachrüstungs*-Urteil als eine Erweiterung der bisherigen Auffassung[44] oder ein Sonderfall angesehen werden.

Das Kriterium des Durchgriffs bleibt somit auch weiterhin für die Anwendung des Art. 24 I GG entscheidend.[45]

Das Bundesverfassungsgericht hat die Argumentation des *Nachrüstungs*-Urteils, die Lagerung chemischer Waffen durch die Vereinigten Staaten in der Bundesrepublik betreffend, aufgegriffen und einen völkerrechtsgemäßen Zweiteinsatz der Waffen als im Rahmen des NATO-Vertrages zugrunde liegenden Bündnisprogrammes bewertet.[46] Es hält somit die Delegation der Ausübung von Hoheitsrechten durch einen einzelnen Mitgliedstaat für möglich[47] und bindet diese

---

[41] BVerfGE 68, 1 (94).

[42] BVerfGE 68, 1 (90).

[43] *B.-O. Bryde*, "Sicherheitspolitik zwischen Regierung und Parlament", 8 Jura (1986), S. 363 ff., 368; *R. Eckertz*, "Atomare Rüstung im Verfassungsstaat", 12 EuGRZ (1985), S. 165 ff., 167; *Randelzhofer* in *Maunz/ Dürig/u.a.*, Anm. 21, Art. 24 Rdnr. 40; *Tomuschat*, Anm. 19, Art. 24 Rdnr. 113 a.

[44] *Mosler* in *Isensee/Kirchhof (Hrsg.)*, Anm. 9, § 175 Rdnr. 20; *Randelzhofer* in *Maunz/Dürig/u.a.*, Anm. 21, Art. 24 Rdnr. 31; *Rojahn* in *v. Münch/ Kunig (Hrsg.)*, Anm. 21, Art. 24 Rdnr. 21.

[45] *Rojahn* in *v. Münch/Kunig (Hrsg.)*, Anm. 21, Art. 24 Rdnr. 22.

[46] BVerfGE 77, 1 (232).

[47] Im *Nachrüstungs*-Urteil stellt nach Auffassung des Bundesverfassungsgerichtes die Erlaubnis zur Aufstellung der amerikanischen Waffensysteme noch keine Übertragung von Hoheitsrechten dar. Diese sind vielmehr in dem mit der Stationierungserlaubnis untrennbar verbundenen Entscheidungsrecht über den Einsatz zu sehen. Außerdem ist die Übertragung von Hoheitsrechten nicht auf die Vereinigten Staaten erfolgt, sondern der Präsident der Vereinigten Staaten ist mit einer besonderen Bündnisfunktion betraut

an die Durchführung eines möglichst konkreten, im Rahmen der zwischenstaatlichen Organisation angelegten Programms.[48]

Die Rechtsprechung des Bundesverfassungsgerichtes hat den Begriff der Supranationalität erweitert: Durch die Übertragung von Hoheitsrechten wird für die zwischenstaatliche Organisation die Hoheitsausübung im nationalen Rechtsraum ermöglicht. Entscheidendes Merkmal einer Supranationalen Organisation ist das Durchgriffsrecht in den nationalen Rechtsbereich, das die Mitgliedstaaten der Organisation durch die Übertragung von Hoheitsrechten einräumen. Die übertragenen Hoheitsrechte sind daher als Durchgriffsrechte zu verstehen.[49]

4. Anerkannte Wesensmerkmale einer Supranationalen Organisation

Die zahlreichen Begriffsbestimmungen der beiden Ansätze lassen sich in zwei große Gruppen unterteilen[50], zwischen denen es Überschneidungen gibt. Für die eine Gruppe ist die Übertragung von Souveränität, Souveränitätsrechten oder Hoheitsrechten der Mitgliedstaaten auf die Organisation das maßgebliche Kriterium. Die andere Gruppe stellt auf die Eigenschaften und Tätigkeiten der Organe der Gemeinschaft ab; für sie ist entscheidend die Unabhängigkeit der Organe gegenüber den Mitgliedstaaten und deren Kompetenz, auch gegen den Willen der Mitgliedstaaten verbindliche Entscheidungen zu treffen, sowie die Ausübung unmittelbarer Hoheitsbefugnisse in den Mitgliedstaaten. In der Literatur werden die Kriterien der beiden Gruppen auch kombiniert.

Weitgehend wird für den supranationalen Charakter einer Organisation als ausreichend erachtet, daß einem Organ der Einrichtung supranationale Befugnisse zustehen, so eng begrenzt diese auch sein mögen.[51]

a. Übertragung von Hoheitsrechten

Das Merkmal der Übertragung von staatlichen Befugnissen hat bereits frühzeitig Eingang in die Literatur gefunden.[52] In wechselnden Formulierungen wird auf-

---

worden, s. BVerfGE 68, 1 (90 f.).

48 *Mosler* in *Isensee/Kirchhof (Hrsg.)*, Anm. 9, § 175 Rdnr. 38.

49 *Randelzhofer* in *Maunz/Dürig/u.a.*, Anm. 21, Art. 24 Rdnr. 30; *Rojahn* in *v. Münch/Kunig (Hrsg.)*, Anm. 21, Art. 24 Rdnr. 21.

50 So auch *Jaenicke* in *Strupp/Schlochauer (Hrsg.)*, Anm. 7, S. 424.

51 *Jaenicke* in *Strupp/Schlochauer (Hrsg.)*, Anm. 7, S. 425; *Mosler* in *Isensee/Kirchhof (Hrsg.)*, Anm. 9, § 175 Rdnr. 37. Zugleich ist festzuhalten, daß die Eigenschaft nicht an ein bestimmtes Organ gebunden sein muß, *Zuleeg*, Anm. 13, S. 107.

grund des für die Mitgliedstaaten aus diesem Vorgang resultierenden Souveränitätsverlust von einem Übergang der Souveränität[53], von Souveränitätsrechten[54] oder von Hoheitsrechten[55] gesprochen. Trotz der unterschiedlichen Bezeichnungen besteht im Ergebnis Einigkeit darüber, daß den Organen der Supranationalen Organisation durch diesen Übertragungsakt die Ausübung von Hoheitsbefugnissen im Gebiet der Mitgliedstaaten gestattet wird.[56]

Daß Souveränität in diesem Zusammenhang auch im Sinne einer normfreien obersten politischen Entscheidungskompetenz verstanden wird[57], ist mißverständlich, da es zu falschen Schlüssen bezüglich der Kompetenzen der Gemeinschaftsorgane führen kann.[58] Die Souveränität wird aufgrund ihres unklaren Inhaltes als entscheidendes Charakteristikum zur Bestimmung der Supranationalität für nicht geeignet gehalten.[59]

Schließlich verletzt nach dem heutigen Verständnis die Mitgliedschaft in einer Supranationalen Organisation die Supranationalität nicht.[60] Da der Staat im

---

52 Vgl. aus der Literatur zum EGKSV: *Reuter*, Anm. 4, S. 139, der von einem "transfer de compétence" spricht, ohne diese "compétence" jedoch näher zu kennzeichnen.

53 *J. L. Kunz*, "Supra-national organs", 46:4 AJIL (1952), S. 690 ff., 697 spricht von einem "transfer of sovereignty"; *H. Wehberg*, "Entwicklungsstufen der Internationalen Organisationen", 52 Friedenswarte (1953/55), S. 193 ff., 193 will eine Supranationale Organisation nur bei einer "plénitude de la souveraineté" als solche anerkennen und qualifiziert diese als einen Staat mit föderativem Charakter. Nach *P. Taylor* in *P. Taylor/A. J. R. Groom (eds.)*, International Organisations (1978) S. 216 ff., 217 wird die Souveränität der Mitgliedstaaten durch die Übertragung von Rechten beeinträchtigt.

54 So *H. Mosler*, "Wendung zum supranationalem Gedanken im Schuman-Plan", 3 Recht, Staat und Wirtschaft (1951) S. 245 ff., 249 nach dem der effort créateur (des Schuman-Plans) in der Fusion von Souveränitätsrechten bestehen soll. Zur Kritik des Begriffes Souveränitätsrechte *Schwantes,* Anm. 2, S. 12 Fn. 1, da von der Souveränität als qualitativem Begriff keine Rechte abgespalten werden können.

55 So *Leibholz,* Anm. 16, S. 820.

56 *Jaenicke* in *Strupp/Schlochauer (Hrsg.),* Anm.7, S. 424.

57 *Leibholz*, Anm. 16, S. 819 vertritt, daß die supranationalen Institutionen in der Lage sind, mit Hilfe von Rechtssetzung, Rechtsprechung und Verwaltung die nationalen Instanzen zu überspielen, und übersieht dabei das Zusammenspiel von supranationalem und nationalem Recht; für *Mosler*, Anm. 54, S. 255 entsteht durch die Gründung der Gemeinschaft ein neuer Staat.

58 *Bindschedler* in *Bernhardt (ed.)*, Anm. 1, S. 1289 ff., 1295; *Jaenicke* in *Strupp/Schlochauer (Hrsg.)*, Anm. 7, S. 424.

59 *Ipsen* in *Ehmke/u.a. (Hrsg.)*, Anm. 15, S. 214.

60 *Leibholz*, Anm. 16, S. 820; *Seidl-Hohenveldern*, Anm. 8, Rdnr. 1442 für die Überlassung wichtiger Entscheidungen im Bereich der Wirtschaftspolitik an supranationale Gemeinschaften.

Rahmen seiner Bindung an das Völkerrecht sein eigenes Schicksal frei bestimmen kann[61], schränken die Bindungen, von denen er sich wieder lösen kann, seine Souveränität nicht ein.[62]

Als Wesensmerkmal einer Supranationalen Organisation bleibt daher aus verfassungsrechtlicher Sicht die Übertragung von Hoheitsrechten seitens der Mitgliedstaaten festzuhalten.[63]

b. *Unmittelbare Anwendbarkeit - Durchgriff*[64]

In der Literatur wird auch die unmittelbare Geltung der Beschlüsse ohne nationalen Umsetzungsakt als Merkmal der Supranationalität angeführt.[65] Da nach dem dargestellten Verständnis die entscheidende Wirkweise von übertragenen Hoheitsrechten in dem Eingriff in den staatlichen Herrschaftsbereich liegt, ergibt sich dieser zwangsläufig als Effekt der Übertragung von Hoheitsrechten und stellt kein von der Übertragung der Hoheitsrechte abtrennbares eigenständiges Kriterium dar.[66]

---

61 *Seidl-Hohenveldern*, Anm. 8, Rdnr. 1439.

62 *Seidl-Hohenveldern*, Anm. 8, Rdnr. 1443.

63 So die überwiegende Meinung in der Literatur, vgl. auch *Reuter*, Anm. 4, S. 139; *Schwantes*, Anm. 2, S. 12. Die Souveränität wird auch zur Verdeutlichung des Vorgangs der Übertragung von Hoheitsrechten benutzt, so wird nach *Tomuschat*, Anm. 19, Art. 24 Rdnr. 10 im Fall von Art. 24 I GG die schützende Decke der nationalen Souveränität weggezogen. Nach *A. Bleckmann*, "Zur Funktion des Art. 24 GG" in *K. Hailbronner/G. Ress/T. Stein (Hrsg.)*, Staat und Völkerrechtsordnung, Festschrift für K. Doehring (1989), S. 63 ff., 74 wird der Souveränitätspanzer des Nationalstaates aufgebrochen: "Das Zustimmungsgesetz und insbesondere Art. 24 GG schlagen dann in diesen Souveränitätspanzer eine Bresche, durch welche das Völkerrecht in den innerstaatlichen Rechtsraum eindringt."

64 Der Terminus "Durchgriff" bezeichnet in diesem Zusammenhang die Beziehung des Handelns einer völkerrechtlichen Organisation zu der zurückgenommenen Zuständigkeit der nationalen Organe der Mitgliedstaaten, *Mosler* in *Isensee/Kirchhof (Hrsg.)*, Anm. 9, § 175 Rdnr. 19; *Tomuschat*, Anm. 19, Art. 24 Rdnr. 8. Die Durchgriffswirkung ist damit logische Folge der zur unmittelbaren Anwendbarkeit von Rechtsakten führenden Supranationalität.

65 *Epping* in *Ipsen (Hrsg.)*, Anm. 10, § 6 Rdnr. 18; *Parry/Grant*, Anm. 7, S. 384; *H. G. Schermers*, International Institutional Law, 2. Aufl. (1980), S. 28/29; *Zuleeg*, Anm. 13, S. 108.

66 So will *Tomuschat*, Anm. 19, Art. 24 Rdnr. 9, Art. 24 I GG nicht bereits anwenden, wenn eine Internationale Organisation Hoheitsakte erlassen darf, die sich zum unmittelbaren Vollzug gegenüber dem Bürger eignen. Voraussetzung soll vielmehr sein, daß das zugrundeliegende Vertragsinstrument die Durchgriffswirkung fordert.

c. *Enge Beziehung Organisation - Individuum*

Auch die unmittelbare Beziehung zwischen der Organisation und den Einzelpersonen, die durch die Möglichkeit der Verpflichtung des Einzelnen durch Rechtsakte der Organisation entsteht, wird als Charakteristikum für die Supranationalität angeführt.[67] Diese enge Beziehung wird aber schon durch den Durchgriff in den staatlichen Herrschaftsbereich ermöglicht, durch den die Rechtsakte ohne gesonderten Umsetzungsakt gelten und unmittelbar an Rechtssubjekte und Umsetzungsorgane gerichtet sein können. Die Entstehung einer direkten Beziehung zwischen der Organisation und einem Einzelnen ist daher ebenfalls nur Folge der Übertragung von Hoheitsrechten bzw. des Durchgriffs, nicht aber ein eigenständiges Begriffsmerkmal.

d. *Unabhängigkeit des Entscheidungsorgans*

Weiterhin sei die Unabhängigkeit des Entscheidungsorgans ein Kriterium für den supranationalen Charakter.[68] Die Organisation sei einerseits mit ihren Gebäuden und Einrichtungen[69] und andererseits in ihrer Willensbildung[70] unabhängig von den Mitgliedstaaten.

Hierbei soll zum einen die Organisation selbst unabhängig, ihre Organe in ihrer Willensbildung unabhängig sein, und zum anderen soll das Organ seine Beschlüsse mit der Mehrheit seiner Mitglieder fassen.[71] Außerdem wird die Beschlußfassung mit der Mehrheit der Mitglieder als Kriterium der Unabhängigkeit angeführt.[72] Diesen Gesichtspunkten ist jedoch zu Recht entgegengehalten worden, daß sie zur Abgrenzung einer Supranationalen von einer traditionellen Internationalen Organisation nicht tauglich sind. Die praktische Seite der Unabhängigkeit erfüllen auch andere Internationale Organisationen.[73] Weiterhin gehört zu den Begriffsmerkmalen einer jeden Internationalen Organisation, daß sie über ein gewisses Maß an autonomer Willensbildung

---

[67] *Capotorti* in *Bernhardt (ed.)*, Anm. 3, S. 739; *Reuter*, Anm. 4, S. 140.

[68] *Capotorti* in *Bernhardt (ed.)*, Anm. 3, S. 739; *Epping* in *Ipsen (Hrsg.)*, Anm. 10, § 6 Rdnr. 18; *Reuter*, Anm. 4, S. 139.

[69] So *G. Jaenicke*, "Die Sicherung des übernationalen Charakters internationaler Organisationen", 14 ZaöRV (1951/52), S. 46 ff., 86, 88.

[70] *Capotorti*, Anm. 3, S. 740; *Epping* in *Ipsen (Hrsg.)*, Anm. 10, § 6 Rdnr. 18; *Leibholz*, Anm. 16, S. 815; *Reuter*, Anm. 4, S. 139; *Zuleeg*, Anm. 13, S. 108.

[71] Vgl. *Schwantes*, Anm. 2, S. 22/23.

[72] *Jaenicke* in *Strupp/Schlochauer (Hrsg.)*, Anm. 7, S. 60/61.

[73] *Schwantes*, Anm. 2, S. 22 Fn. 1.

verfügt.[74] Demgemäß sind auch Mehrheitsentscheidungen vor allem in den weltweiten Internationalen Organisationen das übliche Abstimmungsmuster.[75]

e. *Möglichkeit der Verpflichtung der Mitgliedstaaten gegen ihren Willen*

Als weiteres Merkmal der Supranationalität wird die Möglichkeit der Gemeinschaft angesehen, die Mitgliedstaaten auch gegen ihren Willen verpflichten zu können.[76] Dieses Merkmal ist eine Folge des Mehrheitsprinzips und gilt nur, wenn die überstimmte Minderheit an die Beschlüsse gebunden ist. [77] Da eine Bindung des Mitgliedstaates gegen seinen Willen auch bei jeder traditionellen Internationalen Organisation möglich ist, könnte man annehmen, daß dieser Aspekt nicht zur Kennzeichnung der Supranationalität dienen kann.

Die Durchgriffswirkung .der Hoheitsrechte einer Supranationalen Organisation zeichnet sich jedoch durch die Möglichkeit aus, Rechtsakte zu erlassen, die die Mitgliedstaaten selbst und Einzelne in den Mitgliedstaaten unmittelbar verpflichten. Da es zwar theoretisch möglich, aber praktisch nicht sinnvoll ist, die Frage der Durchgriffswirkung für einen nicht bindenden Rechtsakt zu untersuchen[78], ist für die Durchgriffswirkung Voraussetzung und auch Folge, daß die Rechtsakte unmittelbar bindend sind und die Staaten im Zweifel auch gegen ihren Willen verpflichten können.[79]

---

74 *Tomuschat*, Anm. 19, Art. 24 Rdnr. 10.

75 *Tomuschat*, Anm. 19, Art. 24 Rdnr. 10.

76 *Bindschedler* in *Bernhardt (ed.)*, Anm. 1, S. 1295; *Parry/Grant*, Anm. 7, S. 384; *Schweitzer*, Anm. 10, Rdnr. 529; *Stern*, Anm. 24, S. 518: "... internationale Organisation mit eigener Hoheitsgewalt zu schaffen, die unmittelbar bindende Rechtswirkungen für die nationale Staatsgewalt und deren Staatsangehörige entfaltet"; im Rahmen der NATO *Tomuschat*, Anm. 19, Art. 24, Rdnr. 113; anderer Ansicht *P. Badura*, "Bewahrung und Veränderung demokratischer und rechtsstaatlicher Verfassungsstruktur in den internationalen Gemeinschaften", 23 VVDStRL (1966), S. 34 ff., 51/52, für die nach dem Einstimmigkeitsprinzip beschließende NATO.

77 *Schwantes*, Anm. 2, S. 31.

78 So für die Frage nach der unmittelbaren Anwendbarkeit einer Sicherheitsrats-Resolution *P. Rösgen*, Rechtsetzungsakte der Vereinten Nationen und ihrer Sonderorganisationen - Bestandsaufnahme und Vollzug in der BRD (1985), S. 225.

79 Fast ausnahmslos wird in den Supranationalen Organisationen nach dem Mehrheitsprinzip entschieden, das ohnehin zur Folge hat, daß Mitgliedstaaten auch gegen ihren Willen verpflichtet werden können.

f. Existenz einer obligatorischen Gerichtsbarkeit

Auch die Existenz einer obligatorischen Gerichtsbarkeit wird in der Literatur als Kriterium der Supranationalität angeführt.[80] Da die Einrichtung einer obligatorischen Gerichtsbarkeit in jeder Internationalen Organisation möglich ist, vermag auch dieses Merkmal den besonderen Charakter der Supranationalität nicht ausreichend zu kennzeichnen.

g. Stellungnahme

Eine Organisation kann nur dann als supranational qualifiziert werden, wenn die ihr zustehenden Entscheidungs- und Handlungsbefugnisse auch Hoheitsbefugnisse mit Durchgriffseffekt, d.h. Eingriffe in den nationalen Rechtsbereich einschließen.[81] Die Übertragung von Hoheitsrechten ist als *condictio sine qua non* für die Supranationalität anzusehen. Rechtsakte weisen Durchgriffseffekt auf, wenn sie sowohl in den Mitgliedstaaten unmittelbar gelten als auch die Mitgliedstaaten unmittelbar verpflichten. Die weiteren Kriterien, die zur Beschreibung der Supranationalität angeführt werden, brauchen nicht erfüllt zu sein, können aber hinzukommen; für sich allein vermögen sie nicht die Supranationalität ausreichend zu kennzeichnen.[82]

Inwieweit sich der supranationale Charakter der Organisation verdichtet hat, hängt von der Intensität und Kumulation aller aufgeführten Eigenschaften ab.[83]

Um zu beurteilen, in welchem Maße sich im Rahmen der UN als traditionellen Internationalen Organisation supranationale Entwicklungstendenzen herausbilden, muß das vom Beispiel der EGen bestimmte Bild einer Supranationalen Organisation erweitert werden. Im folgenden sollen daher die Organisationen dargestellt werden, denen supranationale Züge in der Literatur beigemessen worden sind. Den UN und ihren Sonderorganisationen wird ein gesonderter Teil gewidmet.

---

80 *Capotorti* in *Bernhardt (ed.)* für die EGKS, Anm.3, S. 739; *Schweitzer*, Anm. 10, Rdnr. 529.

81 Im Ergebnis auch *Jaenicke* in *Strupp/Schlochauer (Hrsg.)*, Anm. 7, S. 425.

82 So für die Anwendbarkeit des Art. 24 I GG *Tomuschat*, Anm. 19, Art. 24 Rdnr. 10.

83 *Jaenicke* in *Strupp/Schlochauer (Hrsg.)*, Anm. 7, S. 425.

5. Supranationale Organisationen im 19. Jahrhundert

Bereits im 19. Jahrhundert können in internationalen Vereinbarungen vereinzelt supranationale Züge festgestellt werden.

a. *Deutscher Bund/Schweizerische Eidgenossenschaft*

Schon der Deutsche Bund (1815-1866) und der Zusammschluß der Schweizerischen Eidgenossenschaft (1815-1848)[84] traten ihren Mitgliedern in einer institutionell verfestigten völkerrechtlichen Grundstruktur hoheitlich gegenüber.[85] Deren Entscheidungen konnten ohne das sonst vorherrschende Einstimmigkeitsprinizip und unabhängig von den Regierungen der Mitglieder getroffen werden.[86] Diese Verbindungen erhielten hierdurch bundesstaatlichen Charakter.[87]

b. *Deutscher Zollverein*

Der Bundesrat des Deutschen Zollvereins[88] und das deutsche Zollparlament konnten Vereinsgesetze mit Mehrheit ohne Ratifikation durch die Mitgliedstaaten beschließen und hatten daher supranationalen Charakter.[89]

c. *Schiffahrtsverträge*

Auch die zur Internationalisierung der Flüsse abgeschlossenen Vereinbarungen wiesen supranationale Züge auf. Exemplarisch wird dies an den internationalen

---

84 Der im Jahre 1815 angenommene Bundesvertrag blieb bis zum Jahre 1848 die rechtliche Grundlage der Eidgenossenschaft. Der Vertrag führte zu einer Schwächung der Bundesgewalt gegenüber der zentralistischen Verfassung unter französischem Regime und stellte in den Kantonen die vorrevolutionären Zustände weitgehend wieder her, vgl. *D. Schindler*, "Schweiz" in *K. Strupp/ H.-J. Schlochauer (Hrsg.)*, Wörterbuch des Völkerrechts, Bd. III, 2. Aufl. (1962), S. 225 ff. Im Jahre 1848 erhielt der "schwächliche Bund", so *Schindler*, S. 225, die bundesstaatliche Verfassung.

85 *Leibholz*, Anm. 16, S. 816 hebt die Möglichkeit der Beschlußfassung nach freiem Ermessen und die aus einer Mischung von Staatenbund und Bundesstaat bestehende Struktur hervor.

86 Vgl. Nachweise in *Leibholz*, Anm. 16, S. 816, Fn. 4.

87 *Leibholz*, Anm. 16, S. 816 Fn. 4.

88 Der deutsche Zollverein war die wirtschaftliche Einigung deutscher Staaten durch die Schaffung eines einheitlichen Zollgebietes.

89 *E. Kordt*, "Deutscher Zollverein" in *Strupp/Schlochauer (Hrsg.)*, Wörterbuch des Völkerrechts, Bd. III, 2. Aufl. (1962), S. 351 ff., 352; ohne Begründung *Bindschedler* in *Bernhardt (ed.)*, Anm. 1, S. 1289.

Vereinbarungen über die Donau- und Rheinschiffahrt sehr kurz erläutert.[90] Die Europäische Donaukommission, die nach Art. 16 des Pariser Friedensvertrages von 1856 eingerichtet wurde, sollte die Befahrbarkeit der See-Donau verbessern und den Schiffahrtsverkehr regulieren. Die aus Regierungsvertretern zusammengesetzte Kommission konnte sowohl Mehrheits- als auch Einstimmigkeitsentscheidungen bezüglich der Polizeigewalt und der Kontrolle der Schiffahrt zur technischen Verbesserung des Stromlaufs treffen sowie Strafen für Einzelne bei Verletzungen dieser Regelungen verhängen.[91]

Ansätze eines supranationalen Charakters gibt es bei der Kommission aufgrund der Ausübung von Hoheitsrechten bei der Verwirklichung der materiellen Einzelbefugnisse[92] und aufgrund des Abstimmungsmodus. Ob diese Organisation als supranational bezeichnet werden kann, bleibt jedoch dahingestellt[93], da unklar ist, ob die Hoheitsrechte der Organisation zu eigenem Recht und für welchen Zeitraum übertragen worden sind.[94]

Nach der Revidierten Rheinschiffahrtsakte vom 17.10.1868[95] werden nationale Rheinschiffahrtsgerichte eingerichtet, die für bestimmte die Schiffahrt betreffende Zivil- oder Strafsachen zuständig sind. Bei der Berufungskammer der Zentralkommission und auch beim OLG kann gegen diese Entscheidungen Berufung eingelegt werden. Die Berufungskammer kann die Urteile der Rheinschiffahrtsgerichte mit bindender Wirkung für die Parteien aufheben oder ändern (Art. 37, 45 I c Mannheimer Akte), so daß sie über Hoheitsrechte verfügt.[96]

---

90 Vgl. auch für die Elbe Elbschiffahrtsakte vom 23.06.1821 und Elbschiffahrts-Additionalakte vom 13.04.1844.

91 Vgl. *Mason*, Anm. 8, S. 130; *Schwantes*, Anm. 2, S. 57/58.

92 *Jaenicke* in *Strupp/Schlochauer (Hrsg.)*, Anm. 7, S. 106 ff.; *K. H. Klein*, Die Übertragung von Hoheitsrechten (1952), S. 31 hält die Donau-Kommission für die erste Internationale Organisation, die direkt Einzelne verpflichten konnte und spricht von der Ausübung partieller Staatsgewalt; *Mosler* in *Isensee/Kirchhof (Hrsg.)*, Anm. 9, S. 253; anderer Ansicht *Schwantes*, Anm. 2, S. 58/61 aufgrund der fehlenden Unabhängigkeit der Entscheidungsorgane und der mangelnden Bindungswirkung der Entscheidungen.

93 So auch *Schwantes*, Anm.2, S. 60.

94 *Jaenicke* in *Strupp/Schlochauer (Hrsg.)*, Anm. 7, S. 106 ff. begründet die Supranationalität nur mit der Übertragung von Hoheitsrechten.

95 Mannheimer Akte, Neufassung des deutschen Wortlautes, BGBl. II 1969, S. 597 ff.

96 Im Ergebnis *Randelzhofer* in *Maunz/Dürig/u.a.*, Anm. 21, Art. 24 Rdnr. 185; *Rojahn* in *v. Münch/Kunig (Hrsg.)*, Anm. 21, Art. 24 Rdnr. 48; *Tomuschat*, Anm. 19, Art. 24 Rdnr. 108; vgl. auch *G. Robbers*, "Die Änderungen des GG", 42 NJW (1989), S. 1325 ff., 1332. Obwohl sich die Einräumung der Befugnisse nicht auf Art. 24 I GG stützen konnte, wird der Fall nun Art. 24 I GG zugeordnet, vgl. *Tomuschat*, Anm. 19, Art. 24

d. Zuckerkonvention von 1902

Die Zuckerkonvention vom 5.03.1902, die bis 1920 in Kraft war, läßt sich aufgrund der 40jährigen Geschichte ihres Zustandekommens ebenfalls noch zu den Zusammenschlüssen wie denen des 19. Jahrhunderts zählen. Wesentlicher Inhalt war die Abschaffung jeder Art von Subventionen und anderen fiskalischen Vorteilen für die Erzeugung und Ausfuhr von Zucker (Art. 1).

Die zur Durchführung dieser Vorschriften eingerichtete permanente Kommission bestand aus Regierungsvertretern und traf ihre Entscheidungen nach dem Mehrheitsprinzip. Die Kommission konnte über die Erhebung von Einfuhrzöllen auf Zucker sowie über dessen Produktion und Export entscheiden.

Die Kommission kontrollierte die Einhaltung der vertraglichen Bestimmungen. Nach Art. 7 der Zuckerkonvention konnte die Kommission mit absoluter Mehrheit bindende Beschlüsse hinsichtlich der zuckerwirtschaftlichen Politik und Gesetzgebung der Staaten treffen, so z. B. hinsichtlich der Feststellung des Bestehens von Prämien in den Nichtvertragsstaaten und Berechnung ihres Betrages wegen Ergreifung geeigneter Gegenmaßnahmen.[97] Den Entscheidungen kam insoweit eine bindende Wirkung zu, als die Staaten innerhalb von acht Tagen eine neue Entscheidung verlangen konnten, wobei der am Ende dieses Verfahrens gefaßte Beschluß ohne weiteres bindend war.[98]

Daß die Kommission Rechtsakte mit Wirkung im staatlichen Rechtsraum erlassen konnte, ist ein Zeichen für ihren supranationalen Charakter.[99] *Schwantes* verneint zwar supranationale Züge unter Hinweis auf die erforderliche Beteiligung der Staaten. Als Ergebnis ist aber jedenfalls festzuhalten, daß die Kommission über schwach ausgeprägte supranationale Befugnisse verfügte, diese jedoch aufgrund der bei den Entscheidungen erforderlichen Zustimmung der Staaten nicht uneingeschränkt als Supranationale Organisation bezeichnet werden kann.

Rdnr. 108: "Ohne Fundierung in Art. 24 I GG läßt sich dieser Eingriff in die deutsche Justizhoheit nicht erklären."

97 Vgl. *Schwantes*, Anm. 2, S. 53.

98 Vgl. *Schwantes*, Anm. 2, S. 53.

99 So im Ergebnis *Mason*, Anm. 8, S. 129; *P. S. Reinsch*, Public international Unions (1911), S. 51 behauptet: "The Sugar Commission is the only international organ which has a right, through its determinations and decisions, to cause a direct modification of the laws existing in the individual Treaty states." Anderer Ansicht *Schwantes*, Anm. 2, S. 60, der die Zustimmung oder Ratifikation der Mitgliedstaaten als unerläßliche Voraussetzung für die Bindungswirkung der Entscheidungen für erforderlich hält.

e. Stellungnahme

Im Ergebnis ist festzuhalten, daß einige internationale Unionen des 19. Jahrhunderts supranationale Ansätze aufweisen, die allerdings sehr schwach ausgeprägt sind.

Der Europäischen Donau-Kommission und der Kommission der Zuckerkonvention sind für einen fest abgegrenzten Sachbereich Hoheitsrechte zur Regelung von Einzelfällen übertragen worden. Da die näheren Modalitäten der Übertragung der Hoheitsrechte und deren Ausübung unklar sind, sollten die Organisationen aus begrifflichen Gründen nicht als supranational bezeichnet werden. Maßgeblich steht der Annahme der Supranationalität entgegen, daß die Hoheitsrechte den Organisationen nicht dauernd[100] übertragen worden sind und fraglich ist, ob sie nur zur Ausübung oder zu eigenem Recht übertragen worden sind. Eine schwache supranationale Tendenz oder geringe supranationale Züge im Rahmen dieser Internationalen Organisationen können jedoch aufgrund der Hoheitsausübung für materielle Einzelfälle[101] angenommen werden.[102] Die Berufungskammer der Zentralkommission nach der Mannheimer Revidierten Rheinschiffahrtsakte kann jedoch als Supranationale Organisation klassifiziert werden.

6. Supranationale Organisationen im 20. Jahrhundert

a. Die Europäischen Gemeinschaften (EGen)

Am Beispiel der EGen wird der Musterfall einer Supranationalen Organisation dargestellt. Trotz der umfangreichen Übertragung von Hoheitsrechten hat sich bei den EGen das Problem der Grenzen der Hoheitsrechte gestellt, das im folgenden näher aufgezeigt wird.

Die EGen gelten als das Paradigma einer Supranationalen Organisation[103], da ihre Kompetenzen in sehr weitem Umfang mit einem unmittelbaren Durchgriffseffekt

---

[100] Die Dauer der Amtszeit der Kommission der Zuckerkonvention sowie der Donau-Kommission war durch die Verträge begrenzt und wurde durch die Mitgliedstaaten mehrere Male verlängert.

[101] Unklar ist jedoch auch, inwieweit die Hoheitsrechte in diesem Zusammenhang einen tatsächlichen Durchgriffseffekt aufweisen konnten.

[102] In dieser Hinsicht zu unflexibel *Schwantes*, Anm. 2, S. 60/61, der trotz der Ausübung von Hoheitsrechten den Organisationen jeden supranationalen Charakter abspricht und sie als "Verwaltungsgemeinschaften" bezeichnet.

[103] *Stern*, Anm. 24, S. 388; *Tomuschat* in *Isensee/Kirchhof (Hrsg.)*, Anm. 24, § 172 Rdnr.

ausgestattet sind. Ausdrücklich enthält aber nur Art. 9 V und VI EGKS-Vertrag das Attribut "supranational", nicht aber enthalten Art. 213 Ziff. 2 I-2 EGV (ex-Artikel 157) und Art. 157 Ziff. 2 I-2 EAGV, Vorschriften, die die unabhängige Stellung der Exekutivorgane festlegen.[104]

Die EGKS wird in der Literatur fast einhellig als Supranationale Organisation bezeichnet.[105] Begründet wird dies mit der Übertragung von Kompetenzen durch die Mitgliedstaaten, der Unabhängigkeit der Organe und der direkten Beziehung zwischen den Organen und den Einzelpersonen der Mitgliedstaaten.[106] Außerdem wird auf die umfassenden Kompetenzen und den großen Tätigkeitsraum der Organe der Behörde verwiesen.[107]

Den drei EGen wurden durch die Mitgliedstaaten Hoheitsrechte übertragen.[108] Nach dem Vertrag zur Einsetzung eines gemeinsamen Rates und einer gemeinsamen Kommission der Europäischen Gemeinschaften vom 8.04.1965[109] handeln für die drei Gemeinschaften nur noch ein Rat und eine Kommission. Nach Art. G, H, I EUV[110] bleiben EG, EAG und EGKS als Integrationsgemeinschaften getrennt erhalten.

Die EGen besitzen die unmittelbare Durchgriffsgewalt gegenüber dem Bürger wie auch staatlichen Behörden in Gesetzgebung, Vollzug und Rechtsprechung. Jede

---

40.

[104] Für diese Auslassung wird als historischer Grund angeführt, daß die Annahme der Verträge nicht gefährdet werden sollte, weil die politische Stimmung dem Souveränitätsverzicht zugunsten supranationaler Organe abgeneigt war, vgl. Spaak-Bericht, Text bei *H. Siegler*, Dokumente der Europäischen Integration, Bd. 1 (1961), S. 101 ff., 102.

[105] *Mason*, Anm. 8, S. 126; *P. Mathijsen*, Le droit de la CECA (1958), S. 149/150; *Reuter*, Anm. 4, S. 139/140; anderer Ansicht *R. Kovar*, Le pouvoir réglementaire de la Communauté européenne (1964), S. 234, der das Recht der EGKS, jedoch unter Hinweis auf die spezielle Rechtsordnung, dem internationalen Recht zuordnet, von dem es nach seiner Ansicht trotz der Eigenarten auch nicht abweicht.

[106] *Mason*, Anm. 8, S. 126; *Reuter*, Anm. 4, S. 139/140.

[107] *Mathijsen*, Anm. 105, S. 149/150.

[108] Für die Bundesrepublik: Verträge über die Gründung der Europäischen Gemeinschaft für Kohle und Stahl v. 18.04.1951, BGBl. II 1952, S. 447 ff., der Europäischen Wirtschaftsgemeinschaft v. 25.03.1957, BGBl. II 1957, S. 766 ff. und der Europäischen Atomgemeinschaft v. 25.03.1957, BGBl. II 1957, S. 1014 ff.

[109] Vertrag zur Einsetzung eines gemeinsamen Rates und einer gemeinsamen Kommission der Europäischen Gemeinschaften v. 8.04.1965, BGBl. II 1965, S. 1454 ff.

[110] Vertrag über die Europäische Union v. 7.02.1992, BGBl. II 1992, S. 1252 ff.

der drei EGen verfügt über Vorschriften, die mit unmittelbarer Wirkung Rechte und Pflichten für Einzelne begründen können.[111] So lautet Art. 33 II EGKSV:

"Die Entscheidungen sind in allen ihren Teilen verbindlich."

und Art. 249 II (ex-Artikel 189 II EGV):

"Die Verordnung hat allgemeine Geltung. Sie ist in allen ihren Teilen verbindlich und gilt unmittelbar in jedem Mitgliedstaat."[112]

Die EGen verfügen ferner über die Befugnis zur Einzelfallregelung, die dem Verwaltungsakterlaß vergleichbar ist (Art. 249 IV, ex-Artikel 189 IV EGV; Art. 161 IV EAGV und Art. 14 II, 33 II EGKSV) und über den EuGH als obligatorischen Gerichtshof, dem ein Gericht Erster Instanz beigeordnet ist (Art. 225, ex-Artikel 168 a EGV).

Zur Wahrung des EG-Vertrages sind den Mitgliedstaaten[113], Institutionen[114] sowie den natürlichen und juristischen Personen[115] Klagemöglichkeiten eingeräumt worden.

Der EuGH kann durch Vorabentscheidungen (Art. 234 EGV, ex-Art. 177 EGV; Art. 150 EAGV, Art. 33 II EGKSV) die vorlegenden staatlichen Gerichte binden, die ihrerseits eine Pflicht zur Vorlage haben können. Die Vorabentscheidungen des EuGH sind außerdem für alle mit demselben Ausgangsverfahren befaßten mitgliedstaatlichen Gerichte bindend[116] und haben somit zumindest faktisch eine Wirkung *erga omnes*.

Die an die Mitgliedstaaten gerichtete Richtlinie (Art. 249, ex-Artikel 189 III EGV; Art. 161 II EAGV, Art. 14 III EGKSV) ist nicht *per se* wie eine Verordnung

---

111 Sog. individuelle Rechtswirkung des Gemeinschaftsrechts, vgl. EuGH, Rs. 26/62, van Gend & Loos, Slg. (1963), S. 1 ff. (25/26); EuGH, Rs. 57/65, Lütticke, Slg. (1966), S. 257 ff. (265/266); EuGH, Rs. C- 120/88, Mehrwertsteueranrechnung, Slg. (1991), I-621 (I-637 Tz. 5).

112 Die vergleichbare Vorschrift des EAGV, Art. 161 II EAGV, wurde aufgehoben.

113 Im EGV: Art. 227 (ex-Art. 170) EGV Vertragsverletzungsverfahren Mitgliedstaat gegen Mitgliedstaat, Art. 230 (ex-Art. 173 I) EGV Mitgliedstaat gegen Rat/Kommission/EP, Art. 232 (ex-Art. 175) EGV Mitgliedstaat gegen Organe.

114 Im EGV: Art. 226 (ex-Art. 169) EGV Vertragsverletzungsverfahren Kommssion gegen Mitgliedstaat; Art. 173 I 3 (ex-Artikel 230) EGV Nichtigkeitsklage EP gegen Rat, EP gegen Kommission.

115 Im EGV: Art. 230 (ex-Artikel 173 II) EGV Nichtigkeitsklage.

116 EuGH, Rs. 69/85, Wünsche III, Slg. (1986), S. 947 ff., 952/952, Tz. 13,15; BVerfGE 75, 223 (234).

unmittelbar anwendbar. Die Wirkungen der Richtlinie treffen den Einzelnen erst durch die nachfolgenden staatlichen Umsetzungsmaßnahmen. Bei fehlender oder mangelhafter Umsetzung können sich Einzelne aber vor nationalen Gerichten auf Richtlinien-Bestimmungen berufen, die inhaltlich als unbedingt und hinreichend genau erscheinen.[117]

Die Europäischen Gemeinschaften vereinen aufgrund ihres Modellcharakters einer Supranationalen Organisation alle Eigenschaften, die in der Literatur zur Charakterisierung von Supranationalität angeführt worden sind. Die Mitgliedstaaten haben den EGen weitreichende Hoheitsrechte mit Durchgriffseffekt übertragen. Kommission und EuGH können als unabhängige Organe des EGV die Mitgliedstaaten und unmittelbar deren Bürger verpflichten. Zwar besteht der Rat des EGV aus Staatenvertretern und ist daher nicht unabhängig, doch kann er mit qualifizierter Mehrheit beschließen. Durch den Luxemburger Kompromiß wurde die Abstimmungspraxis jedoch dergestalt modifiziert, daß gegen den Willen eines Mitgliedstaates keine Mehrheitsentscheidungen vorgenommen werden können. Seit Inkrafttreten der EEA kommt es aber in wichtigen Fällen, bis auf den Agrarbereich, wieder zu Mehrheitsentscheidungen.

Die Tätigkeit des EuGH hat wiederholt zu Fragen bezüglich der Grenzen der übertragenen Hoheitsrechte geführt.[118] Gem. Art. 220 (ex-Artikel 164) EGV sichert der EuGH die Wahrung des Rechts, die die Rechtsfortbildung nicht ausschließt.[119] Auch das Bundesverfassungsgericht hat die Befugnis des EuGH zur Rechtsfortbildung anerkannt:

> "Dem EuGH ist zwar keine Befugnis übertragen worden, auf dem Wege richterlicher Rechtsfortbildung Gemeinschaftskompetenzen beliebig zu erweitern, andererseits besteht aber kein Zweifel daran, daß die Mitgliedstaaten die Gemeinschaft mit einem Gericht ausstatten wollten, dem Rechtsfindungswege offenstehen sollten, wie sie in jahrhundertelanger gemeineuropäischer Rechtsüberlieferung und Rechtskultur ausgeformt worden sind."[120]

---

117 EuGH, Rs. 8/81, Becker, Slg. (1982), S. 53 ff., 71 Rdnr. 25.

118 Zum einen haben sich Kompetenzprobleme zum Bundesverfassungsgericht ergeben, vgl. die Entscheidungen des Bundesverfassungsgerichtes (*Solange I*, *Solange II* und *Maastricht*), zum anderen hat sich die Frage gestellt, ob sich die Rechtsfortbildung noch im Rahmen des vom Zustimmungsgesetz umfaßten Programmes hielt.

119 *R. Streinz*, Europarecht, 3. Aufl. (1996), Rdnr. 495.

120 BVerfGE 75, 223 (241 ff.).

Obwohl die Verwirklichung der Ziele des EGV prinzipiell den Rechtsetzungsorganen obliegt, verbleibt dem EuGH ein weiter Spielraum zur Rechtsfortbildung im Rahmen des EGV-Rahmenvertrages. So hat er durch Rechtsfortbildung dem Einzelnen das Recht gewährt, sich auf Richtlinien-Bestimmungen bei unterlassener Umsetzung durch den Mitgliedstaat zu berufen[121] und einen Schadensersatzanspruch gegen die Mitgliedstaaten für die Einzelnen bei unterlassener Umsetzung eingeführt.[122]

Diese Rechtsprechung des EuGH hat das Bundesverfassungsgericht bestätigt:

> "Sowohl die kompetenz- und materiellrechtliche Rechtsauffassung des Gerichtshofs der Gemeinschaften zur Rechtsnatur von Richtlinien der in Rede stehenden Art als auch die Methode, mit der er diese Rechtsauffassung entwickelt hat, halten sich im Rahmen des durch das Zustimmungsgesetz zum EWG-Vertrag abgesteckten Integrationsprogramms; ebensowenig überschreitet das Zustimmungsgesetz zum EWG-Vertrag, das dieses Ergebnis wie die Methode der Rechtsfindung des Gerichtshofs deckt, die rechtsstaatlichen Grenzen, die einer Übertragung von Hoheitsrechten nach Art. 24 Abs. 1 GG von Verfassungs wegen gesetzt sind ... ."[123]

b. Eurocontrol

Eurocontrol ist eine Internationale Organisation, die nach dem Internationalen Übereinkommen über Zusammenarbeit zur Sicherung der Luftfahrt (ECV)[124] von fünf westeuropäischen Staaten und der Bundesrepublik errichtet worden ist. Ihr sind partiell Hoheitsbefugnisse zur Regelung des Luftverkehrs übertragen worden. Nach Art. 18 ECV ist die Agentur für die Luftverkehrs-Sicherungsdienste ermächtigt, den Luftfahrzeugführern alle erforderlichen Weisungen zu erteilen, zu deren Befolgung die einzelnen Luftfahrtunternehmer unmittelbar verpflichtet sind. Eurocontrol übt im Bereich der Weisungserteilung eigene Hoheitsrechte aus.[125]

---

121 Z.B. EuGH, Rs. 41/74, van Duyn, Slg. (1974), S. 1337 ff., 1348 Rdnr. 12; EuGH, Rs. 8/81, Becker, Slg. (1982), S. 53 ff., 71 Rdnr. 25.

122 Vgl. EuGH, Francovich, Vb. Rs. C-6 u. 9/90, Slg. (1991), I-5357 ff.

123 BVerfGE 75, 223 (240 ff.); anderer Ansicht BFHE 143, 383.

124 Eurocontrol-Vertrag (ECV) v. 13.12.1960, BGBl. II 1962, S. 2274 ff.

125 Art. 18 ECV lautet: "Zur Durchführung ihres Auftrages erteilt die Agentur im Rahmen der den Luftverkehr-Sicherungsdiensten übertragenen Rechte den Luftfahrzeugführern alle erforderlichen Weisungen. Abgesehen von den Fällen höherer Gewalt, die in den in Art. 17 erwähnten Bestimmungen geregelt sind, haben die Luftfahrzeugführer diese Wirkungen zu beachten." Dies ist nach allgemeiner Ansicht ein Fall des Art. 24 I, *Ran-*

Umstritten ist jedoch, ob Eurocontrol durch den Vertrag a. F. Hoheitsrechte zur Festlegung und Einziehung von Flugsicherungsgebühren übertragen worden sind.[126] Nach Auffassung des Bundesverfassungsgerichtes und des Bundesverwaltungsgerichtes kann Eurocontrol für die Verkehrssicherung im oberen Luftraum aus eigenem Recht mit unmittelbarer Wirkung für die Benutzer Gebühren erheben.[127] Eine Rechtssetzungsbefugnis zur Begründung von Gebührenpflichten und zur Regelung des Einzugsverfahrens läßt sich jedoch aus dem ECV a. F. nicht ableiten.[128]

Nach den seit dem 1.01.1986 geltenden veränderten Vertragsgrundlagen[129] stehen Eurocontrol im Bereich der Flugsicherungs-Strekengebühren keine Hoheitsrechte iSv. Art. 24 I GG zu. Nach Art. 6 Nr. 1 a 1 der Mehrseitigen Vereinbarung über Flugsicherungs-Streckengebühren v. 12.02.1981[130] werden nur die Vertragsstaaten als Völkerrechtssubjekte und nicht deren Staatsorgane oder die Luftfahrtsunternehmer durch die Beschlüsse verpflichtet. Außerdem besteht nach Art. 6 Nr. 1 a S. 2 und 3 der Gebührenvereinbarung für einen Vertragsstaat die Möglichkeit, sich Beschlüssen, die mit Zweidrittelmehrheit gefaßt wurden, unter Berufung auf zwingende Gründe des nationalen Interesses zu entziehen (sog. 'opting-out-

---

delzhofer in *Maunz/Dürig/u.a.*, Anm. 21, Art. 24 Rdnr. 176; *Rojahn* in *v. Münch/Kunig (Hrsg.)*, Anm. 21, Art. 24 Rdnr. 36; *Tomuschat*, Anm. 19, Art. 24 Rdnr. 112.

126 Nach Art. 6 II e und Art. 20 ECV kann Eurocontrol Gebühren festlegen. Art. 6 II e: "Die Kommission ist zu diesem Zweck beauftragt, das Vorgehen der Agentur in bezug auf die Erhebung von Benutzergebühren festzulegen und gegebenenfalls die von der Agentur festgesetzten Gebührentarife und Bedingungen für die Gebührenerhebung zu genehmigen." Art. 20: "Die Agentur setzt in Anwendung der Richtlinie, welche die Kommission auf Grund des Art. 6 II e erlassen hat, gegebenfalls Tarife und Anwendungsbedingungen für die Benutzergebühren fest, zu deren Ergebung die Organisation berechtigt ist. Sie bedürfen der Genehmigung durch die Kommission."

127 BVerfGE 58, 1 (31 ff.); 59, 63 (86); BVerwGE 54, 291 (294 ff.).

128 *Rojahn* in *v. Münch/Kunig (Hrsg.)*, Anm. 21, Art. 24 Rdnr. 36; *Tomuschat*, Anm. 19, Art. 24 Rdnr. 112.

129 Protokoll v. 12.02.1981 zur Änderung des Eurocontrol-Vertrages, BGBl. II 1984, S. 71 ff. und Mehrseitige Vereinbarung über Flugsicherungs-Streckengebühren v. 12.02.1981, BGBl. II 1984, S. 109 ff.

130 Art. 6 Nr. 1 a: "Für die Beschlüsse der Erweiterten Kommission gilt folgendes: a) Beschlüsse nach Art. 3 II a-f u. h bedürfen der Einstimmigkeit aller Vertragsstaaten und sind für diese verbindlich. Kann keine Einstimmigkeit erzielt werden, so beschließt die Erweiterte Kommission mit Zweidrittelmehrheit der abgegebenen Stimmen. Jeder Vertragsstaat, der aus zwingenden Gründen des nationalen Interesses diesen Beschluß nicht befolgen kann, hat der Erweiterten Kommission diese Gründe in einer Erklärung darzulegen."

Klausel').[131] Jedem Mitgliedstaat ist es schließlich selbst überlassen, wie er die Tarifbeschlüsse gegenüber den betroffenen Flugunternehmen umsetzt. *Tomuschat* weist außerdem darauf hin, daß es keine zentralisierte Rechtsschutzinstanz gibt, welche die Autonomie einer eigenständigen Hoheitsgewalt gegenüber möglichen Beeinträchtigungen durch die Mitgliedstaaten absichern würde.[132]

Auch die Gestaltung des Gebühreneinzugsverfahrens zeigt, daß Eurocontrol im Bereich der Gebühren keine Verwaltungsbefugnisse mit Durchgriffswirkung besitzt. Die Gebührenfestsetzung kann nur nach Maßgabe des staatlichen Rechts und durch Verwaltungsbehörden oder Gerichte durchgesetzt werden. Um einen Vollstreckungstitel soll es sich bei der Gebührenfestsetzung durch Eurocontrol nicht handeln[133]: Zwar legt Eurocontrol nach Art. 7 der Mehrseitigen Vereinbarung die geschuldeten Gebühren fest. Diese Forderung stellt eine gewöhnliche Zahlungsaufforderung mit schlicht-hoheitlichem Charakter dar. Vor den von den Vertragsstaaten für zuständig erklärten Verwaltungsbehörden oder Gerichten muß ein Einziehungsverfahren durchgeführt werden (Art. 11-13). Erst die Entscheidungen dieser staatlichen Instanzen bilden Vollstreckungstitel (Art. 15). Dem Schuldner tritt somit nur die eigene Staatsgewalt gegenüber.[134] Die Beschlüsse zur Gebührenberechnung können innerstaatlich nur kraft eines besonderen Rechtsanwendungsbefehls wirken.

Im Bereich der Gebührenfestsetzung verfügt Eurocontrol daher nicht über Verwaltungsbefugnisse mit Durchgriffswirkung.

c. *Europäische Kernenergie-Agentur*

Die Europäische Kernenergie-Agentur ist nach Art. 3 ff. des Übereinkommens über die Errichtung einer Sicherheitskontrolle auf dem Gebiet der Kernenergie[135] zu Sicherheitskontrollen gegenüber Unternehmen und Einrichtungen berechtigt,

---

[131] Diese Möglichkeit des 'opting-out' läßt es an der für Art. 24 I GG erforderlichen Dauer und Festigkeit der Übertragung der Hoheitsrechte mangeln, vgl. *Rojahn* in *v. Münch/Kunig (Hrsg.)*, Anm. 21, Art. 24 Rdnr. 36.

[132] *Tomuschat,* Anm. 19, Art. 24 Rdnr. 112 b.

[133] *Randelzhofer* in *Maunz/Dürig/u.a.*, Anm. 21, Art. 24 Rdnr. 179; *Tomuschat,* Anm. 19, Art. 24 Rdnr. 36.

[134] So *Randelzhofer* in *Maunz/Dürig/u.a,* Anm. 21, Art. 24 Rdnr. 180; *Rojahn* in *v. Münch/Kunig (Hrsg.)*, Anm. 21, Art. 24 Rdnr. 36; *Tomuschat*, Anm. 19, Art. 24 Rdnr. 112 c.

[135] Übereinkommen über die Errichtung einer Sicherheitskontrolle auf dem Gebiet der Kernenergie v. 20.12.1957, BGBl. II 1959, S. 586 ff.

die spaltbares Material verwenden. Die Kontrollen werden unabhängig von einer Einverständniserklärung des Vertragsstaates durchgeführt. Bei der Verletzung der Pflicht, spaltbares Material nur zu friedlichen Zwecken zu verwenden (Art. 4), kann die Agentur Abhilfemaßnahmen verlangen und gegebenenfalls Sanktionen verhängen (Art. 5 b).[136] Da die Kontrollmaßnahmen direkt gegenüber den Unternehmen wirksam sind, übt die Agentur Hoheitsrechte iSv. Art. 24 I GG aus.[137]

d. Europäische Patentorganisation

Aufgabe des Europäischen Patentamtes, einem Organ der Europäischen Patentorganisation[138], ist die zentralisierte Erteilung europäischer Patente. Nach Art. 2 II EPÜ kommt diesem Patent die Rechtswirkung eines in den Vertragsstaaten erteilten nationalen Patents zu und zwar in jedem Vertragsstaat, für den es erteilt worden ist.[139] Dem Patentinhaber stehen nach nationalem Recht Ausschließlichkeitsrechte zu (vgl. §§ 9, 10 PatG), die durch eine Einzelfallentscheidung des Europäischen Patentamtes begründet werden.

---

136 Art. 5 lautet: "a) Die Agentur ist berechtigt und verpflichtet, in die Hoheitsgebiete der Vertragsregierungen Inspektoren zu entsenden, die von ihr nach Konsultierung der betreffenden Regierung oder Regierungen bestimmt werden; ihnen ist jederzeit zu allen Orten und Unterlagen sowie zu jeder Person Zugang zu gewähren, die beruflich mit kontrollpflichtigen Materialien, Ausrüstungen oder Einrichtungen zu tun hat, und zwar soweit dies erforderlich ist, um den buchmäßigen Nachweis über das kontrollpflichtige besondere spaltbare und Ausgangsmaterial zu erbringen und um festzustellen, ob die Verpflichtungen eingehalten werden, die sich aus diesem Übereinkommen und aus Vereinbarungen der Agentur mit der oder den betreffenden Regierungen ergeben. b) Sind diese Verpflichtungen nicht eingehalten worden, so kann die Agentur die notwendigen Abhilfemaßnahmen verlangen; werden diese innerhalb einer angemessenen Frist nicht getroffen, so kann die Agentur eine oder mehrere der folgenden Maßnahmen verfügen: i) Aussetzung oder Einstellung der seitens der Agentur oder unter ihrer Aufsicht erfolgenden Lieferungen von Materialien, Ausrüstungen oder Dienstleistungen. ii) Rückgabe der von der Agentur oder unter ihrer Aufsicht gelieferten Materialien oder Ausrüstungen."

137 So die überwiegende Meinung: *Randelzhofer* in *Maunz/Dürig/u.a.*, Anm. 21, Art. 24 Rdnr. 183; *Rojahn* in *v. Münch/Kunig (Hrsg.)*, Anm. 21, Art. 24 Rdnr. 38; *Tomuschat*, Anm. 19, Art. 24 Rdnr. 110.

138 Gesetz über internationale Patentübereinkommen BGBl. II 1976, S. 649 ff.; Europäisches Patentübereinkommen (EPÜ) v. 5.10.1973, BGBl. II 1976, S. 826 ff.

139 Art. 2 II EPÜ: "Das europäische Patent hat in jedem Vertragsstaat, für den es erteilt worden ist, dieselbe Wirkung und unterliegt denselben Vorschriften wie ein in diesem Staat erteiltes nationales Patent, soweit sich aus diesem Übereinkommen nichts anderes ergibt."

Gegenüber den nationalen Antragstellern stehen dem Europäischen Patentamt daher Verwaltungsbefugnisse zu, die Hoheitsrechte iSv. Art. 24 I GG darstellen.[140]

e. NATO

Das Bundesverfassungsgericht hat im *Nachrüstungs*-Urteil Art. 24 I GG auf die NATO angewendet.[141] In der Literatur ist diese Entscheidung aufgrund ihrer Abkehr von der bisherigen Dogmatik zu Art. 24 I GG heftig kritisiert worden[142]. Zur Begründung wurde angeführt, daß eine Übertragung von Hoheitsrechten voraussetzt, daß die zwischenstaatliche Einrichtung ihre Hoheitsgewalt auch gegen den Willen der zuständigen deutschen Stellen ausüben können muß.[143]

Das Bundesverfassungsgericht erweitert im *Nachrüstungs*-Urteil den Anwendungsbereich des Art. 24 I GG, indem es die Entscheidung über den Einsatz der im Bundesgebiet stationierten Waffensysteme als Gegenstand eines Übertragungsaktes iSv. Art. 24 I GG ansieht und die Zustimmung des Bundestages zur Überantwortung der Entscheidung an den US-Präsidenten in einer Bündnisfunktion an Art. 24 I GG mißt. Das Bundesverfassungsgericht hat diesen Fall an Art. 24 I GG gemessen, ohne jedoch eine allgemeine Aussage zur Anwendbarkeit des Art. 24 I GG auf die NATO zu treffen.

Auch das Kriterium der Durchgriffswirkung bleibt weiterhin für Art. 24 I GG relevant, da das Bundesverfassungsgericht in dem *Nachrüstungs*-Urteil aufgrund der Eigenart des Sachverhaltes keine Aussage zum generellen Anwendungsbereich des Art. 24 I GG getroffen hat.[144] Das Urteil ist daher als Sonderfall zu klassifizieren.

f. Schengen II - Exekutivausschuß

Der im Durchführungsübereinkommen[145] zum Schengener Übereinkommen[146] errichtete Exekutivausschuß (Art. 131, 132 Schengen II) übt Hoheitsrechte iSv.

---

140 BGHZ 102, 118 (122); *Randelzhofer* in *Maunz/Dürig/u.a.*, Anm. 21, Art. 24 Rdnr. 188; *Rojahn* in *v. Münch/Kunig (Hrsg.)*, Anm. 21, Art. 24 Rdnr. 39.

141 BVerfGE 68, 1 (93); ebenso BVerfGE 77, 170 (210, 232).

142 *Randelzhofer* in *Maunz/Dürig/u.a.*, Anm. 21, Art. 24 Rdnr. 88; *Tomuschat*, Anm. 21, Art. 24 Rdnr. 113 a.

143 *Rojahn* in *v. Münch/Kunig (Hrsg.)*, Anm. 21, Art. 24 Rdnr. 24; *Stern*, Anm. 24, S. 389; *Tomuschat*, Anm. 19, § 172 Rdnr. 47.

144 So auch *Rojahn* in *v. Münch/Kunig (Hrsg.)*, Anm. 21, Art. 24 Rdnr. 21.

145 Durchführungsübereinkommen v. 19.06.1990, BGBl. II 1993, S. 1013 ff., *Schengen II*.

Art. 24 I GG aus.[147] Der Exekutivausschuß trifft gem. Art. 8 Schengen II "die erforderlichen Entscheidungen über die praktischen Einzelheiten der Durchführung der Kontrollen und der Überwachung der Grenzen". Außerdem legt der Ausschuß das Nähere und die Ausnahmen zur Überschreitung der Außengrenzen an den festgelegten Übergangsstellen fest und regelt die Modalitäten des sog. kleinen Grenzverkehrs (Art. 3 I 2 Schengen II). Hinsichtlich der Überwachung außerhalb der Grenzübergangsstellen, die grundsätzlich den staatlichen Behörden überlassen bleibt, sind die Einzelheiten aber "gegebenenfalls vom Exekutivausschuß festzulegen" (Art. 6 III Schengen II). Aus dem Zusammenhang der Vorschriften ergibt sich, daß diese allgemeinen Regeln und die Entscheidungen iSv. Art. 8 für die nationalen Behörden unmittelbar ohne weiteren Umsetzungsakt verbindlich sein sollen.[148] Auch Ziff. 6 der bei der Unterzeichnung von Schengen II von den Vertragsparteien angenommenen Schlußakte[149] ist ein Beleg für die Kompetenz des Ausschusses zum Erlaß von Maßnahmen mit Durchgriffswirkung.[150] In der Gemeinsamen Erklärung zu Art. 132 Schengen II heißt es, daß die Vertragsparteien ihre nationalen Parlamente lediglich über die Anwendung dieses Übereinkommens unterrichten werden.[151] Ein intermediäres Tätigwerden der nationalen Behörden ist hiernach nicht vorgesehen.

Auch die in Art. 7 Schengen II harmonisierte Sichtvermerkspolitik ist ein Beleg für die Durchgriffsbefugnisse des Exekutivausschusses. Dieser legt die Anwendungsmodalitäten (Art. 12 III Schengen II) und die Regelungen für die Prüfung der Sichtvermerksanträge fest (Art. 17 I). Daß die nationalen Behörden den Sichtvermerk erteilen, steht der unmittelbaren Bindung der Behörden an die Vorgaben des Exekutivausschusses nicht entgegen: das Nebeneinander von avisierter Sekundärrechtsetzung und einzelbehördlicher Anwendungszuständigkeit macht nach der Ansicht von *Randelzhofer* nur Sinn, wenn erstere für letztere unmittelbar Rechtswirkung erzeugt.[152]

---

[146] Übereinkommen v. 14.06.1985 zwischen den Regierungen der Staaten der Benelux-Wirtschaftsunion, der Bundesrepublik Deutschland und der Französischen Republik betreffend den schrittweisen Abbau der Kontrollen an den gemeinsamen Grenzen, GMBl. 1986, S. 79 ff.

[147] *Randelzhofer* in *Maunz/Dürig/u.a.*, Anm. 21, Art. 24 Rdnr. 192 f.

[148] *Randelzhofer* in *Maunz/Dürig/u.a.*, Anm. 21, Art. 24 Rdnr. 192.

[149] Die Schlußakte ist nach Art. 31 II a WVK eine bei der Auslegung des Übereinkommens zu berücksichtigende Übereinkunft.

[150] *Randelzhofer* in *Maunz/Dürig/u.a.*, Anm. 21, Art. 24 Rdnr. 192.

[151] Gemeinsamen Erklärung zu Art. 132 Schengen II, BT-Drucksache 12/2453, S. 84, 86.

[152] *Randelzhofer* in *Maunz/Dürig/u.a.*, Anm. 21, Art. 24 Rdnr. 192.

Die besondere Stellung des Exekutivausschusses wird auch dadurch deutlich, daß nach Art. 139 II die Bestimmungen über seine Einrichtung, Tätigkeit und Befugnisse zwei Monate vor den übrigen Vorschriften in Kraft treten sollen.

Die Bundesregierung hat im Verfahren auf Erlaß des Zustimmungsgesetzes zu *Schengen II* vertreten, daß die Umsetzung der Entscheidungen des Exekutivausschusses in der Verantwortung der Vertragsstaaten liege.[153] Jeder einzelne Staat könne für sich entscheiden, inwieweit die Mitwirkung gesetzgebender Organe für die Umsetzung der Entscheidungen erforderlich sei. Diese gegenteilige Ansicht kann nur dann die eine Durchgriffswirkung bejahende Auslegung ändern, wenn sie durch die übereinstimmende Praxis aller Vertragsstaaten bestätigt wird.[154]

g. Amt für Rüstungskontrolle der WEU

Das Amt für Rüstungskontrolle der WEU kann zur Überprüfung der Einhaltung von Rüstungsbeschränkungen im Rahmen des WEU-Vertragssystems Inspektionen in Produktionsanlagen, Depots und bei den Streitkräften der Mitgliedstaaten durchführen (Art. 7 des Protokolls Nr. IV über das Amt für Rüstungskontrolle der Westeuropäischen Union vom 23.10.1954).[155] Nach Art. 2 des Zustimmungsgesetzes[156] zum Übereinkommen zur Regelung der Inspektionen[157] sind die Inhaber von Unternehmen verpflichtet, den Mitgliedern freien Zugang zu gewähren und Auskünfte zu erteilen. Hiermit werden dem Amt

---

[153] Gemeinsame Erklärung zu Art. 132 Schengen II, BT-Drucksache 12/2453, S. 99.

[154] *Randelzhofer* in *Maunz/Dürig/u.a.*, Anm. 21, Art. 24 Rdnr. 47.

[155] Protokoll Nr. IV über das Amt für Rüstungskontrolle der Westeuropäischen Union vom 23.10.1954, BGBl. II 1955, S. 274 ff.; Art. 7 Nr. 2: "Im Hinblick auf die in Abs. 1 dieses Artikels genannten Aufgaben hat das Amt a) die von den Mitgliedern der WEU und von den NATO-Stellen gelieferten statistischen und Haushaltsangaben genau zu prüfen, b) auf dem europäischen Festland Stichproben, Besichtigungen und Inspektionen in Produktionsanlagen, Depots und bei den Streitkräften (mit Ausnahme der NATO unterstehenden Depots oder Streitkräfte) durchzuführen, c) dem Rat Bericht zu erstatten."

[156] Zustimmungsgesetz v. 10.04.1961 zum Übereinkommen zur Regelung der Inspektionen, BGBl. II 1961, S. 384 ff.; Art. 2 I: "Soweit es zur Erfüllung eines Kontrollauftrages des Direktors des Rüstungskontrollamtes erforderlich ist, können Mitglieder des Rüstungskontrollamtes der WEU für Besichtigungen, Stichproben und Inspektionen von Unternehmen a) freien Zugang zu deren Produktionsanlagen und Depots, b) Einblick in deren Buchungen und Unterlagen sowie Auszüge hieraus, c) die hierzu notwendigen Auskünfte verlangen."

[157] Übereinkommen v. 14.12.1957, Regelungen über die Durchführung der Inspektionen, BGBl. II 1961, S. 386 ff.

Durchgriffsbefugnisse eingeräumt.[158] Da sich die Mitgliedstaaten in Art. 1 dieses Zustimmungsgesetzes aber verpflichten, die Rechtsvorschriften zu erlassen, die erforderlich sind, um die Durchführung der Kontrollmaßnahmen sicherzustellen und dieser Pflicht in Art. 2 des Zustimmungsgesetzes nachgekommen sind, ist es fraglich, ob Hoheitsrechte auf die WEU übertragen worden sind.[159]

Die Bundesrepublik Deutschland hat den Kontrollorganen der WEU einen wirksamen Zugangsanspruch verliehen, der jedoch nach den Bestimmungen des innerstaatlichen Rechts durchzusetzen ist. Dieser Anspruch besteht im Rahmen der innerstaatlichen Rechtsvorschriften, die die Durchführung der Kontrollmaßnahmen sicherstellen. Hoheitsrechte zum Tätigwerden aus eigenem Recht wollte die Bundesrepublik nicht übertragen.

Andererseits tritt das Kontrollorgan Einzelnen in den Unternehmen direkt gegenüber, so daß ein Durchgriffseffekt vorliegt. Zudem ist im Übereinkommen vom 14.12.1957[160] die Errichtung eines Gerichts zum Schutze der betroffenen privaten Interessen vorgesehen. Nach Art. 4 dieses Übereinkommens sind Schadensersatzklagen sowie Klagen auf Rückgabe von Dokumenten statthaft. Auch in diesen Fällen tritt der Einzelne dem Amt ohne die Vermittlung nationaler Behörden gegenüber.

Da es des Rückgriffes auf Art. 24 I GG nicht bedarf, um das hoheitliche Tätigwerden des Amtes für Rüstungskontrolle der WEU zu begründen[161] und dem Amt die hoheitlichen Rechte nicht zu eigenem Recht übertragen worden sind, ist Art. 24 I GG nicht anwendbar. Bei Inkrafttreten des Übereinkommens ist diese Auffassung jedoch zu überprüfen, da der Einzelne dann außerhalb der vom Zustimmungsgesetz umfaßten Bereiche direkt dem Amt gegenübersteht.

---

158 *Randelzhofer* in *Maunz/Dürig/u.a.*, Anm. 21, Art. 24 Rdnr. 47.

159 Im Ergebnis ablehnend *Randelzhofer* in *Maunz/Dürig/u.a.*, Anm. 21, Art. 24 Rdnr. 184; *Rojahn* in *v. Münch/Kunig (Hrsg.)*, Anm. 21, Art. 24 Rdnr. 47; anderer Ansicht *Stern*, Anm. 24, § 15 II 4 a, S. 526; *Tomuschat*, Anm. 19, Art. 24 Rdnr. 111.

160 Übereinkommen vom 14.12.1957, BGBl. II 1961, S. 386 ff., bislang nicht in Kraft getreten.

161 So *Rojahn* in *v. Münch/Kunig (Hrsg.)*, Anm. 21, Art. 24 Rdnr. 47.

h. Europäische Verteidigungsgemeinschaft (EVG)

Der am Widerstand Frankreichs gescheiterte Vertrag zur Gründung der EVG[162] übertrug Hoheitsbefugnisse auf dem Gebiet der Wehrhoheit und -verwaltung auf eine gemeinsame europäische Streitmacht der Mitgliedstaaten.[163]

i. Organe der Europäischen Menschenrechtskonvention

Die Frage der Übertragung von Hoheitsrechten stellt sich ebenfalls im Rahmen des Beitritts der Bundesrepublik Deutschland zur EMRK. Nach Art. 50 EMRK stellt der Gerichtshof die Unvereinbarkeit einer nationalen Maßnahme mit der EMRK fest; das entgegenstehende nationale Recht kann er aber nicht aufheben. Aus diesem Grund wird die Durchgriffsbefugnis der EMRK abgelehnt.[164]

In einer jüngeren Diskussion im Schrifttum wird die EMRK als Vertrag mit Verfassungselementen aufgrund der Einwirkungen der EMRK auf die nationalen Grundrechte angesehen.[165] Im Rahmen dieses Konstitutionalisierungsprozesses werden die Konventionsorgane der EMRK bedingt durch die institutionelle Verdichtung des Rechtsschutzsystems der EMRK als zwischenstaatliche Einrichtung iSv. Art. 24 I GG qualifiziert.[166] Die EMRK sei insoweit als Konventionsgemeinschaft anzusehen.[167] Die Dynamik der Menschenrechtsentwicklung könne über Art. 24 Abs. 1 GG eine Entwicklung anstoßen, die wie im Bereich des Gemeinschaftsrechts zum Anwendungsvorrang der EMRK vor dem innerstaatlichen Recht führen könne.[168]

Kriterium für eine Organisation nach Art. 24 Abs. 1 GG ist - wie dargestellt - nach der Rechtsprechung des Bundesverfassungsgerichtes, daß sie Hoheitsbefugnisse mit unmittelbarer Wirkung im innerstaatlichen Bereich ausübt.[169] Dem EGMR sind bisher keine Hoheitsrechte im Sinne dieser Definition übertragen worden, weil

---

162 Vertrag zur Gründung der EVG vom 27.05.1952, BGBl. II 1954, S. 342 ff.

163 Vgl. *Rojahn* in *v. Münch/Kunig (Hrsg.),* Anm. 21, Art. 24 Rdnr. 41.

164 So auch *Tomuschat,* Anm. 19, Art. 24 Rdnr. 116.

165 Vgl. zum Meinungsstand *C. Walter*, " Die Europäische Menschenrechtskonvention als Konstitutionalisierungsprozeß", 4:59 ZaöRV (1999), S. 961 ff., 973.

166 *G. Ress* in "Verfassungsrechtliche Auswirkungen der Fortentwicklung völkerrechtlicher Verträge" in *W. Fürst/R. Herzog/D. C. Umbach (Hrsg.),* Festschrift für W. Zeidler, Bd. II (1987), S. 1775 ff., 1790.

167 *Ress*, Anm. 166, S. 1795.

168 *Ress*, Anm. 166, S. 1795.

169 BVerfGE 90, 286 (346 f.).

seine Entscheidungen allein auf der völkerrechtlichen Ebene Bindungswirkung entfalten.[170]

Der EGMR übt auch keine Hoheitsrechte aus, indem er den Inhalt der einzelnen Grundrechtsgarantien konkretisiert und hierdurch eine verfassungsgerichtliche Begrenzungsfunktion wahrnimmt.[171] Diese Auslegung des Art. 24 Abs. 1 GG entfernt sich vom für die Durchgriffswirkung notwendigen Erfordernis der unmittelbar geltenden Wirkung der Rechtsakte in der innerstaatlichen Rechtsordnung. Unabhängig vom erheblichen Einfluß der Entscheidungen des EGMR auf das nationale Verfassungsrecht entfalten seine Entscheidungen nach Art. 46 Abs. 1 EMRK nur eine Bindungswirkung für die am Rechtsstreit beteiligten Mitgliedstaaten. Die Entscheidungen wirken nicht *erga omnes:* Obwohl die Entscheidungen des EGMR auch für die anderen, nicht am Rechtsstreit beteiligten Vertragsparteien die Auslegung der EMRK festlegen, werden die anderen Vertragsparteien nicht rechtlich gebunden.

Mangels der Ausübung von Hoheitsrechten mit Durchgriffswirkung erfüllt der EGMR nicht die Voraussetzungen einer zwischenstaatlichen Organisation iSv. Art. 24 I GG.

j. Stellungnahme

Einer Vielzahl von europäischen Organisationen sind Hoheitsrechte mit Durchgriffseffekt zur Regelung materieller Sachfragen eines abgegrenzten Bereiches übertragen worden. Bei der Ausübung dieser Befugnisse werden die jeweiligen Organe direkt im innerstaatlichen Recht tätig, so daß ihnen insoweit supranationaler Charakter zukommt. Zur Begründung der Übertragung von Hoheitsrechten wird in der Literatur auf die Durchgriffswirkung abgestellt und überprüft, ob zur Wirksamkeit der erlassenen Rechtsakte ein Tätigwerden der nationalen Behörden erforderlich ist oder die Rechtsakte direkt aufgrund von eigenem Recht der Organisation wirksam werden.

---

[170] *R. Uerpmann*, Die Europäische Menschenrechtskonvention und die deutsche Rechtsprechung (1993), S. 187.

[171] So *Walter*, Anm. 165, S. 96/97.

7. Ergebnis

Supranationalität ist als Charakteristikum einer Organisation an verschiedene Merkmale geknüpft, von denen die Übertragung von Hoheitsrechten mit Durchgriffseffekt durch die Mitgliedstaaten das entscheidende darstellt.

Supranationalität liegt nur vor, wenn Hoheitsrechte mit Durchgriffseffekt durch die Mitgliedstaaten übertragen worden sind, so daß Rechtsakte unmittelbar an die Rechtssubjekte und Rechtsanwendungsorgane der staatlichen Rechtsordnung adressiert sein können. Dieser Durchgriff hat zur Folge, daß zwischen der Organisation und der Einzelperson eine unmittelbare Beziehung besteht.

In der Literatur, die sich in der Bundesrepublik an Art. 24 I GG orientiert, wird der supranationale Charakter einer Organisation nur aufgrund eindeutig bestehender Normen angenommen. Da ein Staat maßgebliche Befugnisse im Rahmen einer Supranationalen Organisation an internationale Organe überträgt, sollte bei der Beurteilung ein strenger Maßstab angewandt werden, der Art. 24 I GG entspricht.

Im Rahmen westeuropäischer Regionalorganisationen kann der von Art. 24 I GG vorgeschriebene Standard leichter als in einem universellen Rahmen erreicht werden. Der Stimme der Bundesrepublik kommt in diesen Organisationen ein stärkeres Gewicht als in einem universellen Rahmen zu[172], so daß sie eher zu einer Übertragung von Hoheitsrechten bereit sein wird.

---

[172] Vgl. *Tomuschat,* Anm. 19, Art. 24 Rdnr. 117.

2. Kapitel

UN und Sonderorganisationen - Internationale Organisationen mit supranationalen Zügen

1. Einführung

Nach herkömmlicher Ansicht weisen Internationale Organisationen aufgrund fehlender Unabhängigkeit von den Regierungen und mangelnder Übertragung von Hoheitsrechten grundsätzlich keine supranationalen Züge auf.[1] Jedoch kann jede Internationale Organisation seitens der Mitgliedstaaten mit Hoheitsrechten ausgestattet werden.[2] Die Grenze zwischen Internationalen und Supranationalen Organisationen ist danach fließend, zumal auch in klassischen Internationalen Organisationen supranationale Elemente vorhanden sind.[3]

Im Rahmen der UN haben sich erste supranationale Befugnisse bei einer Internationalen Organisation bzw. deren Organe herausgebildet[4], so daß die herkömmliche Ansicht auf dem Prüfstein steht. In der Literatur werden die UN neuerdings sogar als Supranationale Organisation qualifiziert.[5] Auch die Verträge der UN-Sonderorganisationen sollen einen Durchgriff in den nationalen Rechtsraum vorsehen[6], der bislang wenig beachtet wurde.

---

1 *F. Capotorti*, "Supranational Organizations" in *R. Bernhardt (ed.)*, 4 Encyclopedia of public international law (2000), S. 737 ff., 742.

2 Grundsätzlich können alle Internationalen Organisationen mit Hoheitsrechten ausgestattet werden, so *H. Mosler*, "Die Übertragung von Hoheitsgewalt" in *J. Isensee/P. Kirchhof (Hrsg.)*, Handbuch des Staatsrechts der Bundesrepublik Deutschland, Bd. VII Internationale Beziehungen (1992), § 175, § 175 Rdnr. 77.

3 *R. L. Bindschedler*, "International Organizations, general aspects" in *R. Bernhardt (ed.)*, 2 Encyclopedia of public international law (1995), S. 1289 ff., 1295.

4 So *O. Rojahn* in *I. v. Münch/Ph. Kunig (Hrsg.)*, Grundgesetz-Kommentar, Bd. 2 Art. 20 - 69, 4./5. Aufl. (2001), Art. 24 Rdnr. 46 für bestimmte staatsfreie Räume (Luftraum über der Hohen See, Tiefseeboden) sowie im Bereich der internationalen Strafgerichtsbarkeit.

5 *C. Hollweg*, "Der praktische Fall - Internationales Öffentliches Recht: Auslieferung eines bosnischen Serbenführers an das UN-Tribunal", 39 JuS (1994), S. 409 ff., 410, jedoch ohne nähere Begründung; ebenso *Ch. Tomuschat*, "Sanktionen durch internationale Strafgerichtshöfe", Verhandlungen des 60. Dt. Juristentages, Bd. II/1 (1994), Sitzungsbericht Q 53 ff., 67 bezugnehmend auf die Auslieferungsbefehle des Jugoslawien-Tribunals.

6 *Ch. Tomuschat*, Art. 24, Bonner Kommentar (Zweitbearbeitung 1981), Art. 24 Rdnr. 9.

2. Definition: Internationale Organisation

Eine Internationale Organisation ist eine auf einem völkerrechtlichen Vertrag beruhende Staatenverbindung, die gemeinsame Ziele verfolgt und über eigene Organe zur Erfüllung verschiedener Aufgaben innerhalb der Organisation verfügt.[7] Als Zusammenschluß von Staaten dient sie der interstaatlichen Zusammenarbeit.

Der Ausdruck 'super-state', bei dem es sich nicht um einen *Terminus technicus* handelt, beschreibt eine Internationale Organisation mit umfangreicheren Kompetenzen im Vergleich zu den Kompetenze der Mitgliedstaaten.[8] Da der Inhalt des Begriffes 'super-state' nicht geklärt ist[9], bietet er keine Anhaltspunkte zur Charakterisierung einer Internationalen Organisation.

Von den staatlichen Internationalen Organisationen sind die nichtstaatlichen (non-governmental organizations) zu unterscheiden, die als private internationale Vereinigungen nicht durch zwischenstaatlichen Vertrag errichtet worden sind.[10]

Internationale Organisationen können nach dem Kreis ihrer Mitglieder unterteilt werden in universelle, die weltweit angelegt sind und allen Staaten als Mitgliedern

---

7 So die allgemeine Ansicht *Bindschedler* in *Bernhardt (ed.)*, Anm. 3, S. 1289; *V. Epping* in *K. Ipsen (Hrsg.)*, Völkerrecht, 4. Aufl. (1999), § 6 Rdnr. 3 ff.; verwirrend wegen der Abgrenzung zur Supranationalen Organisation *M. Schweitzer*, Staatsrecht III, 7. Aufl. (2000), Rdnr. 684 ff., der die Verfolgung hoheitlicher Zwecke seitens der Organisation verlangt.

8 *C. Parry/J. Grant/A. Parry/A. Watts (eds.)*, Encyclopaedic dictionary of international law (1988), S. 384.

9 Der IGH hat im *Reparations* Case, *Reparation for injuries suffered in the service of the United Nations, Advisory Opinion,* ICJ Reports (1949), S. 174 ff., 179 festgehalten, daß die UN als juristische Person einen internationalen Anspruch geltend machen können, aber nicht näher ausgeführt, was unter dem Begriff 'super-State' zu verstehen ist: "Accordingly, the Court has come to the conclusion that the Organization is an international person. That is not the same thing as saying that it is a State, which it certainly is not, or that its legal personality and rights and duties are the same as those of a State. Still less is it the same thing as saying that it is 'a super-State', whatever that expression may mean."

10 Vgl. zur Definition ECOSOC Res. 288 (X) v. 27.02.1950, Dok. E/1646, OR of the Economic and Social Council, 5th year, 10th session, Suppl. No. 1, p. 24 ff., Review of consultative arrangements with non-governmental organizations; als Beispiele können angeführt werden: Internationale Handelskammer, Internationaler Bund Freier Gewerkschaften, amnesty international, Heilsarmee, Liga der Rot-Kreuz-Gesellschaften. Nach Art. 71 UN-Charta kann ihnen beim Wirtschaft- und Sozialrat der UN oder bei anderen Internationalen Organisationen ein Konsultativ-Statut eingeräumt werden, vgl. *R. Lagoni* in *B. Simma (ed.)*, The Charter of the UN, A commentary (1994), Art. 71 Rdnr. 10.

offenstehen, und in regionale Organisationen, deren regionaler Charakter sich an geographischen oder wirtschaftlichen/sicherheitspolitischen Gegebenheiten orientieren kann[11] und die aufgrund ihrer Größe effizienter arbeiten und mehr Einfluß auf die Mitgliedstaaten haben können.[12] Die UN und ihre Sonderorganisationen sind universell konzipiert und aufgrund ihrer Mitgliederanzahl die größte universelle Internationale Organisation.[13]

Bei der Abgrenzung einer Internationalen Organisation von einer staatsrechtlichen Verbindung[14], wie einem Bundesstaat, sind verschiedene Aspekte nicht ausschlaggebend: Zum einen kann nicht auf die rechtliche Grundlage der Errichtung abgestellt werden, da auch ein Bundesstaat auf vertraglicher Grundlage konstituiert werden kann, wie z. B die Gründung des Norddeutschen Bundes 1867 und des Deutschen Reiches 1871.[15] Zum anderen kann auch nicht ausschließlich die Art der Kompetenzverteilung herangezogen werden, da auch Internationale Organisationen ermächtigt werden können, unmittelbar anwendbare Vorschriften zu erlassen[16], sowie Steuern zu erheben, und das auch die Mitgliedschaft in einer Internationalen Organisation die Souveränität der Mitgliedstaaten einschränkt. Einer Internationalen Organisation fehlen aber einige wesentliche Merkmale eines Staates wie ein hoher Standard an Zentralisation, das grundsätzliche Innehaben der exekutiven und legislativen Gewalt und des Gewaltmonopols.[17] Außerdem ist auf Staatsverfassungen, die zumeist einseitig erlassen werden, das Wiener Übereinkommen über das Recht der Verträge[18] nicht anwendbar.[19]

---

11 *Epping* in *Ipsen (Hrsg.)*, Anm. 7, § 31 Rdnr. 7.

12 *Bindschedler* in *Bernhardt (ed.)*, Anm. 3, S. 1281.

13 Die UN haben gegenwärtig 191 Mitgliedstaaten, UN Press Release ORG/1317 v. 26.09.2002, updated 27.09.2002. Die Schweiz ist am 10.09.2002 und Timor-Leste am 27.09.2002 Mitglied geworden.

14 Vgl. zu den Abgrenzungsschwierigkeiten zwischen internationalem Vertrag und (internationaler) Verfassung *B. Fassbender*, "The United Nations Charter As Constitution of The International Community", 36 Columbia Journal of Transnational Law (1998), S. 529 ff., 561.

15 *Bindschedler* in *Bernhardt (ed.)*, Anm. 3, S. 1291; s. für weitere Beispiele *B. Fassbender*, Anm. 14, S. 559.

16 *Bindschedler* in *Bernhardt (ed.)*, Anm. 3, S. 1290 räumt allerdings ein, daß dies selten der Fall ist.

17 Vgl. *Bindschedler* in *Bernhardt (ed.)*, Anm. 3, S. 1290/1291.

18 Wiener Übereinkommen über das Recht der Verträge v. 23.05.1969, BGBl. II 1985, S. 927 ff., UN Doc A/CONF.39/11/Add. 2.

19 *Bindschedler* in *Bernhardt (ed.)*, Anm. 3, S. 1291.

Der Beitritt der Bundesrepublik zu einer Internationalen Organisation ist im GG nicht ausdrücklich geregelt. Als Minus zu Art. 24 I GG wird er allgemein für zulässig erachtet.[20]

3. Wesensmerkmale einer Internationalen Organisation am Beispiel der UN im Vergleich zur Supranationalen Organisation

Im folgenden werden die Wesensmerkmale der UN als Internationaler Organisation nach dem traditionellen Konzept denen einer Supranationalen Organisation gegenübergestellt.

a. Keine Übertragung von Hoheitsrechten durch die Staaten

Internationale Organisationen wurden bisher nicht mit Hoheitsrechten ausgestattet. Nach allgemeiner Ansicht sind den UN bislang keine Hoheitsrechte durch die Mitgliedstaaten übertragen worden.[21] Zur Begründung wird überwiegend angeführt, daß die dem Sicherheitsrat durch den Beitritt der jeweiligen Mitgliedstaaten, so auch der Bundesrepublik Deutschland, eingeräumten Beschlußrechte[22] keine Hoheitsrechte iSv. Art. 24 I GG darstellen.[23] Infolgedessen kommt den Sicherheitsrats-Resolutionen nach der ursprünglichen Konzeption auch kein Durchgriffseffekt zu, und sie können sich nicht mit direkt verpflichtender Wirkung an Einzelne richten.

b. Durchführung der Beschlüsse

In einer klassischen Internationalen Organisation obliegt der Vollzug des Gründungsvertrages oder der Entscheidungen der Organisationsorgane den Mitgliedstaaten, die als Exekutivorgane tätig werden (Prinzip der 'imperméabilité'

---

[20] *Ch. Tomuschat,* "Die staatsrechtliche Entscheidung für die internationale Offenheit" in *J. Isensee/P. Kirchhof (Hrsg.),* Handbuch des Staatsrechts der Bundesrepublik Deutschland, Bd. VII Internationale Beziehungen (1992), § 172, § 172 Rdnr. 39.

[21] *Rojahn* in *v. Münch/Kunig (Hrsg.)*, Anm. 4, Art. 24 Rdnr. 46; *K.-H. Seifert/D. Hömig*, Grundgesetz für die Bundesrepublik Deutschland 6. Aufl. (1999), Art. 24 Rdnr. 2; *K. Stern*, Das Staatsrecht der Bundesrepublik Deutschland, Bd. I, 2. Aufl. (1984), S. 389; *Tomuschat*, Anm. 6, Art. 24 Rdnr. 114. Anderer Ansicht *E. Kaufmann*, Der Kampf um den Wehrbeitrag II (1973), S. 42 ff., 50, der von einer Übertragung von Hoheitsrechten ausgeht.

[22] Gesetz zum Beitritt der Bundesrepublik Deutschland zur Charta der Vereinten Nationen v. 6.06.1973, BGBl. II 1973, S. 430 ff.

[23] *Rojahn* in *v. Münch/Kunig (Hrsg.)*, Anm. 4, Art. 24 Rdnr. 46.

der Staaten).[24] Damit eine Völkerrechtsnorm im innerstaatlichen Bereich Geltung erlangt, ist die Einführung in das nationale Recht, beispielsweise durch ein nationales Gesetz, erforderlich.[25] Grundsätzlich schreiben die Beschlüsse der Organe Internationaler Organisationen das zu erreichende Ergebnis vor, überlassen dem Staat aber die Auswahl der Mittel.[26]

c. *Charakter des Beschlußorgans*

Eine Internationale Organisation verfügt meist über ein Hauptorgan, ein Nicht-Plenarorgan und ein Verwaltungsorgan.[27] In den UN sind alle Mitgliedstaaten in der Generalversammlung vertreten, die im Rahmen ihrer Allzuständigkeit nach Art. 10 unverbindliche Beschlüsse fassen kann.

Der Sicherheitsrat besteht gem. Art. 23 I aus fünf ständigen (China, Frankreich, GB, Rußland und USA) sowie aus zehn weiteren, nichtständigen Mitgliedern. Beschlüsse über Verfahrensfragen bedürfen nach Art. 27 II der Zustimmung von neun Mitgliedern; über andere als Verfahrensfragen ist die Zustimmung von neun Mitgliedern erforderlich, gem. Art. 27 II jedoch auch die sämtlicher ständiger Mitglieder[28], denen somit ein Vetorecht zusteht.

In den UN besteht das Beschlußorgan ebenso wie in der EU aus den Mitgliedstaaten, so daß beide Organe nicht regierungsunabhängig sind. Durch die Vertretung aller Mitgliedstaaten ist der Rat in der EU jedoch anders als der Sicherheitsrat legitimiert.

d. *Möglichkeit der Verpflichtung der Mitgliedstaaten auch gegen den (eigenen) Willen*

Auch dieses Kriterium vermag die Internationale Organisation jedoch nicht abschließend von der Supranationalen zu unterscheiden.

---

[24] *Bindschedler* in *Bernhardt (ed.)*, Anm. 3, S. 1300.

[25] Die Frage, wie das Völkerrecht in nationales Recht eingeführt wird, hat Anlaß zu einem Grundlagenstreit gegeben, der auf unterschiedlichen Auffassungen über das Verhältnis von Völkerrecht und Landesrecht beruht.

[26] Insoweit ist das Vorgehen mit der Umsetzung einer EU-Richtlinie in nationales Recht gem. Art. 189 Uabs. 2 EGV vergleichbar.

[27] *Bindschedler* in *Bernhardt (ed.)*, Anm. 3, S. 1296; für die UN ist diese Grundstruktur jedoch weiter zu differenzieren.

[28] Eine Definition von Verfahrens- und anderen Fragen ist in der Charta aber nicht enthalten, vgl. *Epping* in *Ipsen (Hrsg.)*, Anm. 7, § 32 Rdnr. 50.

Sowohl in einer Internationalen als auch in einer Supranationalen Organisation kann ein Staat bei Abstimmungen nach dem Mehrheitsprinzip verpflichtet sein, Beschlüsse auch gegen seinen eigenen Willen zu befolgen.

Innerhalb der UN treten Charta-Änderungen für alle UN-Mitglieder in Kraft, wenn sie mit Zweidrittelmehrheit der Mitglieder der Generalversammlung angenommen und von zwei Dritteln der Mitglieder der Vereinten Nationen einschließlich aller ständigen Mitglieder des Sicherheitsrates nach Maßgabe ihres Verfassungsrechts ratifiziert worden sind. Das Mehrheitsprinzip gilt nach Art. 27 ebenfalls für Abstimmungen des Sicherheitsrates.[29]

e. *Fehlen einer obligatorischen Gerichtsbarkeit*

Ein weiterer Hauptunterschied ist beim Vergleich der Gerichtsbarkeiten festzustellen: In einer Supranationalen Organisation wie den EGen existiert eine obligatorische Gerichtsbarkeit, die in der Ausgestaltung auch für eine Supranationale Organisation einzigartig ist. Der EuGH sichert nach seiner Aufgabenzuweisung die Wahrung des Rechts bei der Auslegung und Anwendung der Verträge, vgl. Art. 220 (ex-Art. 164) EGV iVm. Art. 3 f des Abkommens über gemeinsame Organe für die EG. Neben den Mitgliedstaaten sind seiner Rechtsprechung die Organe der EG sowie alle natürlichen und juristischen Personen der Mitgliedstaaten unterworfen.[30] Im UN-System ist die Unterwerfung unter die Jurisdiktion des IGH hingegen fakultativ, so daß die Staaten den Rechtsstreit dem IGH unterbreiten müssen und nicht ohne ihre Zustimmung der Gerichtsbarkeit des IGH unterliegen.[31] Anders verhält es sich auch nicht bei einem

---

[29] In der Praxis der UN hat sich weitgehend das *consensus*-Verfahren durchgesetzt, bei dem ausdrückliche Gegenstimmen fehlen müssen, vgl. *H. v. Heinegg* in *Ipsen (Hrsg.)*, Anm. 7, § 10 Rdnr. 12.

[30] Vgl. *Epping* in *Ipsen (Hrsg.)*, Anm. 7, § 33 Rdnr. 24.

[31] Die Zuständigkeit des IGH erstreckt sich nach Art. 36 I IGH-Statut auf alle ihm von den Parteien unterbreiteten Rechtssachen sowie auf alle in der Charta der UN oder in geltenden Verträgen besonders vorgesehenen Angelegenheiten. So können die Staaten die Zuständigkeit des Gerichtshofs für einen zwischen ihnen schwebenden Streit *ad hoc* vereinbaren oder eine Streitpartei kann Klage vor dem IGH erheben und die andere ihre Zustimmung erst später erteilen. Weiterhin können die Staaten die Zuständigkeit des Gerichtshofs vertraglich mit einer kompromissarischen Klausel vereinbaren oder nach Art. 36 II IGH-Statut eine Erklärung abgeben, mit der sie die Zuständigkeit gegenüber jedem anderen Staat anerkennen, der dieselbe Verpflichtung übernimmt, vgl. im einzelnen *H. Fischer* in *Ipsen (Hrsg.)*, Anm. 7, § 62 Rdnr. 44 ff.

Fall, der in die Zuständigkeit der Umweltrechtskammer des IGH fällt.[32] Auch die Ausübung der Gerichtsbarkeit des Internationalen Strafgerichtshofes setzt nach Art. 12 des Römischen Statuts für den Internationalen Strafgerichtshof[33] die Zustimmung des betroffenen Staates voraus.[34]

Im Gegensatz zur Supranationalen Organisation ist innerhalb des konstitutionellen Rahmens der UN die Zustimmung des betroffenen Staates Voraussetzung für die Ausübung der Gerichtsbarkeit.

f. Ergebnis

Der Hauptunterschied zwischen einer Supranationalen und einer Internationalen Organisation ist die fehlende Übertragung von Hoheitsrechten an die Internationale Organisation durch die Mitgliedstaaten. Die Internationale Organisation ist zur Durchführung ihrer Beschlüsse auf die Mitwirkung der Mitgliedstaaten angewiesen und kann keine im nationalen Rechtsraum direkt anwendbaren Vorschriften erlassen.

---

32 Der IGH kann nach Art. 26 I IGH-Statut Kammern bilden, um bestimmte Rechtssachen zu entscheiden. Am 6. August 1993 hat eine siebenköpfige Kammer für Fälle aus dem Bereich des Umweltrechts ihre Tätigkeit aufgenommen. Konkrete Vorschläge zur Errichtung eines Internationalen Umweltgerichtshofes sind in dem 'Draft Statute of the International Court of the Environment' enthalten, abgedruckt als Appendix I zu *A. Postiglione*, The Global Village Without Regulations (1992).

33 Römisches Statut des Internationalen Strafgerichtshofs, vorläufige amtliche Übersetzung, Stand 1.12.1998, A/CONF 183/9 v. 17.07.1998.

34 Art. 12 ICC-Statut: "(1) Ein Staat, der Vertragspartei dieses Statuts wird, erkennt damit die Gerichtsbarkeit des Gerichtshofs für die in Artikel 5 bezeichneten Verbrechen an. (2) Im Falle des Artikels 13 Buchstabe a oder c kann der Gerichtshof seine Gerichtsbarkeit ausüben, wenn einer oder mehrere der folgenden Staaten Vertragspartei dieses Statuts sind oder im Einklang mit Absatz 3 die Gerichtsbarkeit des Gerichtshofs anerkannt haben: a) der Staat, in dessen Hoheitsgebiet das fragliche Verhalten vorgekommen ist, oder, sofern das Verbrechen an Bord eines Schiffes oder Luftfahrzeugs begangen wurde, der Staat, in dem dieses registriert ist; b) der Staat, dessen Angehöriger die das Verbrechens beschuldigte Person ist. (3) Ist nach Absatz 2 die Anerkennung der Gerichtsbarkeit durch einen Staat erforderlich, der nicht Vertragspartei dieses Statuts ist, so kann dieser Staat durch Hinterlegung einer Erklärung beim Kanzler die Ausübung der Gerichtsbarkeit durch den Gerichtshof in bezug auf das fragliche Verbrechen anerkennen. Der anerkennende Staat arbeitet mit dem Gerichtshof ohne Verzögerung oder Ausnahme nach Maßgabe des Teiles 9 zusammen."

4. Verhältnis Völkerrecht und nationales Recht

Die innerstaatliche Geltung von Maßnahmen einer Internationalen Organisation wird durch das Verhältnis des Völkerrechts zum nationalen Recht bestimmt.

a. *Anwendbarkeit des Völkerrechts im innerstaatlichen Rechtsraum*

Art. 25 GG[35] enthält eine Aussage zur Geltung des Völkerrechts im nationalen Rechtsraum und erkennt in Art. 25 S. 2 GG den allgemeinen Regeln des Völkerrechts im internen Rechtsraum eine unmittelbare Wirksamkeit zu.[36] Als allgemeine Regeln des Völkerrechts, die in der Aufzählung der völkerrechtlichen Rechtsquellen von Art. 38 I IGH-Statut nicht enthalten sind, wird insbesondere das Völkergewohnheitsrecht anerkannt.[37] Da jedoch die Organe einer Internationalen Organisation in Einzelfällen den Einzelnen verpflichtende Beschlüsse erlassen können, die nicht vom Gewohnheitsrecht erfaßt sind[38], und Art. 25 GG nicht explizit klärt, unter welchen Voraussetzungen diese Beschlüsse Eingang in den nationalen Rechtsraum finden, ist kurz auf das allgemeine Verhältnis von Völkerrecht und nationalem Recht einzugehen.

Nach der auf dem Dualismus von Völker- und nationalem Recht basierenden Transformationstheorie kann die völkerrechtliche Norm im innerstaatlichen Bereich nur aufgrund eines Transformationsaktes gelten.[39] Das Vertragsgesetz gilt als Transformator, der die Vertragsnorm vom völkerrechtlichen Geltungsgrund löst und in eine innerstaatliche Rechtsquelle umwandelt[40], die jedoch einen eigenen

---

[35] Art. 25 GG: "Die allgemeinen Regeln des Völkerrechtes sind Bestandteil des Bundesrechtes. Sie gehen den Gesetzen vor und erzeugen Rechte und Pflichten unmittelbar für die Bewohner des Bundesgebietes."

[36] Nach *Tomuschat,* Anm. 20, § 172 Rdnr. 11 handelt es sich bei Art. 25 GG um eine "offene Verweisungsnorm".

[37] BVerfGE 15, 25 (33 f.); 16, 27 (33).

[38] Das Völkergewohnheitsrecht wird in Art. 38 I b IGH-Statut als Ausdruck einer allgemeinen, als Recht anerkannten Übung definiert. Bei den Beschlüssen einer Internationalen Organisation liegt aufgrund des Ausnahmecharakters keine allgemeine Übung vor.

[39] Die Theorie wird von der Rechtsprechung und in ihrer gemäßigten Form von der überwiegenden Literaturmeinung vertreten.

[40] BVerfGE 1, 396 (410 f.); 29, 348 (360 f.); in neueren Entscheidungen BVerfGE 46, 342 (363): "genereller Rechtsanwendungsbefehl, den Art. 25 erteile"; BVerfGE 90, 286 (364) spricht von einem "innerstaatlichen Rechtsanwendungsbefehl, den das nationale Zustimmungsgesetz erteile"; BGHZ 11, 135 (138); 16, 207 (211); *Th. Maunz* in *Th. Maunz/G. Dürig/u.a.*, Kommentar zum Grundgesetz, Bd. IV, Art. 53 a - 88, Art. 59

Geltungsgrund und -bereich hat. Nach der in der Literatur vertretenen gemäßigten Transformationstheorie wird das Völkerrecht in innerstaatliches Recht umgewandelt, ohne daß die Verbindung des nationalen Rechts zum Völkerrecht unterbrochen wird.[41]

Die auf dem Monismus beruhende Vollzugstheorie qualifiziert das Vertragsgesetz als Vollzugsbefehl, der allein erforderlich ist, um einer völkerrechtlichen Norm im innerstaatlichen Bereich zur Geltung zu verhelfen.[42]

Nach beiden Theorien kommen die völkerrechtlichen Normen im innerstaatlichen Bereich erst durch Vermittlung eines staatlichen Hoheitsaktes zur Geltung, wobei das Vertragsgesetz als Transformator oder Vollzugsbefehl angesehen werden kann.[43] Damit das Völkerrecht im nationalen Recht wirksam sein kann, ist nach beiden Ansichten ein staatlicher Umsetzungsakt erforderlich.

b. Definition: unmittelbare Anwendbarkeit

Durch die Einführung des Völkerrechts in den nationalen Rechtsraum mittels eines staatlichen Hoheitsaktes kann eine Völkerrechtsnorm innerstaatlich Rechtswirkungen entfalten. Wenn eine völkerrechtliche Norm ohne staatlichen Umsetzungsakt innerstaatlich anwendbar ist, ist sie unmittelbar anwendbar.

Von der Einführung des Völkerrechts in den nationalen Hoheitsbereich, der Transformation, ist daher die Frage der unmittelbaren Anwendbarkeit[44] zu unter-

---

(1971), Art. 59 Rdnr. 25.

41 Vgl. *Schweitzer*, Anm. 7, Rdnr. 22.

42 *W. Rudolf*, Völkerrecht und deutsches Recht (1967), S. 205 ff.

43 *Rojahn* in *v. Münch/Kunig (Hrsg.)*, Anm. 4, Art. 59 Rdnr. 33.

44 Die Komplexität der Frage zeigt sich bereits an der uneinheitlichen Terminologie in dieser Frage: im Deutschen wird von "unmittelbarer Anwendung", so *Rojahn* in *v. Münch/Kunig (Hrsg.)*, Anm. 4, Art. 24 Rdnr. 20; *R. Streinz*, Europarecht, 3. Aufl. (1996), Rdnr. 349 und "innerstaatlicher Anwendung" gesprochen. Im Englischen von "self-executing", so *Schweitzer*, Anm. 7, S. 224; *E. Stein*, "Application and enforcement of international organization law by national authorities and courts" in *S. M. Schwebel*, The effectiveness of international decisions, (1971), S. 66 ff., 66 oder "directly effective", so *J. Abr. Frowein* in *Simma (ed.)*, Anm. 10, Art. 41 Rdnr. 14 gesprochen. *Ch. Tomuschat*, "Zur Rechtswirkung der von der Europäischen Gemeinschaft abgeschlossenen Verträge in der Gemeinschaftsrechtsordnung" in *R. Lüke/G. Ress/N.R. Will (Hrsg.)*, Europarecht und Staatenintegration, Gedächtnisschrift für L.-J. Constantinesco (1983), S. 801 ff., 801 Fn. 3 weist auf die zusätzlichen Schwierigkeiten hin, die sich bei der Übersetzung des deutschen Begriffes "unmittelbar anwendbar" in das Englische und Französische ergeben.

scheiden. Soweit Regeln des Völkerrechts Bestandteil des Bundesrechts geworden sind, müssen sie von den Rechtsanwendungsorganen unmittelbar angewendet werden.[45] Eine unmittelbare Anwendbarkeit des Völkerrechts - außer des Völkergewohnheitsrechts - ohne einen zwischengeschalteten nationalen Umsetzungsakt gibt es außer für die allgemeinen Regeln des Völkerrechts nach Art. 25 S. 2 GG nach allgemeiner Ansicht für die Exekutive, Gerichte oder Einzelne bislang nicht.[46]

Eine innerstaatlich geltende Norm ist nach einer Definition in der Literatur unmittelbar anwendbar, wenn sie geeignet ist, Rechte und Pflichten des Bürgers zu begründen[47] (sog. subjektiver Ansatz).[48] Dieser Ansicht liegt die Entscheidung des StIGH zum Danziger Beamtenabkommen zugrunde: " ... on ne saurait contester que l'objet même d'un accord international, dans l'intention des Parties contractantes, puisse être l'adoption, par les Parties, de règles déterminées, créant des droits et obligations pour des individus, et susceptibles d'être appliquées par les tribunaux nationaux."[49]

In dieser Definition ist bereits ein Hinweis auf den zweiten Ansatz in der Literatur enthalten, der die unmittelbare Anwendbarkeit einer Norm danach bestimmt, ob sie als Entscheidungsgrundlage für die Rechtsanwendungsorgane ohne Tätigwerden des Gesetzgebers geeignet ist.[50] Diesem Ansatz, der die objektive

---

45 Für die Gerichte *M. Herdegen* in *Th. Maunz/G. Dürig u. a.*, Kommentar zum Grundgesetz, Bd. III, Art. 20 a-53, Lieferungen 1-39, Art. 25 (2000), Art. 25 Rdnr. 37.

46 *A. Bleckmann*, "Zur Funktion des Art. 24 Grundgesetz" in *K. Hailbronner/G. Ress/T. Stein (Hrsg.)*, Staat und Völkerrechtsordnung, Festschrift für K. Doehring (1989), S. 63 ff., 76.

47 *E. Teubal de Alhadeff*, "Comment on self-executing treaties" in *M. Bothe/R.E. Vinuesa (Hrsg.)*, International Law and Municipal Law German-Argentinian Constitutional Law Colloquium (1982), S. 161 ff., 169: " ... clause is self executing when it defines the legal status of private individuals ... "; *S. A. Riesenfeld*, "The doctrine of self-executing treaties and US v. Postal: win at any price?", 74:4 AJIL (1980), S. 892 ff., 896 f., "immediate creation of rights and duties of private individuals which are enforceable ... by domestic tribunals."

48 *A. Bleckmann*, Begriff und Kriterien der unmittelbaren Anwendbarkeit völkerrechtlicher Verträge, Versuch einer allgemeinen Theorie des self-executing treaty auf rechtsvergleichender Grundlage, 123 Schriften zum öffentlichen Recht (1970), S. 92; *A. Verdross/B. Simma*, Universelles Völkerrecht, 3. Aufl. (1994), § 864.

49 Cour permanent de justice internationale, "Compétence des tribunaux de Dantzig (réclamations pécuniaires des fonctionnaires ferroviaires dantzikois passés au service polonais contre l'administration polonaise des chemins de fer)", Publications de la CPJI, Série B, no. 15, S. 17 f.

50 *K. M. Meessen*, "The application of rules of public international law within community

Komponente der unmittelbaren Anwendbarkeit hervorhebt[51], liegt die Entscheidung des US Supreme Court in der Sache *Foster and Elam v. Neilson* zugrunde:

> "Our Constitution declares a treaty to be the law of the land. It is, consequently, to be regarded in courts of justice as equivalent to an act of the legislature, whenever it operates of itself without the aid of any legislative provision."[52]

Im Zusammenhang mit der Feststellung der Durchgriffswirkung von Maßnahmen Internationaler Organisationen, die in dieser Arbeit zur Debatte steht, sind beide Aspekte der Definition der unmittelbaren Anwendbarkeit erheblich. Umittelbar anwendbar sind daher solche Normen, die ohne Tätigwerden des Gesetzgebers den innerstaatlichen Rechtsanwendungsorganen[53] als Entscheidungsgrundlage dienen können[54] oder/ und Rechte und Pflichten für Einzelne begründen.[55]

c. *Ermittlung der unmittelbaren Anwendbarkeit einer Norm*

Die unmittelbare Anwendbarkeit einer Norm knüpft an beide Aspekte der Definition an.[56] Für die Bestimmung von Rechtspositionen des Einzelnen wird unter Bezug auf die oben angeführte Entscheidung des StIGH der nach den Regeln

---

law", 13 CMLR (1976), S. 485 ff., 493; *A. Verdross/B. Simma*, Anm. 48, § 858. Das Bundesverfassungsgericht verlangt von einer unmittelbar anwendbaren Norm, daß sie "... nach Wortlaut, Zweck und Inhalt geeignet sein muß, wie eine innerstaatliche Gesetzesvorschrift rechtliche Wirkungen auszulösen", BVerfGE 29, 348 (360).

51 *J. Verhoeven*, "Application directe", 15 Revue belge de droit international (1980), S. 243 ff., 246.

52 US Supreme Court, *Foster and Elam v. Neilson*, 27 U.S. (2 Pet.) 253, 7 L.Ed. 415, 415; im amerikanischen Verfassungsrecht werden Geltung und unmittelbare Anwendbarkeit jedoch verknüpft.

53 Rechtsanwendungsorgane in Verbindung mit der unmittelbaren Anwendbarkeit sind Staatsorgane nur, wenn sie im Rahmen der Rechtsanwendung mit Wirkung ausschließlich für den innerstaatlichen Bereich tätig werden, vgl. *P. Rösgen*, Rechtsetzungsakte der Vereinten Nationen und ihrer Sonderorganisationen - Bestandsaufnahme und Vollzug in der BRD (1985), S. 212/213.

54 So *A. Koller*, Die unmittelbare Anwendbarkeit völkerrechtlicher Verträge und des EWG-Vertrages im innerstaatlichen Bereich, 8 Schweizerische Beiträge zum Europarecht (1971), S. 72.

55 So *Rösgen*, Anm. 53, S. 212. Die Definition von *Verdross/Simma*, Anm. 48, S. 441 nach der als unmittelbar anwendbar solche Normen, die "ohne landesrechtliche Konkretisierung als Grundlage von Entscheidungen der Gerichte oder Verwaltungsbehörden auch über Rechtsverhältnisse von Privatpersonen dienen" bezeichnet werden, vermischt beide Aspekte in unklarer Weise, da für den Individualbezug der Normen nicht entscheidend ist, daß die Rechtsanwendungsorgane über Einzelne entscheiden.

56 So im Ergebnis *Rösgen*, Anm. 53, S. 213.

des Völkerrechts zu bestimmende Wille der Vertragsparteien als entscheidend angesehen.[57] Nach den Bestimmungen des nationalen Rechts ist festzulegen, inwieweit sich eine völkerrechtliche Norm zur Entscheidungsgrundlage für innerstaatliche Rechtsanwendungsorgane eignet.

d. Unmittelbare Anwendbarkeit und Durchgriffswirkung

Zwischen der unmittelbaren Anwendbarkeit und der Durchgriffswirkung, die in einem engen inhaltlichen Zusammenhang stehen, ist zu unterscheiden. Der Begriff der unmittelbaren Anwendbarkeit kennzeichnet die Wirkung von internationalen Normen im Verhältnis zum nationalen Recht und wird insbesondere für das Europäische Gemeinschaftsrecht verwendet. Die Durchgriffswirkung beschreibt hingegen die Rechtswirkung der Rechtsakte, die eine Supranationale Organisation nach der Übertragung von Hoheitsrechten erläßt. Der Durchgriff bezeichnet in diesem Kontext das Verhältnis des autonomen Handelns der Internationalen Organisation zu der zurückgenommenen Zuständigkeit der nationalen Organe der Mitgliedstaaten.[58] Der Durchgriff ist damit ein wesentliches Strukturelement der Supranationalität.[59]

Maßnahmen Internationaler Organisationen, denen Durchgriffswirkung zukommt, sind im Ergebnis auch unmittelbar anwendbar. Die unmittelbare Anwendbarkeit ist ein Merkmal von Maßnahmen mit Durchgriffswirkung, reicht jedoch zur Feststellung von Durchgriffswirkung nicht aus. Die unmittelbare Anwendbarkeit kann damit als notwendige, nicht aber hinreichende Bedingung der Durchgriffswirkung qualifiziert werden. Damit einer Maßnahme Durchgriffswirkung zuerkannt werden kann, muß sie nicht nur unmittelbar anwendbar sein, sondern auch aufgrund von Hoheitsrechten ausgeübt worden sein.

e. Ergebnis

Entscheidende Kriterien für die unmittelbare Anwendbarkeit im Zusammenhang mit einer supranationalen Maßnahme sind zum einen die Begründung von Rechten für Einzelne und zum anderen die Eignung der Norm als direkte Entscheidungsgrundlage für nationale Rechtsanwendungsorgane.

---

[57] So *Koller*, Anm. 54, S. 104 ff.; *Meessen*, Anm. 50, S. 485 ff., 493 f.

[58] Vgl. zum Begriff *Mosler* in *Isensee/Kirchhof (Hrsg.)*, Anm. 2, § 175 Rdnr. 19; *Rojahn* in *v. Münch/Kunig (Hrsg.)*, Anm. 4, Art. 24 Rdnr. 9; *Tomuschat*, Anm. 6, Art. 24 Rdnr. 114.

[59] *Rojahn* in *v. Münch/Kunig (Hrsg.)*, Anm. 4, Art. 24 Rdnr. 9.

Das Vorliegen der unmittelbaren Anwendbarkeit von Normen reicht allein nicht aus, um den supranationalen Charakter einer Organisation zu begründen. Zusätzliches Erfordernis der Supranationalität ist die Ausübung von Hoheitsbefugnissen, die der Internationalen Organisation durch die Mitgliedstaaten übertragen worden sind. Die unmittelbare Anwendbarkeit ist nur Folge der Ausübung dieser Hoheitsbefugnisse.

5. Existenz supranationaler Züge in der institutionellen Struktur der UN

Im Rahmen der UN hat sich die Frage der Supranationalität bislang nur sporadisch gestellt.

a. *UN als Untersuchungsgegenstand für Supranationalität*

Internationalen Organisationen universeller Natur soll im allgemeinen kein supranationaler Charakter zukommen[60], da diese grundsätzlich keine Hoheitsaufgaben wahrnehmen. Die UN sind eine zwischenstaatliche Einrichtung iSv. Art. 24 I GG, der nach allgemeiner Ansicht durch die Mitgliedstaaten nicht explizit Hoheitsrechte übertragen wurden.[61] Die Anwendung des Art. 24 I GG auf die UN ist bislang abgelehnt worden, da den Bestimmungen der Charta der Durchgriffseffekt fehlt.[62] Art. 24 und 25 GG verpflichten die Bundesrepublik nach der bisherigen Ansicht in der Literatur lediglich im Außenverhältnis als Völkerrechtssubjekt, schlagen indes nicht auf den Bürger durch.[63]

b. *Anlage supranationaler Züge im Rahmen der UN*

Auch im Rahmen der UN haben sich jedoch erste Formen supranationaler Befugnisse Internationaler Organisationen oder deren Organe herausgebildet haben[64]. Schon *Mason* hat einige Charta-Vorschriften mit supranationalen

---

60 *Capotorti* in *Bernhardt (ed.)*, Anm. 1, S. 742.

61 *Seifert/Hömig*, Anm. 21, Art. 24 Rdnr. 2.

62 *Tomuschat*, Anm. 6, Art. 24 Rdnr. 114.

63 *D. C. Dicke/H.-W. Rengeling*, Die Sicherung des Weltfriedens durch die Vereinten Nationen (1975), S. 47 ff.; *W. A. Kewenig*, "Die Problematik der Bindungswirkung von Entscheidungen des Sicherheitsrates" in *H. Ehmke/J. H. Kaiser/W. A. Kewenig (Hrsg.)*, Festschrift für U. Scheuner zum 70. Geburtstag (1973), S. 259 ff., 259; *Rojahn* in *v. Münch/Kunig (Hrsg.)*, Anm. 4, Art. 24 Rdnr. 46; *Tomuschat*, Anm. 6, Art. 24 Rdnr. 114.

64 So *Rojahn* in *v. Münch/Kunig (Hrsg.)*, Anm. 4, Art. 24 Rdnr. 46 für bestimmte staats-

Aspekten der EGKS verglichen und supranationale Ansätze festgestellt. Unter Verweis auf *Kelsen*, der den Sicherheitsrat als eine autokratische oder aristokratische Regierung bezeichnet hat[65], hat *Mason* einen supranationalen Charakter des Sicherheitsrates aufgrund dessen potentieller Möglichkeit zur Einmischung in das nationale Recht angenommen.[66] Inwieweit die Maßnahmen des Sicherheitsrates tatsächlich einen supranationaler Effekt aufweisen, ist Gegenstand des folgenden Kapitels dieser Studie.

Auch die Sekretariate der UN und des Völkerbundes, denen eine rein administrative Rolle zukommt, und die Richter des IGH sollen nach Ansicht von *Mason* einen supranationalen Status aufweisen.[67] Dieser ergibt sich aus der unabhängigen Stellung der Organe und deren Beschlußmöglichkeiten. Zur Annahme von Supranationalität reicht nach der in dieser Arbeit zugrundegelegten Definition die Erfüllung dieser Charakteristika jedoch nicht aus.[68]

aa. 'Headquarters Agreement'

Die Regelungsbefugnisse der UN im Bereich des Hauptquartiers, die in der Satzung der UN nicht erwähnt werden, können Einzelne unmittelbar verpflichten[69]:

> "The United Nations shall have the power to make regulations, operative within the headquarters district, for the purpose of establishing therein conditions in all respects necessary for the full execution of its functions. No federal, state or local law or regulation of the United States which is inconsistent with the regulation of

---

freie Räume wie den Luftraum über der Hohen See und den Tiefseeboden sowie im Bereich der internationalen Strafgerichtsbarkeit; nach *M. Bothe*, "Internationale Organisationen und das Rechtsstaatsprinzip" in *J. Jekewitz/K. H. Klein/J. D. Kühne/H. Petersmann/R. Wolfrum (Hrsg.)*, Des Menschen Recht zwischen Freiheit und Verantwortung, Festschrift für K. J. Partsch zum 75. Geburtstag (1989), S. 493 ff., 500 sind bei anderen Organisationen [als den Europäischen Gemeinschaften] solche Befugnisse etwas mühsam zu finden.

65 *H. Kelsen*, The Law of the United Nations (1951), S. 276.

66 *H. L. Mason*, The European Coal and Steel Community (1955), S. 130/131.

67 Ohne Begründung *Mason*, Anm. 66, S. 131; *Bindschedler* in *Bernhardt (ed.)*, Anm. 3, S. 1295.

68 So auch *Bindschedler* in *Bernhardt (ed.)*, Anm. 3, S. 1295, der diesen Aspekten lediglich eine Indizwirkung einräumt.

69 *Bothe* in *Jekewitz/u. a. (Hrsg.)*, Anm. 64, S. 500.

the United Nations authorized by this section shall, to the extent of such inconsistency, be applicable within the headquarters district ... ."[70]

Obwohl die Regelungsbefugnisse nicht in der Charta angelegt sind, wird ihre Existenz in Art. III Abs. 8 des 'Headquarters Agreement' vorausgesetzt.[71] Der Vorrang des UN-Rechts wird im Konfliktfall mit der amerikanischen Rechtsordnung wird ausdrücklich in der Vorschrift festgeschrieben[72], und die Ausübung der Regelungsbefugnisse beinhaltet die Ausübung von Hoheitsbefugnissen, da zum einen die in Art III Abs. 8 geregelten Befugnisse über ein bloßes Hausrecht hinausgehen[73] und die UN zum anderen rechtsgestaltend im Bereich des 'Headquarters Agreement' tätig werden. Diese Befugnisse weisen daher supranationalen Charakter auf.

Die Generalversammlung hat auf dieser Grundlage das Recht der Ausübung bestimmter Berufe auf dem Gebiet des Hauptquartiers der Vereinten Nationen sowie die Öffnungszeiten der dortigen Regiebetriebe geregelt.[74]

Die UN üben Befugnisse aus, die ihr durch die Charta nicht zuerkannt worden sind. Da das 'Headquarters Agreement' keine über die Charta hinausgehenden Befugnisse gewähren kann, stellt es keine ausreichende Rechtsgrundlage dar. Zur rechtlichen Begründung ist daher auf die 'implied-powers'-Lehre zurückzugreifen, und die Notwendigkeit solcher Regelungen für das ordentliche Funktionieren der Dienste des Hauptquartiers und damit für das Wirken der Organisation dürfte anzunehmen sein.[75]

---

70 Art. III Abs. 8 United Nations and United States of America, 'Agreement regarding the Headquarters of the United Nations', signed at Lake Success, on 26 June 1947, and approved by the General Assembly of the United Nations, on 31 October 1947, with an Exchange of Notes, dated 21 November 1947, bringing this Agreement into effect, 11 UNTS II (1947), S. 11 ff.

71 *Bothe* in *Jekewitz/u. a. (Hrsg.)*, Anm. 64, S. 500.

72 *Verdross/Simma*, Anm. 48, § 867 Fn. 41 bezeichnen Art. III Sect. 8 als völkerrechtliche Vorrangklausel.

73 *Bothe* in *Jekewitz/u. a. (Hrsg.)*, Anm. 64, S. 500.

74 Die Generalversammlung hat drei 'Headquarter Regulations' durch die Resolution 604 (VI) v. 1.11.1952 erlassen, 'Regulations to give effect to article III, section 8, of the Headquarters Agreement between the United Nations and the United States of America', 6 GAOR 86, 1951/52, Supplement No. 20, A/2119. Vgl. *I. Detter*, Law Making by International Organisations (1965), S. 129 f.; *W. Meng*, Das Recht der Internationalen Organisationen - eine Entwicklungsstufe des Völkerrechts (1979), S. 77 f.

75 *Bothe* in *Jekewitz/u. a. (Hrsg.)*, Anm. 64, S. 501; nach *Meng*, Anm. 74, S. 78 leitet sich die Normsetzungsbefugnis der UN im Verhältnis zu den Individuen aus dem amerikani-

bb. Friedenserhaltende Aktionen der UN

Entscheidend für die Beurteilung eines möglichen supranationalen Charakters ist das Rechtsverhältnis zwischen den Vereinten Nationen und den Bewohnern der Staaten, auf deren Gebiet die friedenserhaltenden Aktionen der UN stattfinden. Bei diesen Maßnahmen üben die Truppen der traditionellen Blauhelmeinsätze im allgemeinen keine Hoheitsbefugnisse auf dem Gebiet der Staaten aus.[76] Die Streitkräfte werden aufgrund eines UN-Mandats entsandt und müssen das Recht des Aufenthaltstaates respektieren, der der Mission zugestimmt hat.[77]

Seit 1988 hat sich die Anzahl und die Art der Mandate vergrössert. Das traditionell militärisch geprägte 'Peace-keeping'-Konzept ist um zivile Aufgaben, sog. 'Civilian Operations', erweitert worden.[78] In diesem Bereich haben sich die Aufgaben der UN von 'peace-keeping' zu 'peace-building' entwickelt.[79] Das 'peace-building' beschreibt *B. Boutros-Ghali* in der 'Agenda for Peace' folgendermaßen[80]:

> "... [p]eacemaking and peace-keeping operations, to be truly successful, must come to include comprehensive efforts to identify and support structures which will tend to consolidate peace and advance a sense of confidence and well-being among people. Through agreements ending civil strife, these may include disarming the previously warring parties and the restoration of order, the custody and possible destruction of weapons, repatriating refugees, advisory and training

---

schen Recht ab. Da das 'Headquarters Agreement' jedoch zwischen den UN und den USA abgeschlossen wurde, somit auf internationalem und amerikanischem Recht beruht und inhaltlich den Vorrang der Regelungsbefugnisse der UN statuiert, ist zur Kompetenzbegründung auf die 'implied-powers'-Lehre zurückzugreifen.

76 *Bothe* in *Jekewitz/u. a.*, Anm. 64, S. 502; von UN-Friedensmissionen im Sinne von Blauhelmeinsätzen unter UN-Kommando sind eine Reihe internationaler Militäreinsätze zu unterscheiden, die von den UN autorisiert wurden.

77 *Bothe* in *Jekewitz/u. a. (Hrsg.)*, Anm. 64, S. 502.

78 Vgl. eine Übersicht bei *P. Bardehle*, "Tendenzen und Probleme der Fortentwicklung der zivilen Komponente des UN Peace-keeping" in *W. Kühne*, Blauhelme in einer turbulenten Welt, 1. Aufl. (1993), S. 195 ff.; *M. Eisele*, "Im Auftrag des Sicherheitsrats: Friedensmissionen der Vereinten Nationen", 46:1 Vereinte Nationen (1998), S. 1 ff. Die im folgenden dargestellten zivilen Missionen illustrieren die umfangreiche Tätigkeit des Sicherheitsrates lediglich beispielhaft.

79 *R. Dupuy*, "The United Nations Facing the Crisis of the Nation State" in *N. Jasentuliyana (ed.)*, Perspectives on international law (1995), S. 201 ff., 207.

80 *B. Boutros-Ghali*, 'An Agenda for Peace: Preventive Diplomacy, Peacemaking and Peacekeeping, Report of the Secretary-General pursuant to the statement adopted by the Summit Meeting of the Security Council on 31 January 1992', UN Doc. S/24111 und A/47/277 v. 17.06.1992.

support for security personnel, monitoring elections, advancing efforts to protect human rights, reforming or strengthening governmental institutions and promoting formal and informal processes of political participation."

Sofern im Rahmen der friedenserhaltenden Aktionen Ordnungs- und Polizeiaufgaben erfüllt werden, die den Staat und Einzelne unmittelbar verpflichten, üben die UN Hoheitsbefugnisse aus.

Mit der 'Opération des Nations Unies au Congo' (ONUC) haben die UN 1960 in den kongolesischen Bürgerkrieg eingegriffen. Der Sicherheitsrat hat mit der Resolution 143 (1960) den Generalsekretär beauftragt, der kongolesischen Regierung Hilfe zu gewähren.[81] Als der Bürgerkrieg zu eskalieren drohte, wurden die UN-Truppen durch die Resolution 161 (1960) ermächtigt, den Bürgerkrieg notfalls mit Waffengewalt zu verhindern.[82] In der Resolution 169 (1961) ist der Generalsekretär ermächtigt worden, notfalls mit Waffengewalt nicht den UN angehörendes militärisches oder paramilitärisches Personal zu ergreifen, festzunehmen und/ oder abzuschieben und dessen Rückkehr zu verhindern.[83] In der ersten Phase der ONUC erfüllten die UN-Soldaten neben diesen Polizeiaufgaben auch Ordnungsaufgaben, indem sie für die Aufrechterhaltung der öffentlichen Dienste sorgte.[84]

---

[81] S/RES/143 (160) v. 14.07.1960, Resolutions and Decisions of the Security Council (1960), 15 SCOR 5 : "2. *Decides* to authorize the Secretary-General to take the necessary steps, in consultation with the Government of the Republic of the Congo, to provide the Government with the technical assistance of the United Nations, the national security forces may be able, in the opinion of the Government, to meet fully their tasks."

[82] S/RES/161 (1960) v. 21.02.1961, Resolutions and Decisions of the Security Council (1960), 16 SCOR 2: "1.*Urges* that the United Nations take immediately all appropriate measures to prevent the occurrence of civil war in the Congo, including arrangements for cease-fires, the halting of all military operations, the prevention of clashes, and the use of force, if necessary, in the last resort ... ."

[83] S/RES/169 (1961) v. 24.11.1961, Resolutions and Decisions of the Security Council (1961), 16 SCOR 3: "4. *Authorizes* the Secretary-General to take vigorous action, including the use of the requisite measure of force, if necessary, for the immediate apprehension, detention pending legal action and/or deportation of all foreign military and paramilitary personnel and political advisers not under the United Nations Command, and mercenaries, as laid down in paragraph 2 of Security Council resolution 161 A (1961) of 21 February 1961; *Further requests* the Secretary-General to take all necessary measures to prevent the entry or return of such elements under whatever guise, and also of arms, equipment or other material in support of such activities."

[84] So übernahmen Angestellte der UN-Sonderorganisationen die Wiedereröffnung des Hafens Matadi oder der nationalen Eisenbahnverbindung, vgl. mit weiteren Beispielen *Bardehle* in *Kühne*, Anm. 78, S. 197.

Da die Regierungsgewalt im Kongo auseinandergebrochen war und die UN mit den *de-facto*-Regimen kooperierte, waren die hoheitlichen UN-Maßnahmen im nationalen Raum direkt wirksam.[85]

Die 'United Nations Peacekeeping Force in Cyprus' (UNFICYP) ist vom Sicherheitsrat in der Resolution 186 (1964) mit der Wiederherstellung von Recht und Ordnung beauftragt worden. Außerdem sollte eine weitere Gewaltanwendung im Zypern-Konflikt verhindert werden.[86]

Die 'United Nations Interim Force in Lebanon' (UNIFIL) sollte auf der Grundlage der Resolution 425 und 426 (1978) Gesetz und Ordnung im Libanon wiederherstellen.[87] Diese Mission war aufgrund der Ablehnung durch die verschiedenen *de-facto*-Regime als gescheitert anzusehen.[88]

Zur Umsetzung des 'Governors Island Agreement' vom 3.07.1993 und des 'New York Pact' hat der Sicherheitsrat mit der Resolution 867 (1993) die 'United Nations Mission in Haiti' (UNMIH) gegründet, die der Modernisierung der

---

85 Zur nicht eindeutigen Rechtsgrundlage der Maßnahmen vgl. *R. Uerpmann*, "Grenzen zentraler Rechtsdurchsetzung im Rahmen der Vereinten Nationen", 33 Archiv des Völkerrechts (1995), S. 107 ff., 116.

86 S/RES/186 (1964) v. 4.03.1964, Resolutions and Decisions of the Security Council (1964), 19 SCOR 2: "4. *Recommends* the creation, with the consent of the Government of Cyprus, of a United Nations Peace-keeping Force in Cyprus. The composition and size of the Force shall be established by the Secretary-General, in consultation with the Governments of Cyprus, Greece, Turkey and the United Kingdom of Great Britain and Northern Ireland. The Commander of the Force shall be appointed by the Secretary-General and report to him. The Secretary-General, who shall keep the Government providing the Force fully informed, shall report periodically to the Security Council on its operation; 5. *Recommends* that the function of the Force should be, in the interest of preserving international peace and security, to use its best efforts to prevent a recurrence of fighting and, as necessary, to contribute to the maintenance and restoration of law and order and a return to normal conditions."

87 S/RES/425 (1978) v. 19.03.1978, Resolutions and Decisions of the Security Council (1978), 33 SCOR 5: "3. Decides, in the light of the request of the Government of Lebanon, to establish immediately under its authority a United Nations interim force for Southern Lebanon for the purpose of confirming the withdrawal of Israeli forces, restoring international peace and security and assisting the Government of Lebanon in ensuring the return of its effective authority in the area, the Force to be composed of personnel drawn from Member States ... ." S/RES 426 (1978) v. 19.03.1978, Resolutions and Decisions of the Security Council (1978), 33 SCOR 5: "2. Decides that the United Nations Interim Force in Lebanon shall be established in accordance with the above-mentioned report for an initial period of six months, and that it shall continue in operation thereafter if required, provided the Security Council so decides."

88 *Bardehle* in *Kühne*, Anm. 78, S. 200.

Streitkräfte und der Schaffung einer neuen Polizei durch die Präsenz von UN-Kräften diente.[89]

Mit der Resolution 1037 (1996) hat der Sicherheitsrat eine Übergangsverwaltung der UN für Ostslawonien, die Baranja und Westsirmien eingerichtet (UNTAES) und mit umfangreichen militärischen und zivilen Aufgaben betraut.[90] Die

---

[89] S/RES/867 (1993) v. 23.09.1993, Resolutions and Decisions of the Security Council (1993): "3. Determines that the UNPMS [United Nations police monitors] shall provide guidance and training to all levels of the Haitian police and monitor the way in which the operations are implemented in accordance with paragraph 9 of the report of the Secretary-General of 21 September 1993; 4. Also determines that the military component of the Mission in charge of modernization of the armed forces shall have the following roles: (a) The military training teams shall provide non-combat training, as outlined in paragraph 17 of the report of the Secretary-General of 21 September 1993, to meet requirements determined through coordination between the Chief of the United Nations Mission and the Government of Haiti; (b) The military construction unit will work with the Haitian military to carry out projects, as specified in paragraph 15 of the report of the Secretary-General of 25 August 1993 and as described in paragraph 16 of his report of 21 September 1993."

[90] S/RES/1037 (1996) v. 15.01.1996, Resolutions and Decisions of the Security Council (1996), dt. Fassung abgedruckt in 44:4 Vereinte Nationen (1996), S. 160 f.: "1. *Decides* to establish for an initial period of 12 months a United Nations peace-keeping operation for the Region referred to in the Basic Agreement, with both military and civilian components, under the name "United Nations Transitional Administration for Eastern Slavonia, Baranja and Western Sirium"(UNTAES); 10. *Decides* that the military component of UNTAES shall consist of a force with an initial deployment of 5,000 troops which will have the following mandate: (a) To supervise and facilitate the demilitarization as undertaken by the parties to the Basic Agreement, according to the schedule and procedures to be established by UNTAES; (b) To monitor the voluntary and safe return of refugees and displaced persons to their home of origin in cooperation with the United Nations High Commissioner for Refugees, as provided for in the Basic Agreement; (c) To contribute, by its presence, to the maintenance of peace and security in the region; and (d) Otherwise to assist in implementation of the Basic Agreement; 11. *Decides* that, consistent with the objectives and functions set out in paragraphs 12 to 17 of the Secretary-General's report of 13 December 1995, the civilian component of UNTAES shall have the following mandate: (a) To establish a temporary police force, define its structure and size, develop a training programme and oversee its implementation, and monitor treatment of offenders and the prison system, as quickly as possible, as set out in paragraph 16 (a) of the Secretary-General's report; (b) To undertake tasks relating to civil administration as set out in paragraph 16 (b) of the Secretary-General's report; (c) To undertake tasks relating to the functioning of public services as set out in paragraph 16 (c) of the Secretary-General's report; (d) To facilitate the return of refugees as set out in paragraph 16 (e) of the Secretary-General's report; (e) To organize elections, to assist in their conduct, and to certify the results as set out in paragraph 16 (g) of the Secretary-General's report and in paragraph 12 of the Basic

UNTAES hat auch die Eingliederung dieser vorwiegend von Serben bewohnten Gebiete der ehemaligen jugoslawischen Teilrepublik Kroatien in das unabhängige Kroatien abgesichert.

In Bosnien-Herzegovina hat der Sicherheitsrat mit der Resolution 1244 (1999) den totalen Abzug aller serbischen Militärs, Milizen und Polizeikräfte und den Aufbau einer funktionstüchtigen internationalen Zivilpolizeipräsenz gefordert.[91] Mit der Überwachung der umfassenden Restrukturierung und der Umsetzung des Dayton-Abkommens wurde in Annex 10 Art. I ff. des 'General framework agreement for peace in Bosnia and Herzegovina'[92] ein 'High Representative' betraut.

In Annex 2 V der Resolution 1244 (1999)[93] hat der Sicherheitsrat den Generalsekretär beauftragt, eine internationale zivile Übergangsverwaltung im Kosovo zu errichten, durch die die Autonomie der Bewohner der kriegszerstörten Provinz wiederhergestellt werden sollte.

In Ost-Timor hat der Sicherheitsrat mit der Resolution 1246 (1999)[94] die 'United Nations Mission in East Timor' (UNAMET) zur Durchführung des Referendums

---

Agreement; and (f) To undertake the other activities described in the Secretary-General's report, including assistance in the coordination of plans for the development and economic reconstruction of the Region, and those described in paragraph 12 below ... ."

91 S/RES/1244 (1999) v. 10.06.1999, Resolutions and Decisions of the Security Council (1999): "3. Demands in particular that the Federal Republic of Yugoslavia put an immediate and verifiable end to violence and repression in Kosovo, and begin an complete verifiable phased withdrawal from Kosovo of all military, police and paramilitary forces according to a rapid timetable, with which the deployment of the international security presence in Kosovo will be synchronized. 5. Decides on the deployment in Kosovo, under United Nations auspices, of international civil and security presences, with appropriate equipment and personnel as required, and welcomes the agreement of the Federal Republic of Yugoslavia to such presences. 10. Authorizes the Secretary-General, with the assistance of relevant international organizations, to establish an international civil presence in Kosovo in order to provide an interim administration for Kosovo under which the people of Kosovo can enjoy substantial autonomy within the Federal Republic of Yugoslavia, and which will provide transitional administration while establishing and overseeing the development of provisional democratic self-governing institutions to ensure conditions for a peaceful and normal life for all inhabitants of Kosovo."

92 'Bosnia and Herzegovina: General framework agreement for peace in Bosnia and Herzegovina with annexes' v. 14.12.1995, 35 ILM (1996), S. 75 ff.

93 S/RES 1244 (1999) v. 10.06.1999, Resolutions and Decisions of the Security Council (1999).

94 S/RES/1246 (1999) v. 11.06.1999, Resolutions and Decisions of the Security Council (1999).

über die Frage der Loslösung von Indonesien eingesetzt. Mit der Resolution 1262 (1999)[95] hat der Sicherheitsrat das Mandat von UNAMET zeitlich verlängert und um Polizei- und Ordnungsaufgaben erweitert.

Auch die von mehreren UN-Missionen vorgenommene Wahlüberwachung berührt den innerstaatlichen Machtbereich.[96] So wurden die Wahlen in Kambodscha unter der allgemeinen Leitung der 'United Nations Transitional Authority in Cambodia' (UNTAC) nach Art. 13 des Pariser Übereinkommens[97] durchgeführt. Durch die Resolution 629 (1989) wurde in Namibia die 'United Nations Transition Assistance Group' (UNTAG) mit der Überwachung der Wahl betraut.[98] UNAVEM II beobachtete die Wahl in Angola.[99] Mit der 'United Nations Mission for the

---

95 S/RES/1262 (1999) v. 27.08.1999, Resolutions and Decisions of the Security Council (1999): "1. Decides to extend the mandate of UNAMET until 30 November 1999, and endorses the proposal of the Secretary-General that in the interim phase UNAMET should incorporate the following components: (a) an electoral unit as set out in the report of the Secretary-General, (b) a civilian police component of up to 460 personnel to continue to advise the Indonesian police and to prepare for the recruitment and training of the new East Timorese police force, (c) a military liaison component of up to 300 personnel as set out in the report of the Secretary-General to undertake the necessary military liaison functions, to continue to be involved in the work of the East Timorese bodies established to promote peace, stability and reconciliation, and to provide advice to the Special Representative for the East Timor popular consultation on security matters as required, pursuant to the implementation of the Agreements of 5 May 1999, (d) a civil affairs component to advise the Special Representative for the East Timor popular consultation in monitoring the implementation of the Agreements of 5 May 1999 as set out in the report of the Secretary-General, (e) a public information component to provide information on progress made towards implementation of the outcome of the ballot, and to disseminate a message promoting reconciliation, confidence, peace and stability; ... ."

96 Vgl. zur Wahlüberwachung durch die UN *L. Garber*, "A new era of peace-making: United Nations and election monitoring" in *W. Kühne*, Blauhelme in einer turbulenten Welt, 1. Aufl. (1993), S. 217 ff.

97 'Paris Conference on Cambodia: agreements elaborating the framework for a comprehensive political settlement of the Cambodia conflict', Pariser Übereinkommen, 31 ILM (1992), S. 174 ff.

98 S/RES/629 (1989) v. 16.01.1989, Resolutions and Decisions of the Security Council (1989), 44 SCOR 2: "6. Requests also the Secretary-General, in preparing his report, to re-examine requirements necessary for UNTAG in order to identify wherever possible tangible cost-saving measures without prejudice to his ability fully to carry out its mandate as established in 1978, namely, to ensure the early independence of Namibia through free and fair elections under the supervision and control of the United Nations ... ."

99 S/RES/747 (1992) v. 24.03.1992, Resolutions and Decisions of the Security Council (1992), 47 SCOR: "1. Approves the report of the Secretary-General dated 3 March 1992 (S/23671) and the recommendations contained therein concerning the operational

Referendum in Western Sahara' (MINURSO) haben die UN das Referendum in der West-Sahara überwacht.[100]

Die UN übernehmen in ihren zivilen Einsätzen zunehmend innerstaatliche Aufgaben, wie Demobilisierung bewaffneter Kräfte und Organisation der zivilen Polizeipräsenz, Sicherung von Verkehrsinfrastrukturanlagen, Aufbau und Sicherung einer gesellschaftlichen Struktur und Wahlbeo-bachtung.[101] Die UN haben treuhänderisch die öffentlichen Dienste aufrechterhalten.[102] Durch die zerfallene Staatsgewalt verpflichten die UN nicht mehr die Staaten, sondern werden gestaltend im innerstaatlichen Rechtsraum tätig. Aufgrund dieser Ausübung von Hoheitsbefugnissen mit Durchgriffswirkung können die zivilen Missionen als supranational bezeichnet werden.

cc. *Verwaltungsgericht der UN ('Administrative Tribunal')*

Das Verwaltungsgericht der UN[103] ist nach Art. 2 S. 1 des Statuts des Verwaltungsgerichtes für alle Streitfälle zwischen den UN und deren Beamten zuständig, die sich auf die zwischen den Parteien abgeschlossenen Dienstverträge beziehen.[104] Ebenso fallen die aus diesen Verträgen unmittelbar oder mittelbar hergeleiteten Ansprüche wie auf Pensionsberechtigung oder Entschädigung unter

---

plan for United Nations observation of the elections and the enlargement of UNAVEM II."

100 Vgl. u. a. S/RES 1224 (1999) v. 28.01.1999.

101 Vgl. *D. Thürer*, "Der Wegfall effektiver Staatsgewalt: 'The failed State'" in *D. Thürer/M. Herdegen/G. Hohloch*, Der Wegfall effektiver Staatsgewalt: "The failed State", 34 Berichte der Deutschen Gesellschaft für Völkerrecht, 24. Tagung in Leipzig April 1995 (1996), S. 9 ff., 23; vgl. auch die Darstellung der 'failed states' in Kapitel III.

102 *Bardehle*, Anm. 78, S. 215.

103 Das Verwaltungsgericht der UN wurde durch Beschluß der Generalversammlung vom 24.11.1949 errichtet. Das Statut wurde durch weitere Beschlüsse der Generalversammlung vom 9.12.1953 und 8.11.1955 ergänzt, das Statut ist abgedruckt in 4 Archiv des Völkerrechts (1953/54), S. 105 ff.

104 Einen Überblick über die Rechtsprechung gibt *J. Schwob*, "Tribunal administratif des Nations Unies", XXXV Annuaire français (1989), S. 358 ff. *F. Honig*, "Verwaltungsgericht der Vereinten Nationen" in *K. Strupp/H.-J. Schlochauer (Hrsg.)*, Wörterbuch des Völkerrechts, Bd. III, 2. Aufl. (1962), S. 579 ff. weist darauf hin, daß eine gerichtliche Beilegung der Konflikte zwischen den UN und ihren Beamten ohne die Gründung des Verwaltungsgerichtes nicht möglich gewesen wäre: zum einen unterstehen die Vereinten Nationen nicht der Gerichtsbarkeit innerstaatlicher Gerichte, zum anderen können nach Art. 34 I IGH-Statut nur Staaten, nicht aber Internationale Organisationen und Privatpersonen beim IGH klagen.

die Zuständigkeit des Verwaltungsgerichtes. Die Entscheidungen sind für die Parteien verbindlich, wobei eine qualifizierte Berufung nur unter bestimmten Voraussetzungen zulässig ist.[105] Das anzuwendende Recht ist in der Dienstsatzung und sonstigen auf das Beamtenverhältnis anwendbaren Sonderbestimmungen der UN enthalten. Durch die Urteile können die Beamten und Personen, die in einem Anstellungsverhältnis zu den UN sind und das Gericht angerufen haben, direkt verpflichtet werden, nicht aber der Generalsekretär.[106] Da durch die Urteile Einzelne direkt verpflichtet werden, wirken die Urteile des Verwaltungsgerichts unmittelbar im nationalen Rechtsraum. Dem Verwaltungsgericht sind seine Aufgaben durch die Mitgliedstaaten übertragen worden, so daß es Hoheitsbefugnisse mit Durchgriffswirkung ausübt. Es weist daher supranationalen Charakter auf.

6. Verbindliche Maßnahmen Internationaler Organisationen – Wirkmechanismus von Sicherheitsrats-Resolutionen im nationalen Recht

Die Geltung von bindenden Maßnahmen Internationaler Organisationen wird im folgenden am Beispiel der UN-Sicherheitsrats-Resolutionen dargestellt.

a. Sicherheitsrats-Resolutionen allgemein

Die völkerrechtliche Verpflichtung der Staaten zur Umsetzung der Sicherheitsrats-Resolutionen ergibt sich aus Art. 25, 41 und 48. Zur innerstaatlichen Geltung ist eine Umsetzung der Resolutionen ins nationale Recht erforderlich.[107] Durch die Maßnahme der Organe der Internationalen Organisation wird dem verpflichteten Staat ein bestimmtes Ergebnis vorgeschrieben, die Wahl der juristischen Mittel zur Umsetzung dem Staat aber selbst überlassen.[108]

Nach allgemeiner Ansicht sind Sicherheitsrats-Beschlüsse grundsätzlich nicht unmittelbar anwendbar.[109] Falls die Maßnahmen der Internationalen Organisation nur

---

105 Vgl. insoweit *Honig* in *Strupp/Schlochauer (Hrsg.)*, Anm. 104, S. 580.

106 *Schwob*, Anm. 104, S. 372.

107 *J. Abr. Frowein*, "United Nations" in *R. Bernhardt (ed.)*, 4 Encyclopedia of public international law (2000), S. 1029 ff., 1035; *K. J. Partsch*, "International law in municipal law: law and decisions of international organizations and courts" in *R. Bernhardt (ed.)*, 2 Encyclopedia of public international law (1995), S. 1228 ff., 1230.

108 *Verdross/Simma*, Anm. 48, § 867.

109 So für mehrere nationale Gerichtsentscheidungen *Verdross/Simma*, Anm. 48, S. 556; allgemein für Sicherheitsrats-Resolutionen *Frowein*, Anm. 107, S. 278.

zur Klärung von sachlichen Vorfragen in Gerichtsverfahren und nicht der Durchsetzung von Rechten dienen, kann eine Umsetzung ins nationale Recht ausnahmsweise entbehrlich sein.[110]

Vor einem nationalen Gericht, dem 'District Court of Jerusalem', ist dessen Zuständigkeit unter Berufung auf eine Sicherheitsrats-Resolution[111], die die Umstände der Festnahme des Angeklagten verurteilte, von der Verteidigung bestritten worden.[112] Auch der 'District Court of Jerusalem' hat, unabhängig vom Inhalt der Sicherheitsrats-Resolution, entschieden, daß sich ein Angeklagter nach geltendem Recht im Prozeß nicht auf die Umstände berufen darf, unter denen er festgenommen worden ist.[113] Das Gericht hat hierdurch die bindende Kraft der Sicherheitsrats-Resolution nicht in Frage gestellt und seine Zuständigkeit trotz Vorliegen der Resolution anerkannt.[114]

b. Sicherheitsrats-Resolutionen vor nationalen Gerichten

Vor nationalen Gerichten ist jedoch die Durchsetzung von Rechten aus Sicherheitsrats-Resolutionen, vor allem solcher, die wirtschaftliche Sanktionen beinhalteten, angestrebt worden. Die Frage nach einer möglichen Durchsetzung hat sich insbesondere für Resolutionen gestellt, die von Individuen ausgeführt werden sollten.[115]

Den Sicherheitsrats-Resolutionen könnten Durchgriffswirkung haben, indem sie von den nationalen Gerichten anerkannt werden. Über eine unmittelbare

---

[110] Generalversammlungs-Entscheidungen wurden über territoriale Fragen zur Bestimmung der Zuständigkeit der nationalen Gerichte herangezogen, vgl. *Ch. H. Schreuer*, "The relevance of United Nations decisions in domestic litigation", 27 ICLQ (1978), S. 1 ff., 4.

[111] S/RES/138 (1960) v. 23.06.1960, Resolutions and Decisions of the Security Council (1960), 15 SCOR 4, Doc.S/4349, Exhibit T1.

[112] District Court of Jerusalem, *Attorney-General of the Government of Israel v. Adolf Eichmann*, Urteil v. 12.12.1961 in *E. Lauterpacht (ed.)*, 36 ILR 5 (1968), S. 57 ff., 58 Nr. 40.

[113] District Court of Jerusalem, *Attorney-General of the Government of Israel v. Adolf Eichmann*, Urteil v. 12.12.1961 in *E. Lauterpacht (ed.)*, 36 I.L.R. 5 (1986), S. 57 ff., 59 Nr. 41.

[114] *Ch. H. Schreuer*, Decisions of international institutions before domestic courts (1981), S. 84.

[115] *E. Lauterpacht* "Implementation of Decisions of International Organization Law by National Authorities and Courts" in *St. M. Schwebel*, The effec-tiveness of international decisions (1971), S. 57 ff., 57.

Anwendbarkeit hinaus können sie zwischen Einzelnen wirken, wenn sie nach der Rechtsprechung auch zwischen Einzelnen zu beachten sind.

Nationale Gerichte haben in den folgenden Beispielsfällen die bindende Kraft der Sicherheitsrats-Resolutionen und die völkerrechtliche Verpflichtung der Staaten grundsätzlich anerkannt, die unmittelbare Anwendung jedoch aus anderen Gründen abgelehnt.

aa. Diggs v. Shultz *(US Court of Appeals 1976)*

In *Diggs v. Shultz*[116] versuchten mehrere Privatpersonen aufgrund der "Embargo-Resolutionen" des Sicherheitsrates 232[117] und 253[118], die Gewährung von Einfuhrlizenzen für Chrom aus Südrhodesien durch den Finanzminister zu verhindern. Die Resolutionen sind durch zwei Verordnungen ("implemented through executive orders"[119]) ins amerikanische Recht eingeführt worden, die strafrechtliche Sanktionen für den Fall einer Embargo-Verletzung vorsahen. Der 'Court of Appeals' hat die Klagebefugnis der Einzelnen bejaht:

> "United Nations Security Council Resolution 232 was - and is an attempt by means of concerted international pressure to turn the Rhodesian Government away from the course of action which has resulted in the adverse circumstances experienced by appellants. They are unquestionably within the reach of its purpose and among its intended beneficiaries."[120]

Zudem hat er festgestellt, daß zwischen den Ansprüchen der Kläger und der Klage gegen die amerikanische Regierung eine ausreichende logische Verbindung besteht:

> "... to persons situated as are appellants, United Nations action constitutes the only hope; and they are personally aggrieved and injured by the dereliction of any

---

[116] US Court of Appeals, D.C., *Diggs v. Shultz*, Urteil v. 31.10.1972, 470 F. 2d 461; 11 ILM (1972), S. 1252 ff.

[117] S/RES/232 (1966) v. 16.12.1966, Resolutions and Decisions of the Security Council (1966), 21 SCOR 7.

[118] S/RES/253 (1968) v. 29.05.1968, Resolutions and Decisions of the Security Council (1968), 23 SCOR 5.

[119] Executive Orders 11322 und 11419 on trade with Southern Rhodesia, 6 ILM (1967), S. 100; 7 ILM (1968), S. 1088.

[120] US Court of Appeals, D.C., *Diggs v. Shultz*, Urteil v. 31.10.1972, 470 F. 2d 461; 11 ILM (1972), S. 1252 ff., 1254.

> member State which weakens the capacity of the world organisation to make its policies meaningful."[121]

Die Klage wurde dennoch abgewiesen, da ein nachfolgendes Gesetz den Sicherheitsrats-Resolutionen entgegenstand. Das sog. 'Byrd Amendment'[122] bestimmte, daß die Einfuhr von strategischem Material aus einem nicht-kommunistischen Land nicht verboten werden kann, solange sie nicht aus einem kommunistischen verboten ist.

Der 'Court of Appeals' ist davon ausgegangen, daß die Sicherheitsrats-Resolutionen eine vertragliche Verpflichtung konstituierten und das 'Byrd-Amendment' diesen Verpflichtungen entgegenstand:

> "violating a treaty engagement of this country ... ."[123]

Das 'Byrd-Amendment' diente dazu, die USA aus dem UN-Boykott von Südrhodesien auszunehmen:

> "it was to detach this country from the UN boycott of Southern Rhodesia in blatant disregard of our treaty undertakings ... ."[124]

Dennoch hat der 'Court of Appeals' die Klage abgewiesen:

> "... no amount of statutory interpretation now can make the Byrd Amendment other than what it was as presented to the Congress, namely, a measure which would make - and was intended to make - the United States a certain treaty violator."[125]

> "To attempt to decide whether the President chose properly among the three alternatives [1. have banned importation of these materials from Communist nations as well as from Rhodesia, 2. have taken steps to have these mate-rials declassified, thereby taking them in either case out of the scope of the Byrd Amendment] confronting him would be not to decide a judicial controversy, but

---

121 US Court of Appeals, D.C., *Diggs v. Shultz*, Urteil v. 31.10.1972, 470 F. 2d 461; 11 ILM (1972), S. 1252 ff., 1255/1256.

122 Byrd Amendment to the Strategical and Critical Materials Stock Piling Act, ILM 11 (1972), S. 178.

123 US Court of Appeals, D.C., *Diggs v. Shultz*, Urteil v. 31.10.1972, 470 F. 2d 461; 11 ILM (1972), S. 1252 ff., 1257.

124 US Court of Appeals, D.C., *Diggs v. Shultz*, Urteil v. 31.10.1972, 470 F. 2d 461; 11 ILM (1972), S. 1252 ff., 1258.

125 US Court of Appeals, D. C., *Diggs v. Shultz*, Urteil v. 31.10.1972, 470 F. 2d 461; 11 ILM (1972), S. 1252 ff., 1258.

> to assume a position of authority over the governmental acts of another and co-equal department, an authority which plainly we do not possess."[126]

Dadurch hat er zugelassen, daß sich der amerikanische Kongreß durch ein Gesetz über eine internationale Verpflichtung hinwegsetzt.

Das Urteil ist in der Literatur aus mehreren Gründen kritisiert worden: Zum einen sei die mechanische Anwendung der *lex-posterior*-Regel[127] nicht geeignet, den Konflikt zwischen internationalen und nationalen Vorschriften zu lösen, gerade da der Sicherheitsrat seine Boykottaufrufe auch nach Erlaß des 'Byrd Amendment' wiederholt habe.[128] Zum anderen stelle sich die Frage der Vereinbarkeit des Urteils mit Art. VI (2) der amerikanischen Verfassung:

> "... all treaties made, or which shall be made under the authority of the US, shall be the supreme law of the land; and the judges in every State shall be bound thereby."[129]

Da die Sicherheitsrats-Resolutionen durch zwei Verordnungen in amerikanisches Recht umgesetzt worden sind[130], betrifft dieser Fall eigentlich nicht die unmittelbare Anwendung. Festzuhalten bleibt jedoch, daß der 'Court of Appeals' in *Diggs v. Shultz* den Einzelnen einklagbare Rechte aus Sicherheitsrats-Resolutionen zugestanden hat, wobei allerdings unklar ist, ob diese Rechte bereits vor der Umsetzung der Resolutionen ins amerikanische Recht bestanden.

---

[126] US Court of Appeals, D.C., *Diggs v. Shultz*, Urteil v. 31.10.1972, 470 F. 2d 461; 11 ILM (1972), S. 1252 ff., 1257.

[127] Die *lex-posterior*-Regel besagt in diesem Zusammenhang, daß bei der Kollision eines Vertrages und eines Landesgesetzes die aktuellere Norm vorgeht, da beide Normen zum Landesrecht ("law of the land") gehören, vgl. *R. A. Brand*, "Security Council Resolutions: when do they give rise to enforceable legal rights? The United Nations Charter, the Byrd Amendment and a self-executing treaty analysis", 9 Cornell International Law Journal (1976), S. 298 ff., 298 Fn. 7.

[128] *Schreuer*, Anm. 110, S. 14.

[129] Constitution of the United States of America v. 17.09.1787, abgedruckt in *G. Franz*, Staatsverfassungen, 2. Aufl. (1964), S. 10 ff.

[130] Der District Court führt in *Diggs v. Dent*, No. 74-1292 (D.D.C., filed May 14, 1975), 14 ILM (1975), S. 797 ff., 803 dazu sogleich aus, daß der einzige Unterschied zwischen den Fällen *Diggs v. Shultz* und *Diggs v. Dent* darin bestehe, daß die Resolutionen im Fall *Diggs v. Shultz* umgesetzt worden sind: "The only significant difference between the earlier case and the case at bar is the embargo in *Diggs v. Shultz* had been made effective in this country by Executive Orders which imposed penalties upon persons who violated their directives."

bb. Diggs v. Dent *(District Court 1975) - Unmittelbare Anwendbarkeit von Resolution 301*

In *Diggs v. Dent*[131] versuchten Einzelpersonen unter Berufung auf die Sicherheitsrats-Resolution 301[132] eine einstweilige Verfügung gegen die US-Regierung zu erwirken. Nach ihrer Auffassung verstieß der Handel der USA mit Südafrika von namibischem Seehundfell gegen die Resolution. Der 'District Court' hat den bindenden Charakter der Sicherheitsrats-Resolution, die die Sanktionen gegen Namibia enthält, unter Hinweis auf das *Namibia*-Gutachten des IGH anerkannt:

> "by operation of Art. 25 of the Charter the US is to carry out these Security Council decisions."[133]

Das Gericht nimmt die Klagebefugnis der Kläger an, da für diese die Umsetzung der Maßnahmen nicht erforderlich sei. Es lehnt jedoch seine eigene Zuständigkeit ab, da die Kläger nur aus der Verfassung, Gesetzen oder Verträgen der USA klagen können. Das Gericht stellt fest, daß die Charta "law of the land" sei und internationale Verpflichtungen für die Staaten erzeuge. Einzelne können jedoch nur Vorschriften aus unmittelbar anwendbaren ("self-executing") Verträgen, geltend machen, die kein weiteres legislatives oder administratives Handeln erfordern:

> "The factual similarities between *Diggs v. Shultz* and the case at bar is undeniable... UN Res. 276 and 301, like the Resolution in *Diggs v. Shultz* attempt to deter a foreign government from activities which adversely affect plaintiffs by means of concerted international pressure. The Executive Orders were not apparently relevant however, to the existence of standing and thus their absence in the present situation is insufficient to distinguish the two cases."
>
> "Nevertheless, treaties do not generally confer upon citizens rights which they may enforce in the courts."

---

131 District Court, *Diggs v. Dent*, No. 74-1292 (D.D.C., filed May 14, 1975), 14 ILM (1975), S. 797 ff.

132 S/RES/301 v. 20.10.1971, Resolutions and Decisions of the Security Council (1971), 26 SCOR 8, UN Doc. S/INS/27 (1971) Res. called upon "all States, particularly those which have economic and other interest in Namibia, to refrain from any dealings with the government of South Africa which are inconsistent with paragraph 2 of the present resolution."

133 District Court, *Diggs v. Dent*, No. 74-1292 (D.D.C., filed May 14, 1975), 14 ILM (1975), S. 797 ff., 800.

"The provisions of the Charter of the United Nations are not self-executing and do not vest any of the plaintiffs with any individual legal rights which they may assert in this court."[134]

Der 'District Court' hat die Klage daher aufgrund fehlender Zuständigkeit abgewiesen.

Die Kläger hatten vorgebracht, daß die Resolution 301 direkte und explizite internationale Verpflichtungen enthielte, die keiner gesetzlicher Umsetzung zur Bindung der Exekutive bedürften.[135] Die direkte, aus der Sicherheitsrats-Resolution resultierende Verpflichtung haben sie folgendermaßen begründet: Die Resolution 301 stelle einen Aufruf zur Ergreifung sofortiger Maßnahmen und nicht die Aufforderung dar, einen Vertrag oder eine Vereinbarung in Zukunft abzuschließen. Außerdem habe in der Angelegenheit der Exekutive die volle Kompetenz über die Außenpolitik zugestanden, so daß eine Beteiligung der Legislativen entbehrlich gewesen sei, um einen bindenden Effekt der Resolutions-Vorschriften im innerstaatlichen Bereich zu erreichen. Im Gegensatz zu den Vorschriften in *Diggs v. Shultz* sei die Resolution nur an die Regierung gerichtet gewesen. Nach Ansicht der Kläger sei ein Handeln der Legislative erforderlich, bevor Einzelne durch die Regierung verpflichtet werden können. Da die Exekutive der Resolution 301 bei der Abstimmung zugestimmt habe, werde sie auch durch deren Verpflichtungen direkt gebunden.[136]

In diesem Fall stand die unmittelbare Anwendbarkeit von Resolutionen des Sicherheitsrates zur Diskussion, ohne daß nationale Umsetzungsakte ergangen waren. Der 'District Court' hat entschieden, daß keine Individualrechte aus Resolutionen iSd. Art. 41 geltend gemacht werden können.[137] Die Charta-Bestimmungen hat er nicht für unmittelbar angewendbar gehalten. Mit dieser Entscheidung setzt er sich in Widerspruch zu seiner Entscheidung *Keeney v.*

---

[134] District Court, *Diggs v. Dent,* No. 74-1292 (D.D.C., filed May 14, 1975), 14 ILM (1975), S. 797 ff., 804.

[135] District Court, *Diggs v. Dent,* No. 74-1292 (D.D.C., filed May 14, 1975, 14 ILM (1975), S. 797 ff., 803: "Plaintiffs contend that the United Nations Resolutions are positive domestic law and as such are judicially enforceable."

[136] Vgl. die ausführliche Darstellung des Klägervorbringens bei *Thomas A. Schweitzer*, "The United Nations as a source of domestic law: can security council resolutions be enforced in American courts?", 4 Yale Studies in World Public Order (1978), S. 162 ff., 237.

[137] *Frowein* in *Simma (ed.)*, Anm. 10, Art. 41 Rdnr. 14.

United States[138], in der er die unmittelbare Anwendbarkeit von Art. 100 und 105 bejaht hat.

cc. Diggs v. Richardson, *appeal of Diggs v. Dent (US Court of Ap-peals 1976)*

Im Appeal von *Diggs v. Dent, Diggs v. Richardson*[139] hat der 'Court of Appeals' die unmittelbare Anwendbarkeit von Verträgen untersucht und festgestellt, daß sich die zugrunde liegenden Sicherheitsrats-Resolutionen nicht an die Judikative richten und daher aufgrund fehlender nationaler Umsetzungsmaßnahmen nicht unmittelbar anwendbar waren:

> "... we find that the provisions here in issue were not addressed to the judicial branch of our government. They do by their terms confer rights upon individual citizens; they call upon governments to take certain action. The provisions deal with the conduct of our foreign relations, an area traditionally left to executive discretion."
>
> "... The UN resolution underlying that obligation does not confer rights on the citizens of the US that are enforceable in court in the absence of implementing legislation."[140]

Im folgenden wird diese Aussage für die Resolution 301 auf die Paragraphen d) und f) beschränkt:

> " ... we conclude that the provisions of Resolution 301 involved here do not confer on individual citizens rights that are judicially enforceable in American domestic courts."[141]

Judge Leventhal ist sich bewußt, daß er mit der Entscheidung gegen die unmittelbare Anwendbarkeit der Resolution weitere, wesentliche Fragen allgemeiner Natur ungeklärt läßt:

> "In holding that the U.N. Security Council Resolution involved here is not self-executing, we avoid the larger questions raised by this case:

---

138 District Court, *Keeney v. United States*, 218 F. 2d 483 D.C. Cir. 1954.

139 Court of Appeals, *Diggs v. Richardson*, 555 F.2d 848 D.C. Cir. 1976, 17.12.1976; abgedruckt in *F. S. Ruddy (ed.)*, 31 American International Law Cases (1986), S. 46 ff.

140 Court of Appeals, *Diggs v. Richardson*, 555 F. 2d 850 no. 9; abgedruckt in *Ruddy (ed.)*, Anm. 139, S. 46 ff., 48.

141 Court of Appeals, *Diggs v. Richardson*, 555 F. 2d 850 no. 9; abgedruckt in *Ruddy (ed.)*, Anm. 139, S. 46 ff., 48.

under what circumstances a Security Council resolution can create a binding international obligation of the United States; *whether Article 25 of the U.N. Charter, in which the member nations agree to carry out the resolutions of the Council can ever give rise to a self-executing resolution*; and so on."[142] (Hervorhebung wurde hinzugefügt).

Dasselbe Gericht, das in *Diggs v. Shultz* die individuelle Klagebefugnis auf der Grundlage von Sicherheitsrats-Resolutionen bejaht hat, läßt in diesem Fall keine Geltendmachung der Resolution zu. *Judge Leventhal* hat den Klägern zwar zugestimmt, daß die Resolution 301 an die Regierung gerichtet war; daraus hat er allerdings gefolgert, daß sie sich nicht an die Exekutive richtete und nicht unmittelbar anwendbar war.[143] Die folgende Begründung des Richters ist schwer mit dem vorangegangenen Zitat vereinbar:

> "We made no decision with respect those provisions of U.N. Security Council Resolution 301 which are not involved here."[144]

Nach einer Literaturmeinung soll diese Äußerung wörtlich zu verstehen sein, wohingegen sich das vorangegangene Zitat nur auf die beiden Paragraphen, d) und f) der Sicherheitsrats-Resolution beziehen soll.[145] Hiergegen spricht, daß das Urteil trotz der Einschränkkung im Ergebnis mit der generellen Aussage, daß die Resolution nicht unmittelbar anwendbar sei, übereinstimmt. Ohne diese allgemeine Feststellung könnte *Judge Leventhal* die Frage nach der unmittelbaren Anwendbarkeit offenlassen haben. Davon ist angesichts der Deutlichkeit seiner Aussage aber nicht auszugehen.

dd. Kangai v. Vance *(District Court 1978)*

In *Kangai v. Vance*[146] versuchten Einwohner Süd-Rhodesiens, die sich in den USA aufhielten, die Erteilung eines Visums an Ian D. Smith[147] aus Süd-Rhodesien zur

---

[142] Court of Appeals, *Diggs v. Richardson*, 555 F. 2d 850 no. 9, abgedruckt in *Ruddy (ed.)*, Anm. 139, S. 46. Die Frage, ob unmittelbar anwendbare Sicherheitsrats-Resolutionen überhaupt auf der Grundlage von Art. 25 ergehen können, stellt eine zentrale Frage dieser Arbeit dar und wird *infra* in Kapitel IV erläutert.

[143] *Schweitzer*, Anm. 136, S. 237.

[144] Court of Appeals, *Diggs v. Richardson*, 555 F. 2d, 851 No. 10, abgedruckt in *Ruddy (ed.)*, Anm. 139, S. 48 Fn. 10.

[145] *Schweitzer*, Anm. 136, S. 236.

[146] District Court, *Kangai v. Vance*, Urteil v. 5.10.1978, No. 78 - 2002, Tr. at 2 - 4, D.C. Cir.; abgedruckt in Anm. 139, S. 38 ff; Case note von *M. L. Nash*, 73:2 AJIL (1979), S. 297 f.

Einreise in die USA durch eine einstweilige Verfügung zu verhindern. Zur Begründung haben sie auf die Resolution 253[148] verwiesen, nach der die Staaten eine Einreise von Anhängern des "illegalen" Smith-Regimes nicht zulassen sollten. Die Resolution wurde durch eine 'Executive Order' ins amerikanische Recht umgesetzt. Der Richter hat den Antrag auf eine einstweilige Verfügung zurückgewiesen, die Klagebefugnis der Kläger unter Hinweis auf *Diggs v. Richardson* bezweifelt und Sicherheitsrats-Resolutionen für nicht unmittelbar anwendbar erklärt:

> "This Court decided in *Diggs v. Richardson* ... that resolutions of the United Nations Security Council are not self-executing and not enforceable in the courts of the United States."[149]

Die Zuständigkeit des Gerichts hat er abgelehnt, da die Außenpolitik dem amerikanischen Präsidenten unterstehe.[150]

Im 'Appeal' hat die Regierung dem Antrag entgegnet, daß Sicherheitsrats-Resolutionen nicht unmittelbar anwendbar seien und die Entscheidungen über deren Umsetzung im Ermessen der Regierung stehen. Die Antragsteller hatten wie folgt argumentiert:

---

147 Ian D. Smith stand seinerzeit dem weißen Minderheitsregime vor, das eine einseitige Unabhängigkeitserklärung abgegeben hatte, die von der britischen Regierung als Rebellion angesehen wurde. Im folgenden hat der Sicherheitsrat mit der Resolution S/RES/232 (1966) v. 16.12.1966, Resolutions and Decisions of the Security Council (1966), 21 SCOR 7 die Staaten aufgefordert, keine Waffen, Munition, militärische Ausrüstung und Öl zu liefern, und mit der Resolution S/RES/253 (1966) v. 29.05.1968, Resolutions and Decisions of the Security Council (1968), 23 SCOR 5 ein umfassendes Embargo verhängt.

148 S/RES/253 v. 29.05.1968, Resolutions and Decisions of the Security Council (1968), 23 SCOR 5: "Requiring all states, inter alia, to prevent entry into their territories 'save on exceptional humanitarian grounds' of any person travelling on a Southern Rhodesian passport issued by the 'illegal regime' in Southern Rhodesia, and, also to prevent entry into their territories of persons ordinarily resident in Southern Rhodesia 'whom they have reason to believe have futhered ... the ... actions of the illegal regime' in Southern Rhodesia."

149 District Court, *Kangai v. Vance*, Urteil v. 5.10.1978, Civil Action No. 78-1863, abgedruckt in *Ruddy (ed.)*, Anm. 139, S. 41.

150 District Court, *Kangai v. Vance*, Urteil v. 5.10.1978, Civil Action No. 78-1863, abgedruckt in *Ruddy (ed.)*, Anm. 139, S. 41: " ... the discretionary powers conferred upon the President by section 5 of the United Nations Participation Act ... to determine the manner and extent of United States implementation of such resolutions."

> "... that all U.N. Security Council resolutions enacted pursuant to Ch. VII of the U.N. Charter were mandatory and binding on member states, and that even without the internal Executive orders, there was a binding obligation upon the United States to adhere to the sanctions set out in Res. 253."[151]

Der 'Court of Appeals' hat den Antrag abgelehnt und entschieden, daß die Erteilung des Visums nicht gegen die Sicherheitsrats-Resolution verstoße, sondern einer friedlichen Konfliktlösung förderlich sei. Die eigentliche Frage wurde seitens des Gerichts offen gelassen.

ee. Bradley v. the Commonwealth of Australia and the Postmaster-General *(High Court of Australia 1973)*

Im australischen Fall *Bradley v. the Commonwealth of Australia and the Postmaster-General*[152] war eine Sicherheitsrat-Resolution nicht in nationales Recht umgesetzt worden. Der Kläger arbeitete im Rhodesien-Informationszentrum in Sydney, dem vom Postminister unter Berufung auf die Resolution 277[153] die postalischen und telephonischen Verbindungsmöglichkeiten nach Rhodesien abgeschnitten worden waren.

Der australische 'High Court' hat das Handeln des Postministers als nicht von dessen amtlicher Kompetenz umfaßt angesehen und die Anweisung für nichtig erklärt. Der 'High Court' hat jedoch zu Gunsten des Postministers hervorgehoben, daß sich dieser auf Sicherheitsrats-Resolutionen berufen habe, die das Regime in Rhodesien als illegal bezeichnen und alle Staaten auffordern, das Regime nicht anzuerkennen oder zu unterstützen; weiterhin seien die Resolutionen an die Mitgliedstaaten adressiert, die nach Art. 25 zu deren Annahme und Durchführung verpflichtet seien. Dennoch hat das Gericht in einer dualistischen Sichtweise[154] den Effekt der Resolutionen in seinem Urteil wieder eingeschränkt:

---

[151] District Court, *Kangai v. Vance*, Urteil v. 5.10.1978, Civil Action No. 78-1863, abgedruckt in *Ruddy (ed.)*, Anm. 139, S. 38, 42; s. zum weiteren Vorbringen der Antragsteller *Nash*, Anm. 146, S. 298.

[152] High Court of Australia, *Bradley v. the Commonwealth of Australia and the Postmaster-General,* abgedruckt in 47 Australian Law Journal (1979), S. 504 und UNJYB 1974 (1976), S. 208 ff.

[153] S/RES/277 v. 18.03.1970, Resolutions and Decisions of the Security Council (1970), 25 SCOR 5: "11. *Requests* member States to take all possible further action under Article 41 of the Charter to deal with the situation in Southern Rhodesia, not excluding any of the measures provided in that Ar-ticle."

[154] *Schreuer*, Anm. 114, S. 202.

"... resolutions of the Security Council neither form part of the law of the Commonwealth nor by their own force confer any power on the Executive Government of the Commonwealth which it would not otherwise possess ... that provision [Charter of the United Nations Act 1945] does not make the Charter itself binding on individuals within Australia as part of the law of the Commonwealth."

"Since the Charter and the resolutions of the Security Council have not been carried into effect within Australia by appropriate legislation, they cannot be relied upon as a justification for executive acts that would otherwise be unjustified or as grounds for resisting an injunction to restrain an excess of executive power, even if the acts were done with a view to complying with the resolutions of the Security Council."

Damit die Resolutionen in Australien Rechtswirkungen erzeugen können, sei ihre Umsetzung in das nationale Recht erforderlich. Das Gericht hat in seinem Urteil die Maßnahme der Exekutive auf ihre Vereinbarkeit mit dem nationalen Recht überprüft, dabei aber das internationale Recht nicht berücksichtigt.[155] Diese Vorgehensweise steht in Kontrast zu dem Vorgehen der amerikanischen Gerichte, die bei der Beurteilung internationaler Fragen die Akte der Exekutive außer acht gelassen haben.[156]

ff. Kriterien zur unmittelbaren Anwendbarkeit von Sicherheitsrats-Resolutionen

Die Sicherheitsrats-Resolutionen sind unmittelbar anwendbar, wenn sie im nationalen Rechtsraum wirksam sind. Entscheidende Kriterien zur unmittelbaren Anwendbarkeit können sich aus dem Vorbringen der Antragsteller in *Diggs v. Dent* und der Entscheidungsbegründung durch *Judge Leventhal* in *Diggs v. Richardson* ergeben. Die Antragsteller haben zur Begründung der unmittelbaren Anwendbarkeit der Resolution 301 in *Diggs v. Dent* den Aufrufcharakter der Resolution zur Ergreifung sofortiger Maßnahmen, die ausreichende internationale Verpflichtung und die Staatengerichtetheit der Resolution angeführt. Eine direkte Bindung der Regierung ergibt sich aufgrund ihrer Teilnahme an der Abstimmung

---

[155] *Schreuer*, Anm. 114, S. 203 weist auf die Gefahren für die Effektivität des internationalen Rechts hin, die ein derartiges Vorgehen mit sich bringt: das australische Gericht hat sich nicht nur geweigert, das Handeln der Exekutive auf seine Vereinbarkeit mit dem internationalen Recht zu überprüfen, sondern die Exekutive sogar aktiv zu einem Handeln entgegen deren internationalen Verpflichtungen gezwungen.

[156] *Schreuer*, Anm. 114, S. 203.

über die Resolution.[157] *Schweitzer* verweist zur möglichen Begründung der unmittelbaren Anwendbarkeit auf die in der Resolution enthaltenen negativen Forderungen.[158]

Judge Leventhal faßt die Frage der Möglichkeit der unmittelbaren Anwendbarkeit genereller:

> " ... whether Article 25 of the U.N. Charter, in which the member nations agree to carry out the resolutions of the Council can ever give rise to a self-executing resolution."

Art. 25 kann daher Rechtsgrundlage für eine unmittelbare Anwendbarkeit sein.[159]

Auch die nationalen Zustimmungsgesetze mit denen die Staaten den UN beigetreten sind, sind zur Begründung der direkten Bindung der Staaten herangezogen worden. Die Antragsteller in *Kangai v. Vance* haben geltend gemacht, daß die Ausstellung des Visums gegen den 'UN Participation Act' von 1945 verstößt:

> "... whenever the United States is called upon by the Security Council to apply measures which ... [it] has decided, pursuant to article 41 of ... [the UN] Charter, are to be employed to give effect to its decisions ..., the President may ... regulate, or prohibit, ... means of communication between any foreign country or any national thereof or any person therein ..., and the United States or any person subject to the jurisdiction thereof."[160]

Nach Ansicht des Gerichtes konnten die außenpolitischen Ermessensentscheidungen nicht gerichtlich überprüft werden. Der USamerikanische Präsident kann daher den Umfang der Geltung der Sicherheitsrats-Resolutione festlegen.

Der 'High Court of Australia' hat in *Bradley v. the Commonwealth of Australia and the Postmaster-General* unter anderem explizit festgestellt, daß das Zustimmungs-

---

157 Da keine Sicherheitsrats-Resolution ohne die Zustimmung der USA erlassen werden kann, vgl. Art. 27, kann dieses Argument für die Bindung der USA durchaus herangezogen werden; s. auch *Schweitzer*, Anm. 136, S. 237 Fn. 279.

158 *Schweitzer*, Anm. 136, S. 236: "Resolution 301 'requests' and 'calls upon' member states to 'abstain from sending diplomatic or special missions to South Africa that include the Territory of Namibia in their jurisdiction'."

159 Rechtsgrundlage für die unmittelbare Anwendbarkeit soll Art. 25 jedoch ohnehin nur in Verbindung mit einer vorliegenden Sicherheitsrats-Resolution sein, da ansonsten eine "decision" iSv. Art. 25 fehlt, *Brand*, Anm. 127, S. 307, Fn. 48; *Schweitzer*, Anm. 136, S. 240.

160 Zitiert nach *Nash*, Case note - Kangai v. Vance, 73:2 AJIL (1979), Anm. 139, S. 297 f.

gesetz zur Charta aufgrund des Willens der Vertragspartei nicht zu einer unmittelbaren Geltung der Charta führt:

> "The Parliament has passed the *Charter of the United Nations Act* 1945, section 3 of which provides that "The Charter of the United Nations is approved". That provision does not make the Charter itself binding on individuals within Australia as part of the law of the Commonwealth ... Section 3 of the *Charter of the United Nations Act* 1945 was no doubt an effective provision for the purposes of international law, but it does not reveal any intention to make the Charter binding upon persons within Australia as part of the municipal law of this country, and it does not have that effect."[161]

In ähnlicher Weise interpretiert *Brand* den Willen der USamerikanischen Regierung beim Beitritt zu den UN:

> "The reluctance of Congress to delegate any degree of sovereign power to an international organization, however, clearly indicates that the United Nations Participation Act was not meant as an implementation of portions of the Charter or even as a determination of the self-executing status of the Charter, but rather a delegation of powers and responsibilities to the President in his response to actions proposed by the United Nations under its Charter."[162]

gg. Ergebnis

Bisher hat kein nationales Gericht die unmittelbare Anwendbarkeit der Sicherheitsrats-Resolutionen angenommen. Wenn die Gerichte die Geltendmachung der Resolutionen zugelassen haben, indem sie den Klägern die Klagebefugnis zustanden, haben sie die Klage aus anderen Gründen abgewiesen. Den Urteilen zu den Rhodesien- und Namibia-Resolutionen hat sich im Ergebnis auch die Literatur angeschlossen.[163]

Bislang ist in keinem Fall Art. 25 explizit auf seine Eignung zur Begründung der unmittelbaren Anwendbarkeit überprüft worden. Die Heranziehung des nationalen Zustimmungsgesetzes zur Charta ist abgelehnt worden.

---

161 High Court of Australia, *Bradley v. the Commonwealth of Australia and another,* UNJYB (1974), S. 208, 209.

162 *Brand*, Anm. 127, S. 307, Fn. 48.

163 *Brand*, Anm. 127, S. 310 - 312; *Frowein* in *Simma (ed.)*, Anm. 10, Art. 41 Rdnr. 14; für die Resolution 418 (1977) *Rösgen*, Anm. 53, S. 231; offenlassend *Schweitzer*, Anm. 136, S. 240.

Erstaunlich ist, daß diese hauptsächlich vor US-amerikanischen Gerichten geführte Diskussion nicht fortgesetzt worden ist. Gerade die Zunahme der Zahl der Sicherheitsrats-Resolutionen, die die Kompetenz des Sicherheitsrates erweitern und in die Souveränität der Staaten eingreifen, lassen auch in Zukunft weitere Fälle vor nationalen Gerichten erwarten.

7. Unverbindliche Maßnahmen Internationaler Organisationen, insbesondere der UN, im nationalen Recht

Auch Völkerrecht, zu dessen Einführung in den nationalen Rechtsraum die Staaten nicht verpflichtet sind, strahlt auf das nationale Recht aus.[164]

a. Empfehlungen

Die Empfehlungen Internationaler Organisationen haben trotz ihres unverbindlichen Charakters zu nationaler Gesetzgebung geführt oder diese nicht unwesentlich beeinflußt.[165] Nach Art. 19 VI ILO und Art. VI (4) UNESCO werden Mitgliedstaaten verpflichtet, die notwendigen legislativen Maßnahmen durchzuführen, um die unmittelbare Anwendbarkeit der Empfehlungen zu ermöglichen.[166]

Die Gerichte der Mitgliedstaaten bedienen sich der internationalen Normen zur Auslegung der Begriffe des nationalen Rechts. Auch die direkte Berufung auf Empfehlungen, die einen allgemein anerkannten Inhalt aufweisen, wird zugelassen, wie z. B. die universelle Erklärung der Menschenrechte, die als Minimalstandard im Rahmen des 'ordre public' anerkannt wird. So hat der BGH einen privatrechtlichen Vertrag nach ̦ 138 I BGB für nichtig erklärt, da der Vertrag gegen ein für die Bundesrepublik nicht verbindliches UNESCO-Übereinkommen zum Schutz von Kulturgütern verstoßen hat[167]: In der zwar rechtlich noch unverbindlichen Annahme des Abkommens sei die übereinstimmende Überzeugung der Staaten deutlich geworden, daß die verbotene Ausfuhr von Kulturgut gegen

---

[164] Auch hier ist das Problem der innerstaatlichen Geltung von der Frage der unmittelbaren Anwendbarkeit durch Exekutive und Gerichte zu trennen.

[165] *Partsch* in *Bernhardt (ed.)*, Anm. 107, S. 1230.

[166] S. Beispiele bei *Partsch* in *Bernhardt (ed.)*, Anm. 107, S. 1230.

[167] BGHZ 59, 82 (83 ff., 85/86).

allgemein zu achtende Interessen der Völker verstoße und daher keinen bürgerrechtlichen Schutz verdiene.[168]

Das VG Frankfurt[169] hat sich zur Begründung der Zurückweisung eines Antrags eines kommerziellen Adoptionsvermittlers auf Prinzip 9 I der Deklaration über die Rechte des Kindes vom 20. 11.1959, die in einer Generalversammlungs-Resolution enthalten ist[170], gestützt.[171] Da das Verbot des Kinderhandels nach Ansicht des VG nicht unmittelbar als allgemeine Regel des Völkerrechts i.S. von Art. 25 GG gilt und die Bundesrepublik zum Zeitpunkt des Erlasses der Resolution nicht UN-Mitglied war, sei sie nicht an die Resolution gebunden. Das VG räumt zwar ein, daß die Resolutionen der Generalversammlung keine formelle Quelle des Völkerrechts sind[172], zieht sie aber zur Begründung des Verstoßes gegen die öffentliche Ordnung heran.[173]

Nach *Meessen*[174] sind für die Beachtung nicht transformierter und auch nicht verbindlicher völkerrechtlicher Normen bei der Auslegung innerstaatlicher Generalklauseln folgende Kriterien anzuwenden: Zustimmung der Bundesrepublik, Wertbezogenheit der betroffenen Norm und die Sachnähe der Internationalen Organisation.

b. Urteile

Die Entscheidungen internationaler Gerichte bezüglich finanzieller Verpflichtungen werden ebenfalls in das nationale Recht aufgenommen, teilweise sogar als letztinstanzliche innerstaatliche Urteile qualifiziert.[175] Vor den Gerichten

---

168 BGHZ 59, 82 (85 ff.).

169 Dem Verfahren lag ein Antrag nach 80 VwGO auf Wiederherstellung der aufschiebenden Wirkung eines Widerspruchs gegen die städtische Untersagungs- und Schließungsverfügung zugrunde.

170 GA/RES 1386 (XIV) v. 20.11.1959, 'Declaration of the Rights of the Child', 14 GAOR 19, Suppl. No. 16 (A/4354).

171 VG Frankfurt, 41 NJW (1988), S. 3032.

172 VG Frankfurt, 41 NJW (1988), S. 3032.

173 *W. Heusel*, "Resolutionen der Generalversammlung als Auslegungsmaßstab im deutschen Polizeirecht?", 42:35 NJW (1989), S. 2174 f., 2174 kritisiert das Vorgehen des Gerichts, das die innerstaatliche Geltung der Resolution nicht näher begründet hat; vgl. auch *A. Bleckmann*, "Sittenwidrigkeit wegen Verstoßes gegen den ordre public international", 34 ZaöRV (1974), S. 112 ff., 112.

174 *K. M. Meessen*, "Internationale Verhaltenskodizes und Sittenwidrigkeitsklauseln", 36:34 NJW (1983), S. 1131 f., 1132.

175 So z. B. EuGH-Urteile oder Art. 54 IBRD; *Partsch* in *Bernhardt (ed.)*, Anm. 107, S.

gelten die Urteile jedoch als ausländische Urteile, denen häufig nur durch eine Anerkennungsvereinbarung direkte Gültigkeit verschafft wird. Nationale Gerichte verweisen gerade im Rahmen regionaler Vereinbarungen auf internationale Entscheidungen, die vergleichbare rechtliche Probleme betreffen.[176] Die Gerichte der Mitgliedstaaten beachten auch wesentliche internationale Präzedenzfälle.

8. International régimes over territories

a. International régimes over territories

Auch die Ausübung von Hoheitsgewalt über ein Territorialgebiet durch eine internationale Behörde, die nicht einem oder mehreren Staaten untersteht, kann supranationalen Charakter aufweisen.[177] Ein solches sog. 'international régime over territories'[178] setzt einen Vertrag zwischen Staaten über den Status eines Gebiets, ein allgemeines Interesse der Gemeinschaft an der Regelung und die Verleihung eines *erga-omnes*-Status an das Gebiet durch den Vertrag voraus.[179] Ursprünglich wurden durch objektive Régimes in völkerrechtlichen Verträgen fehlende Gesetzgebungsorgane der unorganisierten, aus souveränen Staaten bestehenden Staatengemeinschaft ersetzt.[180]

Die rechtliche Begründung der Bindungswirkung für den betroffenen und den Drittstaat ist insbesondere aufgrund des in Art. 34 WVRK enthaltenen Verbots der Verträge zu Lasten Dritter[181] problematisch. Auch durch den Beitritt der Staaten zu einem Régime oder dessen Anerkennung wird diese Frage nicht vollständig gelöst, da die Bindungswirkung der Rechtsakte des Régimes immer von der drittstaatlichen Anerkennung abhängt.[182] Da die Vertragsstaaten das generelle Interesse der Völkerrechtsgemeinschaft vertreten und mit einer *erga-omnes*-Kompetenz handeln, ist von einer Vertretung der Völkerrechtsgemeinschaft auszugehen.[183]

1231.

176 So ziehen nationale Gerichte Urteile des EuGH und des Europäischen Gerichtshofes für Menschenrechte heran, vgl. *Partsch* in *Bernhardt (ed.)*, Anm. 107, S. 1232.

177 *Capotorti* in *Bernhardt (ed.)*, Anm. 1, S. 742.

178 Im Deutschen: internationales Regime oder Statusvertrag.

179 *E. Klein*, "International régimes" in *R. Bernhardt (ed.)*, 2 Encyclopedia of public international law (1995), S.1354 ff., 1355.

180 *Klein* in *Bernhardt (ed.)*, Anm. 179, S. 1355.

181 Art. 34 WVRK: "Ein Vertrag begründet für einen Drittstaat ohne dessen Zustimmung weder Pflichten noch Rechte."

182 *Klein* in *Bernhardt (ed.)*, Anm. 179, S. 1357.

183 *Klein* in *Bernhardt (ed.)*, Anm. 179, S. 1357.

Damit ein Drittstaat nicht gebunden wird, ist ein ausdrücklicher Widerspruch erforderlich.

Wenn der Inhaber der territorialen Kompetenz dem Régime zugestimmt hat, wird von den Staaten, die nicht widersprechen, die Kompetenz als an das Régime übertragen angesehen.[184] Bei Régimen über hoheitsfreie Räume werden Drittstaaten durch ihre Zustimmung oder die Erzeugung von Gewohnheitsrecht gebunden.[185]

Als prägnante Beispiele für derartige Régimes, die meist von den Staaten mit dem größten Interesse abgeschlossen werden, werden der Antarktis-Vertrag von 1959 und das Berliner Viermächte-Abkommen von 1971 genannt.[186]

Supranationale bzw. quasi-supranationale Züge enthalten die Verträge über die Internationalisierung der Flüsse, das Treuhandsystem der UN[187] und die Meeresbodenbehörde der 3. UN-Seerechtskonvention.[188]

b. Treuhandgebiete

Auch die Vorschriften der Charta, die die Verwaltung der Treuhandgebiete regeln, beinhalten quasi-supranationale Funktionen: das Petitionsrecht der Angehörigen von Treuhandgebieten, die Inspektionsreisen durch UN-Offizielle und die obligatorischen Berichte von Staaten, die solche Gebiete verwalten.[189] Mit Kapitel XII der Charta wurde das Mandatssystem des Völkerbundes durch das Treuhandsystem der UN abgelöst. Das Treuhandsystem (Art. 75 - 85) dient der Verwaltung und Beaufsichtigung derjenigen Hoheitsgebiete, die dem Treuhandrat unterstellt wurden.[190] Die Treuhandgebiete unterstehen einer von den UN und den Treuhandmächten gemeinsam ausgeübten Verwaltung, wobei die Gebiete sich freiwillig der internationalen Verwaltung unterstellen.[191] Ziel ist es, die Treuhandgebiete zur Selbstregierung oder Unabhängigkeit zu führen.

---

184 Aus dem Schweigen der Staaten wird auf ihr Einverständnis geschlossen; *Klein* in *Bernhardt (ed.)*, Anm. 179, S. 1357 spricht von einer "representation by attribution".

185 *Klein* in *Bernhardt (ed.)*, Anm. 179, S. 1357.

186 *Klein* in *Bernhardt (ed.)*, Anm. 179, S. 1355.

187 Voraussetzung ist, daß der betroffene Staat der Treuhandverwaltung zustimmt.

188 Die Meeresbodenbehörde hat die Hoheit über einen staatsfreien Raum inne.

189 *Mason*, Anm. 66, S. 131 ohne nähere Begründung.

190 Vgl. zu diesem Thema *R. Geiger* in *Simma (ed.)*, Anm. 10, Art. 75 Rdnr. 1 ff.

191 Es bedarf zur Errichtung der Treuhandschaft eines Beschlusses der Generalversammlung und eines zwischen den UN und der Treuhandmacht abgeschlossenen Abkommens, vgl.

Eingriffsmöglichkeiten haben die internationalen Organe nach Art. 87 durch umfassende Berichtspflichten der Treuhandmacht, das Petitionsrecht Einzelner und die 'visiting missions', die der Gewährung des Rechts zu 'investigations' gleichkommen.[192] Die Verwaltung von Treuhandgebieten stellt sich als ein Institut mit quasi-supranationalem Charakter dar. Durch den Treuhandvertrag werden der Treuhandmacht und den UN Hoheitsbefugnisse zur Ausführung von Ordnungsaufgaben übertragen, die sie für die Treuhandgebiete in deren Namen ausüben; das spricht für Supranationalität.

Doch aus zwei Gründen ist nur von einer Quasi-Supranationalität auszugehen: Zum einen erläßt die Treuhandverwaltung keine Rechtsakte, sondern wird vielmehr praktisch verwaltend tätig, indem sie Berichte prüft und das Treuhandgebiet bereist. Zum anderen zeichnet sich die Durchgriffswirkung der Supranationalität im allgemeinen auch dadurch aus, daß ein internationales Rechtsetzungsorgan im Rahmen seiner Ordnungsaufgabe[193] Rechtsakte erläßt, die Rechtsakten eines nationalen Organs in der Hierarchie vorgehen. Bei den Treuhandgebieten gibt es nur die internationale Verwaltungsebene, so daß den Tätigkeiten der internationalen Treuhandverwaltung generell Durchgriffswirkung zukommt und es zu keiner Kollision mit entgegenstehenden nationalen Rechtsakten kommen kann.[194] Zu beachten ist jedoch, daß das Treuhandgebiet die Verwaltung freiwillig an die internationalen Organe durch einen Vertrag übertragen hat, der die Kompetenzen begründet. Im Rahmen des Petitionsverfahrens steht die Treuhandmacht den Einzelnen aus dem Treuhandgebiet auch direkt gegenüber.[195]

Da alle Treuhandgebiete selbst Staaten geworden sind oder sich selbst regieren[196], kommt dem Treuhandsystem keine praktische Bedeutung mehr zu[197]: Nachdem

---

insoweit *E. Menzel*, "Treuhandgebiete", in *K. Strupp/H.-J. Schlochauer (Hrsg.)*, Wörterbuch des Völkerrechts, Bd. III, 2. Aufl. (1962), S. 449 ff., 450.

[192] *Menzel* in *Strupp/Schlochauer (Hrsg.)*, Anm. 191, S. 453.

[193] *D. Rauschning*, "Das Ende des Treuhandsystems der Vereinten Nationen durch die Staatwerdung der ihm unterstellten Gebiete", 12 JIR (1965), S. 158 ff., 177.

[194] Inwieweit im Rahmen dieser Fallkonstellation überhaupt eine Durchgriffswirkung vorliegen kann, wird im folgenden Kapitel auch für den 'failed state' erörtert.

[195] Das Petitionsrecht für Einzelne hat die Charta nur im Rahmen des Treuhandsystems verwirklicht, so *J. W. Brügel*, "Das Treuhandschaftssystem der Vereinten Nationen 1945 - 1960", 22 Europa-Archiv (1967), S. 683 ff., 689. Nach *F. B. Sayre*, "Legal problems arising from the UN Trusteeship System", 42 AJIL (1948), S. 263 ff., 267 sind Einzelne direkt von der Treuhandschaft betroffen: " ... the international trusteeship system affects not only the lives of some fifteen million people who live in the ten trust territories now under international control."

[196] 1994 beendete der Sicherheitsrat das UN Treuhandabkommen für die pazifischen Inseln

das Treuhandsystem knapp fünfzehn Jahre bestanden hatte, begann es bereits sich aufzulösen; aufgrund seines Erfolges, der in der Erlangung der Selbstregierung und der Unabhängigkeit der dem Regime unterstellten Gebieten zu sehen ist[198], war es überflüssig geworden.[199]

c. *Internationale Meeresbodenbehörde der 3. UN-Seerechtskonvention*

Supranationale Verwaltungsbefugnisse hat nach allgemeiner Meinung die nach Art. 156 UN-Seerechtskonvention (SRK)[200] errichtete Internationale Meeresbodenbehörde inne[201], die gem. Art. 158 I SRK über drei Hauptorgane (Versammlung, Rat und Sekretariat) verfügt. Nach Art. 157 I SRK untersteht der Behörde die Organisation und Kontrolle der Meeresbodenaktivitäten in Hinblick auf eine Verwaltung der Meeresbodenressourcen. Der Meeres- und Tiefseeboden soll mitsamt seinem Untergrund, die als zum "common heritage of mankind" gehörend keiner

---

(Palau), die unter der Verwaltung der USA standen. Im September 2002 bestehen noch '16 Non-Self-Governing Territories': American Samoa, Anguilla, Bermuda, British Virgin Islands, Cayman Islands, Falkland Islands (Malvinas), Gibraltar, Guam, Montserrat, New Caledonia, Pitcairn and Add. 1, St. Helena, Tokelau, Turks and Caicos Islands, United States Virgin Islands und Western Sahara. Ost-Timor hat am 20.05.2002 seine Unabhängigkeit erlangt; vgl. http://www.un.org/ Depts/decolonization/main.htm.

197 *Geiger* in *Simma (ed.)*, Anm. 10, Art. 75 Rdnr. 1; *Rauschning*, Anm. 193, S. 158 ff.

198 In der Generalversammlungsresolution zur Beendigung der Treuhandschaft über Somalia 1418 (XIV), 14 GAOR 33, Suppl. No. 16 (A/4354) heißt es: "... the basic objectives of trusteeship have been attained."

199 *Rauschning*, Anm. 193, S. 159, der kritisch anmerkt, daß den Vereinten Nationen durch den "Selbständigkeitsrausch" der Staaten die Postition genommen wurde, Garantien für die in Art. 76 lit. b geforderte Achtung der Menschenrechte und Grundfreiheiten zu fordern.

200 Seerechts-Konvention der UN v. 10.12.1982, 21 ILM (1982), S. 1261 ff., abgedruckt in *M. H. Nordquist*, United Nations Convention on the Law of the Sea 1982 (UNCLOS), A commentary, Vol. I (1985), S. 207 ff.: BGBl. II 1994, S. 1799 ff.; Übereinkommen vom 28.07.1994 zur Durchführung des Teiles XI des Seerechtsübereinkommen, BGBl. II 1994, S. 2566 ff.

201 International Sea-Bed Authority, im Deutschen Internationale Meeresbodenbehörde. Zur Begründung der supranationalen Befugnisse wird auf unterschiedliche Funktionen der Behörde verwiesen: *Bothe* in *Jekewitz/u. a. (Hrsg.)*, Anm. 64, S. 501; *Capotorti* in *Bernhardt (ed.)*, Anm. 1, S. 742; *Rojahn* in *v. Münch/ Kunig (Hrsg.)*, Anm. 4, Art. 24 Rdnr. 46; *Tomuschat,* Anm. 6, Art. 24 Rdnr. 117; *R. Wolfrum*, Die Internationalisierung staatsfreier Räume (1984), S. 514 ff.. *C. Gloria* in *Ipsen (Hrsg.)*, Anm. 7, § 54 Rdnr. 28 beschreibt die Internationale Meeresbodenbehörde als autonome Internationale Organisation.

nationalen Hoheitsgewalt unterstehen, einer internationalen Hoheitsgewalt unterstellt werden.[202]

aa. Supranationale Funktionen der Meeresbodenbehörde

Die Meeresbodenbehörde erläßt Sekundärrecht ('rules, regulations and procedures') zum Schutz der marinen Umwelt gegen Beeinträchtigungen durch den Meeresbergbau. Nach Art. 153 IV SRK ist es Aufgabe der Behörde, die Beachtung dieser Maßnahmen sicherzustellen.[203] Die Mitgliedstaaten sind jedoch nicht verpflichtet, das Sekundärrecht innerstaatlich durchzusetzen.[204]

Die Behörde kann durch Verträge und Vorschriften für die Tätigkeiten Einzelner Grenzen und Bedingungen festlegen, ohne daß die Staaten tätig werden. Nach Art. 137 II SRK[205] sind bei der Ausbeutung der mineralischen Rohstoffe Privatpersonen verpflichtet, die hierzu von der Behörde erlassenen Vorschriften zu beachten, so daß eine unmittelbare Beziehung zwischen Menschheit und Behörde entsteht.[206] Der Rat der Meeresbodenbehörde entscheidet nach Art. 151 und 153 SRK[207] über Schürfanträge von Interessenten, die nach Art. 153 II b SRK[208] auch private Unter-

---

[202] *Tomuschat*, Anm. 6, Art. 24 Rdnr. 117.

[203] Art. 153 IV SRK: "The Authority shall exercise such control over activities in the Area as is necessary for the purpose of securing compliance with the relevant provisions of this Part and the Annexes relating thereto, and the rules, regulations and procedures of the Authority, and the plans of work approved in accordance with paragraph 3. States Parties shall assist the Authority by taking all measures necessary to ensure such compliance in accordance with article 139."

[204] *Wolfrum*, Anm. 201, S. 519.

[205] Art. 137 II SRK: "All rights in the resources of the Area are vested in mankind as a whole, on whose behalf the Authority shall act. These resources are not subject to alienation. The minerals recovered from the Area, however, may only be alienated in accordance with this Part and the rules, regulations and procedures of the Authority."

[206] *Wolfrum*, Anm. 201, S. 512, der auf einen gewissen Widerspruch zu Art. 157 I SRK hinweist, da die Meeresbodenbehörde als eine Organisation "through which State Parties shall ... organize and control activities in the Area ..." bezeichnet wird. Dieser vermeintliche Widerspruch läßt sich wie folgt erklären: die Meeresbodenbehörde ist im Grundsatz ebenso wie die UN als traditionelle Internationale Organisation konzepiert, die nur teilweise supranationale Befugnisse ausübt.

[207] Art. 151 SRK Production policies, Art. 153 System of exploration and exploitation.

[208] Art. 153 II b: "Activities in the Area shall be carried out ... in association with the Authority by State Parties or state enterprises or *natural* or juridical *persons* which possess the nationality of State Parties or are effectively controlled by them or their nationals, when sponsored by such States, or any group of the foregoing which meets the requirements provided in this Part and in Annex III." (Hervorhebung wurde hinzugefügt).

nehmen sein können.[209] Die 'rules, regulations and procedures' entfalten unmittelbare Rechtswirkung, ohne daß die Rechtsetzungsorgane der Mitgliedstaaten tätig werden.[210]

Weiterhin bestimmt die Meeresbodenbehörde nach Art. 144 SRK den Technologietransfer, die Festlegung der zulässigen Dauer von Meeresbodenaktivitäten nach Art. 17 II (b) Annex III SRK, die Gewinnverteilung nach Art. 140 II SRK und nach Art. 151 X SRK Ausgleichszahlungen an diejenigen Entwicklungsländer, denen durch Meeresbergbau wirtschaftliche Schäden entstanden sind.

Betroffene Private können sie beschwerende Hoheitsakte vor der Kammer für Meeresbodenstreitigkeiten nach Art. 187 SRK[211] anfechten. Nach Art. 160[212] und 162[213] SRK können Versammlung und Rat der Behörde allgemeine Regeln und

---

209 Beispiel bei *Tomuschat*, Anm. 6, Art. 24 Rdnr. 117.

210 *Wolfrum*, Anm. 201, S. 517.

211 Art. 187 Jurisdiction of the Sea-Bed Disputes Chamber: "The Sea-Bed Disputes Chamber shall have jurisdiction ... in disputes with respect to activities in the Area falling within the following categories: ... (c) disputes between parties to a contract, being States Parties, the Authority or the Enterprise, state enterprises and *natural* or juridical persons referred to in art. 153 par. 2 b) concerning (i) the interpretation or application of a relevant contract or a plan of work; or (ii) acts or omissions of a party to the contract relating to activities in the Area and directed to the other party or directly affecting its legitimate interest (d) disputes between the Authority and a *prospective contractor* (e) disputes between the Authority and a State Party, a state enterprise or a *natural* or juridical person sponsored by a State Party ... ." (Hervorhebung wurde hinzugefügt).

212 Nach Ansicht von *Wolfrum*, Anm. 201, S. 536 enthält Art. 160 II (f) (ii) SRK die wichtigste Rechtsetzungskompetenz der Versammlung. Art. 160 II (f) (ii) SRK lautet: "To consider and approve the rules, regulations and procedures of the Authority, and any amendments thereto provisionally adopted by the Council pursuant to art. 162, par. 2 (o) (ii). These rules, regulations and procedures shall relate to prospecting, exploration and exploitation in the Area, the financial management and internal administration of the Authority, and, upon the recommendation of the Governing Board of the Enterprise, to the transfer of funds from the Enterprise to the Authority."

213 Art. 162 (Council) power and functions: (o) (ii) ist Art. 160 II (f) (ii) vergleichbar: " ... adopt and apply provisionally, pending approval by the Assembly, the rules, regulations and procedures of the Authority, and any amendments thereto, taking into account the recommendations of the Legal and Technical Commission or other subordinate organ concerned. These rules, regulations and procedures shall relate to prospecting, exploration and exploitation in the Area and the financial management and internal administration of the Authority." Nach Art. 162 II (v) spricht die Versammlung die Sanktionen gegen einen Bergbautreibenden gem. Art. 18 Annex III aus, vgl. *Wolfrum*, Anm. 201, S. 535 und kann nach Art. 162 II (v) Bergbaurechte aufgrund drohender Umweltgefährdung auch für Unternehmer ausschließen.

Einzelfallentscheidungen erlassen, die auch für private Meeresbergbau-unternehmen unmittelbar verbindlich sind.[214]

Verpflichtungen privater Bergbauunternehmen können auch durch die Verpflichtung der Behörde nach Annex III, Art. 5 III SRK[215], die von der Behörde verwandte Technologie den Unternehmen zur Verfügung zu stellen, entstehen.[216]

Nach 'Section' 5 Nr. 1 b des Zusatzabkommens zu Teil XI SRK[217] können neben Staaten auch private Bergbauunternehmen verpflichtet werden, zum Meeresbergbau eingesetzte Technologien zur Verfügung zu stellen.[218] Hierdurch werden Unternehmen ebenfalls unmittelbar verpflichtet.

bb. Stellungnahme

Mit der Meeresbodenbehörde der 3. UN-Seerechtskonvention wird eine Organisation mit ausgeprägten supranationalen Befugnissen geschaffen, die im institutionellen Rahmen der UN einzigartig ist.

Die Meeresbodenbehörde kann Hoheitsakte mit unmittelbarer Wirkung für Einzelpersonen und einzelne Unternehmen erlassen, die ohne Mitwirkung des Heimatstaates wirksam sind. Am deutlichsten wird die direkte Beziehung zwischen der Behörde und den Einzelnen in Art. 137 II SRK, der explizit

---

214 Ohne die einschlägigen Absätze der Artikel zu nennen *Bothe* in *Jekewitz/u.a. (Hrsg.)*, Anm. 64, S. 501.

215 Annex III, Art. 5 III SRK: "Every contract for carrying out activities in the Area shall contain the following undertakings by the contractor: (a) to make available to the Enterprise on fair and reasonable commercial terms and conditions, whenever the Authority so requests, the technology which he uses in carrying out activities in the Area under the contract, which the contractor is legally entitled to transfer."

216 So zum inhaltsgleichen Annex III Art. III SRK *Tomuschat*, Anm. 6, Art. 24, Rdnr. 117.

217 'United Nations: Agreement relating to the implementation of part XI of the United Nations convention on the law of the sea of 10 December 1982', 33 ILM (1994), S. 1309 ff.

218 Section 5 Nr. 1 (b): "If the Enterprise or developing States are unable to obtain deep seabed mining technology, the Authority may request all or any of the contractors and their respective sponsoring State or States to cooperate with it in facilitating the acquisition of deep seabed mining technology by the Enterprise or its joint venture, or by a developing State or States seeking to acquire such technology on fair and reasonable commercial terms and conditions, consistent with the effective protection of intellectual property rights. States Parties undertake to cooperate fully and effectively with the Authority for this purpose and to ensure that contractors sponsored by them also cooperate fully with the Authority; ... ."

vorschreibt, daß Privatpersonen bei der Ausbeutung der mineralischen Rohstoffe verpflichtet sind, die von der Behörde erlassenen Vorschriften zu beachten.

Zugang zum Seegerichtshof haben nach Annex VI Art. 20 SRK neben Staaten auch "entities other than States Parties".[219] Art. 187 SRK spricht in Bezug auf Rechtsschutz gegen Akte der Meeresbodenbehörde explizit von natürlichen und juristischen Personen. Der SRK kommt insoweit Ausnahmecharakter zu[220], da der Rechtsschutz innerhalb des Systems der UN weitgehend[221] auf Staaten beschränkt ist.

Wolfrum vergleicht die Meeresbodenbehörde aufgrund der "echten Rechtsetzungskompetenzen" mit den EGen und stellt zwei wesentliche Unterschiede fest: Zum einen sind die Mitgliedstaaten nicht verpflichtet, für eine innerstaatliche Beachtung der Rechtsakte der Meeresbodenbehörde zu sorgen, und zum anderen sind die Rechtssetzungsbefugnisse der Meeresbodenbehörde in sachlicher Hinsicht stärker limitiert als die des Rates der EGen.[222] Die Meeresbodenbehörde wird nur auf dem ihr unterstehenden Gebiet tätig und durchbricht daher nicht die Schutzfunktion der deutschen Gebietshoheit[223], so daß auch der Eingriff in die einzelstaatliche Souveränität geringer als bei den EG ist.

Tomuschat verweist in diesem Zusammenhang auch auf den im Verhältnis zum Umfang der rechtlichen Bindung geringen Einfluß, der der Stimme der Bundesrepublik in einer derartigen universellen Organisation im Gegensatz zu westeuropäischen Regionalorganisationen zukommt.[224] Diese grundsätzlichen Bedenken, die für jede universelle Organisation angeführt werden können, können für die Meeresbodenbehörde durch den Verweis auf ihren eng umgrenzten Aufgabenbereich abgeschwächt werden. Die Meeresbodenbehörde kann nur in ihrem

---

219 Möglichkeiten des Rechtsschutzes in Bezug auf Akte der Meeresbodenbehörde nach Art. 187 SRK; allgemein Zugang zum Seerechtsgerichtshof: Annex VI Art. 20 SRK: "1. The Tribunal shall be open to States Parties. 2. The Tribunal shall be open to *entities other than States Parties* in any case expressly provided for in Part XI or in any case submitted pursuant to any other agreement conferring jurisdiction on the Tribunal which is accepted by all the parties to that case." (Hervorhebung wurde hinzugefügt).

220 *Bothe*, Anm. 64, S. 502; *N.-J. Seeberg-Elverfeldt*, Die Streitbeilegung im Tiefseebergbaurecht. Die Probleme nach der Seerechtskonvention unter besonderer Berücksichtigung des Rechtsschutzes Privater (1986), S. 115 ff.

221 Zum Verwaltungsgericht der UN haben auch Einzelne Zugang, vgl. *supra*.

222 *Wolfrum*, Anm. 201, S. 519.

223 *Tomuschat*, Anm. 6, Art. 24 Rdnr. 117.

224 *Tomuschat*, Anm. 6, Art. 24 Rdnr. 117.

Sachgebiet unmittelbar wirksames Recht mit Durchgriffswirkung erlassen und greift hierdurch lediglich in geringem Umfang in die staatliche Souveränität ein.

d. Ergebnis

Obwohl universelle Organisationen nach dem traditionellen Konzept keine supranationalen Züge aufweisen und direkte Rechtsetzungsbefugnis-Kompetenzen eine große Seltenheit im Bereich der Internationalen Organisationen sind[225], finden sich auch im Rahmen der UN vereinzelt Befugnisse, die einen gewissen supranationalen Charakter haben. Die geringere Ausprägung der Befugnisse im Verhältnis zu den EGen läßt sich auf die Grundstruktur der UN als Internationaler Organisation zurückführen. Inwieweit die UN sich zu einer Supranationalen Organisation entwikeln, hängt von der Ausgeprägtheit dieser Befugnisse ab. Innerhalb der UN als Institution und der Charta sind nur wenige supranationale Ansätze vorhanden.

9. Sonderorganisationen mit supranationalen Zügen

Während die supranationalen Befugnisse im Rahmen der EGen offen zu erkennen sind, ist die Durchgriffswirkung in den Verträgen der UN-Sonderorganisationen nicht direkt ersichtlich.[226]

Tomuschat vertritt für die Anwendbarkeit von Art. 24 I GG, daß Art. 24 I GG nicht schon dann anwendbar ist, wenn die Internationale Organisation Hoheitsakte erlassen kann, die sich zum unmittelbaren Vollzug gegenüber dem Bürger eignen; Voraussetzung soll vielmehr sein, daß das zugrundliegende Vertragsinstrument die Durchgriffswirkung fordert.[227] Sofern der Mitgliedstaat die Möglichkeit hat, die Anwendbarkeit eines von der Internationalen Organisation erlassenen Rechtsaktes durch seine Erklärung auszuschließen, fehle es den Durchgriffsbefugnissen damit

---

[225] *Meng*, Anm. 74, S. 79.

[226] *Tomuschat*, Anm. 6, Art. 24 Rdnr. 9.

[227] Die Durchgriffswirkung soll nach Ansicht von *Tomuschat*, Anm. 6, Art. 24 Rdnr. 9 im Vertrag selbst angelegt sein. Diese Formulierung ist insoweit mißverständlich, als das Vorliegen von Durchgriffswirkung zunächst auch abstrakt, d.h. ohne Berücksichtigung des zugrundeliegenden Vertrages festgestellt werden kann. Die Anlegung der Durchgriffswirkung im Vertrag ist vielmehr entscheidend für die Frage nach der Rechtmäßigkeit und schließt von vorneherein aus, daß sich Mitgliedstaaten einseitig von den Hoheitsakten lösen können.

auch an Dauer und Festigkeit.[228] Da die Übertragung der Hoheitsrechte iSv. Art. 24 I GG von gewisser Dauer und Festigkeit sein muß[229] und der Mitgliedstaat einer Internationalen Organisation im allgemeinen aufgrund des Mehrheitsprinzips den bindenden Beschlüssen auch gegen seinen Willen folgen muß, ist die von *Tomuschat* geforderte Voraussetzung in der in dieser Arbeit zugrunde gelegten Definition der Durchgriffswirkung enthalten. Die Effektivität der Maßnahmen einer Supranationalen Organisation würde zunehmend in Frage gestellt, sofern sich ein Mitgliedstaat bei Bedarf einseitig von den Verpflichtungen lösen könnte.

a. ICAO (International Civil Aviation Organisation)

Die ICAO wurde durch die 'Convention on International Civil Aviation' v. 7.12.1944[230] (Abkommen von Chicago) errichtet.

aa. Art. 37, 38 Abkommen von Chicago

In Art. 37, 38, 54 I und 90 enthält das Abkommen von Chicago allgemeine Bestimmungen über die Verabschiedung von 'international standards and recommended practices and procedures' (SARPS). Nach Art. 37 des Chicago-Abkommens können alle für die Luftfahrt wesentlichen Fragen Gegenstand von SARPS sein. Die SARPS sind vom Rat der ICAO definiert worden[231], wobei den 'Recommended Practices' nur empfehlender Charakter zukommt.[232] Die SARPS

---

228 *Tomuschat*, Anm. 6, Art. 24 Rdnr. 9.

229 *Rojahn* in *v. Münch/Kunig (Hrsg.)*, Anm. 4, Art. 24 Rdnr. 34.

230 Convention on International Civil Aviation v. 7.12.1944, 15 UNTS 1948, S. 295 ff.; Gesetz über Beitritt der Bundesrepublik Deutschland zu dem Abkommen v. 7.12.1944 über die Internationale Zivilluftfahrt und die Annahme der Vereinbarung v. 7.12.1944 über den Durchflug im Internationalen Fluglinienverkehr, BGBl. II 1956, S. 411 ff.

231 Das Abkommen von Chicago enthält keine Definition. Annex 18 ICAO-Doc. 4411, S. 27 ff. = Doc. 7670 S. 26: "*Standard* - any specification for physical characteristics, configuration, matérial, performance personnel or procedure, the uniform application of which is recognized as necessary for the safety or regularity of international air navigation and to which contracting States will conform in accordance with the Convention; in the event of impossibility of compliance notification to the Council is compulsory under Art. 38; *Recommended Practice* - Any specification for physical charcteristics [weiter wie oben], the uniform application of which is desirable in the interest of safety, regularity or efficiency of international air navigation and to which Contracting State will endeavour to conform in accordance with the Convention."

232 *T. Buergenthal*, Law-Making in the International Civil Aviation Organisation (1969), S. 81; *G. F. FitzGerald*, "The ICAO - a case study in the implementation of decisions of a functional international organization" in *St. M. Schwebel*, The effectiveness of

sind Annexe zum Abkommen von Chicago; der Annex wird drei Monate nach seiner Unterbreitung an die Mitgliedstaaten wirksam, wenn nicht die Mehrheit der Mitgliedstaaten in dieser Frist dem Annex ausdrücklich widersprochen hat.

Die Anwendbarkeit der 'SARPS', insbesondere auch der 'Regulatory SARPS'[233], im nationalen Recht und damit ihre Effektivität hängt vom rechtlichen Status ab, der den Annexen im nationalen Recht gewährt wird.[234] Die Rechtsprechung zur unmittelbaren Anwendbarkeit ist uneinheitlich, wobei nationale Gerichte die unmittelbare Anwendbarkeit verschiedener Annexe bejaht haben.[235] Das OLG Frankfurt hat die Vorschriften der Annexe 11 und 15 für unmittelbar anwendbar erklärt, ohne sich zur generellen Frage der Anwendbarkeit der SARPS zu äußern.[236] Die unmittelbare Anwendbarkeit der SARPS ist daher im allgemeinen möglich, wobei diese bislang nur im Einzelfall festgestellt worden ist.

Einzelne, im Rahmen der ICAO meist Luftfahrtunternehmen, können sowohl durch international standards on personnel licensing des Annex 1[237] in Verbindung mit Art. 39 und 40 direkt verpflichtet werden[238] als auch durch die Verhängung einer Strafe auf ein Luftfahrtunternehmen nach den Art. 84 - 88, wenn das Luftfahrtunternehmen eine Entscheidung des Rates hinsichtlich der Interpretation oder Anwendung des Abkommens oder der Annexe nicht befolgt.[239]

---

international decisions (1971), S. 156 ff., 164; *Rösgen*, Anm. 53, S. 66.

233 1948 hat der Rat folgende Aufforderung an die Mitgliedstaaten gerichtet: "in complying with ICAO standards which are of a regulatory character, to introduce the text of such standards into their national regulations, as nearly as possible in the wording and arrangement employed by ICAO", ICAO Council proceedings of the 3rd session (1948) Doc. 7310 C/846 S. 26 (1952).

234 Vgl. insoweit die Darstellung bei *Buergenthal*, Anm. 232, S. 104: einige Staaten übertragen die Annexe in nationale Gesetze, andere erlassen die Normen als Vorschriften für die Unternehmen zusammen mit Gesetzen und andere machen die ICAO-Texte den Unternehmen zugänglich.

235 Vgl. auch insoweit *Buergenthal*, Anm. 232, S. 105.

236 OLG Frankfurt/Main, Urteil v. 25.02.1965, 16 Zeitschrift für Luftrecht und Weltraumrecht (1967), S. 185 ff., 188.

237 Annex concerning Personnel Licensing I 3rd edition (1953), S. 4; 4th edition (1957), S. 3.

238 *Detter*, Anm. 74, S. 258: "... Council of ICAO has decided that any amendments affecting existing licensing specification 'in principle' will affect all applicants for, as well as holders of, licenses."; *FitzGerald* in *Schwebel*, Anm. 232, S. 167.

239 *FitzGerald* in *Schwebel*, Anm. 232, S. 167, der darauf verweist, daß eine Strafe nach Art. 84 - 88 bislang nicht verhängt worden ist.

Nach Art. 38 des Chicago-Abkommens[240] können die Staaten einer Regelung aber widersprechen und damit jederzeit vom Annex abweichen. Jeder Staat behält das Recht, Regelungen individuell nicht anzuerkennen (sog. 'contracting-out').

Die technischen Regelungen können, wie gezeigt, Einzelne im nationalen Recht direkt binden Da die Staaten die Regelungen aber ablehnen[241] und damit die Rechtsetzung der Organisation im Mitgliedstaate verhindern können, ist nicht von supranationalen Befugnissen auszugehen.[242]

bb. Art. 12 S. 3 Abkommen von Chicago

Art. 12 S. 3 des Abkommens von Chicago[243] bestimmt, daß über der Hohen See (einem Gebiet, das keiner Hoheitsgewalt der Mitgliedstaaten untersteht) die nach dem Abkommen von Chicago erlassenen Vorschriften anzuwenden sind. Übereinstimmung besteht dahingehend, daß Vorschriften iSd. Art. 12 S. 3 die verpflichtenden Regelungen der SARPS sind[244] und Art. 38 nicht im Rahmen von Art. 12 S. 3 gilt.[245] Umstritten ist jedoch, ob die 'international standards' den Bürger nach Art. 12 S. 3 direkt binden oder das Tätigwerden des Staates erforderlich ist. Gegen eine unmittelbare Anwendbarkeit wird der staatengerichtete Charakter der

---

240 Art. 38 Chicago-Abkommen: "Any State which finds it impracticable to comply in all respects with any such international standard or procedure - or to bring its own regulations or practices into full accord with any international standard or procedure after amendment of the latter - or which deems it necessary to adopt regulations or practices differing in any particular respect from those established by an international standard shall give immediate notification to the ICAO of the differences between its own practices and that established by an international standard."

241 *Buergenthal*, Anm. 232, S. 76/77; *H. Fischer* in *Ipsen (Hrsg.)*, Anm. 7, § 55 Rdnr. 57, 58; *Tomuschat*, Anm. 6, Art. 24 Rdnr. 9.

242 So im Ergebnis *Capotorti* in *Bernhardt (ed.)*, Anm. 1, S. 742. *Capotorti* in *Bernhardt (ed.)*, Anm. 1, S. 742 führt zur Begründung auch an, daß die Regelungen nicht Teil eines eigenständigen Rechtssystems seien. Dieses Kriterium, das sich an den EGen orientiert, ist für die Ermittlung der Supranationalität aber nicht primär entscheidend. Anderer Ansicht *K. Oellers-Frahm*, "Co-operation: The indispensable prerequisite to the efficiency of international criminal tribunals", American Society of International Law, Proceedings of the 89th Annual Meeting - Structures of world order, April 5 - 8, 1995 (1995), S. 304 ff., 305, die die Möglichkeit des 'contracting-out' unberücksichtigt läßt.

243 "Over the high seas, the rules in force shall be those established under this Convention"; dt. Übersetzung bei *Tomuschat*, Anm. 6, Art. 24 Rdnr. 9: "Über dem offenen Meer gelten die auf Grund dieses Abkommens aufgestellten Regeln."

244 *Buergenthal*, Anm. 232, S. 81.

245 *Buergenthal*, Anm. 232, S. 80; *Wolfrum*, Anm. 201, S. 243.

Regelungen angeführt.[246] Art. 12 S. 3 hat jedoch gerade nicht each contracting state wie die anderen Vorschriften zum Adressaten, so daß die Mitgliedstaaten die Regelungen nicht umsetzen müssen.[247]

Aufgrund ihrer Durchgriffswirkung ist die Befugnis der ICAO in Art. 12 S. 3 als supranational zu bezeichnen.[248]

b. WHO (World Health Organization)

Die WHO wurde durch Vertrag vom 22.07.1946[249] zur Verbesserung des Weltgesundheitszustandes gegründet. Die Weltgesundheitsversammlung kann Regelungen zur Verhinderung der Verbreitung von Krankheiten und zur Standardisierung auf dem medizinischen Sektor erlassen, die für alle Mitgliedstaaten nach der Annahme durch die Weltgesundheitsversammlung und Bekanntmachung in Kraft sind, sofern sie nicht innerhalb der in der Mitteilung festgesetzten Frist ihre Ablehnung oder Vorbehalte notifizieren (Art. 21 f. WHO-Satzung). Nach Art. 22 WHO-Satzung sind alle Mitgliedstaaten mit Verabschiedung der Regelungen durch die Weltgesundheitsversammlung gebunden, es sei denn, daß sie die Regelungen zurückweisen.[250]

Da den Mitgliedstaaten die Möglichkeit des 'contracting-out' gewährt wird und es keine Anhaltspunkte gibt, daß sich die Vorschriften direkt an Einzelne richten, kommt den 'Regulations' der WHO kein Durchgriffscharakter zu.[251]

---

246 *Detter*, Anm. 74, S. 258.

247 *FitzGerald* in *Schwebel*, Anm. 232, S. 167/167 verweist darauf, daß "... Council resolved, in adopting Annex 2 (Rules of the Air) in April 1948 and Amendment No. 1 to that Annex in November 1951, the Annex constitutes 'Rules relative to flight and manoeuvre of aircraft' within meaning of Art. 12 of the Convention", so daß keine Umsetzung erforderlich ist. *Rösgen*, Anm. 53, S. 82; *H. G. Schermers*, International Institutional Law (1980), § 1117; *C. H. Schreuer*, Behandlung internationaler Organakte durch staatliche Gerichte (1977), S. 216.

248 *Tomuschat*, Anm. 6, Art. 24 Rdnr. 9 bezeichnet Art. 12 S. 3 als "ein positives Beispiel für einen bisher nicht recht erkannten Übertragungsvorgang."

249 Constitution of the World Health Organization v. 22.07.1946, 14 UNTS (1948), S. 185 ff.; Bekanntmachung der Satzung der Weltgesundheitsorganisation, BGBl. II 1974, S. 43 ff.

250 Art. 22 WHO-Satzung: "Regulations ... shall come into force for all Members after due notice has been given of their adoption by the Health Assembly except for such Members as may notify the Director General of rejection or reservations with the period stated in the notice."

251 So auch *Capotorti* in *Bernhardt (ed.)*, Anm. 1, S. 742; außerdem ist der Rechtsetzung-

10. Internationaler Strafgerichtshof

Die vom 15.06. bis zum 17.07.1998 in Rom abgehaltene Staatenkonferenz verabschiedete am 17.07.1998 das Statut zur Gründung des Internationalen Strafgerichtshofs (International Criminal Court, ICC).[252] Im Gegensatz zu den *Ad-hoc*-Tribunalen, die auf der Grundlage von Resolutionen des Sicherheitsrates geschaffen wurden, ist die Strafverfolgung des ICC nicht auf Taten begrenzt, die während eines räumlich und zeitlich eingegrenzten Konfliktes begangen wurden. Der ICC ist keine Einrichtung der UN, sondern eine selbständige Völkerrechtsperson. Zudem ist das ICC-Statut ein völkerrechtlicher Vertrag, welcher der Ratifizierung durch die Vertragsstaaten bedarf. Gem. Art. 126 ICC-Statut sind 60 Ratifikationen erforderlich, damit der Vertrag in Kraft treten kann.[253] Der Gerichtshof wird nach Art. 2 ICC-Statut durch ein Abkommen, das von der Versammlung der Vertragsstaaten dieses Statuts zu billigen und danach vom Präsidenten des Gerichtshofs in dessen Namen zu schließen ist, mit den Vereinten Nationen in Beziehung gebracht.

Die Bundesrepublik Deutschland hat das Statut am 10.12.1999 gezeichnet und am 11.12.2000 ratifiziert.[254] Im Rahmen der Umsetzung des ICC-Statuts sind das Gesetz über die Zusammenarbeit mit dem Internationalen Strafgerichtshof[255], welches die Rechtshilfe zwischen der Bundesrepublik Deutschland und dem ICC regelt und das Völkerstrafgesetzbuch[256], das die materiellen Straftatbeständes des ICC-Statuts in deutsche Strafnormen umsetzt, in Kraft getreten.[257]

---

scharakter der Regelungen umstritten, da der Erlaß der Regelungen aufgrund des Ermessens der Mitgliedstaaten einem Vertragsabschluß mit negativem Ratifikationsverfahren vergleichbar ist, vgl. zur Diskussion *Rösgen*, Anm. 53, S. 231; anderer Ansicht wegen der Übertragung von Souveränität durch die Mitgliedstaaten *Oellers-Frahm*, Anm. 242, S. 305.

252 Rome Statute of the International Criminal Court, A/CONF.183/9, abgedruckt in 37 ILM (1998), S. 999 ff.; Römisches Statut des Internationalen Strafgerichtshofs, vorläufige amtliche Übersetzung, Stand: 1.12.1998, A/CONF.183/9, http://www.un.org/Depts/german/intstgh/instgh.html.

253 Der Vertrag ist am 1.07.2002 in Kraft getreten. Bis September 2002 haben 139 Staaten den Vertrag unterschrieben und 81 haben ihn ratifiziert.

254 Vgl. dazu das deutsche Zustimmungsgesetz BGBl. II 2000, S. 1393 ff..

255 BGBl. I 2002, S. 2144 ff..

256 BGBl. I 2002, S. 2254.

257 Vgl. dazu *A. Zimmermann*, "Auf dem Weg zu einem deutsche Völkerstrafgesetzbuch", 3:35 ZRP 2002, S. 97 ff..

a. Materielles Recht

Das Statut enthält in Art. 5 vier Kerntatbestände des internationalen Verbrechens: Völkermord, Verbrechen gegen die Menschlichkeit, Kriegsverbrechen und Aggression. In den Art. 6 - 8 ICC-Statut sind die Tatbestände des Völkermords, der Verbrechen gegen die Menschlichkeit und der Kriegsverbrechen als präzise Straftatbestände normiert.[258] Die Versammlung der Vertragsstaaten soll nach Art. 9 ICC-Statut Verbrechenselemente beschließen, die dem ICC als Auslegungshilfe dienen. In der 5. Sitzung der Vorbereitungskommission ("Preparatory Commission") wurden die Verbrechenselemente ("Elements of Crime") und die Verfahrens- und Beweisregeln ("Rules of Procedure and Evidence") vorläufig verabschiedet.[259] Für die Aggression bestimmt bestimmt Art. 5 Abs. 2 ICC-Statut einen Aufschub der Gerichtsbarkeit des ICC bis zur Aufnahme einer Bestimmung in das Statut, die dieses Verbrechen definiert und die Bedingungen für die Ausübung dieser Gerichtsbarkeit festlegt.

Die in Art. 6 ICC-Statut enthaltene Definition des Völkermordes entspricht derjenigen von Art. II der Genozidkonvention von 1948[260] und greift damit existierendes Völkervertragsrecht auf.

Art. 7 ICC-Statut enthält eine Definition für Verbrechen gegen die Menschlichkeit, die in diesem Umfang bisher nicht kodifiziert worden ist.[261] In Art. 6 c des Statuts des Nürnberger Internationalen Militärgerichtshofes fielen Mord, Ausrottung, Versklavung, Deportation oder andere unmenschliche Handlungen, begangen an irgendeiner Zivilbevölkerung vor oder während des Krieges, und Verfolgung aus politischen, rassischen oder religiösen Gründen unter den Begriff des Verbrechens gegen die Menschlichkeit.[262] Art. II (1) (c) der

---

[258] Vgl. Analysis of Issues in the draft statute, The draft statute of the International Criminal Court, http://www.un.org/icc/statute.htm, S. 1: "The international community felt that a permanent mechanism should be established, which could hold individuals accountable for violations of international law."

[259] Vgl. dazu *K. Ambos*, "Verbrechenselemente" sowie Verfahrens- und Beweisregeln des Internationalen Strafgerichtshofs, 6:54 NJW 2001, S. 405 ff..

[260] Konvention über die Verhütung und Bestrafung des Völkermordes v. 9.12.1948, BGBl. II 1954, S. 729 ff.

[261] Vgl. zum Entwurf des ICC-Statuts *A. Zimmermann*, "Die Schaffung eines ständigen Internationalen Strafgerichtshofes", 58:1 ZaöRV (1998), S. 47 ff., 51.

[262] Vgl. engl. Wortlaut Charter of the International Military Tribunal for the Trial of the Major War Criminals of the European Axis, Aug. 8, 1945, Annex zu Londoner Abkommen über die Verfolgung und Bestrafung der Hauptkriegsverbrecher der europäischen Achsenmächte, 39 AJIL (1945), Suppl., S. 257 ff.

'Control Council Law No. 10', die den Allierten zur Verfolgung von Kriegsverbrechern in den Besatzungszonen diente, verstand unter Verbrechen gegen die Menschlichkeit:

> "atrocities and offenses, including but not limited to murder, extermination, enslavement, deportation, imprisonment, torture, rape, or other inhumane acts committed against any civilian population, or persecutions on political, racial or religious grounds whether or not in violation of the domestic laws of the country where perpetrated."[263]

Wie die 'Control Council Law No. 10' haben das Statut des Jugoslawien-Tribunals in Art. 5[264] als auch Art. 3 des Statuts des Ruanda-Tribunals[265] noch Inhaftierungen,

---

[263] Abgedruckt in *R. C. Slye*, "Apartheid as a Crime against Humanity: a Submission to the South African Truth and Reconciliation Commission", 20:2 Michigan Journal of International Law, Winter (1999), S. 267 ff., 275.

[264] Art. 5 "Verbrechen gegen die Menschlichkeit. Das Internationale Gericht ist befugt, Personen strafrechlich zu verfolgen, die für folgende Verbrechen verantwortlich sind, wenn diese in einem, ob internationalen oder internen, bewaffneten Konflikt begangen werden und gegen die Zivilbevölkerung gerichtet sind:
a) Mord;
b) Ausrottung;
c) Versklavung;
d) Deportierung;
e) Freiheitsentziehung;
f) Folter;
g) Vergewaltigung;
h) Verfolgung aus politischen, rassischen und religiösen Gründen;
i) andere unmenschliche Handlungen."
S/RES/827 (1993) v. 25.05.1993, Resolutions and Decisions of the Security Council (1993), 48 SCOR 32, abgedruckt in 31 ILM (1992), S. 1192 ff., deutsche Fassung abgedruckt in 3 Europa-Archiv (1994), D 89 ff.

[265] Art. 3 "Verbrechen gegen die Menschlichkeit. Das Internationale Gericht für Ruanda ist befugt, Personen strafrechtlich zu verfolgen, die für folgende Verbrechen verantwortlich sind, wenn diese im Rahmen eines breit angelegten oder systematischen Angriffs gegen die Zivilbevölkerung aus nationalen, politischen, ethnischen, rassischen oder religiösen Gründen begangen werden:
a) Mord;
b) Ausrottung;
c) Versklavung;
d) Deportierung;
e) Freiheitsentziehung;
f) Folter;
g) Vergewaltigung;
h) Verfolgung aus politischen, rassischen und religiösen Gründen;

Folter, Vergewaltigungen und andere unmenschliche Akte unter den Begriff der Verbrechen gegen die Menschlichkeit gefaßt. Die Definition in Art. 7 I ICC-Statut ist an den in den Tribunal-Statuten enthaltenen Begriff angelehnt, erfaßt zusätzlich unter g) sexuelle Sklaverei, Zwangsprostitution, erzwungene Schwangerschaft, Zwangssterilisation oder jede andere Form sexueller Gewalt vergleichbarer Schwere, unter h) die Verfolgung einer Gruppe aus nationalen ethnischen oder kulturellen Gründen, unter i) das Verschwindenlassen von Personen und unter j) das Verbrechen der Apartheid.

Art. 7 ICC-Statut setzt im Gegensatz zum Statut des Nürnberger Internationalen Militärgerichtshofes und des Statuts des Jugoslawien-Tribunals nicht voraus, daß die Verbrechen gegen die Menschlichkeit im Zusammenhang mit einem bewaffneten Konflikt begangen werden.[266] Dies spiegelt das gegenwärtige internationale Recht wider.[267]

Art. 7 ICC-Statut enthält daher eine erweiterte völkerstrafrechtliche Verantwortlichkeit, die in diesem Umfang bisher nicht kodifiziert wurde. Art. 8 ICC-Statut definiert als Kriegsverbrechen wie Art. 2 des Statuts des Jugoslawien-Tribunals die schweren Verletzungen der Genfer Abkommen von 1949. Weitere Straftatbestände wurden in Art. 8 II b ICC-Statut für andere schwere Verstöße gegen die im internationalen bewaffneten Konflikt innerhalb des feststehenden Rahmens des Völkerrechts anwendbaren Gesetze und Gebräuche geschaffen, wie z. B. für vorsätzliche Angriffe auf die Zivilbevölkerung, vorsätzliche Angriffe auf zivile Objekte oder die Verwendung von Gift oder vergifteten Waffen in Art. 8 II b ICC-Statut geschaffen. In Art. 8 II b xxii ICC-Statut wurde ein eigener Straftatbestand für Vergewaltigungen und andere vergleichbare Formen sexueller Gewalt aufgenommen.[268]

Nach Art. 8 II b, c, d und e ICC-Statut werden auch die Kriegsverbrechen in Konflikten, die keinen internationalen Charakter haben, erfaßt.[269] Bereits im Zusatzprotokoll v. 12.12.1977 zu den Genfer Abkommen v. 12.8.1949 über den

---

i) andere unmenschliche Handlungen."
S/RES 955 (1994) v. 8.11.1994, Resolutions and Decisions of the Security Council (1994), 49 SCOR 15, abgedruckt in 33 ILM (1994), S. 1602 ff.

266 *D. Robinson*, "Defining "crimes against humanity" at the Rome Conference", 93:1 AJIL (1999), S. 43 ff.

267 *A. Cassese*, "The Statute of the International Criminal Court: Some Preliminary Reflections", 10:1 EJIL (1999), S. 144 ff., 150.

268 *Zimmermann*, Anm. 261, S. 70.

269 Vgl. *H.-P. Kaul*, "Durchbruch in Rom", 46:4 Vereinte Nationen (1998), S. 125 ff., 127.

Schutz der Opfer nicht internationaler bewaffneter Konflikte[270] sind die Regeln der Genfer Abkommen ergänzt und erweitert worden.[271] Die Normierung der anderen schweren Verstöße in Art. 8 II b ICC-Statut geht über bereits auf vertraglicher Grundlage bestehende Verantwortlichkeiten hinaus.

Die Straftatbestände betreffen individuelles Verhalten und begründen eine unmittelbare völkerstrafrechtliche Verantwortlichkeit, da die Betroffenen auf der Grundlage von Völkerrecht für ihr Handeln zur Verantwortung gezogen werden. Nach Art. 25 II ICC-Statut ist derjenige, der ein der Gerichtsbarkeit des Gerichtshofs unterliegendes Verbrechen begeht, nach Maßgabe des Statuts individuell verantwortlich und strafbar.

Das ICC-Statut unterscheidet sich - wie dargestellt - nicht von anderen universellen Verträgen, welche strafbewehrte Verhaltenspflichten Einzelner regeln.

b. Durchgriffswirkung der verfahrensrechtlichen Vorschriften

Ratione personae ist die Jurisdiktion des ICC gegeben, wenn der Staat, dessen Angehöriger der mutmaßliche Täter ist, oder der Staat, in dem die Tat begangen wurde, Vertragspartei des Gerichtsstatuts ist (Art. 13 a und c iVm. Art. 12 II ICC-Statut).

Der ICC kann nur dann strafverfolgend tätig werden, wenn Staaten nicht willens oder nicht in der Lage sind, eine der genannten Straftaten ernsthaft zu verfolgen (Grundsatz der Komplementarität, Art. 17 Abs. 1 ICC-Statut).[272] Eine staatliche Unfähigkeit zur Strafverfolgung kann sich nach Art. 17 III ICC-Statut im Fall eines 'failed state' ergeben, wenn der Staat wegen des völligen oder weitgehenden Zusammenbruchs oder der Nichtverfügbarkeit seines innerstaatlichen Justizsystems unfähig ist, das Verfahren durchzuführen. Da der ICC bei Vorliegen eines 'failed state' im nationalen Rechtsraum mit unmittelbarer Rechtswirkung direkt verpflichtend tätig wird, kommt seinen Maßnahmen in dieser Konstellation Durchgriffswirkung zu. Durch die Übertragung der Strafverfolgung als originär nationaler Angelegenheit haben die Vertragsstaaten dem ICC Hoheitsbefugnisse übertragen, so daß die Maßnahmen auch supranationalen Charakters sind.

---

270 Zusatzprotokoll v. 12.12.1977 zu den Genfer Abkommen v. 12.08.1949 über den Schutz der Opfer nicht internationaler bewaffneter Konflikte, BT-Drucksache 11/6770, S. 93.

271 Vgl. dazu im einzelnen *Ipsen* in *Ipsen (Hrsg.)*, Anm. 7, § 65 Rdnr. 16.

272 Vgl. hierzu *F. Hoffmeister/S. Knoke*, "Das Vorermittlungsverfahren vor dem Internationalen Strafgerichtshof - Prüfstein für die Effektivität der neuen Gerichtsbarkeit im Völkerstrafrecht", 59:2 ZaöRV (1999), S. 785 ff., 797.

Bei Nichtvorliegen eines 'failed state' ist der ICC für das Ergreifen effektiver Maßnahmen auf die Kooperation der Vertragsparteien angewiesen, da der ICC über keine eigene Polizei und keine eigene Vollzugsgewalt verfügt. Die zwischen Staat und ICC erforderliche Zusammenarbeit wird bei der Ergreifung von mutmaßlichen Straftätern deutlich.

So kann beispielsweise die Vorverfahrenskammer nach Art. 58 I ICC-Statut einen Haftbefehl gegen eine Person erlassen, wenn sie nach Prüfung des Antrags des Anklägers zu der Überzeugung gelangt ist, daß die Person ein der Gerichtsbarkeit des ICC unterfallendes Verbrechen begangen hat und die Festnahme der Person notwendig erscheint, um beispielsweise sicherzustellen, daß sie zur Verhandlung erscheint. Der ICC kann nach Art. 58 V ICC-Statut auf der Grundlage des Haftbefehls um die vorläufige Festnahme oder die Festnahme und Überstellung der Person nach Teil 9 ICC-Statut ersuchen. Ein Vertragsstaat, dem ein Ersuchen auf vorläufige Festnahme oder auf Festnahme und Überstellung zugegangen ist, ergreift nach Art. 59 I ICC-Statut sofort Maßnahmen zur Festnahme der fraglichen Person im Einklang mit seinen Rechtsvorschriften und mit Teil 9 ICC-Statut.

Teil 9 ICC-Statut verpflichtet die Staaten uneingeschränkt zur Zusammenarbeit mit dem ICC; so kooperieren die Vertragsstaaten nach Art. 86 ICC-Statut bei den Ermittlungen von den der Gerichtsbarkeit des Gerichtshofs unterliegenden Verbrechen und bei deren strafrechtlicher Verfolgung voll mit dem ICC. Einem Überstellungsgesuch leisten die Vertragsparteien nach Art. 89 ICC-Statut im Einklang mit Teil 9 ICC-Statut und den in ihrem innerstaatlichen Recht vorgesehenen Verfahren Folge. Nach Art. 88 ICC-Statut sorgen die Vertragsstaaten dafür, daß in ihrem innerstaatlichen Recht für alle in Teil 9 ICC-Statut aufgeführten Formen der Zusammenarbeit entsprechende Verfahren zur Verfügung stehen. Andere Formen der Zusammenarbeit enthält Art. 93 ICC-Statut, wie die Vernehmung von Personen und die Zustellung von Schriftstüken. Sanktionsbefugnisse stehen dem ICC im Falle der Verweigerung der Kooperation nicht zu, nach Art. 87 VII ICC-Statut kann der ICC sich lediglich an ein anderes Organ der UN wenden.

Die Urteile des ICC sind für die Vertragsstaaten nach Art. 105 ICC-Statut bindend. Vorbehalte zu dem Statut sind nach Art. 120 ICC-Statut im allgemeinen nicht zulässig. Art. 124 ICC-Statut erlaubt dennoch einen Vorbehalt[273]: Ein Staat kann für einen Zeitraum von sieben Jahren, nachdem das Statut für ihn in Kraft

---

[273] *Cassese*, Anm. 267, S. 146.

getreten ist, die Gerichtsbarkeit des ICC für Kriegsverbrechen nach Art. 8 ICC-Statut nicht anerkennen, wenn ein Verbrechen mutmaßlich von seinen Staatsangehörigen oder in seinem Hoheitsgebiet begangen worden ist.

Ob den Maßnahmen des ICC Durchgriffswirkung zukommt, hängt von der Größe des Ermessensspielraumes ab, der den Vertragsparteien bei der Durchführung der Maßnahmen verbleibt. Bei der Betrachtung des Verhältnisses von Staat und ICC wird deutlich, daß das ICC-Statut einen staatenorientierten Ansatz verfolgt.[274]

Die Zuständigkeit des ICC ist in Art. 18 ICC-Statut erheblich beschränkt worden.[275] Nach Art. 18 ICC-Statut muß der Chefankläger seine Ermittlungen für sechs Monate zurückstellen, wenn ein betroffener Staat dies unter Hinweis auf seine eigenen Ermittlungen beantragt. Auch wenn der Ankläger zu der Auffassung gelangt, daß der betroffene Staat bei seinen Ermittlungen nicht ernsthaft vorgeht, fällt die Zuständigkeit erst nach Bestätigung durch die Ermittlungskammer an den ICC zurück.

Im Fall konkurrierender Ersuchen des ICC und eines Staates, der nicht Vertragspartei ist, geht das Ersuchen des ICC nicht automatisch vor. Nach Art. 90 VI und VII ICC-Statut kann der Staat zwischen der Überstellung an den ICC oder den Staat wählen, mit dem er ein Auslieferungsabkommen geschlossen hat.[276] In diesem Fall verbleibt den Staaten nicht nur ein Ermessens-, sondern ein Entscheidungsspielraum.[277]

Während der Vertragsentwurf weitreichende Verweigerungsgründe für eine Kooperation enthielt[278], kann nach Art. 93 IV ICC-Statut ein Vertragsstaat ein

---

[274] *Cassese*, Anm. 267, S. 165 spricht von einem "Largely State-oriented Approach Taken in the Rome Statute."

[275] *Kaul*, Anm. 269, S. 128.

[276] *Zimmermann*, Anm. 261, S. 102 f. weist darauf hin, daß die Überstellungsersuchen der *Ad hoc*-Tribunale vorgehen.

[277] *Cassese*, Anm. 267, S. 164 f. unterscheidet bei der Errichtung Internationaler Strafgerichtshöfe zwischen einem "inter-state" und einem "supra-state" model: "... First, the inter-state model, whereby the relations between states and the international court are shaped on the pattern of inter-state judicial cooperation in criminal matters ... This ["supra-state"] more progressive model presupposes that the international judicial body is vested with sweeping powers not only *vis-à-vis* individual subjects to the sovereign authority of states, but also towards states themselves ... In short, the international court is endowed with an authority over states that markedly differentiates it from other international institutions. The ICTY and ICTR - with the Chapter VII authority of the Security Council behind them - follow this coercive, "supra-state" model."

[278] Vgl. *Kaul,* Anm. 269, S. 129.

Rechtshilfeersuchen nur noch dann ganz oder teilweise ablehnen, wenn das Ersuchen die Beibringung von Schriftstücken oder die Offenlegung von Beweismitteln betrifft, die seine nationale Sicherheit berühren. Das sich an eine Ablehnung anschließende Verfahren nach Art. 72 ICC-Statut ist darauf ausgerichtet, daß der Staat möglichst viele Informationen preisgibt.[279] Das Urteil der Berufungskammer des Jugoslawien-Tribunals hat im *Blaški Subpoena*-Fall die Möglichkeit auf nationale Sicherheitsinteressen zu verweisen, eingeschränkt.[280] Das Jugoslawien-Tribunal entscheidet zunächst selbst 'in camera' darüber, ob bestimmte Beweismittel im Verfahren vorgelegt werden müssen. Unklar ist, ob eine solche Vorgehensweise für das Verfahren vor dem ICC Anwendung findet.[281]

Der ICC darf nach Art. 98 ICC-Statut kein Überstellungs- oder Rechtshilfeersuchen stellen, das den Staat verpflichten würde, entgegen seinen völkerrechtlichen Verpflichtungen zu handeln. Auch hier ist der Handlungsspielraum des ICC zugunsten der internationalen Verpflichtungen der Staaten beschränkt.[282]

Weiterhin leisten die Vertragsstaaten in Teil 9 ICC-Statut den Ersuchen des ICC in Übereinstimmung mit ihrem nationalen Recht Folge.[283] Die Rechtshilfeverpflichtung von Art. 29 Nr. 2 Jugoslawien-Statut ist insoweit weitgehender, da die Staaten jedem Rechsthilfeersuchen und jeder von einer Strafkammer erlassenen Verfügung unverzüglich nachkommen müssen. Obwohl davon auszugehen ist, daß dem ICC Hoheitsrechte übertragen worden sind, da die Bundesrepublik dem ICC die Strafgewalt von Personen übertragen hat, die ansonsten der deutschen Strafgewalt unterstehen würden[284], weisen die verfahrensrechtlichen Statut-Bestimmungen keine Durchgriffswirkung auf. Es besteht keine uneingeschränkte Verpflichtung der Staaten, mit dem ICC zusammenzuarbeiten. Der ICC verfügt insoweit über deutlich beschränkte Befugnisse.

---

[279] *Cassese*, Anm. 267, S. 166.

[280] Jugoslawien-Tribunal, Case No. IT-95-14-AR 108bis, 29.10.1997, In the Appeals Chamber, Prosecutor v. Tihomir Blaškič, Judgement on the Request of the Republic of Croatia for Review of the Decision of Trial Chamber II of 18 July 1997, § 61 ff.

[281] Vgl. zu dieser Frage *R. Wedgwood*, "International Criminal Tribunals and State Sources of Proof: The Case of Tihomir Blaški", 11:3 LJIL, S. 635 ff., 646.

[282] *M. H. Arsanjani*, "The Rome Statute of the International Criminal Court", 93:1 AJIL (1999), S. 22 ff., 40.

[283] *Arsanjani*, Anm. 282, S. 40.

[284] *Zimmermann*, Anm. 261, S. 102 Fn. 260.

Den Staaten verbleibt in den dargestellten Konstellationen ein weitreichender Entscheidungsspielraum, so daß die Wirksamkeit der Maßnahmen des ICC im nationalen Recht - im Gegensatz zu den Maßnahmen der *Ad hoc*-Tribunale - auch vom Willen des betroffenen Vertragsstaates abhängt.

11. Beziehung Einzelner - Internationale Organisation

Die Annahme einer unmittelbaren Wirkung oder Durchgriffswirkung des Völkerrechts hat gravierende Auswirkungen auf die Position des Einzelnen gegenüber einer Internationalen Organisation.

Internationalen Organisationen wird selten das Recht eingeräumt, Recht mit unmittelbarer Wirkung für den Einzelnen zu setzen.[285] Die Rechtsbeziehung zwischen dem Einzelnen und der Internationalen Organisation wird nur mittelbar geregelt und hängt von der Definition des Verhältnisses des Völkerrechts zum nationalen Recht ab.[286] Dies entspricht auch der Stellung des Einzelnen im Völkerrecht allgemein.[287]

Zwar sind dem Individuum, insbesondere im Menschenrechtsbereich, vereinzelt Rechte gewährt worden[288]; nicht zu übersehen ist aber, daß die Rechte auf vertraglicher Grundlage beruhen, damit nicht von allen Staaten gewährt wurden und verfahrensrechtlicher Natur sind.[289] Außerdem haben Einzelne grundsätzlich keinen Zugang zu internationalen Gerichten.

Seit den Prozessen von Nürnberg und Tokio ist die individuelle strafrechtliche Verantwortung für namens des Staates begangene strafbare Handlungen anerkannt. Für die Verbrechen gegen den Frieden, die Kriegverbrechen und die Verbrechen gegen die Menschlichkeit besteht für die strafrechtliche Verantwortlichkeit die Möglichkeit des Durchgriffs auf die Individuen.[290] Völker-

---

[285] *Bindschedler* in *Bernhardt (ed.)*, Anm. 3, S. 1290.

[286] *K. J. Partsch*, "Individuals in international law", in *R. Bernhardt (ed.)*, Encyclopedia of public international law, Vol. 2 (1995), S. 957 ff., 958.

[287] *O. Kimminich*, Einführung in das Völkerrecht, 4. Aufl. (1990), S. 215 ff.

[288] Vgl. Art.1 Zusatzprotokoll zu IPBPR, ECOSOC-Resolution 1235 (XLII) v. 6.06.1967, 42 OR 17, Suppl. 1, Art. 25 EMRK (Aktivlegitimation) und Art. 44 Interamerikanische Menschenrechtskonvention.

[289] Vgl. zur Kritik *A. Cassese*, "Individuals" in *M. Bedjaoui (ed.)*, International Law: Achievements and Prospects (1991), S. 113 ff., 118.

[290] *E. Klein*, "Die Bedeutung der Nürnberger Prozesse für die Bewältigung des SED-Unrechts", 25:6 ZRP (1992), S. 208 ff., 209.

rechtlich scheint der Sprung vom Staatenunrecht zum Individualunrecht und strafbaren Unrecht gewagt[291] Die Verantwortung für individuelles Strafrecht wurde bislang nur auf Urteile nationaler Gerichte gestützt.[292]

12. Ergebnis

Im Rahmen universeller Organisationen gibt es bisher nur vereinzelt supranationale Züge. Die Staaten sind aufgrund der geringen Einfluß- und fehlenden Rechtsschutzmöglichkeiten nicht gewillt, Hoheitsrechte an die Organisation zu übertragen. Die im Rahmen der UN und ihrer Sonderorganisationen aufgezeigten supranationalen Befugnisse weisen einen Ausnahmecharakter auf. Eine Sonderstellung kommt insoweit der Meeresbodenbehörde der 3. UN-Seerechtskonvention zu, die über supranationale Befugnisse verfügt und ebenso wie das Verwaltungsgericht der UN ein *locus standi* für Einzelpersonen vorsieht. Auch das Abkommen von Chicago weist supranationale Züge auf. Supranationalen Charakter haben ebenfalls einige verfahrensrechtliche Vorschriften des ICC-Statutes.

Ob die wenigen festgestellten supranationalen Züge auf eine generelle Entwicklungstendenz im Recht der UN hinweisen, wird im folgenden anhand der Beurteilung der Durchgriffswirkung von Sicherheitsrats-Resolutionen ermittelt. Sicherheitsrats-Resolutionen wurde bislang keine unmittelbare Anwendbarkeit zuerkannt, so daß die Feststellung der Durchgriffswirkung von Resolutionen ein Novum darstellt. Die hauptsächlich vor den amerikanischen Gerichten entwickelten Kriterien zur Beurteilung der unmittelbaren Anwendbarkeit von Resolutionen sind auch für eine dogmatische Begründung der Durchgriffswirkung verwendbar.

---

[291] *G. Dahm*, Zur Problematik des Völkerstrafrechts (1956), S. 48 f.; *K. Ipsen* in *Ipsen (Hrsg.)*, Anm. 7, § 42 Rdnr. 12.

[292] Vgl. *Partsch* in *Bernhardt (ed.)*, Anm. 286, S. 960 zur Frage, ob die nationalen Urteile die geeignete Grundlage sind.

3. Kapitel

Durchgriffswirkung von Sicherheitsrats-Resolutionen - UN als Supranationale Organisation

1. Praxis des Sicherheitsrates

Die Durchgriffswirkung der Sicherheitsrats-Resolutionen trägt entscheidend zu der Entwicklung der UN zu einer Supranationalen Organisation bei.

Nach bisheriger Ansicht, gestützt durch den Wortlaut von Art. 25 und 48, sind Adressaten der Sicherheitsrats-Resolutionen ausschließlich die Mitgliedstaaten.[1] Aufgrund mangelnder Durchgriffswirkung waren die Resolutionen in den Mitgliedstaaten auch nicht unmittelbar anwendbar.

Wie die Analyse insbesondere der jüngeren Resolutionspraxis zeigt, können sich die Regelungen des Sicherheitsrates durch ihre Durchgriffswirkung auch unmittelbar an Einzelne richten.[2] Zu ihrer Wirksamkeit im innerstaatlichen Recht

---

[1] So auch *K. Schmalenbach*, "Die Auslieferung mutmaßlicher deutscher Kriegsverbrecher an das Jugoslawien-Tribunal in Den Haag", 36:3 Archiv des Völkerrechts (1998), S. 285 ff., 289: "... obwohl Individuen mangels Völkerrechtssubjektivität nicht Adressaten von völkerrechtlichen Maßnahmen aus der UN-Charta sein können."

[2] *M. Herdegen*, "Der Wegfall effektiver Staatsgewalt im Völkerrecht: 'The Failed State'" in *D. Thürer/M. Herdegen/G. Hohloch (Hrsg.)*, "Der Wegfall effektiver Staatsgewalt: 'The Failed State'", 34 Berichte der Deutschen Gesellschaft für Völkerrecht, 24. Tagung in Leipzig, April 1995 (1996), S. 49 ff., 68 spricht den Sicherheitsrats-Resolutionen im 'failed state' eine Durchgriffsmöglichkeit auf den Einzelnen zu (The Failed State). Von "individual responsibility" spricht V. *Gowlland-Debbas*, "Security Council enforcement action and issues of state responsibility", 43 ICLQ (1994), S. 55 ff., 67 und *J. E. Alvarez*, "Judging the Security Council", 90:1 AJIL (1996), S. 1 ff., 21 hält "individuals accountable for internationally wrongful acts".Nach *D. Thürer*, "Der Wegfall effektiver Staatsgewalt: 'The Failed State'" in in *D. Thürer/M. Herdegen/G. Hohloch (Hrsg.)*, "Der Wegfall effektiver Staatsgewalt: 'The Failed State'", 34 Berichte der Deutschen Gesellschaft für Völkerrecht, 24. Tagung in Leipzig, April 1995 (1996), S. 9 ff., 24 ist der Sicherheitsrat zu einem supranationalen Regierungs- und Verwaltungsorgan der internationalen Gemeinschaft geworden; kritisch insoweit *B. Simma*, Diskussionsbeitrag in *D. Thürer/M. Herdegen/G. Hohloch (Hrsg.)*, "Der Wegfall effektiver Staatsgewalt: 'The Failed State'", 34 Berichte der Deutschen Gesellschaft für Völkerrecht, 24. Tagung in Leipzig, April 1995 (1996), S. 135 ff., 138/139; *G. Biehler*, "Souveränität im Wandel", 35:1 Der Staat (1996), S. 99 ff., 104 Fn. 18. Nach *B. Fassbender*, "The United Nations Charter As Constitution of The International Community", 36 Columbia Journal of Transnational Law (1998), S. 529 ff., 610 können sich Sicherheitsrats-Resolutionen nunmehr an Einzelne richten.

bedarf es keines zusätzlichen Umsetzungsaktes.[3] Diese Resolutionen beruhen druchweg auf Kapitel VII der Charta[4] und betreffen inhaltlich Fälle des Wegfalls effektiver Staatsgewalt beim 'failed state', die Übernahme treuhänderischer Funktionen durch die UN, Verstöße gegen humanitäre Standards und die Errichtung von Kriegsverbrechertribunalen.

Eine Resolution weist Durchgriffswirkung auf, wenn sie Rechte und Pflichten für Einzelne begründet und als direkte Entscheidungsgrundlage für Rechtsanwendungsorgane ohne Tätigwerden des nationalen Gesetzgebers dienen kann. Zudem hat sie einen bindenden Inhalt, der konkrete Verpflichtungen und nicht lediglich Aufforderungen für die Rechtsanwendungsorgane oder die Einzelnen normiert.[5]

Weist eine Resolution eine solche Durchgriffswirkung auf, schließt sich die Frage nach dem supranationalen Charakter der Maßnahme an: die ist anzunehmen, wenn der Sicherheitsrat oder die UN die Maßnahme aufgrund hoheitlicher Befugnisse erlassen haben.

2. Rhodesien

Im Rhodesien-Konflikt hat der Sicherheitsrat für Ian Smith als Vertreter der illegalen Smith-Regierung keine individuelle Verantwortlichkeit festgelegt[6], wie sie in der Debatte der Generalversammlung vorgeschlagen worden ist.[7]

---

[3] *Herdegen*, The Failed State, Anm. 2, S. 83; *F. L. Kirgis*, "The Security Council's First Fifty Years", 89:3 AJIL (1995), S. 506 ff., 524 bemerkt für einzelne Bestimmungen der Statute für das Jugoslawien- und das Ruanda-Tribunal "that they establish new rules that could directly alter legal processes in UN member states."

[4] S/RES 276 (1970) v. 30.01.1970, Resolutions and Decisions of the Security Council (1970), 25 SCOR 1 beruht nach Ansicht des IGH auf Art. 24, IGH, Legal Consequences for States of the Continued Presence of South Africa in Namibia (South West Africa) Notwithstanding Security Council Resolution 276 (1970), Advisory Opinion, ICJ Reports (1971), S. 16 ff., 52.

[5] *P. Rösgen*, Rechtsetzungsakte der Vereinten Nationen und ihrer Sonderorganisationen - Bestandsaufnahme und Vollzug in der BRD (1985), S. 225 führt zur Überprüfung der unmittelbaren Anwendbarkeit aus, daß es zwar begrifflich möglich, praktisch aber nicht sinnvoll ist, die Frage nach der unmittelbaren Anwendbarkeit einer nicht bindenden Resolution zu stellen.

[6] Siehe zur Wahl des Sicherheitsrates zwischen individueller und staatlicher Verantwortlichkeit *Gowlland-Debbas,* Anm. 2, S. 67.

[7] Der Vertreter des Senegal hat sich indirekt für die Normierung einer individuellen Verantwortlichkeit ausgesprochen: "M. Ian Smith had committed an act of real international

In den Rhodesien-Resolutionen 232 (1966)[8], 338 (1973)[9] und 409 (1977)[10] werden die Mitgliedstaaten aufgefordert, das Handelsverhalten ihrer Einwohner gegenüber Rhodesien zu kontrollieren.[11] Ausschließliche Adressaten der Resolutionen sind jedoch die Mitgliedstaaten, an die sich auch die verpflichtenden Paragraphen der Resolutionen richten.[12] Da die Resolutionen nicht unmittelbar Einzelpersonen verpflichten[13], weisen sie keine Durchgriffswirkung auf.[14]

---

piracy ... This act of piracy called for more than the illusion of economic sanctions because ... economic sanctions have never proved effective.", General Assembly, Plenary meetings, 17.11.1966, 21 GAOR 6, 1468th meeting, Vol. III, § 66.

[8] S/RES 232 (1966) v. 16.12.1966, Resolutions and Decisions of the Security Council (1966), 21 SCOR 7.

[9] S/RES 338 (1973) v. 22.10.1973, Resolutions and Decisions of the Security Council (1973), 28 SCOR 10.

[10] S/RES 409 (1977) v. 27.05.1977, Resolutions and Decisions of the Security Council (1977), 32 SCOR 8.

[11] S/RES 232 (1966): "2. *Decides* that all Member States of the UN shall prevent (b) any activities by their nationals or in their territories which promote or are calculated to promote the export of these commodities from Southern Rhodesia ... ." S/RES 338 (1976): "2. *Decides* that all Member States shall take appropriate measures to prevent their nationals and persons in their territories from granting to any commercial, industrial or public utility undertaking in Southern Rhodesia the right to use any trade name ... ." S/RES 409 (1977): "1. *Decides* that all Member States shall prohibit the use or transfer of any funds in their territories by the illegal régime in Southern Rhodesia, including any office or agent thereof, or by other persons or bodies within Southern Rhodesia, for the purposes of any office or agency of the illegal régime that is established within their territories other than an office or agency so established exclusively for pensions purposes." Die besprochenen Resolutionen wurden bei der Einigung über die Verfassung eines unabhängigen Zimbabwes durch die Resolution 460 (1979), S/RES 460 (1979) v. 21. 12.1979, Resolutions and Decisions of the Security Council (1979), 34 SCOR 15 aufgehoben.

[12] *F. Zehetner*, "Völker- und verfassungsrechtliche Probleme der Rhodesien-Resolutionen des Sicherheitsrats der Vereinten Nationen in Österreich" in *F.-W. Baer-Kaupert/G. Leistner/H. Schweiger (Hrsg.)*, Liber amicorum Aubin (1979), S. 315 ff., 322 stellt zu der Resolution 232 (1966) fest, daß unmittelbare Adressaten der Verpflichtung natürlich die Mitgliedstaaten sind, mittelbare Adressaten aber deren Rechtsunterworfene.

[13] So für die Rhodesien-Resolutionen 232 (1966) v. 16.12.1966, Resolutions and Decisions of the Security Council (1966), 21 SCOR 7 und 253 (1968) v. 29.05.1968, Resolutions and Decisions of the Security Council (1968), 23 SCOR 5, *L. Henkin* "Resolutions of International Organizations in American Courts" in *F. Kalshoven/P. J. Kuyper/J. G. Lammers (eds.)*, Essays on the Development of the International Legal Order (1980), S. 199 ff., 209 Fn. 34: "A resolution calling on the US to observe an embargo creates no rights to which the court can give effect. It is inevitably addressed to the Executive Branch which has the power to control imports, and it is confusing to call such a resolution a self-executing obligation against the political branches of the US, no matter

Weiterhin sind Rechtsakte mit Durchgriffswirkung im nationalen Rechtsraum ohne innerstaatlichen Umsetzungsakt wirksam. Für das Vorliegen von Durchgriffswirkung ist es daher nicht ausreichend, daß die Einzelnen - wie in den Rhodesien-Resolutionen - indirekt über die nationalen Behörden und Gerichte verpflichtet werden können, da in diesem Fall die Handlung des nationalen Rechtsanwendungsorgans einem innerstaatlichen Umsetzungsakt gleichkommt. Rechtsakte mit Durchgriffswirkung sind im nationalen Rechtsraum hingegen ohne Umsetzungsakt wirksam.

3. Israel

In der Resolution 465 (1980)[15] verzichtet der Sicherheitsrat bei der Anordnung der Nichtigkeit der israelischen Maßnahmen bezüglich der palästinänsischen Gebiete darauf, die Mitgliedstaaten als Verpflichtungsadressaten der Resolution zu benennen [16]:

> "5. Determines that all measures taken by Israel to change the ... institutional structure or status of the Palestinian and other Arab territories occupied since 1967 ... have no legal validity."

In ihrem Wortlaut benennt die Resolution nicht ausdrücklich einen Verpflichtungsadressaten. Die Resolution verpflichtet gem. Art. 25 und 48 die an die Resolutionen des Sicherheitsrates gebundenen Mitgliedstaaten. Für die Annahme von Durchgriffswirkung reicht diese allein staatengerichtete Feststellung nicht aus[17]: sie verpflichtet darüberhinaus einerseits keine Individuen und stellt andererseits keine taugliche Entscheidungsgrundlage für die nationalen Rechtsanwendungsorgane dar.

---

how 'self-executing' the language or intent."

14 *P. J. Kuyper*, The implementation of international sanctions - the Netherlands and Rhodesia (1978), S. 75 hat die Rhodesien-Resolution 409 (1977) nicht für unmittelbar anwendbar gehalten, da die verpflichtenden Paragraphen der Resolution an die Staaten und nicht an Einzelne gerichtet sind.

15 S/RES 465 (1980) v. 1.03.1980, Resolutions and Decisions of the Security Council (1980), 35 SCOR 5.

16 *Rösgen*, Anm. 5, S. 230.

17 Vgl. insoweit auch die Erläuterungen zur inhaltlich vergleichbaren Südafrika-Resolution 276 (1970) v. 30.01.1970, Resolutions and Decisions of the Security Council (1970), 25 SCOR 1.

4. Südafrika

a. Waffenembargo gegen Südafrika

Die Resolution 418 (1977)[18], durch die ein Waffenembargo gegen Südafrika verhängt worden ist, ist in der Literatur auf ihre unmittelbare Anwendbarkeit überprüft worden[19], die im Ergebnis abgelehnt worden ist. Nur § 2 der Resolution könnte Durchgriffswirkung aufweisen[20]:

> "Decides that all States shall cease forthwith any provision to South Africa of arms, and related matériel of all types ... and shall cease as well the provision of all types of equipment and supplies and grants of licensing arrangements for the manufacture or maintenance of the aforementioned."

Der Wortlaut der Resolution richtet sich an "all States" und nicht an Subjekte des innerstaatlichen Rechts. Dennoch kann sie auch für die nationalen Gerichte zu berücksichtigen sein und zwar in dem Fall, wenn nationale Verträge oder Vebotsverfügungen auf ihre Vereinbarkeit mit der Resolution zu überprüfen sind.[21] In den Mitgliedstaaten können Waffenlieferungen durch Private durch die Gerichte als Kontrollinstanz unterbunden werden.[22]

In diesem Zusammenhang stellt sich - vergleichbar zu der Situation der Rhodesien-Resolutionen - die Frage, ob eine Resolution, die eine allein staatengerichtete Verpflichtung enthält, Durchgriffswirkung haben kann. Im Europäischen Gemeinschaftsrecht können nach der Rechtsprechung des EuGH auch staatengerichtete Verpflichtungen unmittelbar anwendbar sein[23], auch solche, die ein Unterlassen

---

[18] S/RES 418 (1977) v. 4.11.1977, Resolutions and Decisions of the Security Council (1977), 32 SCOR 5.

[19] Vgl. *Rösgen*, Anm. 5, S. 228 ff.

[20] Vgl. zur Ablehnung der unmittelbaren Anwendbarkeit der anderen Paragraphen *Rösgen*, Anm. 5, S. 228.

[21] *Rösgen* erläutert, daß eine Embargo-Resolution im Recht der Bundesrepublik nur über die Gerichte unmittelbar anwendbar sein kann: entweder stellt sich vor einem Zivilgericht die Frage nach der Wirksamkeit eines gegen die Resolution verstoßenden Vertrages oder ein Verwaltungsgericht überprüft eine aufgrund der Resolution ergangene Verbotsverfügung einer Verwaltungsbehörde, vgl. Anm. 5, S. 227.

[22] *Rösgen*, Anm. 5, S. 228.

[23] EuGH für Art. 12 EWGV, Rs. 26/62, *van Gend & Loos*, Slg. (1963), S. 1 ff., 25/26: " ... die Staaten davon ausgegangen sind, die Bürger müßten sich vor den nationalen Gerichten auf das Gemeinschaftsrecht berufen können." S. 25: "Solche Rechte (Rechte Einzelner) entstehen nicht nur, wenn der Vertrag dies ausdrücklich bestimmt, sondern auch auf Grund von eindeutigen Verpflichtungen, die der Vertrag den Einzelnen wie

fordern. Auch in Richtlinien[24] und Entscheidungen[25] enthaltene staatengerichtete Unterlassungsverpflichtungen können unmittelbar anwendbar sein. Auf die Frage der Durchgriffswirkung im Völkerrecht sind die Grundsätze dieser Rechtsprechung nicht ohne weiteres übertragbar, da die grundlegende Konzeption des Gemeinschaftsrechts eine andere ist: das Gemeinschaftsrecht stellt eine "eigene Rechtsordnung"[26] dar und auch natürliche Personen sind Rechtssubjekte des Gemeinschaftsrechts.[27] Der EuGH lehnt es zudem ab, die Regelungen in einem allgemeinen völkerrechtlichen Vertrag nach gemeinschaftsrechtlichen Grundsätzen auszulegen.[28]

Die Grundsätze zur unmittelbaren Geltung des Gemeinschaftsrechts finden daher im Bereich des Völkerrechts keine Anwendung, insbesondere da den Einzelnen bislang durch die Sicherheitsrats-Resolutionen keine Rechte zugestanden werden[29], sondern diese den Mitgliedstaaten Verpflichtungen auferlegen. Die Grundsätze zur unmittelbaren Anwendung des europäischen Gemeinschaftsrechts sind daher nicht auf die Durchgriffswirkung anwendbar.

---

auch den Mitgliedstaaten und den Organen der Gemeinschaft auferlegt." S. 26: "Der Vollzug von Artikel 12 bedarf keines Eingriffs der staatlichen Gesetzgeber. Der Umstand, daß dieser Artikel die Mitgliedstaaten als Adressaten der Unterlassungspflicht bezeichnet, schließt nicht aus, daß dieser Verpflichtung Rechte der Einzelnen gegenüberstehen können."

[24] EuGH, Rs. 33/70, *SACE*, Slg. (1970), S. 1213 ff., 1223 f.; Rs. 8/81, *Beker*, Slg. (1981), S. 53 ff., 72.

[25] EuGH, Rs. 9/70, *Grad*, Slg. (1970), S. 825 ff., 838 ff.

[26] EuGH, Rs. 6/64, *Costa/ENEL*, Slg. (1964), S. 1251 ff., 1269; seit Costa/ENEL bezeichnet der EuGH das Gemeinschaftsrecht nicht mehr als *eine neue Rechtsordnung des Völkerrechts*, wie z.B. noch in Rs. 26/62, *van Gend & Loos*, Slg. (1963), S. 1 ff., 25 (Hervorhebung wurde hinzugefügt).

[27] EuGH, Rs. 26/62, *van Gend & Loos*, Slg. (1963), S. 1 ff., 25: " ... eine Rechtsordnung, deren Rechtssubjekte nicht nur die Mitgliedstaaten, sondern auch die Einzelnen sind."

[28] EuGH, Rs. 104/81, *Kupferberg*, Slg. (1982), S. 3641 ff., 3666, Tz. 30:"Wie der Gerichtshof bereits in [der Rs. 270/80, *Polydor*] ausgeführt hat, haben der EWG-Vertrag und das Freihandelsabkommen unterschiedliche Zielsetzungen. Deshalb kann die Auslegung, die Artikel 95 EWG-Vertrag bereits gegeben worden ist, nicht einfach analog auf das Freihandelsabkommen übertragen werden ... ."

[29] *Kuyper*, Anm. 14, S. 76 führt - zu einer inhaltlich weitgehend identischen Rhodesien-Embargo-Resolution - zur Begründung an: " ... the European Court of Justice has only accorded direct effect to obligations of member states to grant certain rights to individuals, but the Security Council resolutions on Rhodesian sanctions contain obligations for the member states to impose obligations on individuals."

Auch der Sicherheitsrat geht nicht davon aus, daß staatengerichtete Embargo-Resolutionen Durchgriffswirkung aufweisen. Für die Begründung von Strafbarkeit wegen Verstößen gegen ein Embargo hält der Sicherheitsrat den Erlaß von innerstaatlichen, die konkrete Strafbarkeit enthaltenen Gesetzen für erforderlich, wie sich aus der Resolution 333 (1973) ergibt :

> "4. *Calls upon* States to enact and enforce immediately legislation providing for the imposition of severe penalties on persons natural or judicial that commit breach of sanctions by .... ."[30]

Zwar könnte § 2 der Resolution 418 (1977) von den Gerichten aufgrund der detaillierten Aufzählung der vom Embargo betroffenen Gegenstände wahrscheinlich als Rechtsgrundlage für ihre Entscheidungen herangezogen werden[31]; ein taugliches Kriterium für die Annahme von Durchgriffswirkung ist dies allein jedoch nicht, da danach jede ausführliche, staatengerichtete Resolution mit Durchgriffswirkung ausgestattet wäre.

Da die Embargo-Resolution 418 (1977) keine über die Staatenverpflichtung hinausgehende Wirkung vorsieht und der Sicherheitsrat bei Erlaß des Embargos auch keine hoheitlichen Befugnisse ausübt, die direkt in einem Mitgliedstaat wirksam sind, liegt keine Durchgriffswirkung vor. Sicherheitsrats-Resolutionen, die allein staatengerichtete Verpflichtungen enthalten, wie die Resolution 418 (1977) sind folglich nicht unmittelbar anwendbar.[32]

b. Nichtigerklärung der südafrikanischen Maßnahmen mit Bezug zu Namibia

Mit den Resolutionen 276 (1970)[33] und 283 (1970)[34] hat der Sicherheitsrat die weitere Präsenz Südafrikas in Namibia für illegal und alle weiteren Maßnahmen für rechtswidrig und nichtig erklärt.[35] Der IGH hat in seinem *Namibia*-Gutachten

---

[30] S/RES 333 (1973) v. 22.05.1973, Resolutions and Decisions of the Security Council (1973), 28 SCOR 14.

[31] So *Rösgen*, Anm. 5, S. 230.

[32] So für die Rhodesien-Resolution *Kuyper*, Anm. 14, S. 76.

[33] S/RES 276 (1970) v. 30.01.1970, Resolutions and Decisions of the Security Council (1970), 25 SCOR 1.

[34] S/RES 283 (1970) v. 29.07.1970, Resolutions and Decisions of the Security Council (1970), 25 SCOR 2.

[35] S/RES 276 (1970) v. 30.01.1970, Resolutions and Decisions of the Security Council (1970), 25 SCOR 1: "2. *Declares* that the continued presence of the South African authorities in Namibia is illegal and that consequently all acts taken by the Government of South Africa on behalf of or concerning Namibia after the termination of the Mandate

festgestellt, daß die fortlaufende Anwesenheit von Südafrika in Nambia illegal sei und Südafrika die Verpflichtung habe, die Verwaltung Namibias aufzuheben und der Okkupation des Territoriums ein Ende zu setzen.[36] In seinem Gutachten hat der IGH die Resolutionen des Sicherheitsrates und der Generalversammlung für rechtswirksam erklärt.[37]

Der Sicherheitsrat hat in seinen Resolutionen die Maßnahmen Südafrikas für völkerrechtswidrig erklärt. Fraglich ist die Durchgriffswirkung der Resolutionen.

Die Resolutionen sind, wie die Israel-Resolution 465 (1980), an die Mitgliedstaaten und nicht an Einzelne gerichtet. Sie enthalten keine den Einzelnen verpflichtende Regelungen.

Die Resolutionen könnten jedoch den nationalen Rechtsanwendungsorganen als direkte Entscheidungsgrundlage dienen. Bei der Überprüfung der staatlichen Maßnahmen auf ihre Vereinbarkeit mit dem Völkerrecht und der Feststellung der Rechtswidrigkeit handelt der Sicherheitsrat in Erfüllung seiner Aufgaben und greift nicht in die nationale Rechtsordnung ein. Die Resolutionen können ebensowenig wie alle anderen Resolutionen, die nationale Maßnahmen für rechtswidrig erklären, von den nationalen Rechtsanwendungsorganen als direkte Rechtsgrundlage herangezogen werden, da sie keine konkreten Konsequenzen als Handlungsverpflichtungen für den betroffenen Staat vorsehen. Diese Sicherheitsrat-Resolutionen enthalten für den jeweiligen Staat eher eine allgemeine rechtliche und auch politische Zielvorgabe.

Mit der Resolution 276 (1970) hat der Sicherheitsrat außerdem die Staaten aufgefordert, jeglichen Handel der gegen § 2 der Resolution verstößt, zu unterlassen.[38] *Kirgis* hat diesen Teil der Resolution 276 (1970) mit einer Richtlinie

---

are illegal and invalid."

[36] IGH, Legal consequences for States of the Continued Presence of South Africa in Namibia (South West Africa) Notwithstanding Security Council Resolution 270 (1970), Advisory Opinion, ICJ Reports (1971), S.16 ff., 58.

[37] IGH, Legal consequences for States of the Continued Presence of South Africa in Namibia (South West Africa) Notwithstanding Security Council Resolution 270 (1970), Advisory Opinion, ICJ Reports (1971), S. 16 ff., 51-53; vgl. auch *G. Watson,* "Constitutionalism, Judicial Review, and the World Court", 34:1 Harvard International Law Journal, Winter (1993), S. 1 ff., 20.

[38] S/RES 276 (1970) v. 30.01.1970, Resolutions and Decisions of the Security Council (1970), 25 SCOR 1: "5. *Calls upon* all States, particularly those which have economic and other interests in Namibia to refrain from any dealings with the Government of South Africa which are inconsistent with paragraph 2 of the present resolution."

im Sinne des Gemeinschaftsrechts verglichen[39], die der Umsetzung durch die Mitgliedstaaten bedarf.[40] Auch diese an die Mitgliedstaaten gerichtete Resolution, die inhaltlich eine Vorstufe zu einem Embargo enthält, hat keine Durchgriffswirkung. Eine Resolution mit Durchgriffswirkung weist eine stärkere Bindungswirkung auf, da sie die Staaten direkt verpflichtet. Dieses Ergebnis entspricht auch der rechtlichen Einordnung von *Kirgis*.

c. *Nichtigerklärung der südafrikanischen Verfassung*

Der Sicherheitsrat hat in § 2 seiner Resolution 554 (1984)[41] die südafrikanische Verfassung für null und nichtig erklärt:

> "strongly rejects and declares as null and void the so-called "new constitution" and the "elections" to be organized in the current month of August for the "coloured" people and people of Asian origin as well as all insidious manoeuvres by the racist minority régime of South Africa further to entrench white minority rule and apartheid"

und dies in der Resolution 556 (1984)[42] bestätigt.

Auch die Generalversammlung hat mit der Resolution 39/2 die Verfassung verworfen und für nichtig erklärt.[43] Die Generalversammlung hat die Apartheid als Verbrechen gegen die Menschlichkeit qualifiziert, das den internationalen Frieden und die internationale Sicherheit bedrohe.

aa. *Begründung der Resolution*

Der Sicherheitsrat hat die Verfassung der Südafrikanischen Union für nichtig erklärt, da sie auf der Ungültigkeit der Volksabstimmung beruhe.[44] Die Verweige-

---

39 *Kirgis*, Anm. 3, S. 526: "In its quasi-legislative part, the resolution called upon all states to refrain from any dealings with South Africa that were inconsistent with paragraph 2. The Court held that *this directive*... ." (Hervorhebung wurde hinzugefügt).

40 Vgl. zum Vergleich mit einer EU-Richtlinie *Kirgis*, Anm. 3, S. 524, Fn. 140: "The effect of these pronouncements on UN member states is similar to the effect on European Union states of formal directives issued by the institutions of the Union."

41 S/RES 554 (1984) v. 17.08.1984, Resolutions and Decisions of the Security Council (1984), 39 SCOR 3.

42 S/RES 556 (1984) v. 23.10.1984, Resolutions and Decisions of the Security Council (1984), 39 SCOR 4.

43 GA/RES/39/2 v. 28.09.1984, Situation in South Africa, 39 GAOR 14, Supplement No. 51 (A/39/31).

44 S/RES 554 (1984) v. 17.08.1984, Resolutions and Decisions of the Security Council

rung des Wahlrechts aus rassischen Gründen verstoße nach Ansicht der UN gegen das Völkerrecht. Zur Begründung führt der Sicherheitsrat an, daß das System der Apartheid als Verbrechen gegen die Menschlichkeit zu qualifizieren sei[45], die Verfassung den internationalen Frieden und die internationale Sicherheit bedrohe[46], Art. 21 der Allgemeinen Erklärung der Menschenrechte von 1948[47] und das Selbstbestimmungsrecht verletzt seien und daß die Verfassung somit den Grundsätzen der Charta der Vereinten Nationen widerspreche.

Dieser weitreichende Eingriff in innerstaatliche Angelegenheiten kann nur dann Bestand haben, wenn die Resolution ihrerseits rechtmäßig ist, d. h. die Verfassung der Südafrikanischen Union völkerrechtswidrig ist. Anderenfalls kann die Nichtigerklärung als rechtlich gegenstandslos oder selbst im Widerspruch zum Völkerrecht stehend angesehen werden.[48]

Da sich die Südafrikanische Union an das allgemeine Gewaltverbot hält und auch anderen Staaten keine Gelegenheit zu einem gerechtfertigten Eingriff gibt, ist der internationale Frieden und die internationale Sicherheit nicht bedroht.[49] Ein Verstoß gegen die Allgemeine Erklärung der Menschenrechte von 1948 scheitert daran, daß die Erklärung weder völkervertraglichen noch -gewohnheitsrechtlichen Charakter aufweist.[50] Auch ein Verstoß gegen das Selbstbestimmungsrecht liegt nicht vor: der kämpfenden Bevölkerungsgruppe geht es um die Mitinhaberschaft der Staatsmacht und nicht um die Durchsetzung des völkerrechtlichen Selbst-

---

(1984), 39 SCOR 3, § 1: " ... erklärt, daß die sogenannte 'neue Verfassung' den Grundsätzen der Charta der Vereinten Nationen zuwiderläuft, daß die Ergebnisse des am 2. November 1983 durchgeführten Referendums keinerlei Gültigkeit besitzen und daß die Durchsetzung der 'neuen Verfassung' die ohnehin explosive Situation im Innern des Apartheidstaates Südafrika noch weiter zuspitzen wird."

45 S/RES/556 (1984) v. 23.10.1984, Resolutions and Decisions of the Security Council (1984), 39 SCOR 4, S. 4 Nr. 1.

46 S/RES/556 (1984) v. 23.10.1984, Resolutions and Decisions of the Security Council (1984), 39 SCOR 4, § 1: "*Reiterates* its condemnations of the *apartheid* policy of the South African régime and South Africa's continued defiance of the resolutions of the United Nations and designs further to entrench *apartheid*, a system characterized as a crime against humanity."

47 S/RES/556 (1984) v. 23.10.1984, Resolutions and Decisions of the Security Council (1984), 39 SCOR 4, Präambel Abs. 2.

48 Vgl. *K. Doehring*, "Die völkerrechtliche Beurteilung der Maßnahmen der Organe der Vereinten Nationen im Zusammenhang mit der Verfassungsreform in Südafrika" in *G. Ress (Hrsg.)*, Verfassungsreform in Südafrika und Verfassungsgebung für Namibia/Südwestafrika (1986), S. 9 ff., 12.

49 So *Doehring* in *Ress (Hrsg.)*, Anm. 48, S. 15.

50 *A. Verdross/B. Simma*, Universelles Völkerrecht, 3. Aufl. (1994), S. 822.

bestimmungsrechts, das ultimativ in einer Sezession aus dem Staatenverband enden kann.[51]

Das System der Apartheid, das in der neuen Verfassung seine Ausgestaltung in der Verweigerung des Wahlrechts aus rassischen Gründen gefunden hat, könnte aber völkerrechtswidrig sein.

Obwohl die Rassendiskriminierung dem allgemeinen Völkerrecht widerspricht[52], verbleibt die Ausgestaltung der Wahl eine innere Angelegenheit des Staates.[53] Eine Verpflichtung, allgemeines und gleiches Wahlrecht zu gewährleisten, könnte sich aber aus der UN-Charta ergeben.[54] Die Charta verpflichtet die Staaten nicht ausdrücklich, ein Wahlrecht ohne Rassendiskriminierung zu erteilen. Zwar besteht nach Art. 1 Abs. 3 eine Pflicht zur Förderung der Achtung vor den Menschenrechten ohne Unterschied u.a. der Rasse, eine unmittelbare Pflicht zur Unterlassung der Rassendiskriminierung ergibt sich nach der Verbalauslegung der Vorschrift jedoch nicht.[55] In der Verweigerung des Wahlrechts könnte allenfalls eine mangelnde Förderung der Gleichheit liegen.

Eine Pflicht zur Förderung der Gleichheit zum Abbau der Rassendiskriminierung kann sich aus dem Internationalen Übereinkommen zur Beseitigung jeder Form von Rassendiskriminierung vom 7.03.1966[56] ergeben. Nach Art. 2 der Konvention sind die Vertragsparteien verpflichtet, mit allen geeigneten Mitteln unverzüglich eine Politik der Beseitigung der Rassendiskriminierung in jeder Form und der Förderung des Verständnisses unter allen Rassen zu verfolgen. Da die Konvention Grundsätze des allgemeinen Völkerrechts kodifiziert, handelt es sich um Völkergewohnheitsrecht, so daß sich eine Bindung der Südafrikanischen Union ergibt.

---

[51] *Doehring* in *Ress (Hrsg.)*, Anm. 48, S. 16.

[52] IGH, Legal Consequences for States of the Continued Presence of South Africa in Namibia (South West Africa) Notwithstanding Security Council Resolution 276 (1970), Advisory Report, ICJ Reports (1971), S. 16 ff., 51 ff.

[53] *Doehring* in *Ress (Hrsg.)*, Anm. 48, S. 12.

[54] Die völkervertragliche Verpflichtung könnte sich auch aus dem UN-Pakt über bürgerliche und politische Rechte und der EMRK ergeben, wobei eine Bindung der Südafrikanischen Union abzulehnen sein wird, so *Doehring* in *Ress (Hrsg.)*, Anm. 48, S. 13.

[55] *Doehring* in *Ress (Hrsg.)*, Anm. 48, S. 14.

[56] Internationales Übereinkommen zur Beseitigung jeder Form von Rassendiskriminierung v. 7.03.1966, BGBl. II 1969, S. 961 ff.

Darüber hinaus könnte die in der Verfassung institutionalisierte Form der Rassendiskriminierung als Verbrechen gegen die Menschlichkeit anzusehen sein.[57] Die Apartheid in der Ausgestaltung der Verweigerung des Wahlrechts aus rassischen Gründen müßte ein Verbrechen gegen die Menschlichkeit darstellen.[58] Zum einen könnte die Apartheid bereits gewohnheitsrechtlich als Verbrechen gegen die Menschlichkeit anzusehen sein und zum anderen die Verbrechensmerkmale eines solchen Verbrechens erfüllen.

Einige völkerrechtliche Verträge haben die Apartheid unter die Verbrechen gegen die Menschlichkeit gefaßt, so z. B. die 'Convention on the Non-Applicability of Statutory Limitations to War Crimes and Crimes Against Humanity of 1968'.[59] In Art. I Abs. 1 des Internationalen Übereinkommens über die Bekämpfung und Ahndung des Verbrechens der Apartheid[60] wird die Apartheid ebenfalls als ein Verbrechen gegen die Menschlichkeit qualifiziert. Auch Art. 7 I j ICC-Statut ordnet die Apartheid unter die Verbrechen gegen die Menschlichkeit ein.

Der Sicherheitsrat hat in der Resolution 556 (1984)[61] die Apartheid als Verbrechen gegen die Menschlichkeit bezeichnet:

> "1. Reiterates its condemnation of the South African regime's apartheid policy and its continued defiance of relevant resolutions of the United Nations and the regime's designs to further entrench apartheid, a system characterized as a crime against humanity."

Die Verweigerung des Wahlrechts aus rassischen Gründen müßte aber auch die Verbrechensmerkmale eines Verbrechens gegen die Menschlichkeit erfüllen. Die Merkmale der 'Verfolgung aus politischen, rassischen und religiösen Gründen' und 'andere unmenschliche Handlungen' sind allen Definitionen von Verbrechen gegen

---

57 Vgl. zur grundlegenden Bedeutung der Frage, ob Apartheid als Verbrechen gegen die Menschlichkeit anzusehen ist *R. C. Slye*, "Apartheid as a crime against humanity: a submission to the South African truth and reconciliation commission", 20:2 Michigan Journal of International Law, Winter (1999), S. 267 ff., 268.

58 Die Qualifizierung der Apartheid als Verbrechen gegen die Menschlichkeit ist umstritten, vgl. *Slye*, Anm. 57, S. 269.

59 Convention on the Non-Applicability of Statutory Limits to War Crimes and Crimes Against Humanity, 660 UNTS 195, abgedruckt in 8 ILM (1969), S. 68 ff.

60 Internationales Übereinkommen über die Bekämpfung und Ahndung des Verbrechens der Apartheid v. 30.11.1973, 1015 UNTS, S. 243 ff.

61 S/RES 556 (1984) v. 23.10.1984, Resolutions and Decisions of the Security Council (1984), 39 SCOR 4.

die Menschlichkeit gemeinsam.[62] Das Jugoslawien-Tribunal unterteilt beispielsweise die Verbrechen gegen die Menschlichkeit in den 'murder type' und 'persecution type', unter den die Verfolgung aus politischen, rassischen und religiösen Gründen fällt.[63] Diese Verfolgung erfordert auch einen diskriminatorischen Vorsatz[64] hinsichtlich der Verletzung der Menschenrechte des Einzelnen.[65] Das Nürnberger Tribunal hat u. a den Verlust der Staatsbürgerschaftsrechte, das Verbot der Berufsausübung und eine Ausbildung zu erhalten, unter die Verfolgung gefaßt.[66]

Da mit der Verweigerung des Wahlrechts aus rassischen Gründen die politischen Rechte der Betroffenen verletzt werden und viele verschiedene Handlungen unter die Verfolgung fallen können[67], kann der Ausschluß als Verfolgung aus rassischen Gründen angesehen werden. Der diskriminatorische Vorsatz dürfte angesichts der systematischen und weitverbreiteten Diskriminierungspolitik anzunehmen sein. Es ist daher ein Verbrechen gegen die Menschlichkeit zu bejahen.

Das Verbrechen des Völkermordes liegt nicht vor, da die Apartheidspolitik primär nicht auf die Zerstörung einer rassischen Gruppe, sondern vielmehr auf deren Dominierung gerichtet war.[68]

Die Vorenthaltung des Wahlrechts aus rassischen Gründen verstößt gegen Völkergewohnheitsrecht und erfüllt die Merkmale eines Verbrechens gegen die Menschlichkeit. Die Südafrikanische Union hat daher durch den Erlaß der neuen Verfassung gegen das Völkerrecht verstoßen.

---

62 Vgl. insoweit auch *Slye*, Anm. 57, S. 279.

63 United Nations, International Tribunal for the Prosecution of Persons Responsible for Serious Violations of International Humanitarian Law Committed in the Territory of Former Yugoslavia since 1991 (Jugoslawien-Tribunal), In the Trial Chamber, The Prosecutor v. Duško Tadič a/k/a "Dule", Case No. IT-94-1-T, Opinion and Judgement, 7.05.1997, 36 ILM (1997), S. 908 ff., 955, § 694.

64 Jugoslawien-Tribunal, In the Appeals Chamber, The Prosecutor v. Duško Tadič a/k/a "Dule", Appeals Judgement, 15.07.1999, § 305.

65 Jugoslawien-Tribunal, In the Trial Chamber, The Prosecutor v. Duško Tadič a/k/a "Dule", Case No. IT-94-1-T, Opinion and Judgement, 7.05.1997, 36 ILM (1997), S. 908 ff., 956, § 697.

66 S. hierzu *Slye*, Anm. 57, S. 281.

67 Jugoslawien-Tribunal, In the Trial Chamber, The Prosecutor v. Duško Tadič a/k/a "Dule", Case No. IT-94-1-T, Opinion and Judgment, 7.05.1997, 36 ILM (1997), S. 908 ff., 958 f., §§ 704, 710, 711.

68 So auch *Slye*, Anm. 57, S. 299.

bb. Rechtliche Einordnung

In der Nichtigerklärung der südafrikanischen Verfassung könnte die Nichtanerkennung Südafrikas als Staat liegen.[69] Diese Interpretation der Resolution ist jedoch ausgeschlossen, da eine Nichtanerkennung zum einen seitens der UN nicht möglich ist[70] und zum anderen die späteren Aufforderungen der UN an Südafrika, die Politik zu ändern, sinnlos wären.[71]

Ohne eine nähere Untersuchung der Rechtmäßigkeit des Handelns des Sicherheitsrates wurde dessen Vorgehen als Beispiel für die abnehmende Bedeutung der Nichteinmischungsklausel des Art. 2 Nr. 7 angesehen, da die Diskriminierung durch die Apartheidspolitik eine Angelegenheit von 'international concern' war und Grundinteressen der internationalen Gemeinschaft berührte.[72] Die Nichtigerklärung der südafrikanischen Verfassung ist auch als Geschäftsführung ohne Auftrag bezeichnet worden, da der Sicherheitsrat völkerrechtliche Positionen mit Wirkung für das innerstaatliche Recht in Anspruch nahm.[73] Durch die Resolutionen soll der Sicherheitsrat das Selbstbestimmungsrecht der Bevölkerung von Südafrika in Fremdgeschäftsführung wahrgenommen haben.[74]

cc. Durchgriffswirkung

Die Resolution des Sicherheitsrates weist, unabhängig von ihrer rechtlichen Begründung, Durchgriffswirkung auf.

Dadurch daß der Sicherheitsrat in einzigartiger Weise eine nationale Verfassung und damit das höchstrangige innerstaatliche Gesetz für nichtig erklärt, handelt er mit direkter Wirkung für die nationale Rechtsordnung und in der Rolle eines Gesetzgebers. Aufgrund des direkten Eingriffes in die nationale Rechtsordnung bedarf die Resolution zur Wirksamkeit keines besonderen Umsetzungsaktes. Die Resolution normiert zwar keine inhaltlichen Verpflichtungen für die Einzelnen, ist ihnen gegenüber aber direkt wirksam, da keine weiteren Ausführungsakte

---

69 *Doehring* in *Ress (Hrsg.)*, Anm. 48, S. 18/19.

70 *Verdross/Simma,* Anm. 50, S. 85.

71 Die UN könnte Südafrika in dieser Situation nach Art. 6 die Mitgliedschaft aberkennen, so *Doehring* in *Ress (Hrsg.)*, Anm. 48, S. 19.

72 *Ch. Tomuschat*, "Die internationale Gemeinschaft", 1/2 Archiv des Völkerrechts (1995), S. 1 ff., 18 (Gemeinschaft).

73 *M. Herdegen*, "Zur Geschäftsführung ohne Auftrag (negotiorum gestio) im Völkerrecht" in *K. Hailbronner/G. Ress/T. Stein (Hrsg.)*, Staat und Völkerrechtsordnung, Festschrift für Karl Doehring (1989), S. 303 ff., 310 (Geschäftsführung ohne Auftrag).

74 *Herdegen*, Geschäftsführung ohne Auftrag, Anm. 73, S. 310.

erforderlich sind. Einzelne werden durch sie zwar nicht direkt, aber indirekt verpflichtet.

dd. Supranationaler Charakter

Durch die Nichtigerklärung der Verfassung übt der Sicherheitsrat hoheitliche Befugnisse aus, die einem innerstaatlichen Organ zustehen. Da er innerstaatliches Recht für nichtig und nicht lediglich für völkerrechtswidrig erklärt und hierdurch in höchstem Maße in die nationale Rechtsordnung eingreift, weist die Resolution einen supranationalen Charakter auf.[75]

5. Irak - Individuelle und staatliche Verantwortlichkeit

Im Fall der Haftung von Irak nach dem Golfkrieg hat der Sicherheitsrat eine individuelle und staatliche Verantwortlichkeit in den Resolutionen festgelegt.

a. Resolutionen 670 (1990), 686 (1991) und 687 (1991)

Im Unterschied zu den Rhodesien-Resolutionen hat der Sicherheitsrat die persönliche Verantwortung Einzelner neben der Haftung des Irak in die Resolution 670 (1990) aufgenommen :

> "Reaffirms that the Geneva Convention relative to the Protection of Civilian Persons in Time of War, of 12 August 1949, applies to Kuwait and that, as a High Contracting Party to the Convention, Iraq is bound to comply fully with all its terms and in particular is liable under the Convention in respect of the grave breaches committed by it, as are individuals who commit or order the commission of grave breaches."[76]

Die nachfolgenden Resolutionen 686 und 687 (1991) enthalten die Rechtsgrundlage für eine Haftung des Irak für die durch sein unrechtmäßiges Verhalten entstandenen Schäden:

> "Demands that Iraq implement its acceptance of all twelve resolutions noted above and in particular that Iraq: b) Accept in principle its liability under

---

[75] Der EuGH kann im Rahmen des Verfahrens nach Art. 230, 231 (ex-Artikel 173, 174 EGV) nationales Recht nicht nur für gemeinschaftswidrig, sondern auch nichtig erklären.

[76] S/RES 670 (1990) v. 25.09.1990, Resolutions and Decisions of the Security Council (1990), 45 SCOR 28, § 13; bestätigt in S/RES 674 (1990) v. 29.10.1990, Resolutions and Decisions of the Security Council (1990), 45 SCOR 29, Präambel Abs. 5.

international law for any loss, damage or injury arising in regard to Kuwait and third States and their nationals and corporations, as a result of the invasion and illegal occupation of Kuwait by Iraq;..."[77]

"Reaffirms that Iraq, without prejudice to its debts and obligations arising prior to 2 August 1990, which will be addressed through the normal mechanisms, is liable under international law for any direct loss, damage - including environmental damage and the depletion of natural resources - or injury to foreign Governments, nationals and corporations as a result of its unlawful invasion and occupation of Kuwait;... "[78]

In den Resolutionen 686 (1991) und 687 (1991) hat der Sicherheitsrat keine Haftung Einzelner festgelegt. Daß er eine direkte Haftung Einzelner generell für möglich erachtet, ergibt sich aber aus der Resolution 670 (1990), in der er die Einzelperson als potentiellen Haftungsadressaten genannt hat.

b. Durchgriffswirkung

Weist § 13 der Resolution 670 (1990) nun Durchgriffswirkung auf? Adressaten von § 13 der Resolution sind der Irak als Vertragspartei und Einzelpersonen für Verletzungen des Genfer Abkommen vom 12. August 1949 zum Schutze von Zivilpersonen in Kriegszeiten. Fraglich ist jedoch, ob durch die Resolution eine Pflicht für den Schädiger begründet wird. § 13 wendet die nach dem Genfer Abkommen bestehende Haftung auf Verletzungen, die während des Irak-Kuwait-Konfliktes begangen wurden, an. Die Haftung wird nicht durch die Resolution begründet, sondern eine vertragliche Haftungsnorm wird auf einen Einzelfall angewandt.[79] Die Resolution schafft keine neuen Pflichten für Einzelne und der völkerrechtliche Vertrag ist Rechtsgrundlage für die innerstaatlichen Rechtsanwendungsorgane. § 13 der Resolution 670 (1990) hat daher keine Durchgriffswirkung, wohl aber der materiellen Rechtsgrundlage des Genfer Abkommens.

---

77 S/RES 686 (1991) v. 2.03.1991, Resolutions and Decisions of the Security Council (1991), 46 SCOR 8, § 2 b).

78 S/RES 687 (1991) v. 3.04.1991, Resolutions and Decisions of the Security Council (1991), 46 SCOR 11, § 16.

79 *Kirgis*, Anm. 3, S. 523 schreibt für den vergleichbaren Fall im Rahmen der materiellen Bestimmungen der Statute der Jugoslawien- und Ruanda-Tribunale: " ... the Security Council had done nothing more in the Statutes of these tribunals than to codify preexisting international criminal law ... . "

Für die Annahme von Durchgriffswirkung ist daher im allgemeinen erforderlich, daß die Resolution originäre Pflichten für die Einzelnen aufzeigt bzw. auf die Rechtsverhältnisse Einzelner gestaltend einwirkt. Die Anwendung bereits bestehender vertraglicher Pflichten auf einen konkreten Fall in einer Sicherheitsrats-Resolution ist zur Begründung der Durchgriffswirkung nicht ausreichend.

6. Irak - Embargo

a. *Resolution 661 (1991)*

Mit der Resolution 661 (1991)[80] hat der Sicherheitsrat ein umfassendes Handelsembargo gegen den Irak und Kuwait erlassen und die Mitgliedstaaten aufgefordert, jeglichen Handel zu unterlassen.[81]

Der Rat der Europäischen Gemeinschaften hatte am 8.08.1990 als Reaktion auf die Invasion des Irak in Kuwait mit Art. 1 und 4 der Verordnung Nr. 2340/90[82] den

[80] S/RES 661 (1990) v. 6.08.1990, Resolutions and Decisions of the Security Council (1990).

[81] S/RES 661 (1990) v. 6.08.1990, Resolutions and Decisions of the Security Council (1990): "3. Decides that all States shall prevent: (a) The import into their territories of all commodities and products originating in Iraq or Kuwait exported therefrom after the date of the present resolution; (b) Any activities by their nationals or in their territories which would promote or are calculated to promote the export or trans-shipment of any nationals or their flag vessels or in their territories in any commodities or products originating in Iraq or Kuwait and exported therefrom after the date of the present resolution, including in particular any transfer of funds to Iraq or Kuwait for the purposes of such activities or dealings; (c) The sale or supply by their nationals or from their territories or using their flag vessels of any commodities or products, including weapons or any other military equipment, whether or not originating in their territories but not including supplies intended strictly for medical purposes, and, in humanitarian circumstances, foodstuffs, to any person or body in Iraq or Kuwait or to any person or body for the purposes or any business carried on in or operated from Iraq or Kuwait, and any activites by their nationals or in their territories which promote or are calculated to promote such sale or supply of such commodities or products; 4. Decides that all States shall not make available to the Government of Iraq or to any commercial, industrial or public utility undertaking in Iraq or Kuwait, any funds or any other financial or economic resources and shall prevent their nationals and any persons within their territories from removing from their territories or otherwise making available to that Government or to any such undertaking any such funds or resources and from remitting any other funds to persons or bodies within Iraq or Kuwait, except payments exclusively for strictly medical or humanitarian purposes and, in humanitarian circumstances, foodstuffs."

[82] VO (EWG) Nr. 2340/90 v. 8.08.1990 zur Verhinderung des Irak und Kuwait betreffenden Handelsverkehrs der Gemeinschaft, ABl. EG 1990, Nr. L 213, S. 1 ff.

Import von Waren aus dem Irak oder Kuwait und den Export von Waren in diese Länder verboten.[83] Die Bundesregierung fügte mit ihrer 10. ÄnderungsVO den inhaltlich den Verboten entsprechenden § 69 a in die Außenwirtschaftsverordnung[84] ein.

b. Durchgriffswirkung

In der Bundesrepublik wird der Einzelne bereits durch die EU-Verordnung am Handelsverkehr mit Irak und Kuwait gehindert, da der Verordnung gem. Art. 189 Abs. 2 EGV unmittelbare Wirkung zukommt und es eines nationalen Umsetzungsaktes nicht bedarf.

Hierdurch wird jedoch nichts über die Rechtswirkung der Sicherheitsrats-Resolution ausgesagt. Unabhängig von der Verordnung und deren Wirksamkeit[85] richtet sich die Verpflichtung der Resolution an die Mitgliedstaaten, die nach Art. 25 und 48 verpflichtet sind, einen Embargobeschluß iSv. Art. 41 durchzuführen und diesem innerstaatlich Geltung zu verschaffen. Da Einzelne nicht direkt durch den Embargobeschluß, sondern durch die Umsetzungsgesetzgebung verpflichtet werden, kommt der Resolution 686 (1991) keine Durchgriffswirkung zu. Die Sicherheitsrats-Resolution weist aber dennoch Rechtswirkung im nationalen Recht auf: Aufgrund der Resolution besteht kein Vertrauensschutz für die betreffenden Rechtsgeschäfte.[86] Diese Rechtswirkung erfüllt aber nicht die Voraussetzungen der Durchgriffswirkung.

7. Libyen

a. Resolution 731 (1992) und 748 (1992)

In § 1 der Resolution 748 (1992)[87] entscheidet der Sicherheitsrat, daß Libyen sofort § 3 der Resolution 731 (1992)[88] hinsichtlich der Aufforderungen in den

---

[83] Vgl. zum Verhältnis der Europäischen Gemeinschaften zu Embargobeschlüssen des Sicherheitsrates und zur Bindung der Europäischen Gemeinschaften *S. Bohr*, "Sanctions by the United Nations Security Council and the European Community", 4 EJIL (1993), S. 256 ff.

[84] 10. ÄnderungsVO zur Außenwirtschaftsverordnung, BAnz. Nr. 149 v. 11.8.1990.

[85] Vgl. hierzu *M. Herdegen*, Anmerkung zu BGH Urteil v. 27.01.1994, 14 JZ (1994), S. 729 ff.

[86] *M. Herdegen*, Die Befugnisse des UN-Sicherheitsrates, 236 Schriftenreihe/Juristische Studiengesellschaft Karlsruhe (1998), S. 36 (Befugnisse).

[87] S/RES 748 (1992) v. 31.03.1992, Resolutions and Decisions of the Security Council

Dokumenten S/23306[89], S/23308[90] und S/23309 nachkommen soll. § 3 der Resolution 731 (1992) bittet die libysche Regierung, die Verantwortlichkeit für das Lockerbie-Attentat zu ermitteln und somit zur Beseitigung des internationalen Terrorismus beizutragen. Die von den Regierungen Frankreichs, der Vereinigten Staaten und Großbritanniens ausgehenden Dokumente fordern Libyen auf, die Verantwortung für die für Libyen handelnden Offiziellen zu übernehmen und diese Personen auszuliefern und eine angemessene Entschädigung zu leisten.[91]

b. Durchgriffswirkung

Der Sicherheitsrat macht sich in diesem Fall ohne weitere Ausführungen die Auffassungen der Staaten zu eigen.[92] Fraglich ist, ob er damit eine individuelle Verantwortung begründet, die zu einer Durchgriffswirkung der Resolution führt. Der Sicherheitsrat müßte eine direkte Verantwortlichkeit für die Einzelnen in den an Libyen gerichteten Rechtshilfeersuchen normieren. Indem er jedoch Libyen auffordert, die Verantwortung für die für Libyen handelnden Offiziellen zu übernehmen[93] und lediglich die Möglichkeit einer individuellen Verantwortlichkeit anführt[94], überläßt er die Entscheidung über die individuelle Verantwortlichkeit und Auslieferung letztendlich Libyen selbst[95]. Das Jugoslawien-Tribunal hat in der

---

(1992), 47 SCOR 57.

88 S/RES 731 (1992) v. 21.01.1992, Resolutions and Decisions of the Security Council (1992), 47 SCOR 56.

89 S/23306 v. 20.12.1991.

90 S/23308 v. 20.12.1991.

91 S/23306: "The judicial inquiry ... places heavy presumptions of guilt for this odious crime on several Libyan nationals." S/23308: " ... that the Government of Libya must: - surrender for trial all those charged with the crime; and accept responsibility for the actions of Libyan officials ... - disclose all it knows of this crime, including the names of all those respon-sible." S/23009: "They [the three States, i.e. USA, F and GB] consider that the responsibility of States begins whenever they take part directly in terrorist actions, or indirectly through harbouring, training, providing facilities, arming or providing financial support, or any form of protection, and *that they are responsible for their actions before the individual States and the UN.*" (Hervorhebung wurde hinzugefügt).

92 *Gowlland-Debbas*, Anm. 2, S. 68.

93 S/RES 748 (1992) v. 31.03.1992, Resolutions and Decisions of the Security Council (1992), 47 SCOR 57.

94 *Alvarez*, Anm. 2, S. 21.

95 *Gowlland-Debbas*, Anm. 2, S. 68 "... leaving the member State con- cerned to adjudge the issue of individual criminal responsibility."

'Decision on the defence motion on jurisdiction'[96] im *Tadi-Fall* die Libyen-Resolutionen folgendermaßen ausgelegt:

> "In this regard it is important that when, in its resolutions 731 and 748, the Security Council required the Libyan Government to surrender the two Libyan nationals who were accused of the Lockerbie bombing and imposed mandatory commercial and diplomatic sanctions to obtain Libya's compliance with its decision, it was, *in substance, acting upon individuals*, seeking, the extradition and trial of those Libyan nationals."[97] (Hervorhebung wurde hinzugefügt).

Dem Tribunal kann darin zugestimmt werden, daß der Sicherheitsrat eine individuelle Verantwortlichkeit prinzipiell in Betracht zieht. Die Durchsetzung dieser theoretisch denkbaren individuellen Haftung hängt von der Mitwirkung Libyens ab. Im Ergebnis ist der Sicherheitsrat auf die Kooperation Libyens angewiesen. Eine von der Mithilfe Libyens unabhängige Verantwortlichkeit wird nicht festgelegt, so daß letztendlich von einer Staatenhaftung ausgegangen werden kann.[98]

Da die Resolution zur Begründung der individuellen Verantwortlichkeit ein Rechtshilfeersuchen an Libyen richten und die Realisierung dieser Haftung von der Mithilfe Libyen abhängig ist, weisen die Resolutionen keine Durchgriffswirkung auf.

8. Wahrnehmung von Ordnungsaufgaben im 'failed state': Kambodscha

a. 'Failed state': Kambodscha

Am deutlichsten wird die Durchgriffswirkung im Fall des 'failed state'. Das Konzept des 'failed state' ist anhand des zunehmenden Zerfalls staatlicher Gewalt entwickelt worden. Eine allgemeingültige Definition ist in der Literatur bislang nicht entwickelt worden: So beschreibt z. B. *Tomuschat* den 'failed state' mit "a

---

96 Jugoslawien-Tribunal, Case No. IT-94-1-T, 10.08.1995, In the Trial Chamber, Prosecutor v. Duško Tadič a/k/a "Dule", Decision on the defence motion on jurisdiction.

97 Jugoslawien-Tribunal, Case No. IT-94-1-T, 10.08.1995, In the Trial Chamber, Prosecutor v. Duško Tadič a/k/a "Dule", Decision on the defence motion on jurisdiction, § 36.

98 *K. Harper*, "Does the United Nations Security Council have the competence to act as court and legislature?", 27 New York University Journal of International Law and Policy (1994), S. 103 ff., 123 nimmt sowohl für den Fall der Verantwortlichkeit Libyens oder der Einzelnen im Ergebnis eine Staatshaftung an.

disastrous crumbling of all governmental authority".[99] *Thürer* führt folgende Begriffsmerkmale für den 'failed state' an: Innerstaatlicher Charakter, totale Auflösung der Ordnungsstrukturen und Abwesenheit eines valablen offiziellen Verhandlungspartners für Akteure der internationalen Gemeinschaft.[100]

Eine weitere Charakterisierung des 'failed state' findet sich in § 13 des Report of the Secretary-General vom 3.01.1995 v. *Boutros-Gali*:

> "Another feature of such conflicts is the collapse of state institutions, especially the police and judiciary, with resulting paralysis of governance, a breakdown of law and order, and general banditry and chaos. Not only are the functions of government suspended, its assets are de-stroyed or looted and experienced officials are killed or flee the country. This is rarely the case in inter-state wars. It means that international intervention must extend beyond military and humanitarian tasks and must include the promotion of national reconciliation and the re-establishment of effective government."[101]

Der 'failed state' läßt sich durch den Zerfall der inneren Staatsgewalt und völligen Auflösung der staatlichen Ordnungsstrukturen charakterisieren.

Aufgrund der zerfallenen Staatsgewalt ist *per se* keine Umsetzung der Resolutionen, die eine individuelle Verantwortlichkeit festlegen, ins innerstaatliche Recht möglich. Im Fall von Kambodscha liegt insoweit ein Sonderfall vor, da die entscheidenden Regelungen in einem Vertrag enthalten sind, der jedoch durch nachfolgende Sicherheitsrats-Resolutionen bestätigt worden ist.

---

[99] *Ch. Tomuschat*, "International Law" in *Ch. Tomuschat (ed).*, The United Nations at Age Fifty (1995), S. 281 ff., 303.

[100] *Thürer*, The Failed State, Anm. 2, S. 42.

[101] *B. Boutros-Gali*, 'Report of the Secretary-General on the work of the organization, Supplement to an Agenda for Peace: Position paper of the Secretary-General on the occasion of the fiftieth anniversary of the United Nations' v. 3.01.1995, A/50/60-S/1995/1.

b. *Pariser Übereinkommen von 1991*[102]

Die nationale Rechtsordnung besteht in Kambodscha aufgrund der vereinzelten nationalen Gesetze lediglich rudimentär.[103]

Das Pariser Übereinkommen von 1991 sucht nach dreijähriger Verhandlungsdauer einen über 20jährigen Konflikt zu beenden. Teilnehmer der Konferenz und Vertragsparteien waren die vier nationalen Splittergruppen und 17 UN-Staaten mit einem besonderen Interesse an Kambodscha.[104] Durch den Hinweis auf die "Anwesenheit des Generalsekretärs der Vereinten Nationen" werden auch die UN in das Vertragswerk miteinbezogen.[105] Der Oberste Nationalrat wurde im Übereinkommen über eine umfassende politische Regelung des Kambodscha-Konflikts (im folgenden: Pariser Übereinkommen) als das einzige rechtmäßige Organ anerkannt, von dem die Staatsgewalt ausgeht und in dem während der gesamten Übergangszeit die Souveränität, Unabhängigkeit und Einheit Kambodschas verkörpert sind, anerkannt (Art. 3).

Im Pariser Übereinkommen wurden einer Übergangsbehörde der UN, 'United Nations Transitional Authority in Cambodia' (UNTAC), wesentliche Hoheitsbefugnisse zur Neuordnung des Staates während der Transitionsphase übertragen.[106] Die UNTAC wurde mit Regelungsbefugnissen insbesondere bzgl. der öffentlichen Verwaltung und in militärischen Angelegenheiten betraut. Aufgrund

---

[102] 'Paris Conference on Cambodia: agreements elaborating the framework for a comprehensive political settlement of the Cambodia conflict', Pariser Übereinkommen, 31 ILM (1992), S. 174 ff.; Gesetz über den Beitritt der BRD zu den Übereinkommen vom 23.10.1991 über Kambodscha, BGBl. II 1994, S. 543 ff. Das Pariser Übereinkommen besteht aus vier Dokumenten: 'the Final Act of the Paris Conference on Cambodia', 'the Agreement on a Comprehen- sive Political Settlement of the Cambodia Conflict', 'the Agreement Concerning the Sovereignty, Independence, Territorial Integrity and Inviolability, Neutrality and National Unity of Cambodia' and 'the Declaration on the Rehabilitation and Reconstruction of Cambodia'. Entscheidendes Dokument ist das Übereinkommen über eine umfassende politische Regelung des Kambodscha-Konflikts.

[103] Vgl. insoweit *D. A. Donovan*, "Cambodia: Building a Legal System from Scratch", 27:2 The International Lawyer (1993), S. 445 ff., 450; *Thürer*, The Failed State, Anm. 2, S. 23.

[104] Vgl. Auflistung bei *St. R. Ratner*, "The Cambodia Settlement Agreements", 87:1 AJIL (1993), S. 1 ff., 1 Fn. 1.

[105] *Herdegen*, The Failed State, Anm. 2, S. 56/57.

[106] Pariser Übereinkommen, Art. 6 iVm. Anlage 1 des Übereinkommens.

dieser extensiven Übertragung von Hoheitsbefugnissen werden die Verträge der Konferenz von Paris als einzigartig bezeichnet.[107]

Im Bereich der öffentlichen Verwaltung werden der UNTAC zur Vorbereitung freier Wahlen alle Behörden der auswärtigen Angelegenheiten, Landesverteidigung, Finanzen, inneren Sicherheit und Information unter- stellt.[108] Der Sonderbeauftragte des Generalsekretärs der UN kann zur Einhaltung der Neutralität bei den bevorstehenden Wahlen bindende Weisungen erlassen.[109]

UNTAC unterstehen alle Verwaltungsstellen und -behörden, die einen direkten Einfluß auf das Wahlergebnis haben können[110] und die an die Weisungen des Sonderbeauftragten gebunden sind.[111] Auch weniger politische Behörden, die der Wiederherstellung des Alltagslebens dienen, befinden sich unter der Aufsicht der UNTAC.[112]

Der Sonderbeauftragte des Generalsekretärs kann den UN uneingeschränkten Zugang zu allen Dokumenten verschaffen und Personal in der kambodschanischen Verwaltung einstellen und entlassen.[113]

UNTAC überwacht im militärischen Bereich die Einhaltung des Waffenstillstandes, den Abzug der vietnamesischen Truppen und den allgemei- nen Entmilitarisierungsprozeß.[114] Die Militärgruppen sind insoweit zu einer Zusammenarbeit mit UNTAC verpflichtet.[115]

Die Wahlen werden unter der allgemeinen Leitung von UNTAC durchgeführt.[116] Im Bereich der Wahlen handelt UNTAC unabhängig vom Obersten Nationalrat.

In allen anderen Angelegenheiten muß UNTAC die Ratschläge des Obersten Nationalrats befolgen, wenn dieser einstimmig entscheidet oder Seine Königliche Hoheit Sihanouk als Präsident des Obersten Nationalrates zustimmt und seine Entscheidung nach der Auffassung des Sonderbeauftragten mit den Zielsetzungen

---

[107] *Ratner*, Anm. 104, S. 39.

[108] Pariser Übereinkommen, Art. 6 und Anlage 1, Abschn. B, Par. 1; vgl. auch *St. R. Ratner*, The New UN Peacekeeping (1995), S. 173 ff.

[109] Pariser Übereinkommen, Art. 6 und Anlage 1, Abschn. B, Par. 2.

[110] Pariser Übereinkommen, Art. 6 und Anl. 1, Abschn. B, Par. 2.

[111] Pariser Übereinkommen, Anl. 1, Abschn. B, Par. 2.

[112] Pariser Übereinkommen, Art. 6 und Anl. 1, Abschn. B, Par. 6.

[113] Pariser Übereinkommen, Anl. 1, Abschn. B, Par. 4.

[114] Pariser Übereinkommen, Anl. 1, Abschn. C und Anl. 2.

[115] Pariser Übereinkommen, Anl. 2, Art. I (3), VI (1), VII (3),VIII.

[116] Pariser Übereinkommen, Art. 13.

des Pariser Übereinkommens vereinbar ist.[117] Falls der Oberste Nationalrat keine Ratschläge gegenüber UNTAC äußert oder diese nicht mit den Zielsetzungen des Pariser Übereinkommens vereinbar sind, kann der Sonderbeauftragte selbständig handeln.[118] Grundsätzlich bedarf der Sonderbeauftragte in seinen Entscheidungen der Zustimmung des Obersten Nationalrates.[119]

Der Sicherheitsrat hat das Pariser Übereinkommen in den Resolutionen 718 (1991)[120], 745 (1992) und 766 (1992)[121] bestätigt.

c. *Durchgriffswirkung*

aa. *Durchgriffswirkung im 'failed state'*

Zunächst ist zu klären, ob es im 'failed state' eine Durchgriffswirkung geben kann. Da die Durchgriffswirkung Maßnahmen internationaler Organe zukommen soll, die Pflichten für Einzelne vorsehen und den innerstaatlichen Rechtsanwendungsorganen ohne Tätigwerden des Gesetzgebers als Entscheidungsgrundlage dienen, könnte sie im Fall des 'failed state' aufgrund fehlender Staatsgewalt ausgeschlossen sein. Die internationalen Maßnahmen können im 'failed state' *per se* von keiner Regierung anerkannt und den nationalen Rechtsanwendungsorganen, die in ihrer Funktionsfähigkeit durch die zerfallene Staatsgewalt stark beeinträchtigt oder gänzlich aufgelöst sind, umgesetzt werden. Die internationalen Organe können daher im 'failed state' unmittelbar auf die Einzelnen zugreifen. Fraglich ist, ob die Durchgriffswirkung voraussetzt, daß nationale Organe vorhanden sind, die die Maßnahmen des Sicherheitsrates umsetzen können.

Im Fall eines 'failed state' ist eine Durchgriffswirkung aufgrund der fehlenden potentiellen Umsetzungsmöglichkeit durch die nationalen Organe jedoch nicht ausgeschlossen; das Konzept der Durchgriffswirkung findet im Bereich des 'failed

---

117 Pariser Übereinkommen, Anl. 1, Abschn. A, Par. 2 (a), (d) und (e).

118 Pariser Übereinkommen, Art. 2 c) d).

119 *Ratner*, Anm. 104, S. 12.

120 S/RES 718 (1991) v. 31.10.1991, Resolutions and Decisions of the Security Council (1991), 46 SCOR 40, § 5: " Calls upon all Cambodian parties to comply fully with the cease-fire that entered into force at the time of the signature of the agreements; § 6: "Calls upon the Supreme National Council of Cambodia, and all Cambodians for their part, to cooperate fully with the United Nations in the implementation of the agreements for a comprehensive political settlement of the Cambodia conflict.".

121 S/RES 766 (1992) v. 21.07.1992, Resolutions and Decisions of the Security Council (1992), 47 SCOR 45.

state' einen beispiellosen Anwendungsbereich. Internationale Maßnahmen können im 'failed state' die nationale Rechtsordnung in umfassender Weise gestalten.

bb. Durchgriffswirkung der Maßnahmen der UN in Kambodscha

Der UNTAC stehen Regelungsbefugnisse zu, die normalerweise von staatlichen Organen ausgeübt werden.[122] Zwar sind diese Kompetenzen der UNTAC nicht schrankenlos übertragen worden, wie das Verhältnis des Sonderbeauftragten zum Obersten Nationalrat zeigt. Dennoch stehen UNTAC weitreichende in die nationale Rechtsordnung eingreifende Befugnisse zu.

Fraglich ist, ob es für das Vorliegen von Durchgriffswirkung erforderlich ist, daß für die Einzelnen eine individuelle Verantwortlichkeit normiert wird oder ob es ausreicht, daß die Einzelnen durch die Maßnahmen in irgendeiner Form direkt verpflichtet oder berechtigt werden. Bei der Begründung individueller Verantwortlichkeit durch ein außerhalb der nationalen Rechtsordnung stehendes Organ wird die Durchgriffswirkung besonders deutlich. Unabhängig von der Begründung individueller Verantwortlichkeit ist jedoch eine Durchgriffswirkung auch anzunehmen, wenn auf die Rechtsverhältnisse Einzelner direkt eingewirkt werden kann[123], ohne daß eine individuelle Verantwortlichkeit festgelegt wird. Die UNTAC handelt mit direkter Wirkung im nationalen Rechtsbereich. Durch die ihr eingeräumten Befugnisse kann sie mit bindender Rechtswirkung tätig werden. In diesem Zusammenhang ist insbesondere auf die Kompetenz des Sonderbeauftragten, bindende Weisungen für die Einhaltung neutraler und freier Wahlen zu erlassen, hinzuweisen.

Aufgrund der zerfallenen Staatsgewalt werden die Aufgaben von der UNTAC treuhänderisch ausgeübt. Insoweit entspricht die Stellung der UN in Kambodscha ihrer Stellung im Bereich der Treuhandverwaltung.

Zwar normiert die UNTAC bei der Ausübung ihrer Regelungsbefugnisse keine individuelle Verantwortlichkeit für die Einzelnen aufgrund Verletzungen des Völkerrechts[124], sondern nimmt Organisationstätigkeiten in der Verwaltung wahr. Damit wirkt sie gestaltend auf die Rechtsverhältnisse Privater ein. Die Organi-

---

122 *Ratner*, Anm. 104, S. 12: " ... thus, the Agreement provides the consent by Cambodia that will enable the United Nations to perform internal functions normally reserved to a state's own government."

123 Dies entspricht auch dem Konzept im Gemeinschaftsrecht.

124 Dieses Kriterium wurde in den vorherigen Fällen zur Feststellung der Durchgriffswirkung herangezogen.

sation freier, unabhängiger Wahlen dient der Durchsetzung der Rechte der einzelnen Bürger. Die Möglichkeit, kambodschanisches Personal entlassen zu können[125], betrifft auch die Einzelnen direkt. Die Maßnahmen der UNTAC haben daher Durchgriffscharakter.

d. Supranationaler Charakter

Den Regelungsbefugnissen der UNTAC kommt supranationaler Charakter zu, da sie Verwaltungsaufgaben und Hoheitsrechte ausüben, die sonst nationalen Behörden zustehen. Im Rahmen der UNTAC fungiert der Sicherheitsrat als supranationales Verwaltungsorgan *par excellence*.[126]

Durch die Errichtung eines derartigen qualifizierten Verwaltungsregimes hat der Sicherheitsrat als Reaktion auf den Wegfall einer zentralen Staatsgewalt seine Aufgaben dynamisch fortentwickelt, daß er die Funktionen und Aufgaben des 'failed state' transitorisch wahrnimmt. B. Boutros-Gali beschreibt diese Entwicklung so:

> "The negotiated settlements involved not only military arrangements but also a wide range of civilian matters. As a result, the United Nations found itself asked to under- take an unprecedented variety of functions: the supervision of cease-fires, the regroupment and demobilization of forces, their reintegration into civilian life and the destruction of weapons; the design and implementation of de-mining programmes; the return of refugees and displaced persons; the provision of humanitarian assistance; the supervision of existing administrative structures; the establishment of new police forces; the verification of respect for human rights; the design and supervision of constitutional, judicial and electoral reforms; the observation, supervision and even organization and conduct of elections; the coordination of support for economic rehabilitation and reconstruction."[127]

---

125 Pariser Übereinkommen, Anl. 1, Abschn. B, Par. 4, wobei sich diese Personen in Widerspruch zu den Zielen des Pariser Übereinkommens gesetzt haben müssen.

126 *Thürer*, The Failed State, Anm. 2, S. 23/24.

127 *B. Boutros-Gali*, 'Report of the Secretary-General on the work of the organization, Supplement to an Agenda for Peace: Position paper of the Secretary-General on the occasion of the fiftieth anniversary of the United Nations' v. 3.01.1995, A/50/60-S/1995/1, § 21.

e. Geltung der Regelungen der UN-Organe als innerstaatliches Recht

Obwohl die UN auf völkerrechtlicher Grundlage handeln, wirken die von ihnen erlassenen Regelungen auch im nationalen Rechtsraum, so daß ihnen eine Doppelnatur zukommt.[128] Im Falle Kambodschas übte die UNTAC innerhalb des Staates wesentliche Hoheitsbefugnisse aus, die aufgrund der direkten rechtsgestaltenden Wirkung und mangels der praktischen Möglichkeit der Umsetzung durch ein nationales Rechtsetzungsorgan im Bereich des nationalen Rechts Verbindlichkeit beanspruchen.

Grundsätzlich ist zur Geltung völkerrechtlicher Regelungen im Bereich des nationalen Rechts die Umsetzung der Normen ins nationale Recht erforderlich.[129] Zu klären ist daher, auf welcher Grundlage der Staat und die betroffenen Einzelpersonen durch die trotz des fehlenden Umsetzungsaktes unmittelbar anwendbaren Maßnahmen verpflichtet werden.[130] Es erscheint zur Feststellung der Bindungswirkung der Maßnahmen im innerstaatlichen Rechtsbereich nicht zwingend erforderlich, die Maßnahmen der 'innerstaatlichen Hoheitsgewalt' - sofern im 'failed state' von einer solchen noch ausgegangen werden kann - zuzurechnen[131]. Die Durchgriffswirkung wird im 'failed state' erst durch die fehlende effektive Regierungsgewalt ermöglicht.

Eine Zurechnung an den Staat könnte über die Grundsätze der Geschäftsführung ohne Auftrag geschehen, wobei die Handlungen der UN-Organe als Geschäftsführer dem jeweiligen Staat zuzurechnen wären.[132] Diese Einordnung scheitert jedoch an den fehlenden effektiven Staatsfunktionen; außerdem werden die UN in diesen Fällen eher für das Staatsvolk als für den Staat tätig.[133]

---

128 *Herdegen*, The Failed State, Anm. 2, S. 72.

129 *Ch. Schreuer*, "International law and municipal law: law and decisions of international organizations and courts" in *R. Bernhardt (ed.),* 2 Encyclopedia of public international law (1995), S. 1228 ff., 1229; *Verdross/Simma*, Anm. 50, §§ 863, 864.

130 Die dogmatische Abhandlung und die völkerrechtliche Einordnung der Durchgriffswirkung in die UN-Charta wird *infra* in Kapitel IV vorgenommen.

131 Durch die Zurechnung wird noch keine Verantwortlichkeit des betroffenen Staates für Anordnungen zur innerstaatlichen Hoheitsgewalt, die von UN-Kräften auf der Grundlage von Kapitel VII erlassen werden, geschaffen, vgl. hierzu *Herdegen*, The Failed State, Anm. 2, S. 72.

132 *Herdegen*, Geschäftsführung ohne Auftrag, Anm. 73, S. 303 ff., 304; zu den damit verbundenen rechtlichen Problemen S. 318 ff.

133 *Herdegen*, The Failed State, Anm. 2, S. 72/73.

Die bindende Wirkung der von der UNTAC in Kambodscha erlassenen Maßnahmen mit hoheitlichem Charakter wird durch die Übertragung dieser Befugnisse an die UNTAC im Pariser Übereinkommen von 1991 begründet, das vom Sicherheitsrat in mehreren Resolutionen bestätigt worden ist. Durch die weitgehende Bindung der UNTAC in ihren Entscheidungen an die Zustimmung des Obersten Nationalrates, der als Organ der Staatsgewalt von den nationalen Splittergruppen eingesetzt wurde, sind deren Maßnahmen in ausreichendem Maße von nationaler Seite legitimiert. Eine ausreichende Billigung ist hier unabhängig von der rechtlichen Frage, inwieweit diese Gruppen den 'failed state' tatsächlich repräsentieren oder vertreten können, anzunehmen. Dadurch, daß die UN die nationalen Splittergruppen als Vertragspartei anerkannt hat und die verbliebene Staatsgewalt durch den Obersten Nationalrat ausgeübt wird, ist eine für die Annahme der Bindungswirkung ausreichende faktische Legitimation eingetreten.

Aufgrund dieser einmaligen Konstellation der Beteiligung der nationalen Splittergruppen, des Obersten Nationalrates und des Vertragsschlusses stellt sich im Fall von Kambodscha die Frage nach der Grundlage der Bindungswirkung nicht mit derselben Schärfe wie in einem Fall des 'failed state', in dem der Sicherheitsrat ohne die Mitwirkung jeglicher nationaler Gruppen handelt, wie z. B. in Somalia.

9. Liberia

a. *Resolution 788 (1992)*

Der Sicherheitsrat hat angesichts des Zerfalls der Staatsgewalt in Liberia, bei der das Land in zwei sich bekriegende Parteien mit zwei Regierungen und zwei Parlamenten gespalten war[134], mit der Resolution 788 (1992)[135] auf der Grundlage von Kapitel VII ein Waffenembargo beschlossen.[136] Der Sicherheitsrat hat in dieser Resolution an die nichtstaatlichen Parteien appelliert, das humanitäre Völkerrecht zu respektieren:

> "Calls upon all parties to the conflict and all others concerned to respect strictly the provisions of international humanitarian law."[137]

---

[134] Vgl. zu weiteren Einzelheiten *Thürer*, The Failed State, Anm. 2, S. 25.

[135] S/RES 788 (1992) v. 19.11.1992, Resolutions and Decisions of the Security Council (1992), 47 SCOR 110.

[136] Das Embargo des § 8 der Resolution 788 (1992) hat der Sicherheitsrat mit seiner Resolution 1343 (2001) v. 7.03.2001 aufgehoben.

[137] S/RES 788 (1992) v. 19.11.1992, Resolutions and Decisions of the Security Council

b. *Durchgriffswirkung*

Der Sicherheitsrat hat mit der Resolution 788 (1992) gezeigt, daß nichtstaatliche Einheiten als potentielle Adressaten von Sicherheitsrats-Resolutionen in Betracht kommen. Er hat in der Resolution lediglich einen Appell an die nichtstaatlichen Einheiten gerichtet, ohne deren direkte Verantwortlichkeit zu etablieren.[138] Der Sicherheitsrat hat sich in der Resolution neben den Mitgliedstaaten auch an die Kriegsparteien gewandt. Für die Begründung der Durchgriffswirkung ist dies jedoch nicht ausreichend. Wie im Fall von Libyen weist die Resolution daher mangels der Begründung einer bindenden individuellen Verantwortlichkeit keine Durchgriffswirkung auf, zumal der Sicherheitsrat auch nicht in anderer Weise gestaltend auf die Rechtsverhältnisse der Einzelnen eingewirkt hat.

10. Wahrnehmung von Ordnungsaufgaben im 'failed state': Somalia

a. *'Failed state': Somalia*

Das Konzept des 'failed state' wurde aufgrund des Zusammenbruchs der Staatsgewalt im Libanon, Liberia und in Somalia entwikelt.[139] In der Literatur wird auch von einem 'dislocated State' aufgrund staatsinterner Auflösung der Strukturen gesprochen:

> "As it happens, the United Nations is poorly equipped to deal with this kind of crises that is not the result of an external aggression but of an internal dissolution."[140]

Aufgrund des Zusammenbruchs der zentralen Staatsgewalt besteht der somalische Staat nicht mehr. Der Staate kann daher schon *per se* nicht Verpflichtungsadressat einer Maßnahme des Sicherheitsrates sein. Der Sicherheitsrat zieht in den Somalia-Maßnahmen Einzelne für die Verletzung von humanitärem Völkerrecht zur Verantwortung.

(1992), 47 SCOR 110, § 5.

138 *Ch. Tomuschat*, Obligations arising for states without or against their will, Recueil des cours (Collected courses for the Hague Academy of International Law), Tome 241 IV 1993 (1994), S. 197 ff., 255.

139 Vgl. zum Komplex des 'failed state' auch das Beispiel Kambodscha; insgesamt *Herdegen*, The Failed State, Anm. 2, S. 49 ff..

140 *R. Dupuy*, "The United Nations Facing the Crisis of the Nation State" in *N. Jasentuliyana (ed.)*, Perspectives on international law (1995), S. 201 ff., 203.

In der Resolution 794 (1992) weist er auf die ungewöhnliche Situation hin, die Maßnahmen mit Ausnahmecharakter erfordert:

> "Recognizing the unique character of the present situation in Somalia and mindful of its deteriorating, complex and extraordinary nature, requiring an immediate and exceptional response."[141]

Der Sicherheitsrat hat in Somalia die Interventionsstreitkräfte UNITAF zur Schaffung eines sicheren Umfeldes für die humanitären Hilfsmaßnahmen eingesetzt.[142] UNISOM II wurde neben der Entwaffnung von Konfliktparteien und Splittergruppen mit der Reorganisation des Staatswesens beauftragt.[143] Mit der Verabschiedung der 'Cairo Declaration on Somalia' v. 22.12. 1997[144] haben die kriegsführenden Parteien eine nationale Aussöhnung erreicht und die Einführung einer föderalen Staatsstruktur mit regionaler Autonomie und einer nationalen Übergangsregierung beschlossen.[145]

b. S/RES 794 (1992) und 814 (1993)

Unter Berufung auf die Verletzungen des humanitären Völkerrechts und das Nichtvorhandensein jeglicher Bindung an das Recht in Somalia hat der Sicherheitsrat in den Resolutionen 794 (1992) und 814 (1993) festgestellt, daß das Völkerrecht bei Verstößen gegen humanitäre Regeln eine persönliche Verantwortlichkeit individueller Täter kennt:

> "Strongly condemns all violations of international humanitarian law occuring in Somalia, including in particular the deliberate impeding of the delivery of food and medical supplies essential for the survival of the civilian population, and affirms that those who commit or order the commission of such acts will be held individually responsible in respect of such acts; ..."[146]

---

141 S/RES/794 (1992) v. 3.12.1992, Resolutions and Decisions of the Security Council (1992), 47 SCOR 69, Präambel.

142 S/RES 794 (1992) v. 3.12.1992, Resolutions and Decisions of the Security Council (1992), 47 SCOR 69.

143 S/RES 814 (1993) v. 26.03.1993, Resolutions and Decisions of the Security Council (1993), 48 SCOR 99, Abschn. B und C.

144 'Somali Political Leaders: Cairo Declaration on Somalia' v. 22.12.1997, 37 ILM (1998), S. 780 ff.

145 S. auch 'United Nations Security Council: Statement by the President of the Security Council' v. 23.12.1997, 37 ILM (1998), S. 788 f.

146 S/RES/794 (1992) v. 3.12.1992, Resolutions and Decisions of the Security Council

> "Reiterates its demand that all somali parties, including movements and factions, immediately cease and desist from all breaches of international humanitarian law and reaffirms that those responsible for such acts be held individually accountable."[147]

Der Sicherheitsrat nimmt hier stellvertretend die ursprünglich dem somalischen Staat obliegende Pflicht zur Beachtung des humanitären Völkerrechts wahr und kündigt an, bei dessen Verletzung die Einzelnen zur Verantwortung zu ziehen. In dieser Funktion handelt er im Namen der UN treuhänderisch für den mangels zentraler Staatsgewalt wohl nicht mehr existenten somalischen Staat.

Die Verantwortung Einzelner ist mit der Existenz von individuellen, im Völkerrecht verankerten Verhaltenspflichten, deren Verletzung sanktioniert werden kann, zu begründen.[148] Nach Auffassung der Berufungskammer des Jugoslawien-Tribunals sind die Resolutionen 794 (1992) und 814 (1993) für die Annahme einer *opinio iuris* für das Vorliegen einer individuellen Verantwortlichkeit bei Verletzung humanitären Völkerrechts in internen Konflikten von großer Relevanz:

> "Of great relevance to the formation of *opinio juris* to the effect that violations of general international humanitarian law governing internal armed conflicts entail ythe criminal responsibility of those committing or ordering those violations are certain resolutions unanimously adopted by the Security Council. Thus, for instance, in two resolutions on Somalia, where a civil strife was under way, the Security Council unanimously condemned breaches of humanitarian law and stated that the authors of such breaches or those who had ordered their commission would be held "individually responsible" for them. (See S. C. Res. 794 (3 December 1992); S. C. Res. 814 (26 March 1993).)."[149]

(1992), 47 SCOR 69, § 5.

147 S/RES 814 (1993) v. 26.03.1993, Resolutions and Decisions of the Security Council (1993), 48 SCOR 99, § 13

148 *Tomuschat*, Gemeinschaft, Anm. 72, S. 18; allgemein zu völkerrechtlichen Individualpflichten *Ch. Tomuschat*, "Grundpflichten des Individuums nach Völkerrecht", 20 Archiv des Völkerrechts (1982), S. 289 ff., 292 ff. (Grundpflichten); vgl. für das Völkerstrafrecht auch *D. Thürer*, "Vom Nürnberger Tribunal zum Jugoslawien-Tribunal und weiter zu einem Weltstrafgerichtshof?", 4 SZIER (1993), S. 491 ff., 502 (Jugoslawien-Tribunal).

149 Jugoslawien-Tribunal, Case No. IT-94-1-AR72, 2.10.1995, In the Appeals Chamber, The Prosecutor v. Duško Tadič a/k/a "Dule", Decision on the defence motion for interlocutory appeal on jurisdiction, § 133, 35 ILM (1996), S. 32 ff., 71.

c. *Bindung der somalischen Banden und Splittergruppen an die Regeln des Völkerrechts/Bindungswirkung der Resolutionen*

In der Resolution 814 (1993) hebt der Sicherheitsrat "das Nichtvorhandensein jeglicher Bindung an das Recht in Somalia" hervor.[150] Einzigartig an der Resolution 794 (1992) und 814 (1993) ist, daß der Sicherheitsrat die Resolutionen neben den somalischen Parteien an die in Somalia agierenden Banden und Splittergruppen richtet, diese für Verstöße gegen das humanitäre Völkerrecht zur Verantwortlichkeit ziehen will und zur Zusammenarbeit mit den UN auffordert. Daß diese Gruppierungen jedoch an die Regeln des Völkerrechts gebunden sind, wird vom Sicherheitsrat in der Resolution stillschweigend vorausgesetzt, aber nicht näher begründet. Die allgemeinen Regeln des Kriegsvölkerrechts binden grundsätzlich nur Bürgerkriegsparteien, die ein stabilisiertes *de-facto*-Regime errichtet haben oder sonst als anerkannte Aufständische mit konkreter Erfolgsaussicht die Übernahme von Regierungsgewalt anstreben.[151] Die in Somalia agierenden Banden und Splittergruppen sind nach dieser Definition keine tauglichen Adressaten völkerrechtlicher Maßnahmen.

An dieser Stelle wird der Zugriff des Sicherheitsrates auf Einzelne, die nach herkömmlicher Auffassung keine Verpflichtungsadressaten der Sicherheitsrats-Resolutionen sein können, besonders deutlich. Der Sicherheitsrat hat durch den direkten Zugriff auf Einzelpersonen eine neue Völkerrechtsunmittelbarkeit geschaffen.

d. *Durchgriffswirkung*

Die UN üben in Somalia treuhänderisch für den nicht mehr existenten Staat Ordnungsaufgaben aus und normieren eine direkte Verpflichtung für Einzelne als Mitglieder der Splittergruppen bei Verstößen gegen humanitäre Standards. Eine staatliche Umsetzung der Sicherheitsrats-Maßnahmen ist aufgrund der weggebrochenen Staatsgewalt nicht mehr möglich. Der Sicherheitsrat fordert die nationalen Parteien und Gruppierungen zum einen auf, die UN bei der Erfüllung ihrer Aufgaben, insbesondere der Einhaltung der Waffenruhe und der humanitären Hilfe, zu unterstützen, und normiert zum anderen eine individuelle Verantwortlichkeit Einzelner für Verstöße gegen das humanitäre Völkerrecht. Im Gegensatz

---

[150] S/RES 814 (1993) v. 26.03.1993, Resolutions and Decisions of the Security Council (1993), 48 SCOR 99, Präambel.

[151] *V. Epping* in *Ipsen (Hrsg.)*, Völkerrecht, 4. Aufl. (1999), § 8 Rdnr. 13; *Verdross/Simma*, Anm. 50, S. 239 ff.

zur Resolution 788 (1992) appelliert der Sicherheitsrat nicht nur an die nichtstaatlichen Parteien, sondern bekräftigt die Verantwortlichkeit der Bewegungen und Splittergruppen, so daß die Resolution mehr als einen bloßen Appell enthält.[152] Gegenüber der Liberia-Resolution liegt somit eine Weiterentwicklung vor.

e. *Supranationaler Charakter*

Die UN hat in Somalia, wie bereits in Kambodscha, bei dem Aufbau der nationalen Verwaltung und der Wahrung des humanitären Völkerrechts Hoheitsaufgaben wahrgenommen, die originär dem somalischen Staat obliegen. Dadurch daß die UN vorübergehend Ordnungsaufgaben wahrgenommen haben, haben sie treuhänderisch Regierungsfunktionen ausgeübt.[153]

f. Geltung der UN-Regelungen als innerstaatliches Recht

In Somalia gelten die UN-Regelungen - wie bereits im Fall von Kambodscha und generell im 'failed state' - ebenfalls sowohl auf der Ebene des Völkerrechts als auch der des nationalen Rechts.

Dieses vom Sicherheitsrat neugeschaffene nationale Recht verpflichtet den Einzelnen, da der Sicherheitsrat mit den Resolutionen 794 (1992) und 814 (1993)[154] die ursprünglich dem somalischen Staat obliegende Pflicht zur Beachtung des humanitären Völkerrechts wahrnimmt und in dieser Funktion treuhänderisch für den mangels zentraler Staatsgewalt nicht mehr existierenden somalischen Staat handelt. Der Sicherheitsrat hat mit den Resolutionen 794 (1992) und 814 (1993) die im Völkerrecht bereits bestehenden Verpflichtungen zur Wahrung des humanitären Völkerrechts für den Einzelnen und die Staaten konkretisiert.[155] Eine Bindung tritt daher aufgrund der allgemeinen völkerrechtlichen Verhaltenspflichten im Bereich des humanitären Völkerrechts ein. Durch die Wahrnehmung der Pflichten des somalischen Staates werden die angesprochenen Einzelpersonen verpflichtet.

---

[152] *Thürer*, The Failed State, Anm. 2, S. 24 geht davon aus, daß der Sicherheitsrat die nichtstaatlichen Akteure nicht direkt in die Pflicht nimmt. Nach *Tomuschat*, Obligations, Anm. 138, S. 255 haben die Appelle keinen bindenden Charakter: "It is true that these appeals do not qualify as binding orders."

[153] *Herdegen*, The Failed State, Anm. 2, S. 73; *Thürer*, The Failed State, Anm. 2, S. 34.

[154] S/RES 814 (1993) v. 26.03.1993, Resolutions and Decisions of the Security Council (1993), 48 SCOR 99.

[155] Vgl. generell zu den Individualpflichten *Tomuschat*, Grundpflichten, Anm. 138, S. 292.

Die Verpflichtung der Einzelnen - und nicht des Staates - erfolgt im Fall Somalias letztendlich über eine treuhänderische Übernahme der Staatsfunktionen durch die UN. Über die Grundsätze der Geschäftsführung ohne Auftrag können dem 'failed state' Somalia die Regelungen der UN nur soweit als eigene zugerechnet werden, wie der somalische Staat damit seinen Verpflichtungen im Rahmen des humanitären Völkerrechts nachkommt; eine darüber hinausgehende Haftung und eine Belastung mit Haftungsfolgen ist nicht umfaßt, da die Zurechnung über die Geschäftsführung ohne Auftrag nur zugunsten und nicht zu Lasten des betroffenen Staates erfolgen kann.[156] Es bleibt zwar fraglich, ob die Wahrnehmung der einem Staat obliegenden Verantwortlichkeiten im Rahmen des humanitären Völkerrechts nicht tatsächlich zugunsten des Staates erfolgt, da hierdurch staatliche Verpflichtungen erfüllt werden. Durch die Pflichtennübernahme seitens der UN erfolgt aber keine Zurechnung der Völkerrechtsverletzungen der Einzelnen an den 'failed state', da keine Verantwortlichkeit des somalischen Staates, sondern nur der betroffenen Einzelnen festgestellt wird.

11. Internationaler Strafgerichtshof für das ehemalige Jugoslawien (Jugoslawien-Tribunal) S/RES/827 (1993)

Die Errichtung von Tribunalen zur Strafverfolgung ist die stärkste Form einer möglichen Sanktion bei der Verletzung von humanitärem Völkerrecht. Die Durchgriffswirkung ist besonders ausgepägt: einerseits wird der Einzelne direkt aufgrund der Verletzung von Völkerrecht zur Verantwortung gezogen und andererseits liegt ein direkter Eingriff in das nationale Strafrecht und Gerichtsverfahren und somit in den Kernbereich nationaler Souveränität vor. Im Gegensatz zum 'failed state' sind im Fall der internationalen Tribunale noch nationale, funktionsfähige Organe vorhanden, die theoretisch mit den Aufgaben betraut werden könnten, die jedoch auch vom Konfliktzustand des Landes gekennzeichnet sind.

In der Literatur wird das Jugoslawien-Tribunal als Hauptbeispielsfall für die Durchgriffswirkung von Sicherheitsrats-Resolutionen und der Entwicklung der UN zur Supranationalen Organisation angeführt.[157]

---

[156] Vgl. zu den Negativfolgen einer Haftung *Herdegen*, The Failed State, Anm. 2, S. 72.

[157] Von einer Durchgriffswirkung von Art. 7 des Tribunal-Statuts und einem supranationalem Charakter des Statuts spricht *Thürer*, Jugoslawien-Tribunal, Anm. 148, S. 498; *Tomuschat* hält die Haftbefehle nach Art. 19 des Statuts für nationale Vollstrekungstitel, *Ch. Tomuschat*, "Sanktionen durch internationale Strafgerichtshöfe", Verhandlungen des 60. Dt. Juristentages, II/1 (1994) Sitzungsbericht Q 53 ff., Q 66/67 (Sanktionen); *Ch.*

a. S/RES/827 (1993)

Der Sicherheitsrat hat mit der Resolution 827 (1993)[158] in einem Präzedenzfall[159] einen Internationalen Strafgerichtshof zur Verfolgung von Verbrechen gegen die Menschlichkeit und Kriegsverbrechen im ehemaligen Jugoslawien geschaffen, dessen Statut als Annex zum Bericht des Generalsekretärs zu § 2 zu S/RES 808 (1993) erlassen wurde.[160] Das Tribunal ist ein Nebenorgan des Sicherheitsrates im Sinne von Art. 29.

Vorbild der Errichtung des Tribunals waren die Tribunale von Nürnberg und Tokio. Der Sicherheitsrat hat die Tribunale für Jugoslawien und Ruanda auf einer *ad-hoc*-Grundlage durch Resolutionen errichtet, da zu diesem Zeitpunkt einem allgemeinen Internationalen Strafgerichtshof auf vertraglicher Grundlage die Unterstützung der Staatengemeinschaft fehlte.

Tomuschat, "International Criminal Prosecution: The Precedent of Nuremberg Confirmed", 5:2-3 Criminal Law Forum (1994), S. 237 ff., 245. *K. Oellers-Frahm*, "Cooperation: The indispensable prerequisite to the efficiency of international criminal tribunals", ASIL Proceedings (1995), S. 304 ff., 306 (Cooperation) meint hingegen "the effect of any resolution under Chapter VII is, for the time being, merely the creation of an obligation of all member states to conform to the aim of the resolution." *Kirgis* stellt hingegen fest, daß " ... the Security Council had done nothing more in the Statutes of these tribunals than to codify preexisting international criminal law", Anm. 3, S. 523 "... some of the procedural in the Statutes of the Yugoslav and Rwanda Tribunals are also legislative in the sense that they could directly alter legal processes in UN member states."

158 S/RES 827 (1993) v. 25.05.1993, Resolutions and Decisions of the Security Council (1993), 48 SCOR 32; Tribunal-Statut geändert durch S/RES 1166 (1998) v. 13.05.1998, S/RES 1329 (2000) v. 30.11.2000, S/RES 1411 (2002) v. 17.05.2002.

159 *T. Meron*, "The Case for War Crimes Trials in Yugoslavia", 72 Foreign Affairs (1993), S. 122 ff. bezeichnet die Errichtung des Tribunals als einen Akt "of ground-breaking importance"; *D. Sarooshi*, "The Powers of the United Nations International Criminal Tribunals", 2 Max Planck Yearbook of United Nations Law (1998), S. 141 ff., bemerkt dazu: "The establishment of the Tribunals also marked a watershed in the development of international criminal law"; *K. Ambos*, "Observation from an International Criminal Law View- point", 7:4 EJIL (1996), S. 519 ff., 519 weist darauf hin, daß "efforts in this direction [further development of mechanisms of international criminal justice], dating from the Nuremberg and Tokyo war crime trials, experienced an unexpected political push with the end of the Cold War and the establishment of the *ad hoc* tribunals for the former Yugoslavia and Rwanda."

160 Angenommen am 25.05.1993 und ursprünglich veröffentlicht als Annex zum Bericht des Generalsekretärs zu § 2 der S/RES 808 (1993), S/25704; abgedruckt in 3 Europa-Archiv (1994), D 89 ff.; United Nations, International Criminal Tribunal for the former Yugoslavia, Basic Documents (1995), S. 5 ff.

Das Tribunal folgt in seinem Statut in mehreren inhaltlichen Regelungen dem Londoner Abkommen[161] und der ihm beigefügten Charta von 1945 zur Schaffung des Nürnberger Tribunals. Diese sehen die individuelle Verantwortlichkeit für verschiedene völkerrechtliche Verbrechenstatbestände vor, die durch ein international zusammengesetztes Gericht beurteilt werden, und den Vorrang des Völkerrechts vor Immunitäten und allen nationalen Vorschriften.[162]

b. *Grundzüge des Jugoslawien-Tribunals*

aa. Kompetenz ratione personae

Gem. Art. 1 des Statuts kann das Gericht Personen, die im Verdacht stehen, seit 1991 auf dem Gebiet Ex-Jugoslawiens schwere Verletzungen des humanitären Völkerrechts begangen zu haben, strafrechtlich verfolgen. Das Gericht verfolgt ausschließlich Einzelpersonen, nicht aber Staaten oder Organisationen.

bb. Kompetenz ratione materiae

Nach Art. 2 ist das Jugoslawien-Tribunal inhaltlich zuständig für schwere Verletzungen der Genfer Rotkreuz-Konventionen von 1949, nach Art. 3 Verletzungen der Gesetze und Gebräuche des Krieges, nach Art. 4 Genozid und nach Art. 5 Verbrechen gegen die Menschlichkeit im Sinne von allgemeinen und systematischen, extrem unmenschlichen Angriffen auf die Zivilbevölkerung. Das anwendbare Recht sind die gewohnheitsrechtlich anerkannten Regeln des humanitären Völkerrechts, wie sie sich aus den einschlägigen völkerrechtlichen Verträgen entwickelt haben.[163] Das Statut des Jugoslawien-Tribunals normiert somit selbst keine materiellen Strafbestimmungen, sondern legt lediglich den Kompetenzrahmen des Gerichts unter Verweis auf bestehendes vertragliches und gewohnheitsrechtliches Völkerstrafrecht fest.[164] Bei der Festlegung des Strafrahmens soll sich das Tribunal nach Art. 24 Nr. 1 Tribunal-Statut an der allgemeinen Gerichtspraxis der Gerichte des ehemaligen Jugoslawiens orientieren.

---

161 'Accord concernant la poursuite et le châtiment des grands criminels de guerre des puissances européennes de l'Axe, signé à Londres le 8 août 1945', Nations Unies, 82 Recueil des Traités (1951), No. 251.

162 *Thürer*, Jugoslawien-Tribunal, Anm. 148, S. 494/495.

163 *K. Oellers-Frahm*, "Die Einsetzung des 'Internationalen Tribunals über Kriegsverbrechen im ehemaligen Jugoslawien' durch den Sicherheitsrat" in *U. Beyerlin/M. Bothe/R. Hofmann/E.-U. Petersmann (Hrsg.),* Recht zwischen Umbruch und Bewahrung, Festschrift für R. Bernhardt (1995), S. 733 ff., 736.

164 *Tomuschat*, Sanktionen, Anm. 157, Q 60.

cc. *Verhältnis zu den nationalen Gerichten*

Nach den Art. 9 und 10 des Statuts sind das Jugoslawien-Tribunal und die nationalen Gerichte konkurrierend zuständig, wobei dem Jugoslawien-Tribunal der Vorrang eingeräumt worden ist. Es kann in jedem Stadium des Verfahrens die nationalen Gerichte förmlich auffordern, das Verfahren an das internationale Gericht abzugeben. Eine Verurteilung durch beide Gerichte wird durch die Geltung des *ne bis in idem*-Grundsatzes ausgeschlossen.

dd. *Kooperationspflichten der Mitgliedstaaten*

Damit ein Straftäter vor dem Gericht stehen kann, ist neben der Erhebung der Anklage und der Ausstellung eines internationalen Haftbefehles nach Art. 19 Tribunal-Statut die Mithilfe der Mitgliedstaaten erforderlich. Die Resolution 827 (1993)[165] verlangt von allen Staaten, Hilfeersuchen des Gerichts zu entsprechen, unter anderem Personen auf Anforderung festzunehmen und dem Tribunal in Den Haag bzw. den niederländischen Behörden zu überstellen. Diese internationalen Zulieferungspflichten werden auch ausdrücklich in Art. 29 Tribunal-Statut normiert. Nach Art. 29 Nr. 2 Tribunal-Statut kommen die Staaten jedem Rechtshilfeersuchen und jeder von einer Strafkammer erlassenen Verfügung unverzüglich nach. Die Entscheidungen des Tribunals sind von den Staaten im Ergebnis ohne eigenes Ermessen auszuführen[166] und betreffen die Personen, denen die Verstöße gegen das Völkerrecht vorgeworfen werden, unmittelbar, d.h. ohne daß nationales Recht Anwendung findet.[167]

Diese umfangreichen Kooperationspflichten sind im Völkerrecht ein Novum, da einem Staat grundsätzlich keine verbindlichen Weisungen durch einen anderen Staat erteilt werden können. Anders verhält es sich hinsichtlich der bindenden Maßnahmen Internationaler Organisationen und der Entscheidungen des Tribunals, die die Staaten auch ohne ihre Zustimmung im Einzelfall verpflichten können.[168] Dennoch ist das Tribunal letztlich auf eine *bona fide*-Unterstützung und

---

[165] S/RES 827 (1993) v. 25.05.1993, Resolutions and Decisions of the Security Council (1993), 48 SCOR 32.

[166] *Ch. C. Joyner*, "Strengthening enforcement of humanitarian law: reflections on the international criminal tribunal for the former Yugoslavia", 6 Duke Journal of Comparative & International Law (1995), S. 79 ff., 89.

[167] *Joyner*, Anm. 166, S. 91 mißt Art. 29 Tribunal-Statut sogar *ius-cogens*-Wirkung zu.

[168] Vgl. zum Jugoslawien-Tribunal *Sarooshi,* Anm. 159, S. 152: "The Tribunals are not as such dependent on the consent of States to exercise their powers and functions in a case which will result in a decision that binds States."

Zusammenarbeit der Mitgliedstaaten angewiesen.[169] Der Erfolg der Tätigkeit des Jugoslawien-Tribunals hängt weitgehend von der Kooperation der Staaten ab.[170]

Die Anklagebehörde und die Verteidiger versuchen daher auch zunächst auf informellem Wege die Unterstützung der Staaten zu erlangen, bevor sie beim Tribunal den Erlaß von Verfügungen nach Art. 29 Tribunal-Statut beantragen. Die Berufungskammer hat im *Blaškič Subpoena*-Fall zwischen 'cooperative' und 'mandatory compliance' unterschieden:

> "Having clarified the scope and purport of Article 29, the Appeals Chamber feels it necessary to add that it also shares the Prosecutor's contention that a distinction should be made between two modes of interaction with the International Tribunal: the cooperative and the mandatory compliance ...
>
> It is ... to be regarded as sound policy for the Prosecutor, as well as defence counsel, first to seek, through cooperative means, the assistance of States, and only if they decline to lend support, then to request a Judge or Trial Chamber to have recourse to the mandatory action provided for in Article 29."[171]

ee. Vollstreckung der Urteile

Nach Art. 27 Tribunal-Statut wird die Freiheitsstrafe in einem Staat verbüßt, der von dem Jugoslawien-Tribunal anhand einer Liste von Staaten bestimmt wird, die dem Sicherheitsrat ihre Bereitschaft bekundet haben, Verurteilte zu übernehmen. Art. 27 Tribunal-Statut enthält keine spezielle rechtliche Verpflichtung für die Mitgliedstaaten, zur Vollstrekkung der Urteile beizutragen.[172]

---

[169] So *Sarooshi*, Anm. 159, S. 152. Das Jugoslawien-Tribunal, In the Appeals Chamber, Prosecutor v. Tihomir Blaškič, Judgement on the Request of the Republic of Croatia for Review of the Decision of Trial Chamber II of 18 July 1997, Case No. IT-95-14-AR 108bis, 29.10.1997 (*Blaškič Subpoena*-Fall), § 31 ausgeführt: "... In the final analysis, the International Tribunal may discharge its functions only if it can count on the bona fide assistance and cooperation of sovereign States."

[170] *A. Cassese*, "On the Current Trends towards Criminal Prosecution and Punishment of Breaches of International Humanitarian Law", 9:1 EJIL (1998), S. 2 ff., 13.

[171] Jugoslawien-Tribunal, In the appeals chamber, Prosecutor v. Tihomir Blaškič, Judgement on the Request of the Republic of Croatia for Review of the Decision of Trial Chamber II of 18 July 1997, Case No. IT-95-14-AR 108bis, 29.10.1997, § 31.

[172] *D. Tolbert*, "The International Tribunal for the former Yugoslavia and the Enforcement of Sentences", 11:3 LJIL (1998), S. 655 ff.

c. *Materielles Recht*

aa. *Individuelle Verantwortlichkeit im Völkerstrafrecht*

Unter Völkerstrafrecht werden diejenigen Normen des Völkerrechts verstanden, die direkt (in der Form von unmittelbar anwendbaren Tatbeständen) oder indirekt (im Sinne von Aufträgen zur Setzung solcher Vorschriften) bestimmte menschliche Verhaltensweisen als Verbrechen bezeichnen und für den Fall der Verletzung individuelle Strafsanktionen vorsehen.[173]

Seit den Nürnberger Kriegsverbrecherprozessen ist eine individuelle strafrechtliche Verantwortlichkeit für die Verletzung von vertraglichen und gewohnheitsrechtlichen Normen des humanitären Völkerrechts allgemein anerkannt.[174] In diesem Sinne hat sich auch *Robert Jackson*, der Chefankläger vor dem Nürnberger Kriegsverbrechertribunal geäußert:

"This principle of personal liability is a necessary as well as a logical one if International Law is to render real help to the maintenance of peace ... Only sanctions which reach individuals can peacefully and effectively be enforced ... The idea that a state commits crimes is a fiction. Crimes always are committed only by persons."[175]

Die wichtigsten Verbotsnormen des humanitären Völkerrechts binden das Individuum somit unmittelbar, wobei als Grenze des Durchgriffs ein werthafter Aspekt angeführt wird: ein Durchgriff auf das Individuum soll nur bei Verbrechen gegen den Frieden, Kriegsverbrechen und Verbrechen gegen die Menschlichkeit möglich sein.[176] Nach *Cassese* und *Thürer* wird bei der Verantwortung Einzelner der Schleier der Souveränität im Rahmen des völkerrechtlichen Strafrechts durchbrochen und die Pflicht der Staatsorgane und Einzelnen zur Beachtung grundlegender Menschenrechte völkerrechtsunmittelbar begründet.[177] Eine

---

173 Vgl. zur Definition *Thürer*, The Failed State, Anm. 2, S. 502; *K. Ipsen* in *Ipsen (Hrsg.)*, Anm. 151, § 42 Rdnr. 1; *Verdross/Simma*, Anm. 50, § 415 ff.

174 *C. Hollweg*, "Das neue Internationale Tribunal der UNO und der Jugoslawienkonflikt", 48 JZ (1993), S. 980 ff.; *Ipsen* in *Ipsen (Hrsg.)*, Anm. 151, § 42 Rdnr. 12; *K. Oellers-Frahm*, "Das Statut des Internationalen Strafgerichtshofs zur Verfolgung von Kriegsverbrechen im ehemaligen Jugoslawien", 54 ZaöRV (1994), S. 416 ff., 417; *T. Trautwein*, "Das Internationale Jugoslawien-Tribunal", 28:3 ZRP (1995), S. 87 f., 87.

175 Abgedruckt bei *Thürer*, Jugoslawien-Tribunal, Anm. 148, S. 494.

176 *E. Klein*, "Die Bedeutung der Nürnberger Prozesse für die Bewältigung des SED-Unrechts", 25:6 ZRP (1992), S. 208 ff., 209.

177 *Cassese*, Anm. 170, S. 11; *Thürer*, Jugoslawien-Tribunal, Anm. 148, S. 507.

Umsetzung der Strafandrohung durch die nationale Gesetzgebung ist nicht erforderlich.[178]

Die individuelle Verantwortlichkeit ist bislang nur für Verletzungen von vertraglich normierten oder gewohnheitsrechtlichen Pflichten des humanitären Völkerrechts angenommen worden.

bb. Individuelle Verantwortlichkeit im Tribunal-Statut

Der Sicherheitsrat hat die individuelle Verantwortlichkeit für die Begehung verschiedener völkerrechtlich definierter Verbrechenstatbestände im ehemaligen Jugoslawien festgelegt. Bereits in der Resolution 764 (1992)[179] hat er betont, daß

> "... persons who commit or order the commission of grave breaches of the [1949 Geneva] Conventions are individually responsible in respect of such breaches."

In der Literatur wird die Heranziehung Einzelner für eine Ahndung dieser Verbrechen ebenfalls als notwendig erachtet:

> "It is important to try individuals responsible for crimes if there is to be any real hope of defusing ethnic tensions in this region. Blame should not rest on an entire nation but should be assigned to individual perpetrators of crimes and responsible leaders."[180]

Auch das Jugoslawien-Tribunal selbst hält eine individuelle Verantwortlichkeit für erforderlich:

"... because of large scale violations of international humanitarian law committed by individuals, it was both appropriate and necessary for the Security Council, through the International Tribunal, to act on individuals in order to address the threat to the peace."[181]

Die Berufungskammer hat eine individuelle Verantwortlichkeit bei Verletzungen des humanitären Völkerrechts auch in innerstaatlichen Konflikten angenommen

---

178 *Ipsen* in *Ipsen (Hrsg.)*, Anm. 151, § 42 Rdnr. 12.

179 S/RES 764 (1992) v. 13.07.1992, Resolutions and Decisions of the Security Council (1992), 47 SCOR 21.

180 *Meron*, Anm. 159, S. 134; vgl. auch *Joyner*, Anm. 166, S. 79.

181 Jugoslawien-Tribunal, Case No. IT-94-1-T, 10.08.1995, In the Trial Chamber, Prosecutor v. Duško Tadič a/k/a "Dule", Decision on the defence motion on jurisdiction, § 36.

und zur Entstehung einer diesbezüglichen *opinio iuris* auf der Grundlage von Sicherheitsrats-Resolutionen ausgeführt:

> "Of great relevance to the formation of *opinio juris* to the effect that violations of general international humanitarian law governing internal armed conflicts entail the criminal responsibility of those committing or ordering those violations are certain resolutions unanimously adopted by the Security Council. Thus, for instance, in two resolutions on Somalia, where a civil strife was under way, the Security Council unanimously condemned breaches of humanitarian law and stated that the authors of such breaches or those who had ordered their commission would be held "individually responsible" for them. (*See* S. C. Res. 794 (3 December 1992); S. C. Res. 814 (26 March 1993).)."[182]

Art. 1 iVm. 7 Ziff. 1[183] Tribunal-Statut bestimmt eine individuelle Verantwortlichkeit für die Verstöße gegen das humanitäre Völkerrecht.

Der Beschuldigte kann sich nach Art. 7 Ziff. 2 bis 4 nicht durch die Berufung auf eine behördliche Immunität der völkerstrafrechtlichen Verantwortlichkeit entziehen.

cc. *Keine Durchgriffswirkung der materiellen Vorschriften des Tribunal-Statuts*

Nach *Thürer* kommt dem Statut, insbesondere Art. 7, Durchgriffswirkung zu.[184] Das Statut habe supranationalen Charakter, da es zum einen nicht der Umsetzung in das nationale Recht bedürfe und zum anderen entgegenstehendem nationalem Recht vorgehe.[185]

Richtig ist, daß das Jugoslawien-Tribunal über Einzelne entscheidet:

---

182 Jugoslawien-Tribunal, Case No. IT-94-1-AR72, 2.10.1995, In the Appeals Chamber, Prosecutor v. Duško Tadič a/k/a "Dule", Decision on the defence motion for interlocutory appeal on jurisdiction, § 133, 35 ILM (1996), S. 32 ff., 71.

183 Nach Art. 7 Ziff. 1 des Statuts ist derjenige, der ein in den Artikeln 2 bis 5 des Statuts genanntes Verbrechen geplant, angeordnet, begangen oder dazu angestiftet hat oder an dessen Planung, Vorbereitung oder Ausführung auf andere Weise beteiligt war, für das Verbrechen individuell verantwortlich.

184 *Thürer*, Jugoslawien-Tribunal, Anm. 148, S. 498.

185 *Thürer*, Jugoslawien-Tribunal, Anm. 148, S. 499.

"... it was both appropriate and necessary for the Security Council, through the International Tribunal, to act on individuals in order to address the threat to the peace."[186]

Auch die Berufungskammer hat eine strafrechtliche Verantwortlichkeit Einzelner bestätigt:

"All of these factors confirm that customary international law imposes criminal liability for serious violations of common Article 3, as supplemented by other general principles and rules on the protection of victims of internal armed conflict, and for breaching certain fundamental principles and rules regarding means and methods of combat in civil strife."[187]

Der Annahme von Durchgriffswirkung der genannten Statut-Vorschrift steht jedoch entgegen, daß das Statut eine bereits auf vertraglicher Grundlage bestehende Verantwortlichkeit aufgreift.[188] Die strafrechtliche Verantwortlichkeit individueller Akteure für Verletzungen des humanitären Völkerrechts ist auch auf der Grundlage der Genfer Rotkreuz-Konventionen und deren Zusatzprotokollen anerkannt.[189]

Im Tribunal-Statut wird die aus völkerrechtlichen Verträgen resultierende Verantwortlichkeit auf die Verbrechen auf dem Gebiet des ehemaligen Jugoslawiens angewandt. Die Durchgriffswirkung kommt daher - wie schon bei den Libyen-Resolutionen festgestellt - dem zugrundeliegenden Vertragswerk zu und wird im Statut für einen speziellen Fall festgeschrieben. Das Tribunal-Statut unterscheidet sich insoweit nicht von anderen universellen Verträgen, die für Einzelne eine strafrechtliche Verantwortlichkeit festschreiben.

---

186 Jugoslawien-Tribunal, Case No. IT-94-1-T, 10.08.1995, In the Trial Chamber, Prosecutor v. Duško Tadič a/k/a "Dule", Decision on the defence motion on jurisdiction, § 36.

187 Jugoslawien-Tribunal, Case No. IT-94-1-AR72, 2.10.1995, In the Appeals Chamber, Prosecutor v. Duško Tadič a/k/a "Dule", Decision on the defence motion for interlocutory appeal on jurisdiction, § 134; 35 ILM (1996), S. 32 ff., 71.

188 In diesem Sinne *Kirgis*, Anm. 3, S. 523: "... the Security Council had done nothing more in the Statutes of these tribunals than to codify preexisting international criminal law."

189 Vgl. etwa *S. Oeter*, "Kriegsverbrechen in den Konflikten um das Erbe Jugoslawiens", 53/I ZaöRV (1993), S. 1 ff., 27; *R. Dixon*, "New Developments in the International Criminal Tribunal for the Former Yugoslavia: Prominent Leaders Indicted and Jurisdiction Established", 8:2 LJIL (1995), S. 449 ff., 459/460 weist darauf hin, daß sich das humanitäre Völkerrecht unter dem Einfluß des Jugoslawien-Tribunal-Statuts weiterentwickeln wird.

d. *Durchgriffswirkung der verfahrensrechtlichen Vorschriften des Tribunal-Statuts*

aa. *Verfahrensrechtliche Vorschriften*

Nach *Tomuschat* können die Beschlüsse des Jugoslawien-Gerichtshofs, insbesondere die Haftbefehle iSv. Art. 19 Nr. 2 Tribunal-Statut[190], als nationale Vollstreckungstitel ohne Umsetzung ins nationale Recht in Betracht kommen.[191] Art. 19 Nr. 2 Tribunal-Statut sieht für den Richter der Strafkammer, dem die Anklageschrift zugeleitet wurde, die Möglichkeit vor, Verfügungen und Befehle zur Festnahme, Inhaftierung, Übergabe oder Überstellung von Personen zu erlassen.

Nach Rule 55 der 'Rules of Procedure and Evidence'[192] kann eine Verhaftung direkt auf Grundlage des Haftbefehls vorgenommen werden, der ohne Umsetzung in das nationale Recht rechtlich bindend ist und eine gültige Ermächtigungsgrundlage enhält.[193] Rule 58 sieht für ein Auslieferungsersuchen des Tribunals vor, daß die

---

[190] Art. 19 Nr. 2 Tribunal-Statut: "Nach Bestätigung einer Anklage kann der Richter auf Antrag des Leiters der Anklagebehörde Verfügungen und Befehle zur Festnahme, Inhaftierung, Übergabe oder Überstellung von Personen sowie alle anderen Verfügungen erlassen, die zur Durchführung des Verfahrens erforderlich sind."

[191] *Tomuschat*, Sanktionen, Anm. 157, Q 66; deutlicher in *Tomuschat*, Criminal Prosecution, Anm. 157, S. 245: "Such a warrant constitutes, according to the perception upon which the Statute is predicated, a legal act that is directly enforceable vis-à-vis the accused."

[192] Rule 55 'Rules of Procedure and Evidence' - "Execution of Arrest Warrants. (A) A warrant of arrest shall be signed by a Judge and shall bear the seal of the Tribunal. It shall be accompanied by a copy of the indictment, and a statement of the rights of the accused. These rights include those set forth in Article 21 of the Statute, and in Rules 42 and 43 *mutatis mutandi*, together with the right of the accused to remain silent, and to be cautioned that any statement he makes shall be recorded and may be used in evidence. (B) A warrant for the arrest of the accused and *an order for* his surrender to the Tribunal shall be transmitted by the Registrar to the national authorities of the State in whose territory or under whose jurisdiction or control the accused resides or was last known to be, together with instructions that at the time of arrest the indictment and the statement of the rights of the accused be read to him in a language he understands and that he be cautioned in that language. (C) When an arrest warrant issued by the Tribunal is executed, a member of the Prosecutor's Office may be present as from the time of arrest." Rules of Procedure and Evidence, UN Doc. IT/32 v. 14.03.1994, abgedruckt in 33 ILM (1994), S. 484 ff.

[193] *Tomuschat*, Criminal Prosecution, Anm. 157, S. 245: "Under rule 55 of the Rules of Procedure and Evidence, the international warrant shall be executed as it stands; it does not require further action by a national authority to transform it into a legally binding

Staatenverpflichtungen des Art. 29 Tribunal-Statut allen entgegenstehenden nationalen Hindernissen vorgehen.[194] Diese Vorschriften stellen eine Ausnahme von dem grundsätzlichen Zusammenarbeitserfordernis dar.[195]

Fraglich ist jedoch, ob den Bestimmungen des Tribunal-Statuts, insbesondere den in Art. 19 Nr. 2 Tribunal-Statut vorgesehenen Maßnahmen des Tribunal-Statuts, Durchgriffswirkung zukommt. Die vom Richter erlassenen Verfügungen und Befehle zur Festnahme, Inhaftierung, Übergabe oder Überstellung von Personen werden unter Mithilfe des jeweils betroffenen Staates durchgeführt. Die Verpflichtung der Staaten zur Zusammenarbeit mit dem Tribunal und die Durchsetzung der Rechtshilfeersuchen, die bei Erforderlichkeit auch nationale Umsetzungsmaßnahmen umfassen[196], sind in der generellen Verpflichtung der Staaten zur Ausführung von Sicherheitsrats-Resolutionen nach Kapitel VII enthalten und in Art. 29 Tribunal-Statut[197] konkretisiert.[198] Daß die in Art. 29 Tribunal-Statut enthaltene Pflicht nicht uneingeschränkt besteht, hat das Tribunal

---

decision. Thus, the international warrant itself constitutes a valid mandate to effect an arrest ... ."

[194] Rule 58 'Rules of Procedure and Evidence' - National Extradition Provisions: "The obligations laid down in Article 29 of the Statute shall prevail over any legal impediment to the surrender or transfer of the accused to the Tribunal which may exist under the national law or extradition treaties of the State concerned."

[195] *Cassese*, Anm. 170, S. 12/13.

[196] *D. Shraga/R. Zacklin*, "The International Criminal Tribunal for the Former Yugoslavia", 5:3 EJIL (1994), S. 360 ff., 372.

[197] Art. 29 Tribunal-Statut: "Zusammenarbeit und Rechtshilfe. 1. Die Staaten arbeiten bei den Ermittlungen gegen Personen, die der Begehung schwerer Verstöße gegen das humanitäre Völkerrecht beschuldigt werden, und bei deren strafrechtlicher Verfolgung mit dem Internationalen Gericht zusammen. 2. Die Staaten kommen jedem Rechtshilfeersuchen und jeder von einer Strafkammer erlassenen Verfügung unverzüglich nach, insbesondere, jedoch nicht ausschließlich, in bezug auf
a) die Ermittlung von Personen und deren Aufenthalt;
b) die Vernehmung von Zeugen und das Beibringen von Beweisen;
c) die Zustellung von Schriftstücken;
d) die Festnahme oder Inhaftierung von Personen;
e) die Übergabe oder Überstellung des Angeschuldigten an das Internationale Gericht."

[198] Paragraph 126 des Bericht des Generalsekretärs sieht folgendes vor: "... an order by a Trial Chamber for the surrender or transfer of persons to the custody of the International Tribunal shall be considered to be the application of an enforcement measure under Chapter VII of the United Nations", Report of the Secretary-General pursuant to paragraph 2 of Security Council Resolution 808 (1993), presented 3 May 1993, S/25704; abgedruckt in United Nations, International Criminal Tribunal for the former Yugoslavia, Basic Documents (1995), S. 155 ff.

im *Blaški Subpoena*-Fall dargelegt. Danach können zwar grundsätzlich Beweisbeschlüsse an Staaten gerichtet werden, aber keine strafbewehrten Anordnungen an Staaten oder staatliche Amtsträger.[199]

So sieht Rule 56 der 'Rules of Procedure and Evidence'[200] für einen Haftbefehl die Kooperation der betroffenen Staaten unter Verweis auf Art. 29 des Tribunal-Statuts vor. Die praktische Ausführung der vom Tribunal erlassenen Verfügungen obliegt den Staaten, die den Beschlüssen zur Wirksamkeit verhelfen:

> "... whereas in the area of enforcement the International Tribunal is still dependent upon States and the Security Council."[201]

Die Staaten verfügen jedoch hinsichtlich der Ausführung der Verfügungen über kein Ermessen, da sie nach Art. 29 Tribunal-Statut jedem Rechtshilfeersuchen und jeder von einer Strafkammer erlassenen Verfügung über die Festnahme und Inhaftierung von Personen und die Übergabe oder Überstellung des Angeschuldigten an das Internationale Gericht unverzüglich nachkommen müssen.[202] Hinsichtlich der Auslieferungsersuchen ist die Berufung nach Rule 58 der 'Rules of Procedure and Evidence' auf entgegenstehendes nationales Recht ausgeschlossen. Die Resolution 827 (1993) sieht ebenfalls eine umfangreiche Zusammenarbeit seitens der Staaten vor:

> "4. *Decides* that all States shall cooperate fully with the International Tribunal and its organs in accordance with the present resolution and the Statute of the International Tribunal and that consequently all States shall take any measures necessary under their domestic law to implement the provisions of the present resolution and the Statute, including the obligation of States to comply with

---

199 Jugoslawien-Tribunal, In the Appeals Chamber. Prosecutor v. Tihomir Blaškič, Judgement on the Request of the Republic of Croatia for Review of the Decision of Trial Chamber II of 18 July 1997, Case No. IT-95-14-AR 108bis, 29.10.1997, § 43 f.; s. hierzu auch *Herdegen*, Befugnisse, Anm. 86, S. 33.

200 Rule 56 - Cooperation of States: "The State to which a warrant of arrest is transmitted shall act promptly and with all due diligence to ensure proper and effective execution thereof, in accordance with Article 29 of the Statute."

201 Jugoslawien-Tribunal, In the Appeals Chamber, Prosecutor v. Tihomir Blaškič, Judgement on the Request of the Republic of Croatia for Review of the Decision of Trial Chamber II of 18 July 1997, Case No. IT-95-14-AR 108bis, 29.10.1997, § 47.

202 Art. 29 d) und e) Tribunal-Statut; vgl. zu den Auslieferungsersuchen *Oellers-Frahm*, Cooperation, Anm. 157, S. 307: "However, requests for transfer by the Tribunal differ from requests for extradition by states, insofar as *states simply have to execute any request for transfer by the Tribunal and have no power of proper appreciation*." (Hervorhebung wurde hinzugefügt).

requests for assistance or orders issued by a Trial Chamber under Article 29 of the Statute."[203]

Trotz der weitgehenden Wirkung, die den Bestimmungen in der Literatur beigemessen wird, wird eine nationale Ausführungsgesetzgebung, auch aus Gründen der Rechtsklarheit, für erforderlich gehalten.[204] In den meisten Mitgliedstaaten erfordern die Rechtshilfeersuchen und Verfügungen eine nationale Umsetzungsgesetzgebung, um in den Mitgliedstaaten Durchsetzungsmaßnahmen zu ermöglichen, die im nationalen Recht nicht vorgesehen wären.[205] Nach Ansicht des Tribunals sieht die nationale Gesetzgebung vor, daß die Ersuchen an eine zentrale nationale Behörde zu richten sind, die sie an die zuständigen Rechtsanwendungsorgane weiterleitet.[206]

Italien[207], Spanien[208] und Deutschland[209] haben beispielsweise nationale Gesetze zur Umsetzung von Art. 19 Nr. 2 Tribunal-Statut erlassen, die hauptsächlich die Aus-

---

[203] Note SCA/8/93 (7) des Generalsekretärs an alle Mitgliedstaaten vom 2.06.1993 auf die umfassenden Verpflichtungen des Par. 4 der Resolution 827 (1993) hinweisend: "... to take any measures necessary under their domestic law to implement the provisions of the present resolution and the Statute, including the obligation of States to comply with requests for assistance or oders issued by a Trial Chamber under Article 29 of the Statute."

[204] *Oellers-Frahm*, Cooperation, Anm. 157, S. 307; *Shraga/Zacklin*, Anm. 196, S. 360 ff., 373; *Tomuschat*, Sanktionen, Anm. 157, Q 67.

[205] *Shraga/Zacklin*, Anm. 196, S. 373.

[206] Jugoslawien-Tribunal, In the Appeals Chamber, Prosecutor v. Tihomir Blaškič, Judgement on the Request of the Republic of Croatia for Review of the Decision of Trial Chamber II of 18 July 1997, Case No. IT-95-14-AR 108bis, 29.10.1997, § 54.

[207] Art. 11 und 12 der 'Italian Decree-Law No. 544 of 28 December 1993 on Provisions in the matter of cooperation with the International Tribunal for the prosecution of serious violations of international humanitarian law committed in the territory of the former Yugoslavia', as modified by Law No. 120 of 14 February 1994, abgedruckt in ICTY Yearbook (1994), Chapter V Annex 1, S. 162 ff.

[208] Art. 6 des 'Spanish Organization Act 15/1994 of 1 June on Cooperation with the International Tribunal for the Prosecution of Persons Responsible for Serious Violations of International Humanitarian Law Committed in the Territory of the Former Yugoslavia', abgedruckt in ICTY Yearbook (1994), Chapter V Annex 1, S. 179.

[209] Gesetz über die Zusammenarbeit mit dem Internationalen Strafgerichtshof für das ehemalige Jugoslawien (Jugoslawien-Strafgerichtshof-Gesetz), BGBl. I 1995, S. 485 ff. Nach § 1 I des Jugoslawien-Strafgerichtshof-Gesetzes bestimmt sich die Verpflichtung zur Zusammenarbeit für die Bundesrepublik nach diesem Gesetz. Nach § 2 I des Gesetzes werden Strafverfahren, die der Gerichtsbarkeit des Jugoslawien-Gerichtshofes unterfallen, auf den Gerichtshof übergeleitet. § 3 I des Gesetzes regelt die Überstellung und Durchbeförderung zur Strafverfolgung oder -vollstreckung betroffener Personen an

lieferungsersuchen des Tribunals betreffen.[210] Das Überstellungsersuchen des Tribunals wird in den nationalen Rechtsordnungen wohl als Auslieferungsersuchen verstanden, dem aufgrund der Nationalität des Angeklagten seitens des Heimatstaates widersprochen werden kann.[211]

Eine Ausführungsgesetzgebung ist nicht nur hinsichtlich der in Art. 19 Nr. 2 Tribunal-Statut vorgesehenen Befugnisse des Jugoslawien-Tribunals erforderlich, sondern auch die Regelung der Überleitung der Verfahren an das Tribunal und des Verhältnisses zu nationalen Strafverfahren bedürfen aufgrund des Eingriffes in die staatliche Souveränität nationaler Gesetzgebung.[212] Auch die Inhaftierung, Überstellung und Durchbeförderung zur Ausführung von Auslieferungsersuchen des Tribunals beschränken die universelle Zuständigkeit der Staaten.[213] Eine Art. XXI Par. 1 des 'Headquarters Agreement between the United Nations and the Netherlands Concerning the International Tribunal' vergleichbare Bestimmung wäre in den Transitstaaten erforderlich.[214]

In der Bundesrepublik ist aus Gründen der Rechtssicherheit und -klarheit nicht nur eine Ausführungsgesetzgebung, sondern auch eine Übersetzung der Tribunal-Beschlüsse in die deutsche Sprache für die nationalen Vollstrekungsbehörden erforderlich.[215] Außerdem sollte die Resolution 827 (1993) mit dem Statut als

---

den Gerichtshof.

210 Die rechtliche Beurteilung befaßt sich schwerpunktmäßig mit dem deutschen Umsetzungsgesetz. Vgl. zur italienischen und spanischen Vollzugsgesetzgebung *Shraga/Zacklin*, Anm. 196, S. 373 Fn. 50. Vgl. zu weiteren nationalen Umsetzungsgesetzen Jugoslawien-Tribunal, In the Appeals Chamber, Prosecutor v. Tihomir Blaškič, Judgement on the Request of the Republic of Croatia for Review of the Decision of Trial Chamber II of 18 July 1997, Case No. IT-95-14-AR 108[bis], 29.10.1997, Endnote 70.

211 *Shraga/Zacklin*, Anm. 196, S. 373 Fn. 50.

212 *Shraga/Zacklin*, Anm. 196, S. 374; vgl. insoweit § 2 des Jugoslawien-Strafgerichtshof-Gesetzes, Art. 3 italienisches Umsetzungsgesetz, Art. 4 Par. II spanisches Umsetzungsgesetz.

213 *Shraga/Zacklin*, Anm. 196, S. 374; vgl. § 3 Jugoslawien-Strafgerichtshof-Gesetz; Art. 7 IV span. Umsetzungsgesetz.

214 Art XXI Par. 1 des 'Draft Headquarters Agreement': "The host country shall not exercise its criminal jurisdiction over persons present in its territory, who are to be or have been transferred as a suspect or an accused to the premises of the Tribunal pursuant to a request or an order of the Tribunal, in respect of acts, omissions or convictions prior to their entry into the territory of the host country." Vgl. inhaltlich identischer Art. XX Nr. 1 des 'Headquarters Agreement', S/1994/848, abgedruckt in ITCY Yearbook (1994), S. 235 ff.

215 *Tomuschat*, Sanktionen, Anm. 157, Q 67.

Rechtsgrundlage im Bundesgesetzblatt abgedruckt werden, da sie die Rechtsgrundlage für die Tribunal-Beschlüsse darstellt.[216]

Trotz des Vorliegens eines nationalen Umsetzungsaktes können die Vorschriften des Tribunal-Statuts Durchgriffswirkung aufweisen.

Das Jugoslawien-Tribunal hat anhand von Gesetzen, die Einzelnen eine Aussage untersagen, gezeigt, daß eine nationale Umsetzungsgesetzgebung nicht zwingend dem direkten Zugriff auf den Einzelnen entgegensteht:

> "So, if theoretically, [a State enacted] legislation barring access to its citizens for the purpose of compelling them to give evidence, we would say that in international law that legislation is invalid. We would then assert the Tribunal's entitlement to reach out directly to the individual by issuing an order to that effect, presumably permitting the individual to obey the higher order of international law, even in disobedience to his own domestic law ... ."[217]

bb. Durchgriffswirkung

Das Jugoslawien-Tribunal ist als Internationaler Strafgerichtshof für die Durchführung seiner Beschlüsse auf die Zusammenarbeit mit den einzelnen Staaten angewiesen. Da die Bestimmungen des Tribunal-Statuts in weitreichender Weise in das nationale Recht und die Souveränität der Mitgliedstaaten eingreifen, sind zu ihrer Durchführung und zur Vermeidung von Kollisionen mit entgegenstehendem nationalen Recht nationale Ausführungsgesetze erforderlich. Die im Wege der Rechtshilfe zur Durchführung der Beschlüsse tätigen nationalen Behörden setzen die auf dem Völkerrecht beruhenden Verpflichtungen gegenüber den Einzelnen durch. Deren Mitarbeit schließt eine Durchgriffswirkung jedoch nicht aus.[218]

Die verfahrensrechtlichen Bestimmungen des Tribunal-Statuts weisen Durchgriffswirkung auf: bei dem Erlaß von Haftbefehlen und anderen Einzelpersonen betreffenden Verfügungen handelt es sich um hoheitliche Regelungen, die direkt Verpflichtungen für den betroffenen Einzelnen statuieren.

---

216 *Tomuschat*, Sanktionen, Anm. 157, Q 67.

217 Jugoslawien-Tribunal, Case No. IT-95-14-AR 108bis, 29.10.1997, In the Appeals Chamber, Prosecutor v. Tihomir Blaškič, Judgement on the Request of the Republic of Croatia for Review of the Decision of Trial Chamber II of 18 July 1997, § 55.

218 Inwieweit nationalen Gerichten ein Nachprüfungsspielraum zusteht, müßte allerdings klargestellt werden, *Tomuschat*, Sanktionen, Anm.157, Q 67.

Auf den direkten Zugriff des Jugoslawien-Tribunals auf Einzelne weist die Berufungskammer im *Blaški Subpoena*-Fall hin:

> "It is therefore to be assumed that an inherent power to address itself directly to those individuals inures to the advantage of the International Tribunal. Were it not vested with such a power, the International Tribunal would be unable to guarantee a fair trial to persons accused of atrocities in the former Yugoslavia.
>
> ... the International Tribunal may directly summon a witness, or order an individual to hand over evidence or appear before a Judge or Trial Chamber. In other words, the International Tribunal may enter into direct contact with an individual subject to the sovereign authority or a State. The individual, being with an ancillary (or incidental) criminal jurisdiction of the International Tribunal, is duty-bound to comply with its orders, requests and summonses."[219]

Da die Behörden keinen eigenen Beurteilungsspielraum haben und die Staaten nicht auf entgegenstehendes nationales Recht verweisen können, dienen die Maßnahmen den Rechtsanwendungsorganen direkt als Entscheidungsgrundlage. Im Ergebnis wirken die Bestimmungen des Tribunal-Statuts daher wie unmittelbar anwendbares Recht.

e. *Supranationaler Charakter*

Thürer geht aufgrund des Vorrangs des Tribunal-Statuts vor nationalem Recht von einem supranationalen Charakter des Statuts aus.[220]

Für die Supranationalität ist neben der unmittelbaren Anwendbarkeit erforderlich, daß das Tribunal Hoheitsbefugnisse ausübt. Die Tribunal-Bestimmungen greifen in hohem Maße in die nationale Rechtsordnung ein und beschränken die Souveränität der Mitgliedstaaten. Das deutsche Jugoslawien-Strafgerichtshof-Gesetz respektiert, daß das Tribunal Hoheitsrechte in Deutschland wahrnimmt und die Bundesrepublik bei ihrem Hoheitsverzicht die aus der Einbindung in die internationale Straatengemeinschaft resultierende Pflicht erfüllt.[221]

---

219 Jugoslawien-Tribunal, Case No. IT-95-14-AR 108bis, 29.10.1997, In the Appeals Chamber, Prosecutor v. Tihomir Blaškič, Judgement on the Request of the Republic of Croatia for Review of the Decision of Trial Chamber II of 18 July 1997, §§ 55, 56.

220 *Thürer*, Jugoslawien-Tribunal, Anm. 148, S. 499.

221 *T. Trautwein*, "Zum Gesetz über die Zusammenarbeit mit dem Internationalen Strafgerichtshof für das ehemalige Jugoslawien", 48:25 NJW (1995), S. 1658 f., 1659.

Nach Ansicht von *Kirgis* kann den Verfahrensvorschriften des Jugoslawien-Statuts und des inhaltlich weitgehend identischen Ruanda-Statuts nur ein EU-Richtlinien vergleichbarer Effekt zukommen, weil sie Weisungen im Sinne von Richtlinien an die nationalen Gerichte darstellen:

> "The effect of these pronouncements [procedural provisions in the Statutes of the tribunals and the Security Council's *force majeure* pronouncement in Resolution 687] on UN member states is similar to the effect on European Union states of formal directives issued by the institutions of the Union."[222]

Da den nationalen Behörden bei der Ausführung dieser Vorgaben aber kein Ermessen zusteht, ist nicht entscheidend, ob sie noch tätig werden müssen.[223] Für die betroffene Person sind die Maßnahmen des Art. 19 Nr. 2 Tribunal-Statut und die Haftbefehle des Art. 55 der 'Rules of Evidence and Procedure' direkt verpflichtend, unabhängig davon, inwieweit die nationalen Staaten im Rahmen der Rechtshilfe tätig werden.

Das Jugoslawien-Tribunal verfügt beim Erlaß von Maßnahmen nach Art. 19 Nr. 2 Tribunal-Statut und Haftbefehlen nach Art. 55 der 'Rules of Evidence and Procedure' über supranationale Befugnisse.

12. Errichtung des Ruanda-Tribunals S/RES/955 (1994)

Mit der Resolution 955 (1994)[224] hat der Sicherheitsrat ein Internationales Gericht für Ruanda geschaffen, um die für Völkermord und andere schwere Verstöße gegen das humanitäre Völkerrecht Verantwortlichen strafrechtlich zu verfolgen. Die Errichtung des Jugoslawien-Tribunals auf der Grundlage der Resolution 827 (1993) kann für die Errichtung des Ruanda-Tribunals bereits als Präzedenzfall herangezogen werden.[225] Während das Jugoslawien-Tribunal-Statut den Konflikt als international qualifiziert, liegt dem Ruanda-Konflikt ein interner Konflikt zu-

---

[222] *Kirgis*, Anm. 3, S. 524 Fn. 140.

[223] Vgl. insoweit *Oellers-Frahm*, Cooperation, Anm. 157, S. 307: "However, requests for transfer by the Tribunal differ from requests for extradition by states, insofar as states simply have to execute any request for transfer by the Tribunal and have no power of proper appreciation."

[224] S/RES 955 (1994) v. 8.11.1994, Resolutions and Decisions of the Security Council (1994), 49 SCOR 15, abgedruckt in 43:2 Vereinte Nationen (1995), S. 39 ff.

[225] *D. Shraga/R. Zacklin*, "The International Criminal Tribunal For Rwanda", 7:4 EJIL (1996), S. 501 ff., 505 (International Criminal Tribunal for Rwanda).

grunde.[226] Bei der Errichtung des Ruanda-Tribunals war im Gegensatz zum Jugoslawien-Tribunal der gewaltsame Konflikt fast beendet.[227]

Der Sicherheitsrat hat den Schutz der humanitären Belange mit den internationalen Auswirkungen der Völkerrechtsverletzungen verbunden:

> "... in diesem Zusammenhang daran *erinnernd*, daß die Tötung von Mitgliedern einer ethnischen Gruppe in der Absicht, diese Gruppe ganz oder teilweise zu zerstören, ein nach dem Völkerrecht strafbares Verbrechen darstellt."[228]

Das Ruanda-Tribunal hat in der Entscheidung *Kanyabashi*[229], ähnlich der Entscheidung der Berufungskammer des Jugoslawien-Tribunals im Fall *Tadi*, zur Rechtmäßigkeit seiner Errichtung Stellung genommen. Die Verteidigung hatte argumentiert, daß ein Verstoß gegen die UN-Charta darin liege, daß das Ruanda-Tribunal über Einzelne entscheiden könne, obwohl sich die Befugnis des Sicherheitsrates nur auf Staaten erstrekke.[230] Das Ruanda-Tribunal hat zu dieser Frage in § 9 seiner Entscheidung Stellung ausgeführt::

> "... the Security Council explicitly extended international legal obligations and criminal responsibilities directly to individuals for violations of international humanitarian law. In doing so, the Security Council provided an important innovation of international law ... ."

Das Ruanda-Tribunal bezieht sich auf die strafrechtliche Verantwortlichkeit Einzelner bei Verletzungen humanitären Völkerrechts in internen Konflikten, da die Verantwortlichkeit Einzelner für die Verbrechen der Tribunal-Statute gewohnheitsrechtlich anerkannt ist.[231]

---

[226] *R. S. Lee*, "The Rwanda Tribunal", 9:1 LJIL (1996), S. 37 ff., 38; *Th. Meron*, "International Criminalization of internal atrocities", 89:3 AJIL (1995), S. 554 ff., 556.

[227] *Lee*, Anm. 226, S. 38; *Shraga/Zacklin*, International Criminal Tribunal For Rwanda, Anm. 225, S. 505.

[228] S/RES/918 (1994) v. 17.05.1994, Resolutions and Decisions of the Security Council (1994), 49 SCOR 6.

[229] Ruanda-Tribunal, Case No. ICTR-96-15-T, 18.06.1997, Prosecutor v. Kanyabashi, Decision on jurisdiction, Besprechung v. *V. Morris*, International decisions, 92:1 AJIL (1998), S. 66 ff.

[230] *Morris*, Anm. 229, S. 68/69.

[231] *Morris*, Anm. 229, S. 69; *Lee*, Anm. 226, S. 50 weist darauf hin, daß hinsichtlich der Verbrechen des gemeinsamen Art. 3 der Genfer Abkommen und deren Zusatzprotokoll II umstritten ist, ob sie zum Völkergewohnheitsrecht gezählt werden können.

Für die Untersuchung der Durchgriffswirkung und Supranationalität der materiellen und verfahrensrechtlichen Vorschriften des Tribunal-Statuts kann auf die Feststellungen bezüglich des Jugoslawien-Tribunals verwiesen werden: Die Kataloge der materiellen Strafvorschriften entsprechen sich weitgehend[232], so daß auch den Vorschriften des Statuts des Ruanda-Tribunals keine Durchgriffswirkung zukommt, da auch sie eine bereits auf vertraglicher und gewohnheitsrechtlicher Grundlage bestehende Strafbarkeit aufgreifen.

In Art. 28 des Tribunal-Statutes des Ruanda-Tribunals ist eine ebenso umfangreiche Befugnis des Ruanda-Tribunals in Rechtshilfesachen, die grundsätzlich der nationalen Hoheitsgewalt des souveränen Staates unterstehen, wie in Art. 29 des Statuts des Jugoslawien-Tribunals enthalten. Hinsichtlich der verfahrensrechtlichen Vorschriften ist daher ebenfalls von einer Durchgriffswirkung und einem supranationalen Charakter auszugehen.

13. 'Force majeure defense' in Par. 9 S/RES/757 (1992) und Par. 29 S/RES/687 (1991)

a. *Inhalt der 'force majeure defense'*

Nach *Kirgis* haben neben den Tribunal-Bestimmungen die in Par. 9 S/RES/757 (1992)[233] und Par. 29 S/RES/687 (1991)[234] enthaltenen Regelungen einen EU-Richtlinien vergleichbaren Charakter, da sie Weisungen im Sinne von Richtlinien an die nationalen Gerichte darstellen.[235]

Par. 9 der S/RES/757 (1992) bestimmt:

> "Decides that all States, and the authorities in the Federal Republic of Yugoslavia (Serbia and Montenegro), shall take the necessary measures to ensure that no claim shall lie at the instance of the authorities in the Fed. Rep of Yugoslavia, or of any person or body in the Fed. Rep. of Yugoslavia, or of any person claiming

---

[232] Nach Art. 4 Ruanda-Tribunal-Statut können Personen strafrechtlich bei Verstößen gegen den gemeinsamen Art. 3 der Genfer Abkommen und gegen deren Zusatzprotokoll II verfolgt werden; Art. 2 des Tribunal-Statuts des Jugoslawien-Tribunals verweist insoweit auf schwere Verletzungen der Genfer Abkommen von 1949.

[233] S/RES 757 (1992) v. 30.05.1992, Resolutions and Decisions of the Security Council (1992), 47 SCOR 14.

[234] S/RES 687 (1991) v. 3.04.1991, Resolutions and Decisions of the Security Council (1991), 46 SCOR 11.

[235] *Kirgis*, Anm. 3, S. 524.

through or for the benefit of any such person or body, in connection with any contract or other transaction where its performance was affected by reason of the measures imposed by this resolution and related resolutions."

Par. 29 der Resolution 687 (1991) enthält einen inhaltlich entsprechenden Text. Die Resolutionsbestimmungen greifen den Grundgedanken der "höheren Gewalt" des Art. 61 I 1 WVRK auf, nach dem eine Vertragspartei die Unmöglichkeit der Vertragserfüllung als Beendigungs- oder Suspendierungsgrund geltend machen kann, wenn sich die Unmöglichkeit aus dem endgültigen Verschwinden oder der Vernichtung eines zur Vertragsausführung unerläßlichen Gegenstandes ergibt.[236] Der Sicherheitsrat fordert nun die Staaten auf, die notwendigen Maßnahmen zu ergreifen, damit durch die Zwangsmaßnahmen des Sicherheitsrates niemand wirtschaftlichen Schaden erleidet und sich auf die Sicherheitsrats-Resolutionen als unabwendbares Ereignis beruft.

b. *Durchgriffswirkung*

Den Bestimmungen der Sicherheitsrats-Resolutionen kommt jedoch keine Durchgriffswirkung zu, da sie die Mitgliedstaaten ausdrücklich auffordern, entsprechende Maßnahmen zu ergreifen. Zur Wirksamkeit der Resolutions-Maßnahmen ist daher eine Umsetzung ins nationale Recht erforderlich, so daß der Beurteilung von *Kirgis* zugestimmt werden kann. Die betroffenen Einzelnen sollen sich schon nach dem Wortlaut der Resolutions-Bestimmungen nicht direkt auf die Resolution berufen können, sondern vorrangig den Staat in Anspruch nehmen.

14. Bosnien-Herzegowina

a. *S/RES 1004 (1995) und 1010 (1995)*

In der Resolution 1004 (1995)[237] hat sich der Sicherheitsrat mit ausdrücklichen Handlungsaufforderungen direkt an die bosnisch-serbischen Streitkräfte gewandt.

---

236 Wiener Übereinkommen über das Recht der Verträge vom 23.05.1969, BGBl. II 1985, 926; UN Doc. A/CONF.39/11/Add.2; Art. 61 I 1 WVRK: "Eine Vertragspartei kann die Unmöglichkeit der Vertragserfüllung als Grund für die Beendigung des Vertrags oder den Rücktritt vom Vertrag geltend machen, wenn sich die Unmöglichkeit aus dem endgültigen Verschwinden oder der Vernichtung eines zur Ausführung des Vertrags unerläßlichen Gegenstands ergibt."

237 S/RES/1004 (1995) v. 12.07.1995, Resolutions and Decisions of the Security Council (1995).

Der Sicherheitsrat hat die Streitkräfte aufgefordert, ihre Offensive zu beenden, sich aus Srebenica zurückzuziehen und mit sofortiger Wirkung und bedingunglos das festgehaltene UNPROFOR-Personal freizulassen:

> "1. *Demands* that the Bosnian Serb forces cease their offensive and withdraw from the safe area of Srebenica immediately;
>
> 4. *Demands* that the Bosnian Serb forces immediately and unconditionally release unharmed all detained UNPROFOR personnel .... "

Die Partei der bosnischen Serben hat der Sicherheitsrat in der Resolution 1010 (1995)[238] verpflichtet, Zugang zu Verschleppten zu gewähren, die sich in Bosnien-Herzegowina in der Gewalt der bosnisch-serbischen Streitkräfte befinden:

> "1. *Demands* that the Bosnian Serb party give immediate access for representatives of the United Nations High Commissioner for Refugees, the ICRC and other international agencies to persons displaced from Srebenica and Zepa who are within the areas of the Republic of Bosnia and Herzegovina under the control of Bosnian Serb forces, and that the Bosnian Serb party permit representatives of the ICRC to visit and register any persons de- tained against their will, including any members of the forces of the Republic of Bosnia and Herzegovina; ..."

und die Rechte der Verschleppten zu wahren und diese freizulassen:

> "2. *Also demands* that the Bosnian Serb party respect fully the rights of all such persons and ensure their safety, and *urges* that any persons detained be released; ..."

Im Anschluß an die Somalia-Resolutionen bekräftigt der Sicherheitsrat eine individuelle Verantwortlichkeit bei Verstößen gegen das humanitäre Völkerrecht:

> "3. *Reiterates* that all those who commit violations of international humanitarian law will be held individually responsible of such acts;... ."

Der Sicherheitsrat hat mit der Resolution 1022 (1995)[239] die Partei der bosnischen Serben zeitweise von der Sanktionsaussetzung gegen die Bundesrepublik Jugoslawien (Serbien und Montenegro) ausgenommen:

---

238 S/RES/1010 (1995) v. 10.08.1995, Resolutions and Decisions of the Security Council (1995).

239 S/RES/1022 (1995) v. 22.11.1995, Resolutions and Decisions of the Security Council (1995).

"2. *Decides also* that the suspension referred to in paragraph 1 above shall not apply to the measures imposed on the Bosnian Serb party until the day after the commander of the international force in accordance with the Peace Agreement, on the basis of a report transmitted through the appropriate political authorities ... ."

b. *Durchgriffswirkung*

Der Sicherheitsrat hat in den Resolutionen erstmalig[240] Forderungen an nichtstaatliche Einheiten gerichtet. Der Sicherheitsrat hat in den Resolutionen 1004 (1995), 1010 (1995) und 1022 (1995) verbindliche und konkrete Handlungsanweisungen an nichtstaatliche Gruppierungen gerichtet. Bisher hatte der Sicherheitsrat, wie beispielsweise in den Somalia-Resolutionen, von nichtstaatlichen Parteien lediglich die Beachtung des humanitären Völkerrechts gefordert und die Verantwortlichkeit bei Verstößen gegen das humanitäre Völkerrecht festgeschrieben. Der Sicherheitsrat erteilt nun den nichtstaatlichen Einheiten in bindenden Resolutionen konkrete Handlungsanweisungen und erweitert den Kreis der Verpflichtungsadressaten neben Einzelnen um nichtstaatliche Gruppen.

Da Verpflichtungsadressaten der Resolutionen nichtstaatliche Parteien sind und eine staatliche Umsetzung mangels funktionsfähiger Rechtsanwendungsorgane nicht möglich ist, weisen die Resolutionen Durchgriffswirkung auf.

c. *Supranationaler Charakter*

Die UN haben auch in Bosnien-Herzegowina beim Aufbau der zivilen Strukturen und der Aufsicht über die Wahrung des humanitären Völkerrechts vorübergehend staatliche Hoheitsaufgaben wahrgenommen. Sie sind bei der Durchführung des 'General framework agreement for peace in Bosnia and Herzegovina'[241] beteiligt. Zur Durchführung des Friedensabkommens wurde in Annex 10 Art. I des Abkommens von Dayton ein 'High Representative' mit der Überwachung der umfassenden Restrukturierung und der Umsetzung des Friedensabkommens betraut:

---

[240] So *Fassbender*, Anm. 2, S. 609: "Still, until recently the Council had never used the instrument of a binding decision vis-à-vis a non-State entity. This changed in the course of the Yugoslav crisis, when the Council, acting under Chapter VII, made demands on "the Bosnian Serb forces" and "the Bosnian Serb party", respectively."

[241] 'Bosnia and Herzegovina-Croatia-Yugoslavia: General framework agreement for peace in Bosnia and Herzegovina with annexes' v. 14.12.1995, 35 ILM (1996), S. 75 ff.

"1. The Parties agree that the implementation of the civilian aspects of the peace settlement will entail a wide range of activities including continuation of the humanitarian aid effort for as long as necessary; rehabilitation of infrastructure and economic reconstruction; the establishment of political and constitutional institutions in Bosnia and Herzegovina; promotion of respect of human rights and the return of displaced persons and refugees; and the holding of free and fair elections according to the timetable in Annex 3 to the General Framework Agreement. A considerable number of international organizations and agencies will be called upon to assist."

Mit dem Friedensabkommen hat Bosnien-Herzegowina auch eine neue Verfassung erhalten[242], die in einem internationalen Rahmen, wenn auch nicht durch die UN im speziellen, ausgehandelt wurde.[243]

Ein supranationaler Effekt der Sicherheitsrats-Resolutionen ist aus folgenden Gründen anzunehmen: zum einen gliedern sich die Resolutionen als Vorläufer des Friedensabkommens in den Kontext der Übernahme von Ordnungsaufgaben durch die UN ein, zum anderen haben die UN in den Resolutionen zur Wahrung des humanitären Völkerrechts aufgefordert. Da für die Annahme eines supranationalen Charakters neben der Adressierung der Resolutionen an nichtsstaatliche Einheiten und Einzelne erforderlich ist, daß hoheitliche Aufgaben erfüllt werden, weisen die Resolutionen einen supranationalen Charakter auf.

15. Angola

a. *S/RES 1127 (1997), 1173 (1998) und 1219 (1998)*

Der Sicherheitsrat hat in § 1 der Resolution S/RES 1173 (1998)[244] die nationale Befreiungsorganisation und Bürgerkriegspartei UNITA (União Nacional para a Independência Total de Angola) verurteilt und deren Führung für die Nichtumsetzung verschiedener Verpflichtungen, insbesondere der Sicherheitsrats-Resolution 1127 (1997)[245], wiederholt[246] verantwortlich gemacht:

---

[242] S. dazu *S. Yee*, "The New Constitution of Bosnia and Herzegovina", 7:2 EJIL (1996), S. 176 ff.

[243] Vgl. *Yee*, Anm. 242, S. 178: "The New Constitution was primarily hammered out at the international level in Dayton, rather than drafted by the Assembly."

[244] S/RES/1173 (1998) v. 12.06.1998, Resolutions and Decisions of the Security Council (1998).

[245] S/RES 1127 (1997) v. 28.08.1997, Resolutions and Decisions of the Security Council

"1. Condems UNITA, and holds its leadership responsible for its failure to implement fully its obligations contained in the Lusaka Protocol, relevant Security Council resolutions, in particular resolution 1127 (1997), and the plan submitted by the Special Representative of the Secretary-General to the Joint Commission."

In der Resolution 1127 (1997) hat der Sicherheitsrat die Mitgliedstaaten zu Sanktionen gegen UNITA aufgefordert[247] und diese Verpflichtung der Mitgliedstaaten in den Resolutionen 1237 (1999)[248] und 1295 (2000)[249] wiederholt: so sollten die Mitgliedstaaten bei UNITA-Offiziellen die Ein- und Durchreise verhindern, die UNITA-Büros auf ihrem Staatsgebiet schließen und keine offiziellen Delegationen zum UNITA-Hauptquartier entsenden.[250]

Während der Sicherheitsrat in der Resolution 1127 (1997) die unterlassene Durchführung der Verpflichtungen aus den Friedensverträgen beklagt hat:

"... strongly deploring the failure by UNITA to comply with its obligations under the "Acordos de Paz" (S/22609, annex), the Lusaka protocol and with relevant Security Council resolutions, in particular resolution 1118 (1997),"[251]

hat er in der Resolution 1173 (1998)[252] die Verantwortlichkeit von UNITA für das Scheitern der Durchführung statuiert.

Außerdem hat sich der Sicherheitsrat direkt an UNITA gewandt und die weitere Kooperation verlangt:

"2. Demands that UNITA fully cooperate without conditions in the immediate extension of State administration throughout the national territory, including in

---

(1997).

246 So auch schon in der S/RES 864 (1993) v. 15.09.1993, Resolutions and Decisions of the Security Council (1993), 48 SCOR 74.

247 *Fassbender*, Anm. 2, S. 609 Fn. 280 hat zu S/RES 1127 (1997) ausgeführt: "... which provided for sanctions against the Uniao Nacional para a Independencia Total de Angola (UNITA)." Hierzu ist anzumerken, daß die Resolution an die Mitgliedstaaten gerichtet ist, die auch Verpflichtungsadressaten der Resolution sind.

248 S/RES 1237 (1999) v. 7.05.1999.

249 S/RES 1295 (2000) v. 18.04.2000.

250 S/RES 1127 (1997) v. 28.08.1997, Resolutions and Decisions of the Security Council (1997), § 4 ff..

251 S/RES 1127 (1997) v. 28.08.1997, Resolutions and Decisions of the Security Council (1997), Präambel.

252 S/RES 1127 (1997) v. 28.08.1997, Resolutions and Decisions of the Security Council (1997).

particular in Andulo, Bailundo, Mungo and Nharea, and stop any attempts to reverse this process;

3. Reiterates its demand that UNITA complete its demilitarization and stop any attempts to restore its military capabilities;

4. Demands also that UNITA cooperate fully with MONUA in the verification of its demilitarization;

5. Demands further that UNITA stop any attacks by its members on the personnel of MONUA, international personnel, the authorities of the GURN, including the police, and the civilian population."[253]

In der Resolution 1219 (1998) hat sich der Sicherheitsrat auch direkt an den Anführer der UNITA gewandt und diesen zur Kooperation mit den UN aufgefordert:

"2. Demands that the leader of UNITA, Mr. Jonas Savimbi, immediately respond to the appeals from the United Nations and guarantee the security and access necessary for, and assist in, the search for and rescue of possible survivors of the above-mentioned incidents in territory controlled by UNITA ... ."[254]

b. Durchgriffswirkung

Der Sicherheitsrat hat die in Somalia und Bosnien-Herzegovina begonnene Entwicklung fortgeführt und wieder eine nationale, nichtstaatliche Gruppierung als Verpflichtungsadressat seiner Resolutionen herangezogen. In der Resolution 1127 (1997) fordert der Sicherheitsrat die Mitgliedstaaten zur Durchführung von Sanktionen auf. Die UNITA ist hierdurch nur indirekt betroffen. Zwar könnte argumentiert werden, daß der Sicherheitsrat letztlich auch die UNITA verpflichtet hat[255], aufgrund der weiterhin erforderlichen Mitwirkung der Staaten wird diese indirekte Adressierung für die Annahme einer Durchgriffswirkung aber nicht ausreichen.

---

[253] S/RES 1127 (1997) v. 28.08.1997, Präambel, Nr. 2 - 5.

[254] S/RES 1219 (1998) v. 31.12.1998, Resolutions and Decisions of the Security Council (1998).

[255] Eine ähnliche Interpretation hat das Jugoslawien-Tribunal bei den Libyen-Resolutionen vorgenommen, vgl. Jugoslawien-Tribunal, Case No. IT-94-1-T, 10.08.1995, In the Trial Chamber, Prosecutor v. Duško Tadič a/k/a "Dule", Decision on the defence motion on jurisdiction, § 36.

Daß dem Sicherheitsrat die Statuierung der Verantwortlichkeit einer nichtstaatlichen Einheit bewußt war, zeigt sich daran, daß er deutlich zwischen den Verpflichtungen der UNITA und der Regierung von Angola differenziert. Der Sicherheitsrat hat in der Resolution 1127 (1997) direkt Forderungen an UNITA gestellt und diese auch für die Nichtbefolgung vorangegangener Resolutionen verantwortlich gemacht. In der Resolution 1219 (1998) hat er sich zudem direkt an den Anführer der UNITA gewandt.

c. *Supranationaler Charakter*

Mit der Einsetzung der 'United Nations Angola Verification Mission' (UNAVEM II) durch die S/RES 626 (1988)[256], die in der zweiten Stufe das Mandat erhielt, den Waffenstillstand zwischen der Regierung und UNITA zu überwachen und in der dritten Stufe mit der Wahlbeobachtung betraut wurde, hat der Sicherheitsrat in den innerstaatlichen Machtbereich Angolas eingegriffen.[257] Die Maßnahmen der Polizeikräfte der UNAVEM II wirken direkt gestaltend im innerstaatlichen Bereich. Da die UN insoweit Hoheitsaufgaben zur Wiederherstellung nationaler Sicherheit und Ordnung in Angola übernommen haben, erfüllt die UNAVEM II supranationale Aufgaben. Die Handlungsaufforderungen an die UNITA und die - Statuierung der Verantwortlichkeit der UNITA für die unterlassene Umsetzung der Sicherheitsrat-Resolutionen sind in Zusammenhang mit der Übernahme der Ordnungsaufgaben zu sehen und weisen daher ebenfalls supranationalen Charakter auf.

16. Kosovo

a. *S/RES 1199 (1998) und 1244 (1999)*

In § 1 der Resolution 1199 (1998)[258] hat der Sicherheitsrat "all parties, groups and individuals" zur sofortigen Beendigung der Feindseligkeiten und Beachtung eines Waffenstillstandes aufgefordert:

---

[256] S/RES 626 (1988) v. 15.12.1988, Resolutions and Decisions of the Security Council (1988), 43 SCOR 42.

[257] Vgl. *P. Bardehle*, "Tendenzen und Probleme der Fortentwicklung der zivilen Komponente des UN-Peace-keeping" in *W. Kühne*, Blauhelme in einer turbulenten Welt, 1. Aufl. (1993), S. 195 ff.

[258] S/RES 1199 (1998) v. 23.09.1998, Resolutions and Decisions of the Security Council (1998).

"1. Demands that all parties, groups and individuals immediately cease hostilities and maintain a ceasefire in Kosovo, Federal Republic of Yugoslavia, which would enhance the prospects for a meaningful dialogue between the authorities of the Federal Republic of Yugoslavia and the Kosovo Albanian leadership and reduce the risks of a humanitarian catastrophe;... ."

Jegliche Gewalttaten hat der Sicherheitsrat in der Resolution 1203 (1998)[259] verurteilt und sich auch an Einzelne gewandt:

"Condemning all acts of violence by any party, as well as terrorism in pursuit of political goals by any group or individual, and all external support for such activities in Kosovo, including the supply of arms and training for terrorist activities in Kosovo ... ."

In Annex 2 V der Resolution 1244 (1999)[260] wird der Generalsekretär beauftragt, eine internationale zivile Übergangsverwaltung im Kosovo zu errichten, die die Autonomie für die Bewohner der kriegszerstörten Provinz wiederherstellen sollte.

In § 14 der Resolution 1244 (1999) wird die internationale Sicherheitspräsenz ausdrücklich zur Zusammenarbeit mit dem Jugoslawien-Tribunal verpflichtet:

"Demands full cooperation by all concerned, including the international security presence, with the International Tribunal for the Former Yugoslavia; ... ."

Da die NATO nur in Annex 2 IV der Resolution mit ihrer Beteiligung an der internationalen Sicherheitspräsenz erwähnt wird, ist davon auszugehen, daß auch die Soldaten der 'Kosovo Force' (Kfor) das Recht haben, gesuchte Kriegsverbrecher festzunehmen und sie dem Gericht zu überstellen.[261]

Mit der Resolution 1244 (1999) hat der Sicherheitsrat die 'Kosovo Liberation Army' und andere bewaffnete Gruppen der Kosovo-Albaner zur Einstellung aller offensiven Handlungen aufgefordert:

"15. Demands that the KLA and other armed Kosovo Albanian groups end immediately all offensive actions and comply with the requirements for demilitarization as laid down by the head of the international security presence in consultation with the Special Representative of the Secretary-General; ... ."

---

259 S/RES 1203 (1998) v. 24.10.1998, Resolutions and Decisions of the Security Council (1998).

260 S/RES 1244 (1999) v. 10.06.1999, Resolutions and Decisions of the Security Council (1999).

261 *M. Eisele*, "Nicht weniger als ein Jahrhundert-Auftrag", FAZ v. 26.08.1999, S. 8.

b. *Durchgriffswirkung*

Der Sicherheitsrat richtet sich mit konkreten Handlungsaufforderungen an Einzelne und nichtstaatliche Einheiten. Aufgrund funktionsuntüchtiger staatlicher Organe wirken die Resolutionen direkt im nationalen Bereich, so daß sie Durchgriffswirkung aufweisen.

c. *Supranationaler Charakter*

Die Aufforderungen zum Waffenstillstand gliedern sich in die umfangreiche Übernahme von Hoheitsaufgaben zur Wiederherstellung des Friedens im Kosovo durch die UN ein. Auch die Aushandlung der 'Rambouillet Accords'[262], die ein umfangreiches 'Interim Agreement for Peace and Self-Government in Kosovo' enthalten, geschah unter Beteiligung der UN.

Mit der Resolution 1244 (1999)[263] hat der Sicherheitsrat die Einsetzung einer internationalen Sicherheits- und Zivilpräsenz beschlossen. Zum Wiederaufbau ziviler Verwaltungsstrukturen hat der Sicherheitsrat der Übergangsverwaltung weitreichende Befugnisse übertragen, so u. a.:

> "11. Decides that the main responsibilities of the international civil presence will include:
>
> (a) Promoting the establishment, pending a final settlement, of substantial autonomy and self-government in Kosovo, taking full account of annex 2 and of the Rambouillet accords (S/1999/648);
>
> (b) Performing basic civilian administrative functions where and as long as required;
>
> (c) Organizing and overseeing the development of provisional institutions for democratic and autonomous self-government pending a political settlement, including the holding of elections; ...
>
> (i) Maintaining civil law and order, including establishing local police forces and meanwhile through the deployment of international police personnel to serve in Kosovo;

---

262 'Rambouillet Accords, Interim Agreement for Peace and Self-Government in Kosovo', Annex zu s/1999/648 v. 7.06.1999.

263 S/RES 1244 (1999) v. 10.06.1999, Resolutions and Decisions of the Security Council (1999).

(j) Protecting and promoting human rights; ... ."

Auch im Kosovo haben die UN umfassende Ordnungsaufgaben übernommen, um die nationalen Strukturen wiederherzustellen, so daß die Maßnahmen einen supranationalen Effekt aufweisen. Als Teil des Wiederaufbaus kommt den Maßnahmen des Sicherheitsrates, die sich an nichtstaatliche Parteien richten, derselbe Charakter zu.

17. Ost-Timor[264]

a. S/RES 1246 (1999), 1264 (1999) und 1319 (2000)

Im Rahmen der Einsetzung der 'United Nations Mission in East Timor' (UNAMET)[265] zur Durchführung und Überwachung des bereits zweimal verschobenen Referendums zur Frage der Loslösung von Indonesien[266] hat der Sicherheitsrat mit der Resolution 1246 (1999)[267] die Niederlegung der Waffen von allen Einheiten gefordert:

> "Condems all acts of violence from whatever quarter and calls for an end to such acts and the laying down of arms by all armed groups in East Timor, for the necessary steps to achieve disarmament and for further steps in order to ensure a secure environment devoid of violence or other forms of intimidation, which is a prerequisite for the holding of a free and fair ballot in East Timor; ... ."

---

[264] Die Annexion von 1976 als 27. Provinz Indonesiens haben weder Portugal noch die UN anerkannt. Der Sicherheitsrat weist in den Resolutionen 384 (1975) v. 22.12.1975, Resolutions and Decisions of the Security Council (1975) und 389 (1976) v. 22.04.1976, Resolutions and Decisions of the Security Council (1976) auf das Selbstbestimmungsrecht der Bewohner hin.

[265] Die UNAMET wurde mit der Resolution 1246 (1999) eingesetzt und ihr Mandat mit der Resolution 1262 (1999) v. 27.08.1999, Resolutions and Decisions of the Security Council (1999) zeitlich verlängert und inhaltlich näher beschrieben.

[266] Bei dem Referendum konnte zwischen 'aceito' (Sonderautonomie für Ost-Timor im indonesischen Staatsverband) und 'rejeto' (Ablehnung des Autonomievorschlags, die zur Trennung von Indonesien führen wird) entschieden werden. Das Referendum ist für die Unabhängigkeit ausgegangen. Das Ergebnis mußte im November 1999 vom höchsten Verfassungsorgan, der Beratenden Volksversammlung, bestätigt werden.

[267] S/RES 1246 (1999) v. 11.06.1999, Resolutions and Decisions of the Security Council (1999).

Mit der Resolution 1264 (1999)[268] hat der Sicherheitsrat verlangt, daß die Verursacher der Gewalttaten zur Verantwortung gezogen werden:

> "1. Condems all acts of violence in East Timor, calls for their immediate end and demands that those responsible for such acts be brought to justice; .... ."

Auch in der Resolution 1319 (2000)[269] hat der Sicherheitsrat betont, daß Einzelne zur Verantwortung gezogen werden müssen:

> "2. *Stresses* that those responsible for the attacks on international personnel in West an East Timor must be brought to justice; .... ."

b. Durchgriffswirkung

Auch in Ost-Timor richtet sich der Sicherheitsrat an nichtstaatliche, bewaffnete Einheiten, fordert diese zur Konfliktbeendigung auf und zieht sie zur Verantwortung.

Fraglich ist, ob auf Ost-Timor das Konzept des 'failed state' Anwendung findet. Ost-Timor untersteht der indonesischen Staatsgewalt, die nach Ansicht der UN aber nicht die Regeln des Völkerrechts beachtet.[270] In diesem Zustand der Gesetzlosigkeit regieren Milizen und Soldaten das Geschehen, so daß in großem Umfang Leib und Leben von Bevölkerungsteilen bedroht sind.

In einem solchen Fall der groben Mißachtung des Völkerrechts durch eine bestehende Regierung und des Zerfalles der staatlichen Ordnung liegt kein 'failed state' vor.[271] Das Konzept des 'failed state' umfaßt nicht einen Zustand der Gesetzlosigkeit bei massiven Völkerrechtsverletzungen durch eine bestehende Staatsgewalt, da das faktische und tatsächliche Wegbrechen der staatlichen Ordnungsmacht nicht gleichzusetzen sind.

Da Verpflichtungsadressaten der Resolutionen nichtstaatliche Einheiten sind, weisen die Resolutionen unabhängig von der Annahme eines 'failed state' Durchgriffswirkung auf.

---

[268] S/RES 1264 (1999) v. 15.09.1999, Resolutions and Decisions of the Security Council (1999).

[269] S/RES 1319 (2000) v. 8.09.2000.

[270] Vgl. Annex zu 'Report of the Security Council mission to Jakarta and Dili' v. 14.09.1999, S/1999/976 und § 18 f. des Reports.

[271] Vgl. ähnliche Definition bei *Herdegen*, Befugnisse, Anm. 86, S. 16.

c. Supranationaler Charakter

Die UN waren über die Vereinbarungen des Generalsekretärs mit den Regierungen von Indonesien und Portugal v. 5.05.1999[272] direkt mit der Organisation des Referendums und der Stabilisierung der innerstaatlichen Lage in Ost-Timor betraut. Mit dem Entwurf einer Verfassung für eine Sonderautonomie für Ost-Timor im indonesischen Staatsverband, 'a constitutional framework for a special autonomy for East Timor'[273] haben die UN weitere originäre Staatsbefugnisse wahrgenommen.

Der UNAMET sind neben der Abhaltung der Volksbefragung weitreichende Hoheits- und Ordnungsaufgaben übertragen worden, wie z. B.:

> "1. Decides to extend the mandate of UNAMET until 30 November 1999, and endorses the proposal of the Secretary-General that in the interim phase UNAMET should incorporate the following components: ...
>
> (b) a civilian police component of up to 460 personnel to continue to advise the Indonesian police and to prepare for the recruitment and training of the new East Timorese police force,
>
> (c) a military liaison component of up to 300 personnel as set out in the report of the Secretary-General to undertake the necessary military liaison functions, to continue to be involved in the work of the East Timorese bodies esta-blished to promote peace, stability and reconciliation, and to provide advice to the Special Representative for the East Timor popular consultation on security matters as required, pursuant to the implementation of the Agreements of 5 May 1999,
>
> (d) a civil affairs component to advise the Special Representative for the East Timor popular consultation in monitoring the implementation of the Agreements of 5 May 1999 as set out in the report of the Secretary-General ... ."

Der Sicherheitsrat hat sich im Zusammenhang mit dieser Übergangsverwaltung zur Wiederherstellung der nationalen Sicherheit und Ordnung an die nichtstaatlichen Gruppen gewandt und diese zur Niederlegung der Waffen aufgefordert. Aufgrund der Wahrnehmung von Hoheitsaufgaben haben die Maßnahmen des Sicherheitsrates supranationale Züge.

---

[272] Question of East Timor, Report of the Secretary-General v. 5.05.1999, A/53/951, S/1999/513, http://www.un.org/peace/etimor/a53951.htm.

[273] 'A constitutional framework for a special autonomy for East Timor', Appendix, http://www.un.org/peace/etimor/agreement/agreeEng02.html.

18. Afghanistan

a. S/RES 1214 (1998), 1333 (2000), 1378 (2001) und 1383 (2001)

An die Taliban und anderen afghanischen Gruppen hat der Sicherheitsrat wiederholt Aufforderungen zur Beachtung des Völkerrechts gerichtet und das Verhalten dieser Gruppen kritisiert. Die Vielzahl der Resolutionen enthält auch Aufforderungen zur Einstellung aller Kampfhandlungen, der Unterstützung des Terrorismus und des Drogenhandels.

Der Sicherheitsrat hat beispielsweise in der Resolution 1214 (1998)[274] die afghanischen Gruppen zur Wahrung der Menschenrechte und des internationalen humanitären Völkerrechts aufgefordert:

> "12. Demands that the Afghan factions put an end to discrimination against girls and women and other violations of human rights, as well as violations of international humanitarian law, and adhere to the international norms and standards in this sphere; ... ."

Die Resolution 1333 (2000)[275] enthält ausdrückliche Aufforderungen an die Taliban, den vorangegangenen Resolutionen Folge zu leisten, die Unterstützung des Terrorismus einzustellen und Usama bin Laden auszuliefern:

> "1. *Demands* that the Taliban comply with resolution 1267 (1999) and, in particular, cease the provision of sanctuary and training for international terrorists and their organizations, take appropriate effective measures to ensure that the territory under its control is not used for terrorist installations and camps, or for the preparation or organization of terrorist acts against other States or their cititzens, and cooperate with international efforts to bring indicted terrorists to justice;
>
> 2. *Demands also* that the Taliban comply without further delay with the demand of the Security Council in paragraph 2 of resolution 1267 (1999) that requires the Taliban to turn over Usama bin Laden to appropriate authorities in a country where he has been indicted, or to appropriate authorities in a country where he will be returned to such a country, or to appropriate authorities in a country where he will be arrested and effectively brought to justice; ... ."

---

[274] S/RES 1214 (1998) v. 8.12.1998.

[275] S/RES/1333 (2000) v. 19.12.2000.

In der Resolution 1378 (2001) hat der Sicherheitsrat wiederum seine Besorgnis über die Verletzungen der Menschenrechte und des humanitären Völkerrechts durch die Taliban ausgedrückt:

> "*Deeply concerned* by the grave humanitarian situation and the continuing serious violations by the Taliban of human rights and international humanitarian law...".[276]

Mit seiner Resolution 1383 (2001) hat der Sicherheitsrat die afghanischen Gruppen aufgefordert, mit der Übergangsbehörde zusammen zu arbeiten und den humanitären Organisationen umfassenden Zugang zu gewähren.[277]

b. Durchgriffswirkung

Auch in Afghanistan hat sich der Sicherheitsrat in seinen Resolutionen an nichtstaatliche Gruppen gerichtet und diese aufgefordert, ihre völkerrechtswidrigen Handlungen einzustellen. Bedingt durch fehlende staatliche Strukturen wirken die Resolutionen direkt im innerstaatlichen Rechtsraum und weisen Durchgriffswirkung auf.

c. Supranationaler Charakter

Mit dem 'Agreement on provisional arrangements in Afghanistan pending the re-establishment of permanent government institutions'[278] haben die UN mit den afghanischen Gruppen einen Waffenstillstand vereinbart und eine Übergangsverwaltung eingerichtet. Die UN haben auch in Afghanistan originäre Staatsbefugnisse wahrgenommen, indem sie der Übergangsverwaltung durch das 'Bonn Agreement' und die Resolution 1419 (2002)[279] weitreichende Hoheitsbefugnisse übertrugen:

> "4. *Reiterates* its strong support for the Transitional Authority in the full implementation of the Bonn Agreement, including the establishment of a Constitutional Commission, and in strengthening the central government, building a national army and police force, implementing demobilization/reintegration activities and improving the security situation throughout Afghanistan, combating

---

276 S/RES 1378 (2001) v. 14.11.2001.

277 S/RES 1383 (2001) v. 6.12.2001.

278 Agreement on Provisional Arrangements in Afghanistan Pending the Re-establishment of Permanent Governemnt Institutions (Bonn Agreement), signed in Bonn, 5. 12.2001 (S/2001/1154).

279 S/RES 1419 (2002) v. 26.06.2002.

illicit drug trafficking, ensuring respect for human rights, implementing judicial sector reform, establishing the basis for a sound economy and reconstructing productive capacity and infrastructure; ... ."

19. USA

a. *S/RES 1368 (2001)*

Der Sicherheitsrat hat u. a. in der Resolution 1368 (2001)[280] die Terroranschläge vom 11. September 2001 verurteilt und festgestellt, daß diese eine Bedrohung des internationalen Friedens und der Sicherheit darstellen. Außerdem hat er angekündigt, die Verursacher und ihre Unterstützer zur Verantwortung zu ziehen:

> " 3. ... and *stresses* that those responsible for aiding, supporting or harbouring the perpetrators, organizers and sponsors of these acts will be held accountable; ... ."

b. *Durchgriffswirkung*

Auch in dieser Resolution zieht der Sicherheitsrat unmittelbar Einzelne zur Verantwortung, so daß sie Durchgriffswirkung aufweist.

20. Ergebnis

Den Maßnahmen des Sicherheitsrates kommt in verschiedenen Fallkonstellationen Durchgriffswirkung zu. In diesem Kapitel wurden verschiedene Kriterien für das Vorliegen der Durchgriffswirkung ermittelt.

Voraussetzung für die Durchgriffswirkung ist, daß der Sicherheitsrat auf das Rechtsverhältnis zwischen Staat auf der einen und Einzelperson oder nichtstaatlicher Gruppierung auf der anderen Seite rechtsgestaltend einwirkt. Der Sicherheitsrat hat Ordnungs- und Hoheitsaufgaben übernommen, die im Grunde dem (zerfallenen) Staat selbst oblagen. Außerdem hat der Sicherheitsrat die Verantwortlichkeit Einzelner für Verletzungen des humanitären Völkerrechts statuiert.

Im 'failed state' in Kambodscha und Somalia wird die Durchgriffswirkung besonders deutlich. Der Sicherheitsrat ist in Kambodscha in einzigartiger Weise am Wiederaufbau der inneren Verwaltung beteiligt gewesen. In Somalia hat er erstmalig nationale Gruppierungen und Splittergruppen als Verpflich-

---

[280] S/RES 1368 (2001) v. 12.09.2001.

tungsadressaten von Sicherheitsrats-Resolutionen herangezogen und in Bosnien-Herzegowina, Angola sowie im Kosovo nationalen Einheiten konkrete Handlungsaufforderungen erteilt.

Bei der Errichtung des Jugoslawien-Tribunals ist der Sicherheitsrat noch einen Schritt weiter gegangen, indem er Einzelne konkret strafrechtlich zur Verantwortung zieht und den Ermessensspielraum für die nationalen Behörden auf Null reduziert.

Auch die Nichtigerklärung der südafrikanischen Verfassung weist Durchgriffswirkung auf. Zum Zeitpunkt des Erlasses der betreffenden Sicherheitsrats-Resolution war die Kategorie der Durchgriffswirkung noch nicht anerkannt. Zwar werden Einzelne durch die Nichtigerklärung der Verfassung in Südafrika nicht direkt verpflichtet, die Maßnahme des Sicherheitsrates ist in der innerstaatlichen Rechtsordnung jedoch direkt wirksam.

Keine Durchgriffswirkung liegt dagegen vor, wenn der Sicherheitsrat die nichtstaatlichen Einheiten lediglich zur Einhaltung der Bestimmungen des humanitären Völkerrechts ermahnt, ohne daß er die Einzelnen zur Verantwortung zieht, sondern dies dem Staat überläßt.[281]

Die Sicherheitsrats-Maßnahmen mit Durchgriffswirkung sind ohne nationalen Umsetzungsakt direkt wirksam. Die Regelungen weisen eine Doppelnatur auf, da sie gleichzeitig als Völkerrecht und als nationales Recht wirken.

---

[281] Wie im Falle Liberias, vgl. S/RES 788 (1992) v. 19.11.1992, Resolutions and Decisions of the Security Council (1992), 47 SCOR 110.

4. Kapitel

Völkerrechtliche Beurteilung der Durchgriffswirkung und der Entwicklung der UN zur Supranationalen Organisation

1. Einleitung

Nach dem bisherigen Verständnis des Völkerrechts sind Adressaten der Maßnahmen des Sicherheitsrates die Staaten und nicht die Individuen, die keine originäre Völkerrechtssubjektivität besitzen.[1] Die Rechte und Pflichten der Individuen werden durch die Staaten im Wege der Umsetzung der internationalen Rechtsakte in das innerstaatliche Recht vermittelt. Von diesen Grundsätzen weichen die Maßnahmen des Sicherheitsrates mit Durchgriffswirkung ab, da sie direkt an Einzelne adressiert sind und diese verpflichten.[2] An der herkömmlichen Ansicht kann angesichts der festgestellten Entwicklung von Maßnahmen mit Durchgriffswirkung daher nicht mehr festgehalten werden.[3]

Die Durchgriffswirkung ist in der UN-Charta nicht explizit vorgesehen. Obwohl einzelne Charta-Bestimmungen vor nationalen Gerichten für direkt anwendbar

---

1 *A. Bleckmann* in *B. Simma (ed.)*, The Charter of the UN, A commentary (1994), Art. 2 Rdnr. 19; *S. Bohr*, "Sanctions by the United Nations Security Council and the European Community", 4 EJIL (1993), S. 256 ff., 262/263; *R. Geiger*, Grundgesetz und Völkerrecht (1994), S. 179; *Ch. Tomuschat*, Bonner Kommentar Art. 24 Zweitbearbeitung (1981), Art. 24 Rdnr. 114; *A. Verdross/B. Simma*, Universelles Völkerrecht, 3. Aufl. (1994), § 415 ff.

2 Nach *B. Fassbender*, "The United Nations Charter As Constitution of the International Community", 36 Columbia Journal of Transnational Law (1998), S. 529 ff., 610 können Einzelne Adressaten von Resolutionen des Sicherheitsrates sein, wenn ihre Aktivitäten eine Auswirkung auf die Wahrung des internationalen Friedens und die internationale Sicherheit haben: "Inasmuch as the activity of individuals can have a bearing on the maintenance of international peace and security, they, too, can be addressees of Security Council decisions."

3 Am deutlichsten *Ch. Tomuschat*, "Sanktionen durch internationale Strafgerichtshöfe", Verhandlungen des 60. Dt. Juristentages, Bd. II/1 (1994) Sitzungsbericht Q 53 ff., Q 67 (Sanktionen); in diesem Sinne auch *M. Herdegen*, "Der Wegfall effektiver Staatsgewalt im Völkerrecht: 'The Failed State'" in *D. Thürer/M. Herdegen/G. Hohloch (Hrsg.)*, Der Wegfall effektiver Staatsgewalt: "The failed State", 34 Berichte der Deutschen Gesellschaft für Völkerrecht, 24. Tagung in Leipzig April 1995 (1996), S. 49 ff., 68 (The Failed State); *D. Thürer*, "Der Wegfall effektiver Staatsgewalt: 'The failed State'" in *D. Thürer/M. Herdegen/G. Hohloch (Hrsg.)*, Der Wegfall effektiver Staatsgewalt: "The failed State", 34 Berichte der Deutschen Gesellschaft für Völkerrecht, 24. Tagung in Leipzig April 1995 (1996), S. 9 ff., 24 (The Failed State).

gehalten wurden, ist eine direkte Anwendbarkeit von Art. 25 bislang abgelehnt worden. Im Bereich der klassischen kriegsrechtlichen Kodifikationen[4] und des Völkerstrafrechts[5] ist die individuelle Verantwortlichkeit und der Zugriff auf den Einzelnen allgemein anerkannt.

Fraglich ist daher die rechtliche Begründung der Durchgriffswirkung und ihre Vereinbarkeit mit der Charta. Zu klären ist auch, wie sich die Abweichung von der ursprünglichen Konzeption der Charta ohne ein formelles Verfahren erklären läßt.[6]

Die im 3. Kapitel dargestellten Sicherheitsrats-Resolutionen mit Durchgriffswirkung beruhen trotz inhaltlicher Unterschiede durchweg auf Kapitel VII der Charta und auch dem Pariser Übereinkommen von 1991 liegt Kapitel VII zugrunde[7], so daß die rechtliche Begründung der Durchgriffswirkung auf der Grundlage von Kapitel VII untersucht wird.

2. Rechtliche Grundlagen der Durchgriffswirkung

a. Kapitel VII UN-Charta als Rechtsgrundlage

Mögliche Rechtsgrundlage ist Kapitel VII. Kapitel VII erlaubt dem Sicherheitsrat die verbindliche Verhängung von Zwangsmaßnahmen zur Erfüllung seiner Aufgaben. Diese Maßnahmen kann er nach Art. 42 notfalls auch mit militärischer Zwangsgewalt durchsetzen.

aa. Extensive Auslegung von Kapitel VII

Solange der Sicherheitsrat durch den Antagonismus der West- und Ostmächte und den Gebrauch des Vetorechts paralysiert war, konnte die inhärente Dynamik des

---

4 *K. Ipsen* in *K. Ipsen (Hrsg.)*, Völkerrecht, 4. Aufl. (1999), § 67 Rdnr. 3.

5 *Ipsen* in *Ipsen (Hrsg.)*, Anm. 4, § 42 Rdnr. 1.

6 *A. F. Perez*, "On the way to the forum: the reconstruction of Art. 2 (7) and rise of federalism under the United Nations charter", 31:3 Texas International Law Journal, Summer (1996), S. 353 ff., 396: "The question, then, is explaining the radical discontinuity from the Charter's original design without the adoption of a formal amendment in accordance with the procedures set forth in the Charter."

7 Außer S/RES 276 (1990) v. 30.01.1970, Resolutions and Decisions of the Security Council (1970), 25 SCOR 1, die nach Ansicht des IGH auf Art. 24 beruht, IGH, Legal Consequences for States of the Continued Presence of South Africa in Namibia (South West Africa) Notwithstanding Security Council Resolution 276 (1970), Advisory Opinion, ICJ Reports (1971), S. 16 ff., 52.

Kapitel VII[8] nicht freigesetzt werden. Seit Ende des Kalten Krieges wird von dem Vetorecht praktisch kein Gebrauch mehr gemacht.[9] Der Sicherheitsrat weitet seitdem seine Rolle als oberste Ordnungsinstanz zur Erhaltung und Sicherung des Weltfriedens zunehmend aus, indem er seine Kompetenzen nach Kapitel VII extensiv teleologisch auslegt.[10]

Auch die Auslegung des Begriffs der Friedensbedrohung des Art. 39 hat der Sicherheitsrat sukzessive erweitert: eine grenzübergreifende Auswirkung ist für die Annahme einer Friedensbedrohung kein zwingend erforderliches Kriterium mehr. Bereits mit den Südafrika-Resolutionen des Sicherheitsrates hat sich herausgebildet, daß auch die inneren Verhältnisse eines Staates eine Bedrohung für den Weltfrieden darstellen können.[11] Eine Friedensbedrohung konstatierte der Sicherheitsrat nach Ende des Kalten Krieges aufgrund der Unterdrückung der kurdischen Zivilbevölkerung im Irak.[12] Mit dieser Resolution stellt der Sicherheitsrat klar, daß schwerwiegende Menschenrechtsverletzungen einer Regierung gegen ihre eigenen Bürger als Bedrohung des Weltfriedens und der internationalen Sicherheit angesehen werden können. Da sich der Sicherheitsrat erst am Anfang der graduellen Erweiterung seiner Kompetenz befand, hat er zur Begründung der Bedrohung des internationalen Friedens noch auf die Flüchtlingsströme verwiesen, mit denen die Nachbarstaaten zu rechnen hätten.[13]

---

8 Vgl. zur inhärenten Dynamik Internationaler Organisationen *K. Oellers-Frahm*, "Cooperation: The indispensable prerequisite to the efficiency of international criminal tribunals", American Society of International Law, Proceedings of the 89th Annual Meeting - Structures of world order, April 5 -8, 1995 (1995), S. 304 ff., 307 (Cooperation).

9 Vgl. im einzelnen *Th. Schilling*, "Die 'neue Weltordnung' und die Souveränität der Mitglieder der Vereinten Nationen", 1/2 Archiv des Völkerrechts (1995), S. 67 ff., 72; eine Übersicht über die Vetopraxis findet sich unter www.globalpolicy.org/security/data/vetotab. htm. Seit 1995 wurde nur noch vereinzelt ein Veto eingelegt, im Jahre 2000 keines und 2001 zwei durch die USA.

10 *C. Hollweg*, "Das neue Internationale Tribunal der UNO und der Jugoslawien-Konflikt", 48 JZ (1993), S. 980 ff., 989.

11 S/RES 276 (1970) v. 30.01.1970, Resolutions and Decisions of the Security Council (1970), 25 SCOR 1; S/RES 283 (1970) v. 29.07.1970, Resolutions and Decisions of the Security Council (1970), 25 SCOR 2; s. auch *N. M. Blokker & M. Kleiboer*, "The Internationalization of Domestic Conflict: The Role of the UN Security Council", 9:1 LJIL (1996), S. 7 ff., 21/22.

12 S/RES 688 (1991) v. 5.04.1991, Resolutions and Decisions of the Security Council (1991), 46 SCOR 31.

13 Vgl. dazu *Ch. Tomuschat*, "Obligations arising for states without or against their will", Recueil des cours (Collected courses of the Hague Academy of International Law), Tome

Mit Erlaß der Somalia-Resolution 794 (1992)[14] ist der Sicherheitsrat bei Vorliegen eines internen Konfliktes tätig geworden und hat einen allgemeinen Zustand der Anarchie und Gesetzlosigkeit in einem Staat wegen der menschlichen Tragödie, die durch die Behinderung der humanitären Hilfe verschlimmert wurde, ohne deutliche grenzüberschreitende Auswirkungen unter Kapitel VII subsumiert[15]:

> "Expressing grave alarm at continuing reports of widespread violations of international humanitarian law occuring in Somalia, including reports of violence and threats of violence against personnel participating lawfully in impartial humanitarian relief activities; deliberate attacks on non-combatants, relief consignments and vehicles, and medical and relief facilities; and impeding the delivery of food and medical supplies essential for the survival of the civilian population, ..."[16]

Auch in der Haiti-Resolution 940 (1994)[17] hat der Sicherheitsrat allein innere Angelegenheiten berücksichtigt, als er die Wiedereinsetzung der vom Militär gestürzten, demokratisch legitimierten Regierung in Haiti verlangt hat, da die einzigartigen Umstände der Verschlechterung der Lage in Haiti außergewöhnliche Maßnahmen des Sicherheitsrats erforderten. Die einzige grenzüberschreitende Auswirkung des internen Konfliktes, der menschenrechtliche Standards bedrohte, waren Flüchtlingsströme in die Nachbarstaaten. Durch die Resolution 940 (1994) wird jedoch kein allgemeines Prinzip dahingehend erkennbar, daß der Sicherheitsrat den Staaten erlaubt, zur Wiederherstellung der Demokratie alle notwendigen Mittel einzusetzen.[18] Zum einen ist die Resolution aufgrund ihres

---

241 IV 1993 (1994), S. 197 ff., 250.

[14] S/RES 794 (1992) v. 3.12.1992, Resolutions and Decisions of the Security Council (1992), 47 SCOR 69.

[15] *P.-M. Dupuy*, "The Constitutional Dimension of the Charter of the United Nations Revisited", 1 Max Planck Yearbook of United Nations Law (1997), S. 1 ff., 24; *M. Herdegen*, Die Befugnisse des UN-Sicherheitsrates, 236 Schriftenreihe/Juristische Studiengesellschaft Karlsruhe (1998), S. 1 (Befugnisse) führt aus, daß der Sicherheitsrat seine Tätigkeit in geradezu dramatischer Weise auf interne Konflikte ausgeweitet habe; *Ch. Tomuschat*, "Die internationale Gemeinschaft", 1/2 Archiv des Völkerrechts (1995), S. 1 ff., 12 (Internationale Gemeinschaft).

[16] S/RES 794 (1992) v. 3.12.1992, Resolutions and Decisions of the Security Council (1992), 47 SCOR 69.

[17] S/RES 940 (1994) v. 31.07.1994, Resolutions and Decisions of the Security Council (1994).

[18] Vgl. die Diskussion zur Existenz eines solchen Prinzips *O. Corten*, "La résolution 940 du Conseil de sécurité autorisant une intervention militaire en Haïti: L'émergence d'un principe de légitimité démocratique en droit international?", 6:1 EJIL (1995), S. 116 ff.,

Ausnahmecharakters eng auszulegen und zum anderen kann ihr keine allgemeine Ermächtigungsgrundlage zur Wiederherstellung der Demokratie mit Waffengewalt entnommen werden.[19]

Der Errichtung des Ruanda-Tribunals mit der Resolution 955 (1994)[20] liegt ebenfalls ein interner Konflikt zugrunde. Der Sicherheitsrat hatte in der Präambel der Resolution 929 (1994)[21] festgehalten:

> " ... that the magnitude of the humanitarian crisis in Rwanda constitutes a threat to peace and security in the region."

Nicht nur mit der Errichtung der *Ad hoc*-Tribunale, sondern auch mit der Anordnung im *Lockerbie*-Fall, mutmaßliche Straftäter an andere Staaten auszuliefen[22], hat der Sicherheitsrat in den staatsinternen Bereich eingegriffen. Außerdem hat er auch die Nichtauslieferung der mutmaßlichen Terroristen als Akt der Friedensgefährdung gewertet.[23]

In den Resolutionen 1368 (2001)[24] und 1373 (2001)[25] hat der Sicherheitsrat festgestellt, daß die terroristischen Anschläge vom 11. September 2001 in New York, Washington D. C. und Pennsylvania eine Bedrohung des Weltfriedens und der internationalen Sicherheit darstellen. Nach der Auffassung des Sicherheitsrates stellt jede vergleichbare internationale terroristische Handlung eine Friedensgefährdung dar. Auch in diesen Fällen hat sich der Sicherheitsrat vom klassischen zwischenstaatlichen Konflikt entfernt, bei dem ein Staat einen anderen angreift.

128.

[19] *Corten*, Anm. 18, S. 129.

[20] S/RES 955 (1994) v. 8.11.1994, Resolutions and Decisions (1994), 49 SCOR 15.

[21] S/RES 929 (1994) v. 22.06.1994, Resolutions and Decisions of the Securty Council (1994).

[22] S/RES 731 (1992) v. 21.01.1992, Resolutions and Decisions of the Security Council (1992), 47 SCOR 56.

[23] S/RES 883 v. 11.11.1993, Resolutions and Decisions of the Security Council (1993): "*Determing*, in this context, that the continued failure by the Libyan Government to demonstrate by concrete actions its renunciation of terrorism, and in particular its continued failure to respond fully and effectively to the requests and decisions in resolutions 731 (1992) and 748 (1992), constitute a threat to international peace and security."

[24] S/RES 1368 (2001) v. 12.09.2001.

[25] S/RES 1373 (2001) v. 28.09.2001.

Nach jetziger Praxis werden auch interne Verhältnisse eines Staates mit bedrohlichem Charakter, die insbesondere zu massiven Menschenrechtsverletzungen und existentiellen Notlagen für eine große Anzahl von Menschen führen, von den erweiterten Begriffen des Friedens und der Friedensbedrohung erfaßt und eröffnen den Anwendungsbereich von Art. 39.[26] Sogar in einem Angriff Einzelner kann eine Bedrohung des Weltfriedens liegen (USA). Der Sicherheitsrat setzt damit in verstärktem Maße die *erga omnes*-geltenden Menschenrechte durch[27] und wird zunehmend bei Konfliktlagen tätig, denen keine zwischenstaatlichen militärischen Konflikte zugrunde liegen.[28] Ein innerstaatlicher Konflikt kann durch große Flüchtlingsströme (wie die Kurden im Irak, Somalia und Ruanda), die dringende humanitäre Situation (Somalia, Ruanda) und die Wahrung der Demokratie nach Wahlen (Haiti) sozusagen "internationalisiert" werden.[29]

Der Sicherheitsrat hat seinen Tätigkeitsbereich auch um Instrumente der Konfliktprävention und der Beseitigung von Folgen im Anschluß an gewaltsame Konflikte ausgedehnt.[30] In diesen Bereich gehört die bereits erwähnte Errichtung der *Ad hoc*-Tribunale für das ehemalige Jugoslawien und Ruanda. Mit der Resolution 687 (1991)[31] hat der Sicherheitsrat in § 8 umfangreiche Regelungen bezüglich der Reduzierung des militärischen Apparates des Irak unternommen und in § 18 der Resolution die 'United Nations Claims Commission' eingerichtet. Im Bereich der Konfliktnachsorge ist der Sicherheitsrat auch durch das Einsammeln von Waffen, die Wiedereingliederung von Flüchtlingen, die Hilfe bei der Abhaltung von Wahlen und den Aufbau demokratischer Strukturen tätig geworden[32]:

---

26 *J. Delbrück*, "Staatliche Souveränität und die neue Rolle des Sicherheitsrates der Vereinten Nationen", 26 Verfassung und Recht in Übersee (1993), S. 6 ff., 8 und 18 f.; *J. Abr. Frowein* in *Simma (ed.)*, Anm. 1, Art. 39 Rdnr. 8; *C. Kreß*, "Staat und Individuum in Krieg und Bürgerkrieg", 52:42 NJW (1999), S. 3077 ff., 3081; *Schilling*, Anm. 9, S. 67/74 f.

27 *H. Gading*, Der Schutz grundlegender Menschenrechte durch militärische Maßnahmen des Sicherheitsrates (1996), S. 221.

28 *Herdegen*, Befugnisse, Anm. 15, S. 6.

29 *Blokker & Kleiboer*, Anm. 11, S. 32.

30 *T. Bruha/M. Krajewski*, "Funktionswandel des Sicherheitsrats als Verfassungsproblem", 46:1 Vereinte Nationen (1998), S. 13 ff., 14; *Herdegen*, Befugnisse, Anm. 15, S. 12.

31 S/RES 687 (1991) v. 3.04.1991, Resolutions and Decisions of the Security Council (1991), 46 SCOR 11.

32 *Bruha/Krajewski*, Anm. 30, S. 14.

"There is a new requirement for technical assistance which the United Nations has an obligation to develop and provide when requested: support for the transformation of deficient national structures and capabilities, and for the strengthening of new democratic institutions."[33]

Diese Entwicklung steht auch in Einklang mit den Materialien zur Charta. Diese sehen ein allein durch die Grundprinzipien der Charta beschränktes Ermessen des Sicherheitsrates vor:

"Wide freedom of judgment is left as regards the moment [the Security Council] may choose to intervene and the means to be applied, with sole reserve that it should act in accordance with the purposes and principles of the United Nations."[34]

Die extensive Auslegung der Tatbestandsvoraussetzungen von Art. 39 eröffnet dem Sicherheitsrat das Handlungsrepertoire der Art. 41 und 42 in einem weiten Anwendungsbereich.

bb. Einordnung der Durchgriffswirkung

An die Ausweitung der Handlungsbefugnisse des Sicherheitsrates schließt sich die Entwicklung einer Kategorie von Maßnahmen mit Durchgriffswirkung an. Der Sicherheitsrat übernimmt vermehrt Ordnungsfunktionen und wendet sich in seinen Resolutionen nicht mehr ausschließlich an die Regierung und Staaten, sondern an Splittergruppen oder Einzelne, die als die tatsächlichen Machthaber für Verletzungen des humanitären Völkerrechts verantwortlich sind.[35] Der Sicherheitsrat versucht bei diesen Maßnahmen nicht nur aktuelle Kampfhandlungen zu beenden, sondern den Konflikt endgültig beizulegen.[36]

---

33 *B. Boutros-Ghali*, General Assembly, 'An Agenda for Peace: Preventive diplomacy, peacemaking and peace-keeping'; Report of the Secretary-General pursuant to the statement adopted by the Summit Meeting of the Security Council on 31 January 1992, UN Doc. A/47/277 - S/24111 v. 17.06.1992 (Agenda for Peace), § 59.

34 Statement of the Rappporteur of Committee III/3, Doc. 134, II E/3/3, 11 UNCIO Docs. 785 (1945).

35 *Kreß*, Anm. 26, S. 3081 spricht in diesem Zusammenhang von einer "individualschutzorientierten Rechtsentwicklung im Hinblick auf das kollektive Sicherheitssystem der Vereinten Nationen."

36 *K. Oellers-Frahm*, "Die Einsetzung des 'Internationalen Tribunals über Kriegsverbrechen im ehemaligen Jugoslawien' durch den Sicherheitsrat" in *U. Beyerlin/M. Bothe/R. Hofmann/E.-U. Petersmann (Hrsg.)*, Recht zwischen Umbruch und Bewahrung, Festschrift für R. Bernhardt (1995), S. 733 ff., 747 (Internationales Tribunal).

Auch innerhalb der Kategorie der Maßnahmen mit Durchgriffswirkung ist eine Entwicklung erkennbar: der Sicherheitsrat richtet in den Resolutionen mit Durchgriffswirkung zunächst ausschließlich einen Appell an nichtstaatliche Einheiten und Einzelne und normiert in den folgenden Resolutionen, daß diese für Verletzungen des humanitären Völkerrechts zur Verantwortung gezogen werden sollen.

In den Resolutionen zu Liberia[37] und Bosnien-Herzegowina[38] richtet der Sicherheitsrat seinen Appell an "alle Konfliktparteien und alle anderen Betroffenen". Im Falle von Somalia will er bereits alle "Parteien, Bewegungen und Splitterparteien (Clans)" zur Verantwortung ziehen.[39] Auch hier ist eine Entwicklung von der Stellung der nichtstaatlichen Einheiten als bloßen Adressaten der Resolutionen zu Verpflichtungsadressaten erkennbar.

Die Ausrichtung von Resolutionen an nichtstaatliche Einheiten und die Statuierung von Verantwortlichkeit ist die logische Konsequenz der extensiven Auslegung von Kapitel VII und der Kompetenzen des Sicherheitsrates. Um eine größtmögliche Effektivität seiner Maßnahmen zu erreichen, läßt der Sicherheitsrat zunächst innere Angelegenheiten für den Anwendungsbereich von Kapitel VII genügen und wendet sich in solchen Fällen in einem konsequenten weiteren Schritt auch an Einzelne, wenn der Staat beispielsweise aufgrund eines Zerfalles der Ordnungsstrukturen nicht mehr verantwortlich gemacht werden kann. Mit dem Erlaß von Resolutionen mit Durchgriffswirkung kann der Sicherheitsrat seiner neuen Ordnungsfunktion am ehesten gerecht werden.

cc. *Rechtliche Grundlage*

Die Resolutionen mit Durchgriffswirkung finden ihre Grundlage in Kapitel VII, auch wenn Kapitel VII nicht explizit die Möglichkeit des Erlasses von bindenden Beschlüssen mit Durchgriffswirkung vorsieht.

Der Anwendungsbereich des Kapitel VII ist über Art. 39, wie oben dargestellt, für die Fälle der Maßnahmen mit Durchgriffswirkung eröffnet.

---

37 S/RES 788 (1992) v. 19.11.1992, Resolutions and Decisions of the Security Council (1992), 47 SCOR 110, § 5.

38 S/RES 752 (1992) v. 15.05.1992, Resolutions and Decisions of the Security Council (1992), 47 SCOR 13, § 1.

39 S/RES 794 (1992) v. 3.12.1992, Resolutions and Decisions of the Security Council (1992), 47 SCOR 69, § 1.

Nach Art. 41 S. 1 fordert der Sicherheitsrat die Staaten zur Durchführung friedlicher Sanktionsmaßnahmen auf, die für die Durchführung seiner Beschlüsse notwendig sind. Art. 41 S. 2 zählt eine Reihe nichtmilitärischer Sanktionen auf, die jedoch nicht abschließend sind[40] und lediglich illustrative Beispiele darstellen. Nach Art. 41 soll dem Sicherheitsrat zur Sicherung des Weltfriedens jede geeignete Maßnahme gestattet sein.[41] Beschränkt wird die Ermächtigung des Sicherheitsrates durch das Verhältnismäßigkeitsprinzip.[42]

Da eine Adressierung einer Sicherheitsrats-Resolution an den Staat bei einer zerfallenen internen Rechtsordnung mangels tauglichem Verpflichtungsadressaten und Effektivität keine geeignete Maßnahme darstellt, muß der Sicherheitsrat diese zur Wahrung der Effektivität der Maßnahme in letzter Konsequenz auch an Einzelne und nichtstaatliche Einheiten richten können.

Die Mitgliedstaaten sind nach Art. 48 verpflichtet, die Beschlüsse des Sicherheitsrates durchzuführen. Art. 48 wiederholt und erweitert die Verpflichtung des Art. 25.[43] Die Mitgliedstaaten sind hierbei an die vom Sicherheitsrat im Rahmen von Art. 39 vorgenommene Bewertung gebunden, so daß ihnen keine eigene Beurteilungsbefugnis zusteht.

Daß der Sicherheitsrat damit über weitgehend unbeschränkte Befugnisse verfügt, hat sich bereits auf der Konferenz von San Francisco abgezeichnet, auf der alle Vorschläge zur Beschränkung der Kompetenzen des Sicherheitsrates abgelehnt worden sind.[44]

dd. Grenzen des Handlungsspielraumes

Der erhebliche Ermessensspielraum des Sicherheitsrates ist jedoch nicht schrankenlos, so daß der Sicherheitsrat nicht als "omnipotent" anzusehen ist.[45] Die

---

[40] *P. M. Eisemann* in *P.Cot/A.Pellet*, La Charte des Nations Unies (1969), Art. 41, S. 695; *J. Abr. Frowein* in *B. Simma (Hrsg.)*, Anm. 1, Art. 41 Rdnr. 9.

[41] So für das Jugoslawien-Tribunal, *C. Hollweg*, "Der praktische Fall - Internationales Öffentliches Recht: Auslieferung eines bosnischen Serbenführers an das UN-Tribunal", 39 JuS (1994), S. 409 ff., 414; *Ch. Tomuschat*, "Ein Internationaler Strafgerichtshof als Element einer Weltfriedensordnung", 3 Europa-Archiv (1994), S. 61 ff., 64 (Internationaler Strafgerichtshof); *L. M. Goodrich /E. Hambro/A. P. Simons*, Charter of the UN, 3. Aufl. (1969), S. 312.

[42] *Delbrück*, Anm. 26, S. 6 ff., 20; s. im einzelnen *infra* zu Art. 2 Ziff. 7.

[43] *Goodrich/Hambro/Simons*, Anm. 41, S. 334.

[44] Vgl. insoweit *Goodrich/Hambro/Simons*, Anm. 41, S. 205/206.

[45] *J. E. Alvarez*, "Judging the Security Council", 90:1 AJIL (1996), S. 1 ff., 3.

Handlungsfreiheit des Sicherheitsrates im Rahmen von Kapitel VII ist zum einen durch völkerrechtliche Grundprinzipien[46] und zum anderen durch die Voraussetzungen des Art. 39, die gleichzeitig der Ermessenssteuerung dienen und das Handeln des Sicherheitsrates der internationalen Friedenssicherung verpflichten[47], beschränkt.[48] Im Rahmen von Art. 39 unterliegt das Handeln des Sicherheitsrates auch dem Verhältnismäßigkeitsprinzip.

Der Sicherheitsrat ist an das zwingende Völkerrecht, d. h. die humanitären Regeln des Gewohnheitsrechts bewaffneter Konflikte, die elementaren Menschenrechte, und das Recht eines Staates zur Selbsterhaltung, zur territorialen Integrität und das Selbstbestimmungsrecht gebunden.[49]

Die Anwendung des Verhältnismäßigkeitsgrundsatzes auf den Erlaß von Maßnahmen nach Kapitel VII[50] kann mit der generellen Bindung des Sicherheitsrates an die 'Rule of Law' begründet werden, da er mit den bindenden Entscheidungen in die Nähe eines nationalen Organs rückt, das die geltenden Gesetze und Prinzipien beachten muß.[51] Der Verhältnismäßigkeitsgrundsatz, der angesichts des weiten Ermessensspielraumes des Sicherheitsrates nur eine geringe Ermessenssteuerung bewirken kann, ist auch bereits in der Stufung der Maßnahmen nach Art. 41 und 42 angelegt.[52]

---

46 Vgl. dazu *Alvarez*, Anm. 45, S. 3; *M. Bothe,* "Les limites des pouvoirs du Conseil de Sécurité" in *R.-J. Dupuy (éd.),* Development of the role of the Security Council, Colloque, July 21-23, 1992 (1993), S. 67 ff., 76 ff.; *Gading*, Anm. 27, S. 223. f.; *V. Gowlland-Debbas*, "Security Council Enforcement Action and Issues of State Responsibility", 43 ICLQ (1994), S. 55 ff., 91 ff.; *Herdegen,* Befugnisse, Anm. 15, S. 25 ff.

47 *Herdegen*, Befugnisse, Anm. 15, S. 25.

48 Für ein weitgefaßtes Ermessen *Oellers-Frahm*, Internationales Tribunal, Anm. 36, S. 746; für ein unbeschränktes Ermessen *H. Kelsen,* The law of the United Nations (1964), S. 294.

49 Vgl. *M. Herdegen*, "The 'Constitutionalization' of the UN Security System", 27:135 Vanderbilt Journal of transnational law (1994), S. 135 ff., 156/157 (Constitutionalization); *Herdegen*, Befugnisse, Anm. 15, S. 27 f.; *T. G. Gill*, "Legal and Some Political Limitations on the Power of the UN Security Council to Exercise its Enforcement Powers under Chapter VII of the Charter", 26 NYIL (1995), S. 33 ff., 105.

50 *Bruha/Krajewski*, Anm. 30, S. 17; *Delbrück*, Anm. 26, S. 20; *Gading*, Anm. 27, S. 223; *Herdegen*, Constitutionalization, Anm. 49, S. 157.

51 Zur Bindung des Sicherheitsrates an die 'Rule of Law' *Bruha/Krajewski*, Anm. 30, S. 16; *Gading*, Anm. 27, S. 57.

52 *Herdegen,* Befugnisse, Anm.15, S. 31.

Die Geltung des Willkürverbots[53] kann mit der Erwägung begründet werden, daß dem Sicherheitsrat nicht die Befugnis zu nicht mehr nachprüfbaren Entscheidungen verliehen werden sollte.[54] Die Bindung des Sicherheitsrates an das Willkürverbot ergibt sich auch aus der 'Rule of Law'.

Der Sicherheitsrat hat mit dem Erlaß von Maßnahmen mit Durchgriffswirkung nicht gegen die angeführten Grundsätze verstoßen: so hat der Sicherheitsrat nicht das humanitäre Völkerrecht (*ius in bello*) und die elementaren Menschenrechte verletzt, sondern diesen vielmehr zur Durchsetzung verholfen. Mit den Maßnahmen, die vielfach der Wiederherstellung der staatlichen Strukturen dienen, hat der Sicherheitsrat auch nicht das Selbsterhaltungsrecht der Staaten verletzt. Die territoriale Integrität der betroffenen Staaten hat der Sicherheitsrat ebensowenig angegriffen, da durch die Maßnahmen mit Durchgriffswirkung nicht in den Gebietsbestand der Staaten eingegriffen wurde. Durch die Auswahl der Konflikte, in denen der Sicherheitsrat Maßnahmen mit Durchgriffswirkung erlassen hat, hat er zudem nicht gegen das Willkürverbot verstoßen, da die Auswahl mit der Zusammensetzung des Sicherheitsrates zusammenhängt.[55]

Mit dem Erlaß von Maßnahmen mit Durchgriffswirkung verstößt der Sicherheitsrat daher nicht gegen die Grenzen seines Handlungsermessens.[56]

b. Dogmatische Begründung der Durchgriffswirkung

Die Durchgriffswirkung könnte auf eine extensive Auslegung der Charta, die 'implied powers'-Doktrin und die Grundsätze der humanitären Intervention gestützt werden.

aa. Dynamischer Entwicklungsprozeß innerhalb der UN-Charta

Gegen eine Rechtfertigung der Durchgriffswirkung kann vorgebracht werden, daß diese in der Charta nicht vorgesehen war und daher eine ausdrückliche Änderung der Charta erforderlich sei.[57]

---

53 *Delbrück*, Anm. 26, S. 20; *Herdegen*, Constitutionalization, Anm. 49, S. 157; *Oellers-Frahm*, Internationales Tribunal, Anm. 36, S. 746.

54 *Herdegen*, Befugnisse, Anm. 15, S. 31.

55 *Herdegen*, Befugnisse, Anm. 15, S. 31.

56 Vgl. zum Verhältnismäßigkeitsgrundsatz und der inneren Souveränität die Prüfung der Vereinbarkeit mit Art. 2 Ziff. 7.

57 *Oellers-Frahm*, Cooperation, Anm. 8, S. 305: "There are organizations that as a matter of the transfer of power are able to issue orders directly effec-tive within member states.

Eine dynamische Entwicklung völkerrechtlicher Verträge ist allgemein anerkannt[58]:

> "... an international instrument has to be interpreted and applied within the framework of the entire legal system, prevailing at the time of the interpretation. In the domain to which the present proceedings relate, [...] the *corpus iuris gentium* has been considerably enriched, and this the Court, if it is faithfully to discharge its functions, may not ignore."[59]

Bei der UN-Charta handelt es sich nicht nur um einen gewöhnlichen völkerrechtlichen Vertrag, sondern um das konstituierende Instrument einer dynamischen globalen Organisation.[60] Eine Weiterentwicklung der Organe ist zur bestmöglichen Erfüllung der Aufgaben der UN erwünscht und erforderlich.[61] *Judge Spender* hat im *Certain Expenses*-Fall die Charta erstmals als dynamischen Vertrag angesehen, der die wachsenden Aufgaben der UN ermöglichen muß:

> "A general rule is that words used in a treaty should be read as having the meaning they bore therein when it came into existence. But this meaning must be consistent with the purposes sought to be achieved. Where, as in the case of the Charter, the purposes are directed to saving succeeding generations in an indefinite future from the scourge of war, to advancing the welfare and dignity of man, and establishing and maintaining peace under international justice for all time, the general rule above stated does not mean that the words in the Charter can only comprehend such situations and contingencies and manifestations of subject-matter as were within the minds of the framers of the Charter ... ."[62]

However, the United Nations does not have this power."

58 *G. Ress,* "Verfassungsrechtliche Auswirkungen der Fortentwicklung völkerrechtlicher Verträge" in *W. Fürst/R. Herzog/D. C. Umbach (Hrsg.)*, Festschrift für W. Zeidler, Bd. II (1987), S. 1775; *Oellers-Frahm*, Cooperation, Anm. 8, S. 307; für die dynamische Fortentwicklung der UN *Thürer*, The Failed State, Anm. 3, S. 36.

59 IGH, Legal Consequences for States of the Continued Presence of South Africa in Namibia (South West Africa) Notwithstanding Security Council Resolution 276 (1970), Advisory Opinion, ICJ Reports (1971), S. 16 ff., 31 f.

60 *Th. M. Franck/F. Patel,* "UN Police Action in lieu of war: 'The old order changeth'", 85:1 AJIL (1991), S. 63 ff., 66.

61 *Franck/Patel*, Anm. 60, S. 66/67.

62 Seperate opinion of *Judge Sir Percy Spender*, Certain Expenses of the United Nations (Article 17, paragraph 2, of the Charter), Advisory Opinion of the 20 July 1962, ICJ Reports (1962), p. 151 (186).

Diese Weiterentwicklung findet ihre Grenzen in einem Handeln *ultra vires*[63], wobei ein solches im Lichte der weiten, dynamischen Auslegung nur bei offensichtlicher Kompetenzüberschreitung seitens der Organe angenommen werden sollte.

In der Charta sind zwei Verfahren für Änderungen der Charta vorgesehen.[64] Zur Einführung der Durchgriffswirkung hat eine formelle Charta-Änderung nach Art. 108 und 109 nicht stattgefunden. Neben der formellen Charta-Änderung ist auch eine formlose Charta-Änderung möglich.[65] Die faktische Charta-Änderung hat sich zunehmend als Alternative zum formellen Änderungsverfahren herausgebildet.[66] Gewaltige Entwicklungen und Veränderungen seit der Entstehung der UN waren nur aufgrund einer formlosen Satzungsänderung möglich.[67] Auch die Durchgriffswirkung konnte sich daher ohne eine formelle Änderung herausbilden. Bei

---

63 *E. J. de Aréchaga*, "United Nations Security Council" in *R. Bernhardt (ed.)*, Encyclopedia of international law, Instalment 5 (1983), S. 345 ff.: *J. Delbrück* in *Simma (ed.)*, Anm. 1, Art. 24 Rdnr. 11; *Oellers-Frahm*, Cooperation, Anm. 8, S. 307.

64 Art. 108: "Änderungen dieser Charta treten für alle Mitglieder der Vereinten Nationen in Kraft, wenn sie mit Zweidrittelmehrheit der Mitglieder der Generalversammlung angenommen und von zwei Dritteln der Mitglieder der Vereinten Nationen einschließlich aller ständigen Mitglieder des Sicherheitsrats nach Maßgabe ihres Verfassungsrechts ratifiziert worden sind." Art. 109: " (1) Zur Revision dieser Charta kann eine Allgemeine Konferenz der Mitglieder der Vereinten Nationen zusammentreten; Zeitpunkt und Ort werden durch Beschluß einer Zweidrittelmehrheit der Mitglieder der Generalversammlung und durch Beschluß von neun beliebigen Mitgliedern des Sicherheitsrats bestimmt. Jedes Mitglied der Vereinten Nationen hat auf der Konferenz eine Stimme. (2) Jede Änderung dieser Charta, die von der Konferenz mit Zweidrittelmehrheit empfohlen wird, tritt in Kraft, sobald sie von zwei Dritteln der Mitglieder der Vereinten Nationen einschließlich aller ständigen Mitglieder des Sicherheitsrats nach Maßgabe ihres Verfassungsrechts ratifiziert worden ist. (3) Ist eine solche Konferenz nicht vor der zehnten Jahrestagung der Generalversammlung nach Inkrafttreten dieser Charta zusammengetreten, so wird der Vorschlag, eine solche Konferenz einzuberufen, auf die Tagesordnung jener Tagung gesetzt; die Konferenz findet statt, wenn dies durch Beschluß der Mehrheit der Mitglieder der Generalversammlung und durch Beschluß von sieben beliebigen Mitgliedern des Sicherheitsrats bestimmt wird."

65 *S. Engel*, "The Changing Charter of the United Nations", 7 YBWA (1953), S. 71 ff., 71: "...., the San Francisco Charter has proved flexible enough, it is submitted to be adapted to changing circumstances even without a formal amendment."; *W. Karl/P. Mützelburg* in *B. Simma (ed.)*, Anm. 1, Art. 108 Rdnr. 11; *J. Dehaussy* in *J.-P. Cot/A. Pellet*, Anm. 40, S. 1429 - 1431; *Verdross/Simma*, Anm. 1, § 275.

66 *R. Zacklin*, The Amendment of the Constitutive Instruments of the United Nations and Specialized Agencies (1968), S. 197.

67 *Karl/Mützelburg* in *Simma (ed.)*, Anm. 1, Art. 108 Rdnr. 12.

einer formlosen Charta-Änderung ist aber ein allgemeiner Konsens der Organisation zu fordern.[68] Unklar ist, wie dieser allgemeine Konsens zu definieren ist und ob ein solcher hinsichtlich der Durchgriffswirkung besteht. Insoweit ist eine allgemeine Annahme durch die Mitgliedstaaten erforderlich, so daß die Annahme der Praxis durch die Organe der Organisation nicht ausreichend ist.[69] Die Akzeptanz seitens der Mitgliedstaaten könnte der späteren Übung der Mitgliedstaaten nach Art. 31 III b WVRK gleichzusetzen sein.

Inwieweit die Mitgliedstaaten den Erlaß von Maßnahmen mit Durchgriffswirkung durch den Sicherheitsrat tatsächlich angenommen haben, indem sie die Rechtswirkungen befolgen, kann zu diesem Zeitpunkt aufgrund der Aktualität der Entwicklung nicht abschließend beurteilt werden. Die Einrichtung des Jugoslawien-Tribunals ist durch die Staatengemeinschaft überwiegend positiv aufgenommen worden[70], wohingegen die Ratifikation des Statuts des Internationalen Strafgerichtshofes verhalten erfolgt.

Die Kompetenzerweiterung des Sicherheitsrates und die daraus resultierende Bindung der Staaten wird von der Kapitel VII inhärenten Dynamik gedeckt. Eine restriktive Auslegung der Handlungsmöglichkeiten des Sicherheitsrates ist mit diesem Ansatz nicht vereinbar.

Die Weiterentwicklung der Charta wird in der Literatur mit unterschiedlichen Ansätzen begründet.

Tomuschat geht davon aus, daß die Weiterentwicklung der UN zur Supranationalen Organisation in der Charta, insbesondere Kapitel VII, bereits angelegt gewesen ist.[71] Das Handeln des Sicherheitsrates sei Ausdruck bereits vorhandener Verhaltenspflichten, die ihren Ursprung in der Charta finden.[72] Zur Begründung dieser Entwicklung verweist er auf das Urteil des Bundesverfassungsgerichtes zu

---

[68] Vgl. zu diesem Erfordernis einer formlosen Charta-Änderung *Karl/Mützelburg* in *Simma (ed.)*, Anm. 1, Art. 108 Rdnr. 11.

[69] *Karl/Mützelburg* in *Simma (ed.)*, Anm. 1, Art. 108 Rdnr. 11.

[70] Vgl. Letter from the Permanent Representative of Slovenia to the United Nations, to the Secretary-General, UN Doc. S/256552 v. 22.04.1993: "The establishment of such a tribunal is a necessary and very important step, given the fact that those responsible for such crimes would be judged by an impartial judicial body as well as the fact that it could also contribute positively to the finding of solutions for the restoration of peace in the above-mentioned regions."

[71] *Tomuschat*, Sanktionen, Anm. 3, Q 67.

[72] *Tomuschat*, Internationale Gemeinschaft, Anm. 15, S. 18.

Auslandseinsätzen der Bundeswehr vom 12.07.1994.[73] Das Bundesverfassungsgericht hat in seinem Urteil festgestellt, daß Verträge, durch die eine eigene Organisation ins Leben gerufen wird, deren Glieder im Rahmen des Vertrages selbständig handeln, regelmäßig auf eine dynamische Auslegung angelegt sind.[74] Besonders in Verträgen hochpolitischen Charakters erlauben weitgefaßte normative Aufgabenbestimmungen und Zielvorgaben den Vertragsparteien, sich auf neue Entwicklungen im internationalen Bereich einzustellen.[75]

Diese Interpretation stimmt mit der extensiven Auslegung von *Judge Spender* in der Seperate Opinion zum *Certain Expenses*-Fall überein:

> "Its [the Charter] provisions were of necessity expressed in broad and general terms. It attempts to provide against the unknown, the unforeseen and, indeed, the unfore-seeable. Its text reveals that it was intended - subject to such amendments as might from time to time be made to it - to endure, at least it was hoped it would endure, for all time. It was inteded to apply to varying conditions in a changing and evolving world community and to a multiplicity of unpredictable situations and events. Its provisions were intended to adjust themselves to the ever changing pattern of international existence. It established international machinery to accomplish its stated purposes.
>
> It may with confidence be asserted that its particular provisions should receive a broad and liberal interpretation unless the context of any particular provision requires, or there is to be found elsewhere in the Charter, something to compel a narrower and restricted interpretation."[76]

Perez stellt fest, daß die Charta durch die supranationale konstitutionelle Politik am Ende des kalten Krieges in informeller Art und Weise geändert worden ist[77]:

> "Informal constitutional change through constitutional politics."[78]

Seiner Ansicht nach ist eine konstitutionelle Veränderung auf einer supranationalen Ebene ohne eine förmliche Änderung der Charta möglich.[79] Einer solchen

---

[73] BVerfGE 90, 286 (357 ff.).

[74] BVerfGE 90, 286 (361 f.).

[75] BVerfGE 90, 286 (361 f.).

[76] Seperate opinion of *Judge Sir Percy Spender*, Certain Expenses of the United Nations (Article 17, paragraph 2, of the Charter), Advisory Opinion of the 20 July 1962, ICJ Reports (1962), p. 151 (185).

[77] *Perez*, Anm. 6, S. 355: "... an informal amendment to the Charter attained through supranational constitutional politics responding to the end of the Cold War."

[78] *Perez*, Anm. 6, S. 398.

Entwicklung stehen auch die eine förmliche Änderung vorsehenen Vorschriften wie Art. 108 und 109 nicht entgegen.[80] Die Weiterentwicklung der Charta resultiert hauptsächlich aus dem erweiterten Selbstbestimmungsrecht, das von der Staatengemeinschaft geltend gemacht wird und den Anwendungsbereich von Art. 2 Nr. 7 somit ausgedehnt hat.[81]

Alvarez nimmt an, daß die Charta

> "never worked as intended and that, contrary to popular wisdom, it is not working now as it was originally intended."[82]

Die Durchgriffswirkung kann, unabhängig vom Begründungsansatz, dogmatisch mit einer dynamisch erweiternden Auslegung der Charta begründet werden.

bb. 'Implied powers'

Die Durchgriffswirkung könnte sich auch mit der im Völkerrecht anerkannten 'implied powers'-Doktrin[83] begründen lassen. Neben die von der Charta ausdrücklich eingeräumten Kompetenzen treten diejenigen, die zur Erfüllung der vertraglich festgelegten Aufgaben der Organisation erforderlich sind:

> "Under international law, the Organization must be deemed to have those powers which, though not expressly provided in the Charter, are conferred upon it by necessary implication as being essential to the performance of its duties ... the rights and duties of an entity such as the Organization must depend upon its purposes and functions as specified or implicit in its constituent documents and developed in practice."[84]

---

79 *Perez*, Anm. 6, S. 397: "The argument advanced here is that constitutional change at the supranational level can occur without the adoption of a specific written amendment to the text of the written constitution."

80 *Perez*, Anm. 6, S. 400: "... is to interpret Articles 108 and 109 of the Charter so as not to foreclose amendment by other procedures."

81 *Perez,* Anm. 6, S. 404: "The argument from community's manifestation in an expanded right to self-determination, given amendment of the Charter to demand self-government and permit community action to assure its success, extends the core meaning of Article 2 (7) of the original Charter to new circumstances."

82 *J. E. Alvarez*, "The once and future security council", Washington Quarterly, Spring (1995), S. 5 f., 6.

83 *V. Epping* in *Ipsen (Hrsg.)*, Anm. 4, § 6 Rdnr. 9; *D. Sarooshi*, "The Powers of the United Nations International Criminal Tribunals", 2 Max Planck Yearbook of United Nations Law (1998), S. 141 ff., 144 Fn. 7.

84 IGH, Reparation for Injuries Suffered in the Service of the United Nations, ICJ Reports

Eine Organisation verfügt daher über einen 'implied power', wenn dieser zum Erreichen der im Vertrag enthaltenen Ziele der Organisation erforderlich ist. Der IGH hat die Errichtung des UN-Verwaltungsgerichtes durch die Generalversammlung für zulässig erachtet und zur Begründung der Befugnis auf ein "necessary intendment" der Charta verwiesen.[85]

Die 'implied powers' finden ihrerseits eine Grenze in den Zielen und dem Zweck der Internationalen Organisation.[86]

Da der Sicherheitsrat zur Wahrung des Weltfriedens aufgrund der veränderten äußeren Umstände der Möglichkeit des Erlasses von Maßnahmen mit Durchgriffswirkung unter Effektivitätsgesichtspunkten bedarf, ist eine Erweiterung seiner Kompetenzen erforderlich. Die wachsende Komplexität der potentiellen Eingriffsszenarien verlangt vom Sicherheitsrat ein größeres Handlungspotential, damit er auch weiterhin seiner Aufgabe gerecht werden kann. Die Friedenssicherung umfaßt nunmehr auch die Konfliktnachsorge und Ordnungsaufgaben, so daß sich die Befugnisse des Sicherheitsrates auch hierauf beziehen müssen. Die Ausweitung der Kompetenzen wird durch die Ziele und Zwecke der Aufgaben des Sicherheitsrates und der UN begrenzt.

Da beispielsweise in einem 'failed state' Maßnahmen mit Durchgriffswirkung aufgrund der zerfallenen Staatsstruktur zur Wiederherstellung der Ordnung notwendig sind, kann der Sicherheitsrat solche auch ohne ausdrückliche Ermächtigung in der Charta erlassen. Die Befugnis zum Erlaß von Maßnahmen mit Durchgriffswirkung kann sich daher aus einem 'implied power' ergeben.

cc. Humanitäre Intervention

Unter der hinsichtlich ihrer völkerrechtlichen Rechtmäßigkeit umstrittenen[87] humanitären Intervention ist im Völkerrecht die Anwendung bewaffneter Gewalt

---

(1949), p. 174 ff., 180, 182.

[85] IGH, Effect of awards of compensation made by the UN Administrative Tribunal, Advisory Opinion of July 13th, 1954, ICJ Reports (1954), S. 47 ff., 56 - 57.

[86] *Epping* in *Ipsen (Hrsg.)*, Anm. 4, § 6 Rdnr. 10.

[87] Bei der Frage nach der Rechtmäßigkeit der humanitäre Intervention steht das Gewaltverbot der Wahrung der Menschenrechte gegenüber, vgl. dazu exemplarisch die jüngst zur Zulässigkeit des NATO-Engagements im Kosovo-Konflikt geführte Diskussion, rechtlich umfassend *C. Busse*, "Völkerrechtliche Fragen zur Rechtmäßigkeit des Kosovo-Krieges", 32:10 ZRP (1999), S. 416 ff.; *Kreß*, Anm. 26, S. 3077 ff.; "VIII. Diskussionsrunde: Verteidigung der Menschenrechte versus staatliche Souveränität, 50 Dt. Anwaltstag in Bonn vom 12. - 15.05.1999", 53:29 NJW (1999), S. 2091 ff., 2094.

zur Verhinderung oder Beseitigung massiver Menschenrechtsverletzungen zu verstehen.[88] Die humanitäre Intervention dient in erster Linie dem Schutz fremder Personen im Ausland.[89]

In der Literatur wird auch der Fall, daß Waffengewalt zum Schutz der Bevölkerungsteile von anderen Staaten eingesetzt wird, die durch den Sicherheitsrat autorisiert worden ist, unter die humanitäre Intervention gefaßt.[90] Im Vordergrund der Diskussion steht die Vereinbarkeit von militärischen Einsätzen mit humanitärer Zweckbestimmung ohne Mandat des Sicherheitsrates mit dem Gewaltverbot. Es geht daher hauptsächlich um die Rechtmäßigkeit eines ungeschriebenen Tatbestandes.[91]

Eine Zwangsmaßnahme nach Kapitel VII und keine humanitäre Intervention liegt nach enger Definition vor, wenn der Sicherheitsrat den Einsatz militärischer Gewalt nach einer nach Art. 39 festgestellten Friedensbedrohung oder einem Friedensbruch auf der Grundlage von Art. 42 und 48 autorisiert hat.[92]

Von einem Teil der Völkerrechtsliteratur wird die humanitäre Intervention unter bestimmten Voraussetzungen auch nach Inkrafttreten der UN-Charta für rechtmäßig gehalten. Zur Begründung wird etwa darauf verwiesen, daß die Geltung des Gewaltverbotes unter dem Vorbehalt der Funktionsfähigkeit kollektiver Mechanismen zur Sicherung der Menschenrechte stehe und der gelegentlich auftretende Zielkonflikt zwischen den in der UN-Charta anerkannten Zwecken der Konflikteindämmung und des Menschenrechtsschutzes im Wege einer Gesamtbetrachtung gelöst werden müsse, wodurch eine humanitäre Intervention im Einzelfall möglich sei.[93]

---

88 *Fischer* in *Ipsen (Hrsg.)*, Anm. 4, § 59 Rdnr. 26; *D. Deiseroth*, "'Humanitäre Intervention' und Völkerrecht", 52:42 NJW (1999), S. 3084 ff.

89 *Deiseroth*, Anm. 88, S. 3084.

90 So für die Unterstützung von Aufständischen *Fischer* in *Ipsen (Hrsg.)*, Anm. 4, § 59 Rdnr. 59, wobei nur die humanitäre Hilfe für die Kämpfenden für völkerrechtlich zulässig gehalten wird.

91 So auch *Herdegen*, Diskussionsbeitrag in "VIII. Diskussionsrunde: Verteidigung der Menschenrechte versus staatliche Souveränität, 50 Dt. Anwaltstag in Bonn vom 12. - 15.05.1999", 53:29 NJW (1999), S. 2091 ff., 2094; *Kreß*, Anm. 26, S. 3083.

92 *Deiseroth*, Anm. 88, S. 3084.

93 Stellvertretend etwa *A. D'Amato*, "The Invasion of Panama was a lawful response to tyranny", 84:2 AJIL (1990), S. 516 ff., 521; *M. Herdegen*, Diskussionsbeitrag, Anm. 91, S. 2094; *B. Laubach*, "Angriffskrieg oder Humanitäre Intervention?", 32:7 ZRP (1999), S. 276 ff., 279: *W. M. Reisman*, "International law after the cold war", 84:4 AJIL (1990), S. 859 ff., 862/863; *H. Wilms*, "Der Kosovo-Einsatz und das Völker-

Auch Generalsekretär *Kofi Annan* spricht sich in seinem *'Millennium Report'* trotz aller rechtlichen Bedenken zur Rechtmäßigkeit für die Zulassung der humanitären Intervention aufgrund werthafter Gesichtspunkte aus:

> "We confront a real dilemma. Few would disagree that both the defence of humanity and the defence of sovereignty are principles that must be supported. Alas, that does not tell us which principle should prevail when they are in conflict.
>
> ... But surely no legal principle - not even sovereignty - can ever shield crimes against humanity. Where such crimes occur and peaceful attempts to halt them have been exhausted, the Security Council has a moral duty to act on behalf of the international community.... ."[94]

Die wohl überwiegende Zahl der völkerrechtlichen Autoren hält eine militärische humanitäre Intervention nach dem Inkrafttreten der Charta durch einzelne Staaten für völkerrechtswidrig, da sie gegen das völkerrechtliche Gewaltverbot verstoße, das keine Ausnahmen zulasse.[95]

Als Ermächtigungsgrundlage für den Erlaß von Maßnahmen mit Durchgriffswirkung scheidet die humanitäre Intervention aber aus. Die Regelungen mit Durchgriffswirkung erfüllen weder die formellen noch die materiellen Voraussetzungen der humanitären Intervention:

Zum einen liegen den Maßnahmen mit Durchgriffswirkung Resolutionen zugrunde, in denen der Sicherheitsrat den Anwendungsbereich von Kapitel VII aufgrund eine Friedensbedrohung oder einen Bruch des Friedens nach Art. 39

---

recht", 32:6 ZRP (1999), S. 227 ff., 230 zur rechtspolitischen Gebotenheit.

94 *Kofi Annan*, "We, the Peoples": Millennium Report of the Secretary-General, 3.04.2000, http://www.un.org/millennium/sg/report, §§ 218, 219.

95 So u. a. *A. Cassese*, "*Ex iniuria ius oritur*: Are We Moving towards International Legitimation of Forcible Humanitarian Countermeasures in the World Community?", 10:1 EJIL (1999), S. 23 ff., 25 ff.; *Deiseroth*, Anm. 88, S. 3086; *Th. M. Franck/ N. S. Rodley*, "After Bangladesh: The Law of Humanitarian Intervention by Military Force", 67:2 AJIL (1973), S. 275 ff., 305; *B. Simma*, "NATO, the UN and the Use of Force: Legal Aspects", 10:1 EJIL (1999), S. 1 ff., 6, 22 zur fehlenden Ermächtigung des Sicherheitsrates im Kosovo-Konflikt; *Verdross/Simma*, Anm. 1, § 473. Die Bundesrepublik Jugoslawien hat in ihrem Antrag auf einstweilige Verfügung v. 24.04.1999 an den IGH, der mangels Zuständigkeit in der Sache aber nicht entschieden hat, ebenfalls Ausführungen zur Unrechtmäßigkeit des NATO-Einsatzes gemacht, vgl. ICJ, Case concerning legality of use of force (Yugoslavia v. United States of America), Request for the indication of provisional measures, Order v. 2.06.1999, http://www.icj-cij.org/icjwww/idocket/ iyus/iyusorders/Iyus-iorder-19990602.htm.

angenommen hat. Die Maßnahmen mit Durchgriffswirkung sind daher in das kollektive UN-Sicherheitssystem nach Kapitel VII einzuordnen. Eine humanitäre Intervention wird angenommen, wenn keine andere, ausdrückliche Rechtsgrundlage vorliegt.

Zum anderen enthalten die Maßnahmen mit Durchgriffswirkung keine Ermächtigungen zum Einsatz von Waffengewalt und sind daher nicht an Art. 2 Nr. 4 zu messen.

dd. Ergebnis

Der Erlaß von Maßnahmen mit Durchgriffswirkung kann durch eine dynamische Auslegung der Charta, insbesondere von Kapitel VII und die Heranziehung der 'implied powers'-Lehre dogmatisch begründet werden. Die humanitäre Intervention scheidet als Ermächtigungsgrundlage aus.

c. Kompetenz-Kompetenz des Sicherheitsrates - Rechtsfortbildung als zulässige Normanwendung

Fraglich ist aber, ob der Sicherheitsrat ohne eine ausdrückliche Ermächtigung der Staaten die Befugnis hat, Maßnahmen mit Durchgriffswirkung zu erlassen.[96] Der Sicherheitsrat hat insbesondere mit der Einsetzung des Jugoslawien-Tribunals weitreichend in die Zuständigkeit der Mitgliedstaaten zur Strafverfolgung eingegriffen. Die Kompetenz zur Erweiterung seines Mandats auf den Erlaß von Maßnahmen mit Durchgriffswirkung hat sich der Sicherheitsrat selbst zugestanden, so daß eine Kompetenz-Kompetenz vorliegen könnte. Selbst die Europäische Gemeinschaft als ausgeprägteste Supranationale Organisation verfügen nicht über die Kompetenz, Kompetenzen zu begründen.[97]

Die Kompetenz des Sicherheitsrates ergibt sich nicht aus Art. 24. Zwar handelt der Sicherheitsrat nach Art. 24 im Namen der Mitglieder; auf eine Delegation der Kompetenz durch die Mitgliedstaaten kann hieraus jedoch nicht geschlossen

[96] Das Problem des Umfangs der generellen Zustimmung im Zustimmungsgesetz der BRD wird im folgenden verfassungsrechtlichen Kapitel diskutiert.

[97] Dies stellt die Subsidiaritätsklausel des Art. 3 b EGV klar: "Die Gemeinschaft wird innerhalb der Grenzen der ihr in diesem Vertrag zugewiesenen Befugnisse und gesetzten Ziele tätig."

werden[98], da der Sicherheitsrat im Namen der Organisation und nicht der einzelnen Mitgliedstaaten handelt.[99]

Die generelle Kompetenz für den Erlaß von Maßnahmen mit Durchgriffswirkung ergibt sich für den Sicherheitsrat aus Kapitel VII. Auch die Kompetenz des Sicherheitsrates zur Einsetzung des Jugoslawien-Tribunals ist auf die allgemeinen Zuständigkeiten zurückzuführen.

Die dynamische Normanwendung im Rahmen von Kapitel VII, die sich bezüglich der Durchgriffswirkung als eine Rechtsfortbildung darstellt, läßt sich bei Akzeptanz durch die Mitgliedstaaten der späteren Praxis der Parteien nach Art. 31 III lit. b der WVRK gleichsetzen.[100] Da dem Sicherheitsrat innerhalb der Charta die Befugnis zur Konkretisierung seiner Eingriffsbefugnisse zusteht, ihm somit eine Befugnis zur Festlegung seiner Kompetenz eingeräumt wird, ist an das Ausmaß der Akzeptanz durch die Mitgliedstaaten kein hoher Maßstab zu stellen.[101] Es ist ausreichend, wenn die Staatengemeinschaft die Entwicklung der Durchgriffswirkung überwiegend positiv aufnimmt.

3. Vereinbarkeit der Durchgriffswirkung von Sicherheitsrats-Resolutionen mit einzelnen Bestimmungen und Rechtsgrundsätzen der UN-Charta

Die Durchgriffswirkung muß sich jedoch in dem von der Charta vorgegebenen Rahmen halten.

a. Art. 25 und 48

Art. 25, der die Verpflichtung der Mitgliedstaaten zur Durchführung der Beschlüsse enthält, könnte der rechtlichen Einordnung der Durchgriffswirkung entgegenstehen. Die Verpflichtung der Mitgliedstaaten zur Ausführung der Beschlüsse des Sicherheitsrates ergibt sich aus Art. 25:

---

98 *J. Delbrück* in *Simma (ed.)*, Anm. 1, Art. 24 Rdnr. 12; *Goodrich/ Hambro/Simons*, Anm. 41, S. 202; *Oellers-Frahm*, Internationales Tribunal, Anm. 36, S. 745.

99 *J. Delbrück* in *Simma (ed.)*, Anm. 1, Art. 24 Rdnr. 20; vgl. die Diskussion im Sicherheitsrat, 662. Sitzung v. 23.03.1954, ST/PSCA/1/Add. 1 (1952-1955), S. 159 f.

100 Vgl. zum Erfordernis der Akzeptanz der Mitgliedstaaten *M. Herdegen*, "Der Sicherheitsrat und die autoritative Konkretisierung des VII. Kapitels der UN-Charta" in *U. Beyerlin/M. Bothe/R. Hofmann/E.-U. Petersmann (Hrsg.)*, "Recht zwischen Umbruch und Bewahrung", Festschrift für R. Bernhardt (1995), S. 103 ff., 110 (Sicherheitsrat).

101 *Herdegen*, Sicherheitsrat, Anm. 100, S. 112.

> "Die Mitglieder der Vereinten Nationen kommen überein, die Beschlüsse des Sicherheitsrats im Einklang mit dieser Charta anzunehmen und durchzuführen."

Die Mitgliedstaaten müssen demnach in Übereinstimmung mit den Sicherheitsrats-Beschlüssen handeln, wobei Art. 25 jedoch keine Aussage über die Wirkung eines Kapitel VII-Beschlusses in der nationalen Rechtsordnung des Mitgliedstaates enthält.[102] Nach bisheriger Ansicht sind die Sicherheitsrats-Resolutionen in den Mitgliedstaaten nicht unmittelbar anwendbar.[103] Auch Art. 25 selbst wurde bislang nicht für unmittelbar anwendbar gehalten.[104]

Kann Art. 25 dann überhaupt Grundlage für Sicherheitsrats-Resolutionen mit Durchgriffswirkung sein? Diese Frage hat auch *Judge Leventhal* im Fall des Court of Appeals *Diggs v. Richardson* aufgeworfen:

> "In holding that the U.N. Security Council Resolution involved here is not self-executing, we avoid the larger questions raised by this case:
>
> under what circumstances a Security Council resolution can create a binding international obligation of the United States; whether Art. 25 of the UN Charter, in which member nations agree to carry out the resolutions of the Council, can ever give rise to a self-executing resolution?"[105]

Grundsätzlich sind die Sicherheitsrats-Resolutionen nach Kapitel VII für die Mitgliedstaaten verpflichtend. Die rechtliche Bindung resultiert aus Art. 25 und dem Übereinkommen der Mitgliedstaaten, die Beschlüsse des Sicherheitsrats anzunehmen und durchzuführen.[106] Die rechtliche Verpflichtung der Mitgliedstaaten nach Art. 25 umfaßt neben der Umsetzung der Beschlüsse in das nationale Recht auch die Beachtung der Resolutionen, die direkt im nationalen Recht wirken.

Wie ist die Öffnung der nationalen Rechtsordnung zu begründen? Aus den Materialien zur Charta ergibt sich eine weitgehende Verpflichtung der Mitgliedstaaten zur Durchführung der Sicherheitsratsmaßnahmen. Art. 25 selbst enthält keine Beschränkung hinsichtlich der Beschlüsse, auf die er sich bezieht.[107]

---

[102] *Oellers-Frahm*, Cooperation, Anm. 8, S. 305.

[103] *Oellers-Frahm*, Cooperation, Anm. 8, S. 305; *Verdross/Simma*, Anm. 1, S. 138/139.

[104] Vgl. zur Praxis der amerikanischen Gerichte die Darstellung *supra* in Kapitel II.

[105] *Judge Leventhal*, Court of Appeals, *Diggs v. Richardson*, 555 F. 2d 850 No. 9.

[106] *J. Delbrück* in *Simma (ed.)*, Anm. 1, Art. 25 Rdnr. 16.

[107] *Goodrich/Hambro/Simons*, Anm. 41, S. 208.

Auch der Sicherheitsrat hat bislang den Umfang der Verpflichtung der Mitgliedstaaten nach Art. 25 nicht näher definiert.[108]

Die Verpflichtung der Mitgliedstaaten wurde bereits in den 'Dumbarton Oaks Proposals' festgelegt:

> "All members of the Organization should obligate themselves to accept the decisions of the Security Council and to carry them out in accordance with the provisions of the Charter."[109]

Aus dieser Vorschlagsfassung von Art. 25 geht nicht hervor, ob auch die die Mitgliedstaaten verpflichtenden Beschlüsse und nicht nur die Ausführung der Beschlüsse den Vorgaben der Charta entsprechen mußten.[110] Nach einer Lesart sind nur solche Beschlüsse des Sicherheitsrats anzunehmen und durchzuführen, die im Einklang mit der Charta ergangen sind, d.h. die den Bestimmungen der Charta entsprechen.[111] Nach anderer Lesart sind die verbindlichen Beschlüsse des Sicherheitsrates im Einklang mit der Charta von den Mitgliedern anzunehmen und durchzuführen.[112]

Für die erstgenannte Auffassung spricht die Zielsetzung der Charta, nach der die Mitglieder nach Art. 2 Ziff. 5 zur Unterstützung der Maßnahmen des Sicherheitsrates verpflichtet sind. Die Worte "im Einklang mit dieser Charta" sollen die allgemeine Verpflichtung der Mitglieder für die für die Friedenswahrung wichtigen Beschlüsse konkretisieren.[113]

Aufgrund der Entstehungsgeschichte ist dieser Auslegung jedoch nicht zuzustimmen.[114] Auf der Gründungskonferenz der UN fand der Vorschlag, bei von Mitgliedstaaten als kompetenzwidrig angesehenen Akten der Organe der UN den

---

[108] Repertory of United Nations Practice, II, S. 39.

[109] Dumbarton Oaks Proposals, Chapter VI, Section B, Nr. 4.

[110] *J. Delbrück* in *Simma (ed.)*, Anm. 1, Art. 25 Rdnr. 6; *Goodrich/Hambro/Simons*, Anm. 41, S. 208; *R. Sonnenfeld*, "The Obligation of UN Member-States 'to accept and carry out the decisions of the Security Council'", VIII Polish Yearbook of International Law (1977), S. 129 ff.

[111] *P. Rösgen,* Rechtsetzungsakte der Vereinten Nationen und ihrer Sonderorganisationen - Bestandsaufnahme und Vollzug in der Bundesrepublik Deutschland (1985), S. 156.

[112] So kritisch *G. Dahm*, Völkerrecht, Bd. II (1961), S. 212.

[113] *J. Delbrück* in *Simma (ed.),* Anm. 1, Art. 25 Rdnr. 17.

[114] *M. Krökel*, Die Bindungswirkung von Resolutionen des Sicherheitsrates der Vereinten Nationen gegenüber Mitgliedstaaten (1977), S. 35; *R. B. Russell/J. E. Muther*, A History of the United Nations Charter (1958), S. 665.

IGH anzurufen, keine Mehrheit.[115] Die Gründer haben die Frage von Kompetenzüberschreitungen damit nicht unter die Kontrolle durch die einzelnen Mitgliedstaaten gestellt.[116]

In Hinblick auf Art. 2 Ziff. 5 erweist sich der Hinweis in Art. 25 auf die Vereinbarkeit mit der Charta als überflüssig[117], da nach Art. 2 Ziff. 5 die allgemeine Verpflichtung der Mitglieder feststeht. Eine Betrachtung von Art. 25 im Gesamtkontext der Charta bestätigt diese Verpflichtung: da sich nach Art. 1 Ziff. 1 die UN das Ziel setzen, den Weltfrieden zu wahren und zu diesem Zweck wirksame Kollektivmaßnahmen zu treffen, würde ein materiell-rechtliches Prüfungsrecht der Mitgliedstaaten die Wirksamkeit der Maßnahmen einschränken.[118] Diese Auslegung wird auch durch die nach Art. 111 verbindliche französische Fassung von Art. 25 gestützt:

> "Les Membres de l'Organisation conviennent d'accepter les décisions du Conseil de Sécurité conformément à la présente Charte",

in der sich "conformément" auf das Handeln der Mitgliedstaaten bei der Durchführung der Resolutionen bezieht.[119]

Es ist daher davon auszugehen, daß Voraussetzung der Verpflichtung zur Durchführung der Beschlüsse allein deren objektive Vereinbarkeit mit der Charta ist.[120] Die Mitglieder können jedoch nur überprüfen, ob die Beschlüsse in dem vorgesehenen Verfahren gefaßt wurden[121]; eine materielle Prüfungskompetenz der Beschlüsse steht den Mitgliedern nicht zu.[122]

Daß Art. 25 in seinem Wortlaut die Durchführung der Sicherheitsrats-Beschlüsse durch die Mitgliedstaaten vorsieht, steht der Durchgriffswirkung nicht entgegen. Die Resolutionen werden aber nicht nur durchgeführt, wenn sie von den Mitgliedstaaten in nationales Recht umgesetzt werden, sondern auch wenn sie

---

115 UNCIO, Documents, Vol. VI (1945), S. 509.

116 *K. Schmalenbach*, "Die Auslieferung mutmaßlicher deutscher Kriegsverbrecher an das Jugoslawientribunal in Den Haag", 36:3 Archiv des Völkerrechts (1998), S. 285 ff., 292.

117 *Delbrück* in *Simma (ed.)*, Anm. 1, Art. 25 Rdnr. 18.

118 *Bryde* in *Simma (ed.)*, Anm. 1, Art. 48 Rdnr. 4; *Schmalenbach*, Anm. 116, S. 291.

119 *Schmalenbach*, Anm. 116, S. 290.

120 *Delbrück* in *Simma (ed.)*, Anm. 1, Art. 25 Rdnr. 18.

121 *Delbrück* in *Simma (ed.)*, Anm. 1, Art. 25 Rdnr. 18.

122 So zutreffend *Dahm*, Anm. 112, S. 212 mit der Begründung, daß eine solche Kompetenz das Friedenssicherungssystem der UN und die Funktionsfähigkeit des Sicherheitsrates schwächen würde; *Schmalenbach*, Anm. 116, S. 293.

Einzelne direkt verpflichten oder den nationalen Rechtsanwendungsorganen als Entscheidungsgrundlage dienen. Art. 25 schreibt ebensowenig eine bestimmte Form der Durchführung der Sicherheitsrats-Maßnahmen vor. Eine Umsetzung der Sicherheitsrats-Resolution in nationales Recht ist zur Erfüllung der Verpflichtung des Art. 25 nicht erforderlich.

Ähnliche Erwägungen gelten auch für Art. 48, der die Verpflichtung des Art. 25 für Beschlüsse nach Kapitel VII bekräftigt.[123] Art. 48 setzt jedoch Beschlüsse des Sicherheitsrates nach Art. 41 oder 42 voraus, so daß Art. 48 nicht allein als Rechtsgrundlage für die Durchführung von Zwangsmaßnahmen angesehen werden kann.[124]

Für die Eröffnung des Anwendungsbereiches von Art. 48 im Rahmen des Kapitel VII müssen die Voraussetzungen von Art. 39 vorliegen. Zwar enthält Art. 48 nicht den Teil des Art. 25 "im Einklang mit dieser Charta". Da Art. 48 aber die Verpflichtung des Art. 25 für Kapitel VII konkretisiert, müssen die Vorgaben von Kapitel VII auch im Rahmen von Art. 48 gelten.[125]

Daß Art. 48 keine uneingeschränkte Verpflichtung der Mitgliedstaaten normiert, ergibt sich daraus, daß der Anwendungsbereich von Art. 48 nur über Art. 39 eröffnet ist. Aufgrund eines Verstosses gegen das Verhältnismäßigkeitsprinzip oder eine nicht von Art. 39 umfaßte Auslegung der Begriffe Weltfrieden und internationale Sicherheit, kann die Maßnahme des Sicherheitsrates rechtswidrig sein. Aufgrund der weiten Auslegung von Art. 39 sind solche Fälle selten.

Art. 25 und 48 stehen der Durchgriffswirkung von Sicherheitsrats-Resolutionen daher nicht entgegen.

b. Art. 2 Ziff. 1

Die Entscheidungen mit Durchgriffswirkung entfalten ihre Wirkungen direkt im nationalen Recht und brechen somit in die nationale Rechtsordnung ein, so daß sie unvereinbar mit Art. 2 Ziff. 1 sein könnten.

Grundsätzlich schützt der Grundsatz der äußeren Souveränität[126] die innerstaatliche Rechtsordnung mit einem "Souveränitätspanzer".[127] Hierdurch soll das Eindringen

---

[123] *B.-O. Bryde* in *Simma (ed.)*, Anm. 1, Art. 48 Rdnr. 1; *Eisemann* in *Cot/Pellet*, Anm. 40, S. 747.

[124] *Bryde* in *Simma (ed.)*, Anm. 1, Art. 48 Rdnr. 4.

[125] *Bryde* in *Simma (ed.)*, Anm. 1, Art. 48 Rdnr. 4.

[126] Vgl. zur Unterscheidung von äußerer und innerer Souveränität *A. Bleckmann* in *Simma*

des Völkerrechts in den innerstaatlichen Rechtsraum[128] und die Überlagerung des innerstaatlichen Rechts durch das Völkerrecht verhindert werden. Bislang wurde nur im Bereich der Europäischen Gemeinschaften Souveränität auf die supranationalen Organisationen übertragen, die dadurch echte Hoheitsgewalten mit Durchgriff in den nationalen Rechtsraum besitzen.[129] Trotz der teilweisen Übertragung der Hoheitsrechte auf eine Supranationale Organisation bleiben die Staaten im übrigen souverän.[130]

Dem Sicherheitsrat wurden solche Hoheitsbefugnisse durch die Mitgliedstaaten der UN nicht übertragen. Gerade die Errichtung eines Strafverfolgungsorgans greift in hohem Maße in Bereiche ein, die grundsätzlich der staatlichen Souveränität unterstehen.[131] Auch in den Fällen des 'failed state' ist trotz des Wegfalls der effektiven Staatsgewalt die Souveränität des Staates betroffen.[132]

Aufgrund einer wachsenden Interdependenz zwischen den Staaten und der Entstehung einer internationalen Gemeinschaft hat sich das Souveränitätsverständnis gewandelt.[133] Die neueren Entwicklungen des Völkerrechts prägen auch das Verständnis der Souveränität.

Der Souveränitätsanspruch tritt aufgrund des Grundinteresses der internationalen Gemeinschaft zurück.[134] Bei der Sicherung der Menschenrechte ist die Souveränität des Staates längst kein gültiger Einwand mehr[135]:

(ed.), Anm. 1, Art. 2 Ziff. 1 Rdnr. 7 ff.

127 *Bleckmann* in *Simma (ed.)*, Anm. 1, Art. 2 Ziff. 1 Rdnr. 23; *A. Bleckmann*, Grundgesetz und Völkerrecht (1975), S. 264 - 273.

128 Sog. Grundsatz der Impermeabilität der staatlichen Rechtsordnung, *Bleckmann* in *Simma (ed.)*, Anm. 1, Art. 2 Ziff. 1 Rdnr. 37.

129 *Bleckmann* in *Simma (ed.)* Anm. 1, Art. 2 Ziff. 1 Rdnr. 36.

130 *Bleckmann* in *Simma (ed.)*, Anm. 1, Art. 2 Ziff. 1 Rdnr. 27.

131 Nach *B. Graefrath*, "Jugoslawientribunal - Präzedenzfall trotz fragwürdiger Rechtsgrundlage", 47 Neue Justiz (1993), S. 433 ff., 434 f. ist insbesondere die Errichtung des Jugoslawien-Tribunals ein Eingriff in die Souveränitätsrechte aller Staaten, da es für die vom Sicherheitsrat wahrgenommenen legislativen und gerichtlichen Kompetenzen keine Rechtsgrundlage in der Charta gibt; vgl. auch *G. Biehler*, "Souveränität im Wandel", 35:1 Der Staat (1996), S. 99 ff., 100.

132 *Herdegen*, The Failed State, Anm. 3, S. 81 spricht von "einem zur Souveränitätshülse gewordenem Staat".

133 *Bleckmann* in *Simma (ed.)*, Anm. 1, Art. 2 Ziff. 1 Rdnr. 32; *Bruha/ Krajewski*, Anm. 30, S. 15; *Tomuschat*, Internationale Gemeinschaft, Anm. 15, S. 18.

134 Nach *Tomuschat*, Internationale Gemeinschaft, Anm. 15, S. 18 wird der souveräne Staat zunehmend zum Anachronismus.

135 *Bruha/Krajewski*, Anm. 30, S. 15; *Delbrück*, Anm. 26, S. 13; *Ch. H. Schreuer*, "The

> "It would be a travesty of law and a betrayal of the universal need for justice, should the concept of State sovereignty be allowed to be raised successfully against human rights."[136]

Der Zugriff auf Einzelne im Bereich des Völkerstrafrechts bei Verletzungen humanitärer Standards ist mittlerweile rechtlich anerkannt. Eine strikte Trennung zwischen Völkerrecht und nationalem Recht ist nicht mehr anzunehmen, da das Völkerrecht weitgehend automatisch im innerstaatlichen Recht vollzogen werden kann.[137]

Dieser Entwicklung entsprechen auch die Feststellungen des Generalsekretärs *B. Boutros-Ghali* in der *'Agenda for Peace'*:

> "The foundation-stone of this work is and must remain the State. Respect for its fundamental sovereignty and integrity are crucial to any common international progress. The time of absolute and exclusive sovereignty, however, has passed; its theory was never matched by reality. It is the task of leaders of States today to understand this and to find a balance between the needs of good internal governance and the requirements of an ever more interdependent world. Commerce, communications and environmental matters transcend administrative borders; but inside those borders is where individuals carry out the first order of their economic, political and social lives. The United Nations has not closed its door. Yet if every ethnic, religious or linguistic group claimed statehood, there would be no limit to fragmentation, and peace, security and economic well-being for all would become ever more difficult to achieve."[138]

Trotz des eingeschränkten Souveränitätsbegriffes bleibt die grundsätzliche Geltung des Souveränitätsprinzips aber unberührt.[139] Das Souveränitätsprinzip und

---

Waning of the Sovereign State: Towards a New Paradigm for International Law?", 4 EJIL (1993), S. 447 ff., 465; *Tomuschat*, Internationale Gemeinschaft, Anm. 15, S. 18; *Tomuschat*, Internationaler Strafgerichtshof, Anm. 41, S. 49.

136 Jugoslawien-Tribunal, Case No. IT-94-1-AR72, 2.10.1995, In the Appeals Chamber, The Prosecutor v. Duško Tadič a/k/a "Dule", Decision on the defence motion for interlocutory appeal on jurisdiction, § 58, 35 ILM (1996), S. 32 ff., 51/52.

137 *G. Ress*, "Wechselwirkungen zwischen Völkerrecht und nationalem Recht" in *G. Ress/Ch. Schreuer (Hrsg.)*, Wechselwirkungen zwischen Völkerrecht und Verfassung bei der Auslegung völkerrechtlicher Verträge, 23 Berichte der Deutschen Gesellschaft für Völkerrecht, 18. Tagung in Salzburg v. 1. bis 4. April 1981 (1982), S. 7 ff., 16 - 19.

138 'Agenda for Peace', Anm. 33, § 17.

139 *Bruha/Krajewski*, Anm. 30, S. 15; *Gading*, Anm. 27, S. 231; *Schreuer*, Anm. 135, S. 469.

die Handlungen des Sicherheitsrates beeinflussen sich gegenseitig[140]: der Sicherheitsrat hat bei der Auslegung der Friedensbedrohung im Sinne von Art. 39 die staatliche Souveränität zu achten, weitet bei einer extensiven Anwendung seiner Maßnahmen seinen eigenen Handlungsspielraum aus und wird aber gleichzeitig durch das Prinzip der Souveränität in seiner Kompetenz eingeschränkt, aus humanitären Gründen Maßnahmen nach Kapitel VII zu ergreifen.

Da der Sicherheitsrat die Maßnahmen mit Durchgriffswirkung zur Sicherung humanitärer Belange verwendet, sind seine Handlungen mit dem angesichts der neueren Entwicklungen modifizierten Souveränitätsprinzip und dem dadurch inhaltlich aufgeweichten Grundsatz der Impermeabilität der staatlichen Rechtsordnung vereinbar. Die Durchgriffswirkung verstößt daher nicht gegen Art. 2 Ziff. 1.

c. *Art. 2 Ziff. 7*

Auch der Sicherheitsrat ist bei der Wahrnehmung seiner Kompetenzen an das Interventionsverbot des Art. 2 Ziff. 7 gebunden.[141] Die Mitgliedstaaten sollen vor Eingriffen der UN in innere Angelegenheiten geschützt werden. Art. 2 Ziff. 7 schützt den innerstaatlichen Zuständigkeitsbereich der Staaten[142] und ihr Selbstorganisationsrecht.

Das Interventionsverbot steht nach Art. 2 Ziff. 7 Maßnahmen auf der Grundlage von Kapitel VII ausdrücklich nicht entgegen. Maßnahmen nach Kapitel VII gehen der Achtung der staatlichen Souveränität vor, da hinsichtlich Zwangsmaßnahmen nach Kapitel VII die 'domaine réservé' der Staaten eingeschränkt wird.[143] Der Sicherheitsrat wird durch Art. 2 Ziff. 7 nicht daran gehindert, in innerstaatlichen Konflikten tätig zu werden.[144]

---

140 *Gading*, Anm. 27, S. 231.

141 Am deutlichsten *Delbrück*, Anm. 26, S. 17.

142 *F. Ermacora* in *Simma (Hrsg.)*, Anm. 1, Art. 2 Ziff. 7 Rdnr. 12.

143 *Delbrück*, Anm. 26, S. 18 verweist darauf, daß "die Tatbestände [des Kapitel VII] ihrer Natur nach internationale Phänomene und damit *per definitionem* keine inneren Angelegenheiten des Staates sind."; *Ermacora* in *Simma (Hrsg.)*, Anm. 1, Art. 2 Ziff. 7, Rdnr. 12.

144 *Blokker/Kleiboer*, Anm. 11, S. 34/35.

Art. 2 Ziff. 7 ist aufgrund der dynamischen Weiterentwicklung der Charta im Kern erweitert auszulegen: das Handeln der Gemeinschaft dient gerade der Sicherung des Selbstbestimmungsrechts der einzelnen Staaten.[145]

Der Sicherheitsrat bleibt an dieses Prinzip als Teil des zwingenden Völkergewohnheitsrechts jedoch gebunden[146] und hat immanente Schranken der Charta zu beachten. Auch der Eingriff in funktionsunfähige staatliche Strukturen bedarf der Rechtfertigung durch humanitäre Belange.[147] Die Wahrnehmung hoheitlicher Aufgaben wie durch die UNTAC in Kambodscha oder durch den 'High Representative' nach dem Dayton-Abkommen kommt daher nur aufgrund gesonderter vertraglicher Vereinbarungen in Betracht.[148] Der Sicherheitsrat ist prinzipiell auch an die Autorität einer amtierenden Staatsmacht gebunden, wobei eine Ausnahme anzunehmen ist, wenn wie im Fall Haiti eine demokratisch gewählte Regierung und tatsächliche Machtinhaber konkurrieren.[149]

Im Rahmen von Kapitel VII ist die Rechtmäßigkeit des Handeln des Sicherheitsrates am Verhältnismäßigkeitsgrundsatz zu messen.[150] Der Eingriff des Sicherheitsrates in die Angelegenheiten des Staates muß geeignet und erforderlich zum beabsichtigten Zweck sein und darf die innere Souveränität des Staates nicht unverhältnismäßig beeinträchtigen.[151]

---

145 *Perez*, Anm. 6, S. 404: "The argument from community's manifestation in an expanded right to self-determination, given the amendment of the Charter to demand self-government and permit community action to assure its success, extends the core meaning of Article 2 (7) of the original Charter to new circumstances."

146 *Herdegen*, The Failed State, Anm. 3, S. 70; zur Bindung des Sicherheitsrates an *ius cogens* Sondervotum *Judge Lauterpacht*, IGH, Application of the Convention on the Prevention and Punishment of the Crime of Genocide (Bosnia and Herzegovina v. Yugoslavia), Provisional Order v. 13.09.1993, ICJ Reports (1993), S. 325 ff., 440.

147 *Gill*, Anm. 49, S. 74 ff.; *R. B. Lillich*, "Humanitarian Intervention through the United Nations: Towards the Development of Criteria", 53 ZaöRV (1993), S. 557 ff., 572.

148 *Herdegen*, Befugnisse, Anm. 15, S. 30; dies gilt auch für die Einsetzung von Übergangsregierungen, vgl. *Herdegen*, The Failed State, Anm. 2, S. 34 f.

149 *Herdegen*, Befugnisse, Anm. 15, S. 30.

150 *Bothe* in *R.-J. Dupuy (éd.)*, Anm. 46, S. 78/79; *Delbrück*, Anm. 26, S. 20; *Herdegen*, Constitutionalization, Anm. 49, S. 157; *Herdegen*, Befugnisse, Anm. 15, S. 30/31 weist darauf hin, daß dem Verhältnismäßigkeitsprinzip aufgrund des umfangreichen Einschätzungsspielraumes des Sicherheitsrates nur eine geringe regulative Wirkung zukommt; *Lillich*, Anm. 147, S. 572.

151 *Gading*, Anm. 27, S. 224, die allerdings die Frage der Verhältnismäßigkeit der Auslegung der Friedensbedrohung nach Art. 39 zum Schutz von Menschenrechten mit *erga-omnes*-Wirkung untersucht; *Herdegen*, Constitutionalization, Anm. 49, S. 157.

Durch die Sicherheitsrats-Resolutionen mit Durchgriffswirkung beabsichtigt der Sicherheitsrat, dem Völkerrecht Geltung zu verschaffen, die staatlichen Ordnungsstrukturen wiederherzustellen und die Folgen gewaltsamer Konflikte zu beseitigen, indem er gegen die Nichteinhaltung menschenrechtlicher Standards, die Bedrohung der Bevölkerung durch Banden oder durch einen Mangel an lebenswichtigen Gütern vorgeht.

Die Aufarbeitung der Konfliktfolgen durch den Wiederaufbau staatlicher Verwaltungsstrukturen und die Feststellung der Verantwortlichkeit Einzelner sind geeignet, zur Wiederherstellung des Weltfriedens beizutragen.

Die Maßnahmen mit Durchgriffswirkung sind auch erforderlich, da es keine gleichermaßen effektiven, in geringerem Maße in das Selbstbestimmungsrecht des betroffenen Staates eingreifenden Handlungsmöglichkeiten für den Sicherheitsrat gibt: So dienen potentielle Maßnahmen auf der Grundlage von Kapitel VI eher zur Konfliktvermeidung als zur Konfliktlösung. Maßnahmen auf der Grundlage von Kapitel VII ohne Durchgriffswirkung würden zwar das Selbstorganisationsrecht der Staaten nicht betreffen, andererseits aber auch keine vergleichbare, konstruktive Wirkung haben, da sie Einzelne nicht zur Verantwortung ziehen und auch nicht den innerstaatlichen Verwaltungsbereich wiederaufbauen würden. Gerade im Fall des 'failed state' sind die Maßnahmen des Sicherheitsrates aufgrund des Fehlens einer funktionsfähigen staatlichen Ordnungsinstanz und der dadurch gestörten nationalen Rechtsordnung zur Beendigung schwerwiegender Menschenrechtsverletzungen erforderlich. Weiterhin müßte auch die Verhältnismäßigkeit im engeren Sinne vorliegen, d. h. daß die Maßnahmen mit Durchgriffseffekt die staatliche Souveränität nicht unverhältnismäßig beeinträchtigen dürfen.[152] Zwar greifen die Maßnahmen mit Durchgriffswirkung erheblich in den staatlichen Bereich ein, sie sind jedoch durch die mit ihnen bezweckte Durchsetzung menschenrechtlicher Standards und der Wiederherstellung des Friedens gerechtfertigt. Da der Sicherheitsrat mit den Maßnahmen völkerrechtliche Verpflichtungen durchsetzt, die im Interesse der Weltgemeinschaft liegen, tritt die staatliche Souveränität in diesen Fällen zurück. Auch der Sicherheitsrat ist sich bewußt, daß besondere Konfliktsituationen notwendig sind, damit er im innerstaatlichen Rechtsraum gestaltend tätig werden kann. So hat er in den Resolutionen mit Durchgriffswirkung auf die ungewöhnliche Situation hingewiesen, die Maßnahmen mit Ausnahmecharakter erfordert, wie in der Resolution 794 (1992):

---

152 So *Gading*, Anm. 27, S. 228 für die Auslegung der Friedensbedrohung.

> "Recognizing the unique character of the present situation in Somalia and mindful of its deteriorating, complex and extraordinary nature, requiring an immediate and exceptional response."[153]

Art. 2 Ziff. 7 steht der Durchgriffswirkung daher nicht entgegen.

d. *Kompetenz des Sicherheitsrates (Art. 25 und Kapitel VII)*

Durch den Erlaß von Maßnahmen mit Durchgriffswirkung könnte der Sicherheitsrat seine Kompetenzen überschreiten und *ultra vires* handeln. Wenn der Sicherheitsrat materielle Kompetenzen wahrnehme, die ihm nicht zustehen, könnte er in das institutionelle Gefüge der Charta eingreifen und seine Kompetenzen gegenüber den anderen Organen übertreten.

Diese Problemfelder werden im folgenden am Beispiel der Errichtung der 'UN Claims Commission' und des Jugoslawien-Tribunals, das hinsichtlich der Intensität des Eingriffs in die staatliche Rechtsordnung an der Spitze der Resolutionen mit Durchgriffswirkung steht[154], beispielhaft aufgezeigt.

e. *Kompetenz zur Errichtung der 'UN Claims Commission' (UNCC)*

Auf der Grundlage von §§ 18 und 19 der Resolution 687 (1991)[155], der Resolution 692 (1991)[156] und des 'Report of the Secretary-General Pursuant to Paragraph 19 of the Security Council Resolution 687 (1991)'[157] hat der Sicherheitsrat die UNCC zur Befriedigung von Entschädigungsansprüchen aus einem einzurichtenden Fonds errichtet.[158] Vor der Kommission können alle unmittelbaren Verluste, Schäden und

---

[153] S/RES/794 (1992) v. 3.12.1992, Resolutions and Decisions of the Security Council (1992), 47 SCOR 69, Präambel.

[154] In der Literatur wurde die Errichtung des Tribunals als "act of ground-breaking importance" bezeichnet, *Th. Meron*, "The Case for War Crimes Trials in Yugoslavia", 72:3 Foreign Affairs, Summer 1993 (1993), S. 122.

[155] S/RES 687 (1991) v. 3.04.1991, Resolutions and Decisions of the Security Council (1991), 46 SCOR 11.

[156] S/RES 692 (1991) v. 20.05.1991, Resolutions and Decisions of the Security Council (1991).

[157] 'Report of the Secretary-General pursuant to paragraph 19 of Security Council resolution 687 (1991)' v. 2.05.1991, UN Doc. S/22559 (1991), abgedruckt in *R. B. Lillich (ed.)*, The United Nations Compensation Commission, Thirteenth Sokol Colloquium (1995), S. 385 ff.

[158] Vgl. allgemein zur UNCC *C. Alzamora*, "The UN Compensation Commission: An Overview" in *R. Lillich (ed.)*, The United Nations Compensation Commission,

sonstigen Beeinträchtigungen geltend gemacht werden, die als Folge der unrechtmäßigen Invasion und Besetzung Kuwaits durch Irak entstanden sind.[159] Antragsteller können Einzelpersonen, Unternehmen, Staaten und Internationale Organisationen sein. Die UNCC untersteht direkt dem Sicherheitsrat und besteht aus den folgenden Organen: Der aus 15 Mitgliedern bestehende Verwaltungsrat ('Governing Council') ist aus Vertretern der fünf Ständigen und der zehn jeweiligen nichtständigen Mitglieder des Sicherheitsrates zusammengesetzt. Die Prüfung der Ansprüche ist Spruchkörpern übertragen ('Panels'), die jeweils aus drei Mitgliedern ('Commissioners') bestehen. Diese werden vom UN-Generalsekretär mit Zustimmung des Verwaltungsrates ernannt. In einem auffälligen Gegensatz steht die Unabhängigkeit der 'Commissioner' und die politische Zusammensetzung des 'Governing Council', die die Mitgliedsverhältnisse des Sicherheitsrates widerspiegelt.[160]

Die UNCC ist völkerrechtlich ein Novum[161] und eine Institution *sui generis*.[162] Dadurch daß die UNCC in materiell-rechtlichen Fragen der Staatenverantwortlichkeit hoheitlich im innerstaatlichen Bereich tätig wird[163], kann den Entscheidungen über die Entschädigungsansprüche Durchgriffswirkung zukommen, so z. B. wenn Einzelpersonen berechtigt werden.

Da das Verfahren schwerpunktmäßig einen verwaltungsrechtlichen und keinen streitschlichtenden Charakter aufweist, handelt es sich bei der UNCC nicht um eine mit einem Gericht oder Schiedsgericht zu vergleichende Streiterledigungsinstitution.[164] Die UNCC stellt als politisches Organ die Fakten für die Entschädigungsansprüche zusammen, prüft die Begründetheit der Ansprüche und legt Zahlungen fest.[165] Allein bei der Regelung umstrittener Ansprüche kann es zur

---

Thirteenth Sokol Colloquium (1995), S. 3 ff.; *J. R. Crook*, "The United Nations Compensation Commission - a New Structure to Enforce State Responsibility", 87:1 AJIL (1993), S. 144 ff..

159 Vgl. zu den Ansprüchen im einzelnen *K.-H. Böckstiegel*, "Ein Aggressor wird haftbar gemacht", 45:3 VN (1997), S. 89 ff., 89.

160 *H. Wassgren*, "The UN Compensation Commission: Lessons of Legitimacy, State Responsibility, and War Reparations", 11:3 LJIL (1998), S. 473 ff., 490.

161 *Bruha/Krajewski*, Anm. 30, S. 16.

162 *Wassgren*, Anm. 160, S. 474.

163 *Bruha/Krajewski*, Anm. 30, S. 16.

164 *Böckstiegel*, Anm. 159, S. 93 weist auch daraufhin, daß die verfahrensmäßige Beteiligung des Iraks gering ausgeprägt ist; *Wassgren*, Anm.160, S. 490.

165 Report of the Secretary-General pursuant to paragraph 19 of Security Council resolution 687 (1991) v. 2.05.1991, UN Doc. S/22559 (1991), § 20.

Ausübung quasi-gerichtlicher Aufgaben durch die UNCC kommen[166], wobei dies nicht ausreicht, um die UNCC als Gericht zu qualifizieren.

Als Rechtsgrundlage konnte sich der Sicherheitsrat auf Kapitel VII und Art. 29 der Charta stützen. In der erweiterten Auslegung von Kapitel VII kann der Sicherheitsrat eine Maßnahme nach Art. 39 iVm. 41, dessen Katalog nicht abschließend ist[167], auch zur Aufarbeitung von Kriegsfolgen erlassen, sofern dies zur Wiederherstellung des Weltfriedens und der internationalen Sicherheit erforderlich ist. Aufgrund des massiven Friedensbruches, des Ausmaßes des Irak-Kuwait-Konfliktes und der Folgeschäden ist die Errichtung der UNCC als erforderlich anzusehen. Die Befugnis zur Einsetzung eines Nebenorgans ergibt sich für den Sicherheitsrat aus Art. 29.

f. Kompetenz zur Errichtung des Jugoslawien-Tribunals

aa. Materielle Kompetenzen des Sicherheitsrates

Der Sicherheitsrat kann zur Wahrung des Friedens aufgrund seiner Funktion als Ordnungsinstanz[168] Resolutionen mit Durchgriffswirkung an Einzelne und nichtstaatliche Gruppen erlassen kann, in denen er diese zur Verantwortung zieht. Im Rahmen von Kapitel VII kann der Sicherheitsrat auch ein Gericht mit den Kompetenzen, wie er sie dem Jugoslawien- und dem Ruanda-Tribunal zuerkannt hat, einrichten.

Gegen die Berechtigung wird im wesentlichen folgendes angeführt: Nach Kapitel VII solle dem Sicherheitsrat keine gerichtliche oder legislative Kompetenz zur Streitbeilegung zustehen.[169] Art. 41 und 42, deren Aufzählung als abschließend gelte, sollen den Sicherheitsrat nicht dazu berechtigen, Maßnahmen zur Herstellung des Friedens anzuordnen, wie z. B. die Strafhoheit über einzelne Personen auszuüben.[170] Schließlich liege in der Einrichtung des Tribunals ein weitreichender Eingriff in die Souveränitätsrechte aller Staaten.[171] Zwar stehe dem Sicherheitsrat

---

[166] Report of the Secretary-General pursuant to paragraph 19 of Security Council resolution 687 (1991) v. 2.05.1991, UN Doc. S/22559 (1991), §§ 20, 25.

[167] *Frowein* in *Simma (ed.)*, Anm. 1, Art. 41 Rdnr. 9; *Goodrich/Hambro/Simons*, Anm. 41, S. 311/312.

[168] So *Thürer*, The Failed State, Anm. 3, S. 24.

[169] *T. Trautwein*, "Das Internationale Jugoslawien-Tribunal und das Völkerrecht", 28:3 ZRP (1995), S. 87 f., 87; vehementester Kritiker hinsichtlich der Errichtung eines Tribunals durch den Sicherheitsrat *Graefrath*, Anm. 131, S. 436.

[170] *Graefrath*, Anm. 131, S. 435.

[171] *Graefrath*, Anm. 131, S. 435.

nach Art. 29 die Befugnis zur Einsetzung von Nebenorganen zu, wobei diesen aber keine Funktionen übertragen werden dürfen, die dem Sicherheitsrat selbst nicht zuständen.[172]

Zu den Einwänden ist festzustellen, daß es in der Charta keine ausdrückliche Vorschrift gibt, die die Einsetzung judikativer Organe erlaubt oder verbietet, wie der IGH mit Recht festgestellt hat:

> "There is no express provision for the establishment of judicial bodies or organs and no indication to the contrary."[173]

Der IGH hat im Anschluß an das vorstehende Zitat auf die 'implied powers' verwiesen und die Errichtung des Verwaltungsgerichts für rechtmäßig gehalten, da sie zur Sicherung der Funktionsfähigkeit der Organe notwendig war:

> "In these circumstances, the Court finds that the power to establish a tribunal, to do justice between the Organization and the staff members, was essential to ensure the efficient working of the Secretariat, and to give effect to the paramount consideration of securing the highest standards of efficiency, competence and integrity. Capacity to do this arises by necessary intendment out of the Charter."[174]

Der Generalsekretär hat in seinem Bericht vom 3.05.1993 begründet, daß der Sicherheitsrat in der Lage ist, das Jugoslawien-Tribunal auf der Grundlage von Kapitel VII einzusetzen.[175] Der Sicherheitsrat hat in seinen Resolutionen die Voraussetzungen für den Anwendungsbereich von Kapitel VII bejahrt[176] und bereits zuvor Nebenorgane eingesetzt.[177] Außerdem wendet das Tribunal bereits existierendes humanitäres Völkerrecht an.[178]

---

172 *M. Hilf* in *Simma (ed.),* Anm. 1, Art. 29 Rdnr. 29; *Oellers-Frahm*, Internationales Tribunal, Anm. 36, S. 742.

173 IGH, Effect of awards of compensation made by the UN Administrative Tribunal, Advisory Opinion of July 13th, 1954, ICJ Reports (1954), S. 47 ff., 56.

174 IGH, Effect of awards of compensation made by the UN Administrative Tribunal, Advisory Opinion of July 13th, 1954, ICJ Reports (1954), S. 47 ff., 57.

175 'Report of the Secretary-General pursuant to paragraph 2 of Security Council Resolution 808 (1993), presented 3 May 1993', abgedruckt in UN, International Criminal Tribunal for the former Yugoslavia, Basic documents (1995), S. 147 ff., S/25704, §§ 23 - 30 (Report of the Secretary-General).

176 Report of the Secretary-General, Anm. 175, § 25.

177 Report of the Secretary-General, Anm. 175, § 27.

178 Report of the Secretary-General, Anm. 175, § 29.

Der Sicherheitsrat selbst hat seine sachliche Zuständigkeit auf Kapitel VII gestützt.[179] Kapitel VII sieht keine ausdrückliche Rechtsprechungskompetenz des Sicherheitsrates für die Streitbeilegung zwischen Staaten und die Beseitigung der Folgen militärischer Konflikte vor.[180] Durch das Jugoslawien-Tribunal erfolgt eine Konfliktbewältigung im Einzelfall, so daß der Sicherheitsrat keine quasi-legislativen Rechtssetzungsbefugnisse wahrnimmt.[181] Das Jugoslawien-Tribunal soll jedoch ausdrücklich nicht die Verletzung von Völkerrecht durch die Staaten beurteilen. Vielmehr soll es die Störung des Weltfriedens mildern und beseitigen, die in den zu ahndenden Straftaten und deren Auswirkungen zu sehen ist[182], indem es Individuen für besonders schwere Verletzungen verfolgt und bestraft[183]:

> "[T]he establishment of such a tribunal is a necessary and very important step, given the fact that those responsible for such crimes would be judged by an impartial judicial body as well as the fact that it could also contribute positively to the finding of solutions for the restoration of peace in the above-mentioned regions."[184]
>
> [I]t is important to try individuals responsible for crimes if there is to be any real hope of defusing ethnic tensions in this region. Blame should not rest on an entire nation but should be assigned to individual perpetrators of crimes and responsible leaders."[185]

Der Sicherheitsrat hatte in mehreren der Tribunal-Errichtung vorangegangenen Resolutionen nach Art. 39 die Bedrohung und den Bruch des Weltfriedens und das Vorliegen von Angriffshandlungen durch die kriegerischen Auseinandersetzungen auf dem Gebiet Ex-Jugoslawiens festgestellt und die beteiligten Parteien mehrfach zur Beendigung der Streitigkeiten aufgefordert.[186] Spätestens nach dem Zerfall Ex-

---

179 S/RES 827 (1993) v. 25.05.1993, Resolutions and Decisions of the Security Council (1993), 48 SCOR 32, Präambel: "*Acting* under Chapter VII of the Charter of the United Nations."

180 *Oellers-Frahm*, Internationales Tribunal, Anm. 36, S. 743; *Trautwein*, Anm. 169, S. 87.

181 *Bruha/Krajewski*, Anm. 30, S. 16.

182 *J. Abr. Frowein* in *B. Simma (ed.)*, Anm. 1, Art. 39 Rdnr. 8; *Hollweg*, Anm. 10, S. 981; *Verdross/Simma*, Anm. 1, § 234.

183 *Oellers-Frahm*, Internationales Tribunal, Anm. 36, S. 743; *Trautwein*, Anm. 169, S. 87.

184 Letter from the Permanent Representative of Slovenia to the United Nations to the Secretary-General, UN Doc. S/256552 (22.04.1993).

185 *Meron*, Anm. 154, S. 134.

186 S/RES 713 (1991) v. 25.09.1991, Resolutions and Decisions of the Security Council (1991), 46 SCOR 42; S/RES 764 (1992) v. 13.07.1992, Resolutions and Decisions of the Security Council (1992), 47 SCOR 21; S/RES 771 v. 13.08.1992, Resolutions and

Jugoslawiens in fünf Nachfolgestaaten war dem Konflikt auch der internationale Charakter nicht mehr abzusprechen.[187] Die Internationalität des Konfliktes ergibt sich nach dem 'Interim report of the Commission of Experts pursuant to Security Council Resolution 780 (1992)' schon aus dem Charakter und der Komplexität des Konfliktes und der humanitären Vereinbarungen zwischen den Kriegsparteien.[188] - Der Sicherheitsrat hat außerdem an die Bindung der Parteien an das humanitäre Völkerrecht mit individueller Verantwortlichkeit Einzelner für dessen Verletzungen erinnert.[189] Die Errichtung des Jugoslawien-Tribunals ist aufgrund der generalpräventiven Wirkung[190] als Maßnahme nach Art. 41 geeignet, zur Wiederherstellung des Weltfriedens beizutragen.[191] Da die Aufzählung der Maßnahmen in Art. 41 nicht abschließend ist[192], ist die Errichtung des Jugoslawien-Tribunals als Maßnahme zur Wiederherstellung des Weltfriedens nach Art. 41 zulässig.

Auch das Tribunal hat seine Errichtung als Maßnahme im Sinne von Art. 41 als rechtmäßig erachtet.[193] Ob das Tribunal selbst zur Beurteilung der Rechtmäßigkeit der der Errichtung zugrundeliegenden Sicherheitsrats-Resolution kompetent ist, erscheint aufgrund der in Art. 1 Tribunal-Statut normierten Aufgabe des Tribunals

---

Decisions of the Security Council (1992), 47 SCOR 27; S/RES 780 (1992) v. 6.10.1992, Resolutions and Decisions of the Security Council (1992), 47 SCOR 39.

187 *Hollweg*, Anm. 10, S. 982.

188 Interim report of the Commission of Experts pursuant to Security Council Resolution 780 (1992) v. 10.02.1993, UN Doc. S/25274.

189 S/RES 808 (1993) v. 22.02.1993, Resolutions and Decisions of the Security Council (1993), 48 SCOR 31, Präambel; S/RES 827 (1993) v. 25.05.1993, Resolutions and Decisions of the Security Council (1993), 48 SCOR 32, Präambel.

190 *Hollweg*, Anm. 10, S. 982; *Trautwein*, Anm. 169, S. 87.

191 So auch der französische Vorschlag, Committee of French Jurists, S/25266 v. 10.02.1993, S. 5 zu 6, S. 11 zu 36; Report of the International Meeting of Experts on the Establishment of an International Criminal Tribunal, organized by the International Centre for Criminal Law Reform and Criminal Justice Policy at Vancouver, Canada, 22. - 26.03.1993 (Vancouver-Report), S. 4; gegen die Heranziehung von Art. 41 wandten sich auf der Konferenz von Vancouver die Niederlande und Frankreich, die aber auch Kapitel VII als Rechtsgrundlage heranziehen, vgl. insoweit *K. J. Partsch*, "Der Sicherheitsrat als Gerichtsgründer", 42:1 Vereinte Nationen (1994), S. 11 f., 12.

192 *Frowein* in *Simma (ed.)*, Anm. 1, Art. 41 Rdnr. 9; *Goodrich/Hambro/Simons*, Anm. 41, S. 311/312; anderer Ansicht *Graefrath*, Anm. 131, S. 435.

193 Jugoslawien-Tribunal, Case No. IT-94-1-T, 10.08.1995, In the Trial chamber, Prosecutor v. Duško Tadič a/k/a "Dule", Decision on the defence motion on jurisdiction, § 26 ff.; Case No. IT-94-1-AR72, 2.10.1995, In the Appeals Chamber, The Prosecutor v. Duško Tadič a/k/a "Dule", Decision on the defence motion for interlocutory appeal on jurisdiction, §§ 32 ff., 35 ILM (1996), S. 32 ff., 44.

zweifelhaft.[194] Die Berufungskammer hält eine inzidente Kontrolle, eingeschränkt durch den Ermessensspielraum des Sicherheitsrates, für zulässig.[195]

Die Prozeßkammer des Tribunals begründet die Kompetenz des Sicherheitsrates folgendermaßen: Der Sicherheitsrat habe nach Feststellung der Gefährdung des Weltfriedens durch Verletzungen des humanitären Völkerrechts das Tribunal auf der Grundlage von Kapitel VII errichtet.[196] Art. 41 enthalte nur eine beispielhafte Aufzählung, und dem Sicherheitsrat stehe ein nahezu unbeschränktes und vor allem unüberprüfbares Ermessen zu.[197] Mit der Errichtung des Jugoslawien-Tribunals könnten weitere Verletzungen des humanitären Völkerrechts aufgrund der general-präventiven Wirkung verhindert[198] und der Friede in der Region wiederhergestellt werden.[199] Daher sei die Errichtung des Tribunals nach Art. 41 zulässig.[200]

---

194 Ablehnend Separate Opinion of *Judge Li*, Case No. IT-94-1-AR72, 2.10.1995, In the Appeals Chamber, The Prosecutor v. Duško Tadič a/k/a "Dule", Decision on the defence motion for interlocutory appeal on jurisdiction, §§ 2 und 3; § 2: "As Article 1 of the Statute of this Tribunal only grants this Tribunal "the power to prosecute persons responsible for serious violations of international humanitarian law committed in the territory of the former Yugoslavia since 1991 in accordance with the provisions of the present Statute", and as the Charter of the United Nations also has never given this Tribunal the power of reviewing the legality of the resolutions of the Security Council, it is crystal clear that this Tribunal has no such power. So this review is *ultra vires* and unlawful."

195 Jugoslawien-Tribunal, Case No. IT-94-1-AR72, 2.10.1995, In the Appeals Chamber, The Prosecutor v. Duško Tadič a/k/a "Dule", Decision on the defence motion for interlocutory appeal on jurisdiction, §§ 21/22, 35 ILM (1996), S. 32 ff., 40/41.

196 Jugoslawien-Tribunal, Case No. IT-94-1-T, 10.08.1995, In the Trial Chamber, Prosecutor v. Duško Tadič a/k/a "Dule", Decision on the defence motion on jurisdiction, § 21.

197 Obwohl die Trial Chamber des Tribunals davon ausgeht, daß die politisch motivierten Entscheidungen des Sicherheitsrates und die Errichtung des Tribunals nicht vom Jugoslawien-Tribunal gerichtlich überprüfbar sind, vgl. Jugoslawien-Tribunal, Case No. IT-94-1-T, 10.08.1995, In the Trial Chamber, Prosecutor v. Duško Tadič a/k/a "Dule", Decision on the defence motion on jurisdiction, §§ 7, 28, hat sich das Tribunal mit der Frage der Kompetenz dezidiert auseinandergesetzt.

198 Jugoslawien-Tribunal. Case No. IT-94-1-T, 10.08.1995, In the Trial Chamber, Prosecutor v. Duško Tadič a/k/a "Dule", Decision on the defence motion on jurisdiction, § 30; Provisional Verbatim Record, UN SCOR, 48th Session, 3175th meeting at 8, 22, UN Doc. S/PV.3175 v. 22.02.1993; Provisional Verbatim Record, UN SCOR, 48th session, 3217th meeting at 12, 19, UN Doc. S/PV.3217 v. 25.05.1993.

199 Jugoslawien-Tribunal, Case No. IT-94-1-T, 10.08.1995, In the Trial Chamber, Prosecutor v. Duško Tadič a/k/a "Dule", Decision on the defence motion on jurisdiction, § 31.

200 Jugoslawien-Tribunal, Case No. IT-94-1-T, 10.08.1995, In the Trial Chamber, Prosecutor v. Duško Tadič a/k/a "Dule", Decision on the defence motion on jurisdiction, § 27.

Die Berufungskammer des Tribunals hat die Heranziehung von Art. 41 als Rechtsgrundlage für die Errichtung des Jugoslawien-Tribunals bestätigt.[201] Auch ein interner Konflikt mit Waffengewalt stelle eine Bedrohung des Weltfriedens iSv. Art. 39 dar.[202] Die Errichtung der Tribunals auf der Grundlage von Art. 41 sei aufgrund des Ermessensspielraumes des Sicherheitsrates möglich, zumal Art. 41 nur verlangte daß nichtmilitärische Maßnahmen ergriffen werden.[203] Da die UN Maßnahmen erlassen könnten, die von den Mitgliedstaaten ausgeführt werden müssten, könne sie erst recht Maßnahmen vorsehen, die durch eigene Organe umgesetzt werden.[204] Der Sicherheitsrat habe das Tribunal als gerichtliches Organ als Mittel zur Wiederherstellung und Erhaltung des Friedens in der Region eingesetzt, ihm aber keine gerichtlichen Befugnisse übertragen, über die er selbst nicht verfügt.[205]

Die Errichtung des Jugoslawien-Tribunals hat nach Ansicht der Berufungskammer des Tribunals auch nicht gegen den Grundsatz der Verhältnismäßigkeit verstoßen.[206] Zum einen stehe dem Sicherheitsrat im Rahmen von Art. 39 ein weiter Ermessensspielraum hinsichtlich der Auswahl und Bewertung der Mittel zu, der eine politische Bewertung komplexer und dynamischer Situationen beinhalte.[207] Zum anderen könne die Rechtmäßigkeit solcher Maßnahmen ohnehin nicht aus einer *ex post facto*-Perspektive anhand der Beurteilung ihres Erfolges oder Mißerfolges bewertet werden:

---

201 Jugoslawien-Tribunal, Case No. IT-94-1-AR72, 2.10.1995, In the Appeals Chamber, The Prosecutor v. Duško Tadič a/k/a "Dule", Decision on the defence motion for interlocutory appeal on jurisdiction, §§ 33 ff., 35 ILM (1996), S. 32 ff., 44.

202 Jugoslawien-Tribunal, Case No. IT-94-1-AR72, 2.10.1995, In the Appeals Chamber, The Prosecutor v. Duško Tadič a/k/a "Dule", Decision on the defence motion for interlocutory appeal on jurisdiction, § 30, 35 ILM (1996), S. 32 ff., 43.

203 Jugoslawien-Tribunal, Case No. IT-94-1-AR72, 2.10.1995, In the Appeals Chamber, The Prosecutor v. Duško Tadič a/k/a "Dule", Decision on the defence motion for interlocutory appeal on jurisdiction, § 35, 35 ILM (1996), S. 32 ff., 44/45.

204 Jugoslawien-Tribunal, Case No. IT-94-1-AR72, 2.10.1995, In the Appeals Chamber, The Prosecutor v. Duško Tadič a/k/a "Dule", Decision on the defence motion for interlocutory appeal on jurisdiction, § 36, 35 ILM (1996), S. 32 ff., 45.

205 Jugoslawien-Tribunal, Case No. IT-94-1-AR72, 2.10.1995, In the Appeals Chamber, The Prosecutor v. Duško Tadič a/k/a "Dule", Decision on the defence motion for interlocutory appeal on jurisdiction, § 38, 35 ILM (1996), S. 32 ff., 45.

206 Jugoslawien-Tribunal, Case No. IT-94-1-AR72, 2.10.1995, In the Appeals Chamber, The Prosecutor v. Duško Tadič a/k/a "Dule", Decision on the defence motion for interlocutory appeal on jurisdiction, § 39, 35 ILM (1996), S. 32 ff., 45.

207 Jugoslawien-Tribunal, Case No. IT-94-1-AR72, 2.10.1995, In the Appeals Chamber, The Prosecutor v. Duško Tadič a/k/a "Dule", Decision on the defence motion for interlocutory appeal on jurisdiction, § 39, 35 ILM (1996), S. 32 ff., 45.

"It would be a total misconception of what are the criteria of legality and validity in law to test the legality of such measure *ex post facto* by their success or failure to achieve their ends (in the present case, the restoration of peace in the former Yugoslavia, in quest of which the establishment of the International Tribunal is but one of many measures adopted by the Security Council)."[208]

bb. Institutionelle Kollisionen[209]

Durch die Einsetzung des Tribunals könnte der Sicherheitsrat seine Kompetenz innerhalb der UN überschritten haben. Die Ausübung seiner Befugnisse darf nicht zu einer horizontalen Verschiebung der in der Charta festgelegten institutionellen Gewichtung zwischen den Hauptorganen führen.[210]

(1) Eingriff in Kompetenzbereich anderer Hauptorgane

Dem Sicherheitsrat steht grundsätzlich keine legislative Kompetenz zu, so daß er die Zuständigkeit der Generalversammlung bei der Errichtung des Tribunals verletzt haben könnte. Innerhalb von Kapitel VII gehen die Maßnahmen des Sicherheitsrates jedoch nach Art. 12 vor.[211] Der Sicherheitrat kann außerdem gem. Art. 29 und Art. 7 II nach eigenem Ermessen Nebenorgane zur Wahrnehmung seiner Aufgaben einsetzen.

Der Sicherheitsrat hat auch nicht in die Zuständigkeit des Internationalen Gerichtshofes eingegriffen.[212] Durch die Urteile des IGH werden nach Art. 36 I iVm. 34 I IGH-Statut nur Staaten und nicht Einzelpersonen verpflichtet. Außerdem besteht nach dem Statut keine spezifische Befugnis zur internationalen Strafgerichtsbarkeit. Weiterhin wird durch den Charakter des IGH als Hauptjustizorgan die Errichtung anderer Gerichte als Hilfsorgane innerhalb der UN nicht ausgeschlossen.[213]

---

208 Jugoslawien-Tribunal, Case No. IT-94-1-AR72, 2.10.1995, In the Appeals Chamber, The Prosecutor v. Duško Tadič a/k/a "Dule", Decision on the defence motion for interlocutory appeal on jurisdiction, § 39, 35 ILM (1996), S. 32 ff., 45.

209 Vgl. hierzu ausführlich für das Jugoslawien-Tribunal *Hollweg*, Anm. 10, S. 982 ff.

210 *Hilf* in *Simma (ed.)*, Anm. 1, Art. 22 Rdnr. 30.

211 *Hilf* in *Simma (ed.)*, Anm. 1, Art. 22 Rdnr. 31; Committee of French Jurists, S/25266 v. 10.02.1993, Anm. 191, S. 13 f.; Vancouver-Report, Anm. 191, S. 4.

212 So auch *Hollweg*, Anm. 10, S. 982.

213 *Mosler* in *Simma (ed.)*, Anm. 1, Art. 92 Rdnr. 46; Report of the Committee on International Criminal Jurisdiction, GAOR, A/2136 (1952), Ziff. 25 - 27.

(2) Errichtung eines neuen Hauptorgans

Der Sicherheitsrat könnte ohne die Zustimmung der Mitgliedstaaten entgegen Art. 7 I mit dem Jugoslawien-Tribunal ein weiteres Hauptorgan eingerichtet haben und somit das vorgesehene institutionelle Gefüge verschoben haben. Ein Organ hat nur dann die Funktion eines Hilfsorgans, wenn ihm nicht sämtliche Befugnisse des Hauptorgans übertragen werden und es dem Hauptorgan untergeordnet bleibt.[214] Das Tribunal ist aufgrund der Art. 18 ff. Tribunal-Statut aus Gründen der Rechtsstaatlichkeit ein von der Kontrolle des Sicherheitsrates unabhängiges Organ.[215] Der Sicherheitsrat ist aufgrund seiner Zusammensetzung und Arbeitsweise keine geeignete Berufungs- oder Revisionsinstanz.[216] Daß die zwingende Entscheidungsunabhängigkeit eines gerichtlichen Organs nicht dessen Eigenschaft als Hauptorgan begründet, ergibt sich aus dem Gutachten des IGH zum UN-Verwaltungsgericht.[217] Der IGH hat in dem Gutachten festgestellt, daß die Generalversammlung als Hauptorgan ein Nebenorgan einrichten konnte und mit dem UN-Verwaltungsgericht kein bloßes Unterkommitte der Generalversammlung, sondern ein unabhängiges Organ eingerichtet hat.[218] Den Urteilen des UN-Verwaltungsgerichtes kommt auch gegenüber der Generalversammlung Bindungswirkung zu.[219] Die Unabhängigkeit des Tribunals ist daher durchaus mit seiner Stellung als Nebenorgan des Sicherheitsrates vereinbar.[220]

---

214 *M. Hilf* in *Simma (ed.)*, Anm. 1, Art. 29 Rdnr. 8; *J. Dutheil de la Rochère* in *Cot/Pellet*, Anm. 40, Art. 7, S. 215 - 223.

215 Vgl. Report of the Secretary-General, Anm. 175, S. 25 § 28: "... [without being] subject to the authority or control of the Security Council with regards to the performance of its judicial functions."; ILC Report A/47/10 (1992), S. 26 f.

216 *B. B. Ferencz*, "An International Criminal Code and Court: Where they stand and where they're going", 30 Columbia Journal of Transnational Law (1992), S. 375 ff., 381 f.

217 IGH, Effect of awards of compensation made by the UN Administrative Tribunal, Advisory Opinion of July 13th, 1954, ICJ Reports (1954), S. 47 ff.

218 IGH, Effect of awards of compensation made by the UN Administrative Tribunal, Advisory Opinion of July 13th, 1954, ICJ Reports (1954), S. 47 ff., 53: "... that the General Assembly in creating the Tribunal had not established an advisory organ or a mere subordinate committee of the General Assembly but rather had created an independent and truly judicial body ... ."

219 IGH, Effect of awards of compensation made by the UN Administrative Tribunal, Advisory Opinion of July 13th, 1954, ICJ Reports (1954), S. 47 ff., 56 ff.

220 Seperate opinion of *Judge Sidhwa* on the defence motion for interlocutory appeal on jurisdiction, Jugoslawien-Tribunal, Case No. IT-94-1-AR72, 2.10.1995, In the Appeals Chamber, The Prosecutor v. Duško Tadič a/k/a "Dule", § 64.

Auch durch die Bindung des Sicherheitsrates an die Rechtsakte des Tribunals verliert dieses nicht den Charakter eines Nebenorgans.[221]

Der Sicherheitsrat hat das Jugoslawien-Tribunal als Nebenorgan nach Art. 29 zulässigerweise errichtet.[222]

cc. Kollisionen mit Kompetenz der Mitgliedstaaten und der Einzelnen

Außerhalb des Systems der Charta könnte der Sicherheitsrat seine Kompetenz gegenüber den Mitgliedstaaten und den der Verbrechen beschuldigten Einzelnen überschritten haben.

(1) Eingriff in Kompetenzbereich der Mitgliedstaaten

Der Sicherheitsrat könnte dadurch, daß er das Tribunal durch eine Resolution und nicht durch einen eigenen völkerrechtlichen Vertrag errichtet und damit das Ratifikationserfordernis umgangen hat, in die Kompetenzen der Mitgliedstaaten eingegriffen haben. Bis zur Errichtung des Tribunals war man davon ausgegangen, daß eine solche Entscheidung nur in Form eines ratifikationsbedürftigen Vertrages getroffen werden konnte.[223] Die Mitglieder des Sicherheitsrates haben dem Erlaß der Resolution 808 (1993) im Sicherheitsrat ausdrücklich zugestimmt. Für die übrigen Staaten, gilt folgendes: angesichts der zu dem Zeitpunkt der Errichtung des Jugoslawiens-Tribunals erfolglosen Bemühungen um die Errichtung eines Ständigen Internationalen Gerichtshofs erscheint die Einrichtung des Tribunals durch eine Sicherheitsrats-Resolution aus Effektivitätsgesichtspunkten erforderlich.[224] In die Rechte der Staatengemeinschaft wird durch ein solches Strafgericht

---

221 So *Hollweg*, Anm. 10, S. 982; IGH, Effect of awards of compensation made by the UN Administrative Tribunal, Advisory Opinion of July 13th, 1954, ICJ Reports (1954), S. 47 ff., 56 zur Bindung der Generalversammlung an Entscheidungen des UN-Verwaltungsgerichtes.

222 Vgl. insoweit § 64 der Seperate opinion of *Judge Sidhwa* on the defence motion for interlocutory appeal on jurisdiction, Jugoslawien-Tribunal, Case No. IT-94-1-AR72, 2.10.1995, In the Appeals Chamber, The Prosecutor v. Duško Tadič a/k/a "Dule".

223 Bericht der Arbeitsgruppe der Völkerrechtskommission, A 47/10 § 437; unterstützt durch viele Delegationen auf der 47. Generalversammlung der UN, A/CN.4/446, § 31; Report of the Secretary-General, Anm. 175, S/25704, Par. 19: "Der normale Weg, der bei der Errichtung eines Internationalen Tribunals eingeschlagen würde, wäre der Abschluß eines Vertrages, durch den die Vertragsstaaten das Tribunal errichten und sein Statut annehmen".

224 *Trautwein*, Anm. 169, S. 87; Report of the Secretary-General, Anm. 175, S/25704, § 22; anderer Ansicht *Graefrath*, Anm. 131, S. 433.

nicht eingegriffen.[225] Der Sicherheitsrat ist auch nicht so weit gegangen, daß er einen Internationalen Strafgerichtshof eingerichtet hat. Die Zuständigkeit des von ihm eingerichteten *Ad hoc*-Tribunals ist *ratione loci et personae* auf die Verfolgung der schweren Verbrechen im ehemaligen Jugoslawien beschränkt ist (Art. 1 und 8 Tribunal-Statut).[226]

Der Sicherheitsrat greift auch nicht aufgrund seiner Zusammensetzung und seiner Entscheidungsmechanismen, die nur eine eingeschränkte Vertretung der internationalen Staatengemeinschaft und der einzelnen Mitgliedstaaten ermöglichen, in die Kompetenzen der Mitgliedstaaten ein. Zwar liegt die Aufgabe der Friedenssicherung, wie von Art. 24 vorgesehen, allein in den Händen des Sicherheitsrates. Richtig ist, daß die Staatengemeinschaft durch die Struktur des Sicherheitsrates nicht angemessen repräsentiert wird und der Sicherheitsrat aufgrund des Vetorechts bei Veränderungen des politischen Klimas seine Handlungsfähigkeit verlieren kann.[227] Ein Eingriff in die Kompetenz der Mitgliedstaaten liegt aufgrund der eindeutigen Vorgaben der Charta nicht vor. Trotz der strukturellen Reformbestrebungen erscheint die derzeitige Struktur des Sicherheitsrates geeignet zur Wahrung der Handlungsfähigkeit, die für die effektive Aufgabenerfüllung als Ordnungsmacht notwendig ist.[228]

(2) Eingriff in Status der Individuen

Mit der Errichtung eines Organs zur internationalen Strafverfolgung könnte der Sicherheitsrat seine Kompetenzen gegenüber den betroffenen natürlichen Personen überschritten haben.[229] Auch die anderen Resolutionen mit Durchgriffswirkung richten sich an Einzelne anstelle der Staaten als übliche Adressaten, wobei die Strafverfolgung den intensivsten Eingriff in die Positionen der Einzelnen darstellt. Diese Befugnis des Sicherheitsrates läßt sich zum einen

---

225 *Hollweg*, Anm. 10, S. 983.

226 *Hollweg*, Anm. 10, S. 983.

227 Vgl. dazu *Ch. Tomuschat*, "Die Zukunft der Vereinten Nationen", 2 Europa-Archiv (1992) S. 42 ff., 43; umfassend zu Reformmöglichkeiten der Struktur des Sicherheitsrates *I. Winkelmann*, "Bringing the Security Council into a New Era", 1 Max Planck Yearbook of United Nations Law (1997), S. 35 ff., 37.

228 *Tomuschat*, Anm. 227, S. 43.

229 Vgl. Jugoslawien-Tribunal, Case No. IT-94-1-T, 10.08.1995, In the Trial Chamber, Prosecutor versus Duško Tadič a/ka/a "Dule", Decision on the defence motion on jurisdiction § 2 : "... that the Security Council could not, in any event, create criminal liability on the part of individuals and that this is what the creation of the International Tribunal did".

mit dem Weltrechtspflegeprinzip[230] begründen.[231] Nach diesem im *Eichmann*-Prozeß proklamierten Prinzip hat jeder Staat das Recht, schwere internationale Delikte von Einzelpersonen zu bestrafen.[232] Der Sicherheitsrat könnte hier als internationales Organ die einzelnen Staaten vertreten.[233]

Die Strafverfolgung Einzelner kann auch als zulässige Reaktion auf die Verletzung von *erga omnes*-Verpflichtungen verstanden werden[234], da in diesen Fällen die Einrichtung eines Strafgerichts als milderes Mittel zur zulässigen Gewaltabwehr möglich ist.

Die Befugnis zur Verfolgung natürlicher Personen läßt sich auch aus der weitgefaßten Kompetenz des Sicherheitsrates zur Wiederherstellung des Weltfriedens und der internationalen Sicherheit als *ultima ratio* herleiten.[235] Der Sicherheitsrat hat sich bereits im *Lockerbie*-Fall für die strafrechtliche Verfolgung von Einzelpersonen eingesetzt.[236] Der IGH hat die Zuständigkeit des Sicherheitsrates zu solchen Maßnahmen nicht grundsätzlich ausgeschlossen.[237]

Der Sicherheitsrat hat seine Kompetenzen gegenüber den Einzelnen daher nicht überschritten.

---

230 *Ipsen* in *Ipsen (Hrsg.)*, Anm. 4, § 42 Rdnr. 5 ff..

231 So *Oellers-Frahm*, Internationales Tribunal, Anm. 36, S. 744.

232 So ausdrücklich der israelische District Court von Jerusalem im Eichmann-Prozeß, Urteil vom 12.11.1961, International Law Reports (1968), 36, S. 18 ff., 26 ff.: "These crimes, which struck at the whole of mankind and shocked the conscience of nations, are grave offences against the law of nations itself (delicta iuris gentium). Therefore, so far from international law negating or limiting the jurisdiction of countries with respect to such crimes, international law is, in the absence of an international Court, in need of the judicial and legislative organs of every country to give effect to its criminal interdictions and to bring the criminal to trial. The jurisdiction to try crimes under international law is universal."

233 *Oellers-Frahm*, Internationales Tribunal, Anm. 36, S. 744.

234 *Oellers-Frahm*, Internationales Tribunal, Anm. 36, S. 749.

235 *Hollweg*, Anm. 10, S. 984.

236 Durch Zwangsmaßnahmen nach Art. 41 sollte die Auslieferung zweier mutmaßlicher libyscher Luftterroristen zur Strafverfolgung nach Großbritannien bewirkt werden.

237 Order on Provisional Measures on Questions of Interpretation and Application of the 1971 Montreal Convention Arising from the Aerial Incident at Lockerbie v. 14.04.1992, Libyan Arab Jamahiriya v. United Kingdom, ICJ Reports (1992), S. 3 ff., 14 f.

dd. Ergebnis

Die institutionelle Kompetenz des Sicherheitsrates kann insgesamt als ausreichend erachtetet werden.[238]

g. Ergebnis

Trotz verschiedener Spannungsfelder mit einzelnen Normen ist die Durchgriffswirkung grundsätzlich mit der Charta vereinbar.

4. Vereinbarkeit mit dem System der Rechtskontrolle innerhalb der UN und den internationalen Rechtsschutzgarantien

Mit der Durchgriffswirkung könnte innerhalb des konstitutionellen Gefüges der UN eine supranationale Tendenz entstehen, ohne daß ein einer Supranationalen Organisation vergleichbares System des Rechtsschutzes und der Rechtskontrolle besteht.

Bedenken bezüglich der Durchgriffswirkung können sich aufgrund der eingeschränkten gerichtlichen Überprüfbarkeit von Sicherheitsrats-Resolutionen ergeben. Für die betroffenen Einzelnen würden Verpflichtungen zu ihren Lasten geschaffen, ohne daß diese die Resolutionen gerichtlich auf ihre Rechtmäßigkeit überprüfen lassen können. Außerdem könnten der Durchgriffswirkung der Verfahrensvorschriften des Jugoslawien-Tribunals die internationalen Rechtsschutzgarantien entgegenstehen.

a. Rechtsschutz

aa. System der Rechtskontrolle innerhalb der UN

Im institutionellen Gefüge der UN gilt der Grundsatz der Autonomie der Organe. Nach Ansicht von *Graefrath* fehlt innerhalb der UN ein gerichtliches Verfahren zur Überprüfung der Rechtmäßigkeit von Rechtsakten fehlt[239]:

> "[In] the legal system of States there is often some procedure for determining the validity of even a legislative or governmental act, but no analogous procedure is to be found in the structure of the United Nations."[240]

---

[238] So im Ergebnis Committee of French Jurists, Anm. 191, S. 11 f.; Vancouver-Report, Anm. 191, S. 4.

[239] *Graefrath*, Anm. 131, S. 205.

Der IGH hat im institutionellen Gefüge keine generelle rechtliche Überprüfungskompetenz für Akte anderer Organe, wie etwa die Zuständigkeit des EuGH nach Art. 173 EGV[241]:

> "... the Court does not possess powers of judicial review or appeal in respect of the decisions taken by the United Nations' organs concerned."[242]

Ein Mitgliedstaat, dem seiner Ansicht nach zu Unrecht eine Friedensbedrohung vorgeworfen wird, kann weder gegen den Sicherheitsrat noch gegen die UN selbst vorgehen, da nach Art. 34 I IGH-Statut[243] nur Staaten parteifähig sind.[244] Die Möglichkeit zur Einholung eines Gutachtens durch den IGH steht wegen Art. 65 I IGH-Statut[245] nur Organen der UN offen.

Für die betroffenen Einzelnen besteht ebenfalls keine Möglichkeit, gegen die Rechtsakte des Sicherheitsrates vorzugehen. Im Rahmen der Entscheidungen des Jugoslawien-Tribunals sieht Art. 25 Tribunal-Statut[246] im Falle eines gravierenden Rechts- oder Tatsachenirrtums lediglich die Berufung zur Berufungskammer des Tribunals vor. Die Tribunal-Entscheidungen werden aber nicht durch ein externes Organ überprüft.

---

240 IGH, Certain Expenses of the United Nations (Article 17, paragraph 2, of the Charter), Advisory Opinion of 20 July 1962, ICJ Reports (1962), S. 151 ff., 168.

241 *A. Reinisch*, "Das Jugoslawien-Tribunal der Vereinten Nationen und die Verfahrensgarantien des II. VN-Menschenrechtspaktes. Ein Beitrag zur Frage der Bindung der Vereinten Nationen an nicht-ratifiziertes Vertragsrecht", 47 Austrian Journal of public and international law (1995), S. 173 ff., 188.

242 IGH, Legal Consequences for States of the Continued Presence of South Africa in Namibia (South West Africa) Notwithstanding Security Council Resolution 276 (1970), Advisory Opinion, ICJ Reports (1971), S. 16 ff., 45 Nr. 89.

243 Art. 34 I IGH-Statut: "Nur Staaten sind berechtigt, als Parteien vor dem Gerichtshof aufzutreten."

244 *Schreuer*, Anm. 135, S. 463.

245 Art. 65 I IGH-Statut: "Der Gerichtshof kann ein Gutachten zu jeder Rechtsfrage auf Antrag jeder Einrichtung abgeben, die durch die Charta der Vereinten Nationen oder im Einklang mit ihren Bestimmungen zur Einholung eines solchen Gutachtens ermächtigt ist."

246 Art. 25 Tribunal-Statut: "Rechtsmittelverfahren - 1. Die Berufungskammer verhandelt über Berufungsanträge der von den Strafkammern verurteilten Personen oder des Leiters der Anklagebehörde, die aus folgenden Gründen gestellt wurden: a) wegen eines Rechtsirrtums, der die Entscheidung ungültig macht; oder b) wegen eines Tatsachenirrtums, der zu einem Fehlurteil geführt hat. 2. Die Berufungskammer kann die Entscheidungen der Strafkammern bestätigen, aufheben oder abändern."

bb. Rechtskontrolle von Sicherheitsrats-Resolutionen

Eine Möglichkeit, die Sicherheitsrats-Resolutionen direkt auf ihre Rechtmäßigkeit zu überprüfen, fehlt im institutionellen Rahmen der Charta.[247] Weder Kapitel XIV der Charta noch das IGH-Statut enthalten eine Bestimmung, die den IGH ausdrücklich zur Rechtskontrolle ermächtigt. Aus der Entstehungsgeschichte der Charta ergibt sich in diesem Zusammenhang nur, daß der IGH, wie die anderen Organe auch, eine völlig inakzeptable Interpretation der Charta ablehnen soll.[248]

Die Frage einer gerichtlichen Kontrolle der Resolutionen, die durch den IGH auch inzident in einem anhängigen Verfahren zwischen Mitgliedstaaten erfolgen könnte[249], ist noch nicht abschließend gelöst.[250] In der Konstellation, daß eine vom Sicherheitsrat nach Kapitel VII bindende Resolution vom IGH für nichtig erklärt werden könnte, gewinnt die Frage eine besondere Brisanz.

Der IGH hat noch nicht ausdrücklich entschieden, ob und in welchem Maße der Sicherheitsrat seiner Rechtskontrolle unterliegt. Im *Certain Expenses*-Fall hat der IGH sich restriktiv geäußert:

> "In the legal systems of States, there is often some procedure for determining the validity of even a legislative or governmental act, but no analogous procedure is to be found in the structure of the United Nations. Proposals made during the drafting of the Charter to place the ultimate authority to interpret the Charter in the International Court of Justice were not accepted; the opinion which the Court is in course of rendering is an *advisory* opinion. As anticipated in 1945, therefore, each organ must, in the first place at least, determine its own jurisdiction."[251]

---

[247] *G. R. Watson*, "Constitutionalism, Judicial Review, and the World Court", 34:1 Harvard International Law Journal, Winter (1993), S. 1 ff., 2/4. Von der Rechtskontrolle der Sicherheitsrats-Resolutionen durch den IGH ist die Frage nach der grundsätzlichen Möglichkeit des parallelen Tätigwerden von Sicherheitsrat und IGH zu unterscheiden, bei der es um die Vermeidung widersprüchlicher Entscheidungen geht, *Gading*, Anm. 27, S. 57 ff. und *infra* die Fälle Libyen und Bosnien und Herzegowina.

[248] *Watson*, Anm. 247, S. 14.

[249] Ablehnend insoweit *Schilling*, Anm. 9, S. 69; nach *Alvarez*, Anm. 45, S. 4/5 kann sich die Frage allenfalls inzident stellen.

[250] *Gading*, Anm. 27, S. 62.

[251] IGH, Certain Expenses of the United Nations (Article 17, paragraph 2, of the Charter), Advisory Opinion of 20 July 1962, ICJ Reports (1962), S. 151 ff., 168.

Im *Namibia*-Gutachten hat der IGH die Wirksamkeit der Resolutionen von Generalversammlung und Sicherheitsrat trotz unklarer, allgemein gehaltener Feststellungen untersucht[252]:

> "Undoubtedly, the Court does not possess powers of judicial review or appeal in respect of the decisions taken by the United Nations organs concerned. The question of the validity or conformity with the Charter of General Assembly resolution 2145 (XXI) or of related Security Council resolutions does not form the subject of the request for advisory opinion. However, in the exercise of its judicial function and since objections have been advanced *the Court, in the course of its reasoning, will consider these objections* before determining any legal consequences arising from those resolutions."[253] (Hervorhebung wurde hinzugefügt).

Die Äußerungen des IGH sind dahingehend zu verstehen, daß er eine Kontrolle ausübt, diese aber keinen abschließenden Charakter hat.[254] Unter Hinweis auf die Selbständigkeit des IGH wird eine Rechtskontrolle von Teilen der Literatur abgelehnt: Aus den Grundsätzen der UN ergebe sich, daß der IGH und der Sicherheitsrat autonom nebeneinander stehen, so daß sie sich keine Weisungen erteilen könnten.[255] Diese Autonomie ermögliche es jedem Organ, seine Kompetenzen selbst festzulegen.[256] Dies hat der IGH bestätigt:

> "... each organ must, in the first place at least, determine its own jurisdiction."[257]

---

252 *Watson*, Anm. 247, S. 20.

253 Legal Consequences for States of the Continued Presence of South Africa in Namibia (South West Africa) Notwithstanding Security Council Resolution 276 (1970), Advisory Opinion, ICJ Reports (1971), S. 16 ff., 45.

254 *Watson*, Anm. 247, S. 16: "The Court did not deny that it might have *some* authority to interpret the Charter - only that it did not have the *ultimate* authority to do so."; Seperate opinion of *Judge Sidhwa* on the defence motion for interlocutory appeal on jurisdiction, Jugoslawien-Tribunal, Case No. IT-94-1-AR72, 2.10.1995, In the Appeals Chamber, The Prosecutor v. Duško Tadič a/k/a "Dule", § 30: "In short, it is a step not to sit directly in judgement, but to examine the matter collaterally in the exercise of its judicial function and to see if the material presented, if taken into account, can determine unusual legal consequences arising from the disputed action."

255 *G. Jaenicke* in *Simma (ed.)*, Anm. 1, Art. 7 Rdnr. 3; *E. Sciso*, "Può la Corte internazionale di giustizia rilevare l'invalidità di una decisione del Consiglio di sicurezza?", LXXV Riv. dir. int. (1992), S. 369 ff., 370.

256 *R. Higgins*, The development of international law through the political organs of the United Nations (1963), S. 66 und Fn. 27; *Watson*, Anm. 247, S. 43.

257 IGH, Certain Expenses of the United Nations (Article 17, paragraph 2, of the Charter),

Dem IGH steht es nach dieser Auffassung grundsätzlich nicht zu, über die Kompetenzen des Sicherheitsrates zu entscheiden, da diese Entscheidung allein in der eigenen Kompetenz des Sicherheitsrates liegt.[258] Eine Prüfungsbefugnis ist aufgrund des Fehlens einer Hierarchie[259] zwischen IGH und Sicherheitsrat auf die Fälle eines offensichtlichen Rechtsmißbrauchs durch den Sicherheitsrat zu beschränken.[260]

Eine neue Ansicht begreift die Charta als Verfassung, ordnet das Verhältnis des Sicherheitsrates zum IGH einer konstitutionellen Gewaltenteilung zu und leitet aus diesem Ansatz Handlungsschranken für den Sicherheitsrat ab.[261] Eine Prüfungsbefugnis wird dem IGH hinsichtlich der formellen und materiellen Vereinbarkeit der Sicherheitsrats-Resolution mit der Charta unter Berücksichtigung der weitgefaßten Einschätzungsprärogative des Sicherheitsrates zuerkannt.[262]

Alvarez weist daraufhin, daß die Frage der gerichtlichen Kontrolle nicht schematisch beantwortet werden kann, da es nicht nur ein einziges festgelegtes Modell für die gerichtliche Überprüfung gibt:

> "The Council and the Court face a continuum of options and interpretive modes for which both domestic systems and other international tribunals serve as sources of inspiration. Judicial review is an evolutionary process, emerging from a dialogue among all international actors."[263]

Advisory Opinion of 20 July 1962, ICJ Reports (1962), S. 151 ff., 168.

258 *W. Reisman*, "The constitutional crisis in the United Nations", 87:1 AJIL (1993), S. 83 ff., 88 spricht von: "... organic equality of the Court vis-à-vis the Council."; *Sciso*, Anm. 255, S. 373; *B. H. Weston*, "Security Council Resolution 678 and Persian Gulf Decision Making: Precarious Legitimacy", 85:3 AJIL (1991), S. 516 ff., 517.

259 *Dupuy*, Anm. 15, S. 28; *Watson*, Anm. 247, S. 7.

260 *Herdegen*, Constitutionalization, Anm. 49, S. 154; *Watson*, Anm. 247, S. 38/43 spricht sich für eine begrenzte gerichtliche Überprüfung aus, bei der die Urteile des IGH nur eine Bindungswirkung *inter partes* haben und bei der nicht einem einzigen Organ eine abschließende Interpretation der Charta möglich ist.

261 Vgl. zur Diskussion einer "constitutional crisis" *Dupuy*, Anm. 15, S. 25 ff.; *Th. Franck*, "The 'Powers of Appreciation': Who is the Ultimate Guardian of UN Legality?", 86:3 AJIL (1992), S. 519 ff.; kritisch *Fassbender*, Anm. 2, S. 575; *Herdegen*, Constitutionalization, Anm. 49, S. 135 ff.; *Reisman*, Anm. 258, S. 87 ff. lehnt die Qualifizierung der Charta als Verfassung ab und sieht als Kontrollmechanismen der Tätigkeit des Sicherheitsrates das Vetorecht der Staaten und die Möglichkeit der Nichtbefolgung durch die Staatengemeinschaft an.

262 So *B. Graefrath*, "Leave to the Court what Belongs to the Court. The Libyan Case.", 4 EJIL (1993), S. 184 ff., 203/204; *Schilling*, Anm. 9, S. 98.

263 *Alvarez*, Anm. 45, S. 39.

Der IGH werde die Sicherheitsrats-Resolutionen auch unabhängig von einem dafür vorgesehenen Verfahren, etwa in Gutachten, weiterhin überprüfen, ohne sie allerdings für rechtsunwirksam zu erklären.[264]

Das Handeln des Sicherheitsrates unterliegt neben einer gerichtlichen Überprüfung weiteren Einschränkungen. Zum einen verhindert die Möglichkeit des Vetorechts der Ständigen Mitglieder eine exzessive Intervention des Sicherheitsrates.[265] Zum anderen wird man nur bei Vorliegen eines offensichtlichen Rechtsmißbrauchs von der Nichtigkeit einer Sicherheitsrats-Resolution ausgehen können[266], so daß sie für die Staaten nicht bindend ist.[267] Eine weitergehende Befugnis kann dem IGH aufgrund des Grundsatzes der Autonomie nicht zugestanden werden. Aus Gründen der Rechtssicherheit kann die Entscheidung über die Nichtigkeit und eine folgende mangelnde Bindungswirkung nicht einzelnen Staaten vorbehalten werden.[268] Letztlich wird man davon ausgehen können, daß der Sicherheitsrat zunächst selbst

---

264 *Alvarez*, Anm. 45, S. 4.

265 *V. Gowlland-Debbas*, "The Relationship between the International Court of Justice and the Security Council in the Light of the Lockerbie Case", 88:4 AJIL (1994), S. 643 ff., 663; *Herdegen*, Constitutionalization, Anm. 49, S. 154.

266 *Herdegen*, Constitutionalization, Anm. 49, S. 154: "... that the ICJ should interfere with the Security Council's discretion only when the latter clearly abuses it."; *T. Stein*, "Das Attentat von Lockerbie vor dem Sicherheitsrat der Vereinten Nationen und dem Internationalen Gerichtshof", 31 Archiv des Völkerrechts (1993), S. 206 ff., 229: "[An der weitgefaßten Einschätzungsprärogative des Sicherheitsrates] gemessen käme eine inzident vorgenommene Korrektur des Sicherheitsrates durch den IGH allenfalls in extremen Einzelfällen in Frage."

267 Opinion of *Judge Morelli* in Certain Expenses of the United Nations (Article 17, paragraph 2, of the Charter), Advisory Opinion of 20 July 1962, ICJ Reports (1962), S. 151 ff., 222: "In the case of acts of international organisations, and in particular the acts of the United Nations, there is nothing comparable to the remedies existing in domestic law in connection with administrative acts. The consequence of this is that there is no possibility of applying the concept of voidability to the acts of the United Nations. If an act of an organ of the United Nations had to be considered as an invalid act, such invalidity could constitute only the absolute nullity of the act. In other words, there are only two alternatives for the acts of the Organization: either the act is fully valid, or it is an absolute nullity, because absolute nullity is the only form in which invalidity of an act of the Organization can occur. An act of the Organization considered as invalid would be an act which had no legal effects, precisely because it would be an absolute nullity. The lack of effect of such an act could be alleged and a finding in that sense obtained at any time."; insoweit problematisch hinsichtlich des Beurteilungsspielraumes der Mitgliedstaaten der Vorschlag von *Schilling*, Anm. 9, S. 101.

268 Anderer Ansicht *Schilling*, Anm. 9, S. 100.

Garant für die Rechtmäßigkeit seiner Beschlüsse ist[269], jedoch einer Akzeptanzkontrolle durch die Staatengemeinschaft unterliegt.[270]

cc. Lockerbie-*Fall*

ZurIllustration des rechtlich nicht vollständig geklärten Verhältnisses von Sicherheitsrat und IGH dient der *Lokerbie*-Fall. Auf Antrag der Vereinigten Staaten, Großbritanniens und Frankreichs beschloß der Sicherheitsrat am 31.03.1992 Zwangsmaßnahmen gegen Libyen.[271] Libyen sollte zur Einhaltung der Resolution 731 (1992)[272] gezwungen werden, die die Kooperation Libyens bei der Attentatsaufklärung und indirekt die Auslieferung der zwei mutmaßlichen Flugzeugterroristen forderte.[273] Libyen hatte kurz vor dem Sicherheitsrats-Beschluß einen Antrag auf Erlaß einer einstweiligen Anordnung mit dem Ziel beim IGH gestellt, Großbritannien und den USA die Ausübung jeglichen Drucks auf Libyen zu untersagen, mit dem es zur Überstellung der Beschuldigten an eine ausländische Gerichtsbarkeit bewegt werden sollte. Außerdem hoffte Libyen, den Erlaß einer Sicherheitsrats-Resolution verhindern zu können. Trotz der vorangegangenen Anrufung des IGH konnte der Sicherheitsrat im Rahmen von Kapitel VII tätig werden.[274]

Der IGH hat in der Entscheidung über einstweilige Maßnahmen noch keine ausdrückliche Entscheidung über die Rechtswirkungen von Resolution 748 (1992) getroffen[275]:

> "Whereas the Court while not at this stage called upon to determine definitively the legal effect of Security Council Resolution 748 .... ."[276]

---

[269] *Herdegen*, Constitutionalization, Anm. 49, S. 159.

[270] *Bruha/Krajewski*, Anm. 30, S. 18, *Reisman*, Anm. 258, S. 43.

[271] S/RES 748 (1992) v. 31.03.1992, Resolutions and Decisions of the Security Council (1992), 47 SCOR 57.

[272] S/RES 731 (1992) v. 21.01.1992, Resolutions and Decisions of the Security Council (1992), 47 SCOR 56.

[273] So das Verständnis der Sicherheitsrats-Resolution bei *Franck*, Anm. 261, S. 519 ff.

[274] *K. Ipsen*, "Auf dem Weg zur Relativierung der inneren Souveränität bei Friedensbedrohung, 40:2 Vereinte Nationen (1992), S. 41 ff., 44; *Stein*, Anm. 266, S. 226; *Ch. Tomuschat*, "The Lockerbie Case before the International Court of Justice", 48 ICJ Review (1992), S. 38 ff., 41.

[275] Questions concerning the Interpretation and Application of the 1971 Montreal Convention arising from the Aerial Incident at Lockerbie, Libyan Arab Jamahiriya v. United Kingdom, Provisional Measures, Order of 14 April 1992, ICJ Reports (1992), S. 3 ff., 15.

Der IGH ist in seiner Entscheidung aber von einer Rechtmäßigkeit *prima facie* der Resolution 748 (1992) ausgegangen:

> "Whereas both Libya and the United States, as Members of the United Nations, are obliged to accept and carry out the decisions of the Security Council in accordance with Article 25 of the Charter; whereas the Court, which is at the stage of proceedings on provisional measures, considers that prima facie this obligation extends to the decision contained in resolution 748 (1992) ... ."[277]

Hieraus ergibt sich nicht eindeutig, ob der IGH über die Rechtmäßigkeit einer Sicherheitsrats-Resolution befinden könnte.[278] Daß eine solche inzidente Überprüfung zumindest im summarischen Verfahren ausscheidet, läßt sich aus den Sondervoten schließen[279]:

> "Are there any limits to the Council's powers of appreciation? In the equilibrium of forces underpinning the structure of the United Nations within the evolving international order, is there any conceivable point beyond which a legal issue may properly arise as to the competence of the Security Council to produce such overriding results? If there are any limits, what are those limits and what body, if other than the Security Council, is competent to say what those limits are?
>
> If the answers to these delicate and complex questions are all in the negative, the position is potentially curious. It would not, on that account, be necessarily

---

276 Questions concerning the Interpretation and Application of the 1971 Montreal Convention arising from the Aerial Incident at Lockerbie, Libyan Arab Jamahiriya v. United Kingdom, Provisional Measures, Order of 14 April 1992, ICJ Reports (1992), S. 3 ff., 15.

277 IGH, Questions of Interpretation and Application of the 1971 Montreal Convention arising from the Aerial Incident at Lockerbie (Libyan Arab Jamahiriya v. United States of America), Request for the Indication of Provisional Measures, Communiqué v. 14.04.1992, No. 92/9, S. 5.

278 Wohl bejahend *M. Weller*, "The Lockerbie Case: a premature end to the 'new world order'?", 4 African Journal of international and comparative law (1992), S. 302 ff., 324; *Franck*, Anm. 261, S. 521; *Reisman*, Anm. 258, S. 92.

279 *Judge Oda*: "... a decision of the Security Council ... cannot be summarily be reopened", Questions concerning the Interpretation and Application of the 1971 Montreal Convention arising from the Aerial Incident at Lockerbie, Libyan Arab Jamahiriya v. United Kingdom, Provisional Measures, Order of 14 April 1992, ICJ Reports (1992), S. 3 ff., 17; vgl. auch *Judge Shahabuddeen*, ICJ Reports (1992), S. 32 und *Judge Bedjaoui*, ICJ Reports (1992), S. 47 Ziff. 27.

unsustainable in law; and how far the Court can enter the field is another matter."[280]

Ein extremer Befugnismißbrauch seitens des Sicherheitsrates, der den IGH zu einer Überprüfung der Sicherheitsrats-Maßnahme ermächtigen könnte, liegt bei Erlaß der Resolution 794 (1992) somit nicht vor.[281] Dennoch hat der IGH entgegen der Erwartung der Klagegegner die Klagen gegen Großbritannien und die Vereinigten Staaten für zulässig erklärt, mit denen Libyen indirekt gegen das bestehende Luftverkehrsembargo und andere Sanktionen vorgeht.[282] Unklar ist, ob der IGH hierdurch auch eine Entscheidung in der Sache über die Rechtmäßigkeit oder Rechtswirksamkeit der Resolutionen des Sicherheitsrates getroffen hat. Der IGH hat sich nicht zur Rechtmäßigkeit oder Unrechtmäßigkeit der Resolutionen geäußert, sondern lediglich festgestellt hat, daß er sich mit dem Fall befassen darf. Indem der IGH seine Zuständigkeit angenommen hat, könnte er insoweit den Sicherheitsrat überlagert haben, wenn es, wie von britischer und amerikanischer Seite vorgebracht, inhaltlich keinen Streit um das Übereinkommen von Montreal, sondern allein um die Resolutionen des Sicherheitsrates gegeben habe.[283] Diese seien nach Kapitel VII ergangen und damit verbindlich, die Verpflichtungen daraus gehen laut der Charta der Vereinten Nationen allen anderen völkerrechtlichen Verpflichtungen vor. Als nachrangige Verpflichtung komme das Übereinkommen von Montreal daher nicht zum Zuge. In Wirklichkeit gehe es nach britischer und amerikanischer Ansicht Libyen daher um die Klärung der Rechtmäßigkeit der Sicherheitsrats-Resolutionen, gegen die ein Rechtsschutz aber nicht vorgesehen sei.

Demgegenüber hat der IGH zur Frage, ob Libyen Rechte aus dem Übereinkommen von Montreal geltend machen kann oder ob diese von den Sicherheitsrats-Resolutionen 748 (1992) und 883 (1993) überlagert sind[284], festgestellt,

---

280 Sondervotum *Judge Shahabuddeen*, Questions concerning the Interpretation and Application of the 1971 Montreal Convention arising from the Aerial Incident at Lockerbie, Libyan Arab Jamahiriya v. United Kingdom, Provisional Measures, Order of 14 April 1992, ICJ Reports (1992), S. 142.

281 *Stein*, Anm. 266, S. 229.

282 IGH, Preliminary objections, Case concerning questions of interpretation and application of the 1971 Montreal convention arising from the aerial incident at Lockerbie (Libyan Arab Jamahiriya v. United Kingdom) v. 27.02.1998, 37 ILM (1998), S. 587 ff.

283 IGH, Libyan Arab Jamahiriya v. United Kingdom, Anm. 282, 37 ILM (1998), S. 587 ff., 604/605 Nr. 37/41.

284 IGH, Libyan Arab Jamahiriya v. United Kingdom, Anm. 282, 37 ILM (1998), S. 587 ff., 604 Nr. 37.

daß die Resolutionen 748 (1992) und 883 (1993) nach dem Zeitpunkt der Klageerhebung am 3. März 1992 ergangen sind. Die zum Zeitpunkt der Klageerhebung begründete Zuständigkeit des IGH sei durch den späteren Erlaß der Sicherheitsrats-Resolutionen nicht beeinträchtigt worden:

> "... Security Council resolutions 748 (1992) and 883 (1993) were in fact adopted after the filing of the Application on 3 March 1992. In accordance with its established jurisprudence, if the Court had jurisdiction on that date, it continues to do so; the subsequent coming into existence of the above-mentioned resolutions cannot affect its jurisdiction once established."[285]

> "... the Court concludes that the objection to jurisdiction raised by the United Kingdom on the basis of the alleged absence of a dispute between the Parties concerning the interpretation or application of the Montreal Convention must be rejected, and that the Court has jurisdiction to hear the disputes between Libya and the United Kingdom as to the interpretation or application of the provisions of that Convention."[286]

Zur Frage der Zulässigkeit des Antrags hat der IGH ausgeführt, daß es zum Zeitpunkt der Klageerhebung lediglich die Resolution 731 (1992) gab, die Libyen nur dringend um die Auslieferung der verdächtigten Personen ersuchte, dem Land diese aber noch nicht bindend aufgab und nicht auf der Grundlage von Kapitel VII erlassen wurde:

> "... The date, 3 March 1992, on which Libya filed its Application, is in fact the only relevant date for determining the admissibility of the Application. Security Council resolutions 748 (1992) and 883 (1993) cannot be taken into consideration in this regard since they were adopted at a later date. As to Security Council resolution 731 (1992), adopted before the filing of the Application, it could not form a legal impediment to the admissibility of the latter because it was a mere recommendation without binding effect, as was recognized moreover by the United Kingdom itself ... ."[287]

---

285 IGH, Libyan Arab Jamahiriya v. United Kingdom, Anm. 282, 37 ILM (1998), S. 587 ff., 604 Nr. 38.

286 IGH, Libyan Arab Jamahiriya v. United Kingdom, Anm. 282, 37 ILM (1998), S. 587 ff., 604 Nr. 39.

287 Vgl. zur Argumentation Libyens, der sich der IGH im wesentlichen angeschlossen hat, IGH, Libyan Arab Jamahiriya v. United Kingdom, Anm. 282, 37 ILM (1998), S. 587 ff., 605, Nr. 44.

Dies geschah erst mit der Resolution 748 (1992), mit der zugleich die Sanktionen verhängt wurden. Die Sicherheitsrats-Resolutionen stehen der Zuständigkeit des IGH daher nicht entgegen.[288]

Mit dieser formalistischen Betrachtungsweise hat der IGH zu der grundsätzlichen Problematik einer möglichen Überprüfung von auf der Grundlage von Kapitel VII ergangenen Sicherheitsrats-Resolutionen keine Stellung genommen.[289] Es ist anzunehmen, daß eine Entscheidung hierüber in der Entscheidung zur Sache erfolgt. *President Schwebel*, der die Klage aufgrund des Vorrangs der Sicherheitsrats-Resolutionen vor der Konvention von Montreal für unzulässig hält[290] hat diese Frage in seinem Sondervotum aufgegriffen und verneint:

> "... The texts of the Charter of the United Nations and of the Statute of the Court furnish no shred of support for a conclusion that the Court possesses a power of judicial review in general or a power to supervene the decisions of the Security Council in particular. On the contrary, by the absence of any such provision, and by according the Security Council 'primary responsibility for the mainte-nance of international peace and security', the Charter and the Statute import the contrary. ... If the Court were to generate such a power, the Security Council would no longer be primary in its assigned responsibilities, because if the Court could overrule, negate, modify - or, as in this case, hold as proposed that decisions of the Security Council are not 'opposable' to the principal object State of those decisions and to the object of its sanctions - it would be the Court and not the Council that

---

[288] *Judge Oda* stellt zur Zuständigkeit des IGH in seinem Sondervotum fest, daß die Resolutionen die im Verfahren streitige Frage der Ausweisung nicht betreffen, das Verfahren aber ebensowenig unter die Konvention von Montreal fällt und die Klage daher unzulässig ist, Dissenting opinion of *Judge Oda*, Libyan Arab Jamahiriya v. United Kingdom, Anm. 282, 37 ILM (1998), S. 631 ff., 635 f. Nr. 15 f.

[289] Ebenso *Judge Sir Robert Jennings* in seinem Sondervotum: "This case has also raised a question of basic principle of great importance which has been referred to in argument but which the present Judgment studiously avoids: the relationship between the respective competences of the Security Council and of the International Court of Justice as the 'principal judicial organ of the United Nations'", Dissenting opinion of *Judge Sir Robert Jennings*, http://www.icj-cij.org/idocket/il...ent/iluk98dissentingjennings.html, S. 7.

[290] Dissenting opinion of *President Schwebel,* Libyan Arab Jamahiriya v. United Kingdom, Anm. 282, 37 ILM (1998), S. 618 ff., 624: "... It follows that, in the case now before the Court, the Court should have held Libya's claims to be inadmissible, or at any rate moot, on the ground that the issues between it and the Respondent have been determined by decisions of the Security Council which bind the Parties and which, pursuant to Article 103 of the Charter, prevail over any rights and obligations that Libya and the Respondent have under the Montreal Convention."

> would exercise, or purport to exercise, the dispositive and hence primary authority."[291]

Dieser Meinung hat sich auch *Judge Sir Robert Jennings* in seinem Sondervotum angeschlossen:

> "... When, therefore, as in the present case, the Security Council, exercising the discretionary competence given to it by Article 39 of the Charter, has decided that there exists a 'threat to the peace', it is not for the principal judicial organ of the United Nations to question that decision, much less to substitute a decision of its own, but to state the plain meaning and intention of Article 39, and to *protect* the Security Council's exercise of that body's power and duty conferred upon it by the law; and to protect the exercise of the discretion of the Security Council to 'decide what measures not involving the use of armed force are to be employed to give effect to its decisions'."[292]

Die amerikanischen und britischen Prozeßvertreter haben weiterhin eingewandt, daß der Streitfall nur noch von den Resolutionen des Sicherheitsrates bestimmt werde, nicht mehr vom Übereinkommen von Montreal, so daß die Klage damit ihren ursprünglichen Gegenstand verloren habe.[293] Der IGH hat hierzu ausgeführt, daß die Auswirkungen der Sicherheitsrats-Resolutionen auf die einzelnen Klagepunkte im einzelnen zu prüfen seien, was im Rahmen des nächsten Verfahrensstadiums zu geschehen habe. Eine Entscheidung über das Vorbringen zu diesem Zeitpunkt wäre eine Entscheidung über den Klagegrund und würde die Rechte von Libyen betreffen:

> "The Court therefore has no doubt that Libya's rights on the merits would not only be affected by a decision, at this stage of the proceedings, not to proceed to judgment on the merits, but would constitute, in many respects, the very subject-matter of that decision ... In the view of the Court, this objection does much more than 'touch[ing] upon subjects belonging to the merits of the case'; it is 'inextricably interwoven' with the merits."[294]

---

291 Dissenting opinion of *President Schwebel,* Libyan Arab Jamahiriya v. United Kingdom, Anm. 282, S. 624.

292 Dissenting opinion of *Judge Sir Robert Jennings*, http://www.icj-cij.org/idocket/il...ent/iluk98dissentingjennings.html, S. 8.

293 Vgl. zur Argumentation Großbritanniens IGH, Libyan Arab Jamahiriya v. United Kingdom, Anm. 282, 37 ILM (1998), S. 587 ff., 606, Nr. 47.

294 IGH, Libyan Arab Jamahiriya v. United Kingdom, Anm. 282, 37 ILM (1998), S. 587 ff., 608, Nr. 50, wobei sechs Richter aufgrund dieses Vorbringens die Klage als unzuläs-

Zusammenfassend ist festzuhalten, daß der IGH im *Libyen*-Fall keine Stellung zur Rechtmäßigkeit der einschlägigen Sicherheitsrats-Resolutionen genommen hat. Das Zwischenurteil bietet auch keinen weiteren Aufschluß zur allgemeinen Frage der Zuständigkeit des IGH beim Vorliegen von Sicherheitsrats-Resolutionen nach Kapitel VII, da nach der Ansicht des IGH die Resolution 731 (1992) nicht auf der Grundlage von Kapitel VII ergangen ist.

dd. Bosnien-Herzegowina

Der Sicherheitsrat hat die Klage Bosniens und Herzegowinas gegen Jugoslawien (Serbien und Montenegro) zu derselben Zeit beraten, zu der auch der Sicherheitsrat mit den Vorgängen befaßt war. Gegenstand der Klage waren Verletzungen der Völkermord-Konvention vom 9.12.1948 und der vier Genfer Abkommen von 1949 sowie ihres I. Zusatzprotokolls von 1977. Obwohl der Sicherheitsrat schon Resolutionen nach Kapitel VII erlassen hatte[295], hat der IGH zwei einstweilige Anordnungen erlassen.

Mit der ersten einstweiligen Anordnung v. 8.04.1993 hat der IGH die Regierung Jugoslawiens aufgefordert, alle in ihrer Macht stehenden Maßnahmen zu ergreifen, um weiteren Völkermord zu verhindern.[296] Die Regierung von Serbien und Montenegro habe dafür zu sorgen, daß sowohl alle militärischen, paramilitärischen und irregulären Einheiten als auch alle Organisationen und Personen, die ihrer Kontrolle, Leitung oder Einfluß unterliegen, keine Akte des Völkermordes vornehmen.[297] Über den Antrag auf Feststellung, daß Bosnien und Herzegowina ein Recht auf Selbstverteidigung hätten, hat der IGH mangels Zuständigkeit nicht beraten.[298] Daraufhin beantragten die Kläger eine zweite einstweilige Anordnung,

---

sig erachteten.

295 Vgl. etwa S/RES/713 (1991) v. 25.09.1991, Resolutions and Decisions of the Security Council (1991); S/RES 721 (1991) v. 27.11.1991, Resolutions and Decisions of the Security Council (1991); S/RES 724 (1991) v. 15.12.1991, Resolutions and Decisions of the Security Council (1991); S/RES 727 (1992) v. 8.01.1992, Resolutions and Decisions of the Security Council (1992); S/RES 740 (1992) v. 7.02.1992, Resolutions and Decisions of the Security Council (1992); S/RES 777 (1992) v. 19.09.1992, Resolutions and Decisions of the Security Council (1992).

296 IGH, Application of the Convention on the Prevention and Punishment of the Crime of Genocide, Provisional Measures, Order of 8 April 1993, ICJ Reports (1993), S. 3 ff., 24, § 52 A (1).

297 IGH, Application of the Convention on the Prevention and Punishment of the Crime of Genocide, Provisional Measures, Order of 8 April 1993, ICJ Reports (1993), S. 3 ff., 24, § 52 A (2).

298 IGH, Application of the Convention on the Prevention and Punishment of the Crime of

die der IGH am 13.09.1993 erließ und in der er die Einhaltung der ersten forderte.[299]

Der IGH hat in der einstweiligen Anordnung v. 8.04.1993 unter Hinweis auf seine frühere Rechtsprechung ausgeführt, daß es keine Charta-Bestimmung gebe, die das Verhältnis von Sicherheitsrat und IGH festlege, der Sicherheitsrat Aufgaben politischer Natur und der IGH judikativer Natur habe und beide Organe ihre verschiedenen, aber sich ergänzenden Funktionen hinsichtlich derselben Ereignisse ausüben können:

> "... a provision for a clear demarcation of functions between the General Assembly and the Security Council, in respect of any dispute or situation, that the former should not make any recommendation with regard to that dispute or situation unless the Security Council so re- quires, there is no similar provision anywhere in the Charter with respect to the Security Council and the Court. The Council has functions of a political nature assigned to it, whereas the Court exercises purely judicial functions. Both organs can therefore perform their separate but complementary functions with respect to the same events."[300]

Zum Erlaß der einstweiligen Anordnung war der IGH auf der Grundlage von Art. 41 IGH-Statut zur Sicherung der Rechte der Antragsteller berechtigt.[301] Der IGH hat zu der Rechtmäßigkeit der Sicherheitsrats-Resolutionen keine Ausführungen gemacht.

Auch in dem Urteil v. 11.07.1996 hat der IGH zu diesen Fragen nicht Stellung genommen.[302]

Genocide, Provisional Measures, Order of 8 April 1993, ICJ Reports (1993), S. 3 ff., 19 § 32.

299 IGH, Application of the Convention on the Prevention and Punishment of the Crime of Genocide, Provisional Measures, Order of 13 September 1993, ICJ Reports (1993), S. 325 ff.

300 IGH, Military and Paramilitary Activities in and against Nicaragua (Nicaragua v. United States of America), Jurisdiction and Admissibility, Judgment, ICJ Reports (1984), S. 392 ff., 434/435, § 95.

301 IGH, Application of the Convention on the Prevention and Punishment of the Crime of Genocide, Provisional Measures, Order of 8 April 1993, ICJ Reports (1993), S. 3 ff., 19, § 34.

302 IGH, Case concerning the Application of the Convention on the Prevention and Punishment of the Crime of Genocide (Bosnia and Herzegovina v. Yugoslavia), Preliminary Objections, Judgment of 11. July 1996, http://www.un.org/law/icjsum/9625.htm.

Aus dem Fall Bosniens und Herzegowinas ergeben sich daher keine weiteren Anhaltspunkte zu der Frage, ob der IGH die Rechtmäßigkeit der Resolutionen überprüfen kann. Der IGH hat lediglich seine Rechtsprechung bestätigt, daß er auch in Situationen, in denen der Sicherheitsrat nach Kapitel VII vorgeht, tätig werden kann.

ee. *Vergleich mit Rechtskontroll-System einer Supranationalen Organisation am Beispiel der Europäischen Gemeinschaften*

In den Europäischen Gemeinschaften besteht ein umfassendes Rechtsschutzsystem, in dem die Akte der Organe überprüfbar sind und vom EuGH für nichtig erklärt werden können. Sowohl den Mitgliedstaaten als auch Einzelnen steht im Rahmen der Nichtigkeitsklage nach Art. 173 I EGV die Möglichkeit offen, gegen ein rechtsverbindliches Handeln eines Gemeinschaftsorgans vorzugehen. Individuen können nach Art. 173 II EGV gegen sie unmittelbar betreffende Entscheidungen, die der Form nach als Verordnungen ergangen und damit im nationalen Rechtsraum direkt wirksam sind, Klage zum EuGH erheben.[303] Mit der Nichtigkeitsklage nach Art. 173 EGV kann die Unzuständigkeit des handelnden Organs, die Verletzung wesentlicher Formvorschriften, Verletzung des Vertrages oder Ermessensmißbrauch geltend gemacht werden.[304] Gegen Finanzentscheidungen der Kommission können Einzelne mangels *locus standi* aber nicht vorgehen.[305]

In den EGen als traditionellen Supranationalen Organisationen, in denen die Durchgriffswirkung von vorneherein konstitutionell angelegt war, besteht für Einzelne, die durch Rechtsakte mit Durchgriffswirkung verpflichtet werden können, ein diesen Verpflichtungen entsprechendes Rechtsschutzsystem.

Ein derart ausgefeiltes Rechtsschutzsystem ist im institutionellen Rahmen der UN nicht vorhanden. Die durch die Resolutionen mit Durchgriffswirkung betroffenen Einzelnen haben keine Möglichkeit, die Resolutionen gerichtlich auf ihre Rechtmäßigkeit überprüfen zu lassen. Auch die Mitgliedstaaten verfügen nicht über die Möglichkeit, gegen Rechtsakte der Organe vorzugehen.

---

303 *R. Streinz*, Europarecht, 3. Aufl. (1996), Rdnr. 519.

304 Vgl. *Streinz*, Anm. 303, Rdnr. 521 ff.

305 EuGH, Rs. C- 321/95 P v. 2.04.1998, Greenpeace u.a., Slg. 1998, I-1651 ff., 1715 Tz. 31; vgl. Diskussionsbeitrag *Prof. Sands*, "Plenary Theme Panel: The challenge of non-state actors" in Proceedings of the 92nd annual meeting, April 1 - 4, 1998, 92 ASIL Proc 214 (1998), S. 20 ff., 34.

b. Vereinbarkeit der Errichtung des Jugoslawien-Tribunals mit internationalen Rechtsschutzgarantien

Die Vereinbarkeit des Jugoslawien-Tribunals mit den internationalen Rechtsschutzgarantien wird vielfach diskutiert.[306]

aa. Art. 14 I 2 IPBPR

Der Errichtung des Jugoslawien-Tribunals durch eine Sicherheitsrats-Resolution könnte Art. 14 I 2 IPBPR[307] entgegenstehen. Diese Vorschrift garantiert jedem Beschuldigten, sich nur vor einem auf gesetzlicher Grundlage errichteten Gericht zu verantworten.

Unter einem Gesetz iSd. Art. 14 I 2 IPBPR könnte ein generell-abstraktes parlamentarisches Gesetz zu verstehen sein.[308] Eine weitere Interpretationsmöglichkeit ist, daß ein Gericht auch durch ein Organ mit einer beschränkten Befugnis, bindende Entscheidungen zu treffen, wie der Sicherheitsrat, errichtet werden kann.[309] Nach Ansicht des Tribunals ist mit der Verpflichtung der Errichtung auf gesetzlicher Grundlage das Erfordernis der Übereinstimmung mit dem Rechtsstaatsprinzip zu verstehen.[310] Diese Interpretation von Art. 14 IPBPR wird durch das 'Human Rights Committee' unterstützt, das davon ausgeht, daß Art. 14 IPBPR dazu dient, auch vor einem außerordentlichen Gericht das Recht des Angeklagten auf einen 'fair trial' zu sichern.[311] Aus dem Tribunal-

---

306 Vgl. hierzu *Graefrath*, Anm. 131, S. 433 ff.; *Hollweg*, Anm. 10, S. 980; *Partsch*, Anm. 191, S. 11; *A. Pellet*, "Le tribunal criminel international pour l'ex-yougoslavie", 94 RGDIP (1994), S. 7 ff.; *D. Thürer*, "Vom Nürnberger Tribunal zum Jugoslawien-Tribunal und weiter zu einem Weltstrafgerichtshof?", 4 SZIER (1993), S. 491 ff. (Nürnberger Tribunal).

307 Art. 14 I 2 des Internationalen Paktes über bürgerliche und politische Rechte: "Jedermann hat Anspruch darauf, daß über eine gegen ihn erhobene strafrechtliche Anklage oder seine zivilrechtlichen Ansprüche und Verpflichtungen durch ein zuständiges, unabhängiges unparteiisches und auf Gesetz beruhendes Gericht in billiger Weise und öffentlich verhandelt wird." (Hervorhebung wurde hinzugefügt).

308 *M. Nowak*, UNO-Pakt über bürgerliche und politische Rechte und Fakultativprotokoll, CCPR-Kommentar (1989), Art. 14 IPBR Rdnr. 16.

309 Jugoslawien-Tribunal, Case No. IT-94-1-AR72, 2.10.1995, In the Appeals Chamber, The Prosecutor v. Duško Tadič a/k/a "Dule", Decision on the defence motion for interlocutory appeal on jurisdiction, § 44, 35 ILM (1996), S. 32 ff., 47.

310 Jugoslawien-Tribunal, Case No. IT-94-1-AR72, 2.10.1995, In the Appeals Chamber, The Prosecutor v. Duško Tadič a/k/a "Dule", Decision on the defence motion for interlocutory appeal on jurisdiction, § 45, 35 ILM (1996), S. 32 ff., 47.

311 Human Rights Committee, General Comment on Article 14, H.R. Comm. 43rd session,

Statut und den 'Rules of Procedure and Evidence' ergibt sich, daß das Tribunal in Übereinstimmung mit dem Rechtsstaatsprinzip errichtet wurde.[312] Art. 21 Tribunal-Statut[313] enthält fast wörtlich die Garantien von Art. 14 IPBPR, und Art. 13 I Tribunal-Statut[314] garantiert ein hohes sittliches Ansehen, Unabhängigkeit und fachliches Können der Richter des Tribunals.

Suppl. No. 40, par. 4, UN Doc. A/43/40 (1988); Cariboni v. Uruguay H.R.Comm. 159/83, 39th Sess., Suppl. No. 40, A/39/40.

312 Jugoslawien-Tribunal, Case No. IT-94-1-AR72, 2.10.1995, In the Appeals Chamber, The Prosecutor v. Duško Tadič a/k/a "Dule", Decision on the defence motion for interlocutory appeal on jurisdiction, § 46, 35 ILM (1996), S. 32 ff., 48.

313 Art. 21 Tribunal-Statut: "Rechte des Angeklagten - 1. Alle Menschen sind vor dem Internationalen Gericht gleich. 2. Der Angeklagte hat Anspruch darauf, daß vorbehaltlich des Artikels 22 über die gegen ihn erhobene Anklage in billiger Weise und öffentlich verhandelt wird. 3. Der Angeklagte gilt als unschuldig, solange seine Schuld nicht nach den Bestimmungen dieses Statuts nachgewiesen ist. 4. Jeder, gegen den eine Anklage aufgrund dieses Statuts erhoben wird, hat in voller Gleichheit Anspruch auf folgende Mindestgarantien: a) Er ist unverzüglich und im einzelnen in einer ihm verständlichen Sprache über Art und Grund der gegen ihn erhobenen Anklage zu unterrichten; b) er muß hinreichend Zeit und Gelegenheit zur Vorbereitung seiner Verteidigung und zum Verkehr mit einem Verteidiger seiner Wahl haben; c) es muß ohne unangemessene Verzögerung ein Urteil gegen ihn ergehen; d) er hat das Recht, bei der Verhandlung anwesend zu sein und sich selbst zu verteidigen oder durch einen Verteidiger seiner Wahl verteidigen zu lassen; falls er keinen Verteidiger hat, ist er über das Recht, einen Verteidiger in Anspruch zu nehmen, zu unterrichten; fehlen ihm die Mittel zur Bezahlung eines Verteidigers, so ist ihm ein Verteidiger unentgeltlich beizuordnen, wenn dies im Interesse der Rechtspflege erforderlich ist; e) er darf Fragen an die Belastungszeugen stellen oder stellen lassen und das Erscheinen und die Vernehmung der Entlastungszeugen unter den für die Belastungszeugen geltenden Bedingungen erwirken; f) er kann die unentgeltliche Beiziehung eines Dolmetschers verlangen, wenn er die Verhandlungssprache des Internationalen Gerichts nicht versteht oder spricht; g) er darf nicht gezwungen werden, gegen sich selbst als Zeuge auszusagen oder sich schuldig zu bekennen."

314 Art. 13 Nr. 1 Tribunal-Statut: "Die Richter müssen Personen von hohem sittlichen Ansehen sein, sich durch Unparteilichkeit und Integrität auszeichnen und die in ihrem Staat für die höchsten richterlichen Ämter erforderlichen Voraussetzungen erfüllen. Insgesamt ist bei der Zusammensetzung der Kammern die Erfahrung der Richter auf dem Gebiet des Strafrechts und des Völkerrechts, einschließlich des humanitären Völkerrechts und der Menschenrechte, gebührend Rechnung zu tragen."

bb. ne bis in idem-*Grundsatz*

Der *ne bis in idem*-Grundsatz (Verbot der Doppelbestrafung) wird durch Art. 10 Tribunal-Statut[315] gewährleistet, der das Verhältnis der einzelstaatlichen Gerichte zum Tribunal regelt und eine Doppelbestrafung verbietet.[316]

c. *Ergebnis*

Im konstitutionellen Gefüge der UN gibt es keine Möglichkeit, die Rechtmäßigkeit von Sicherheitsrats-Beschlüssen direkt überprüfen zu lassen. Ob der IGH Maßnahmen des Sicherheitsrat inzident überprüfen kann, ist auch nach der Rechtsprechung nicht abschließend geklärt und jedenfalls auf die Fälle evidenten Rechtsmißbrauchs zu beschränken. Die fehlende gerichtliche Rechtsschutzmöglichkeit kann sich zum Nachteil der durch die Sicherheitsrats-Resolutionen mit Durchgriffswirkung verpflichteten Einzelnen auswirken. Dadurch daß der IGH bei einer offensichtlichen Befugnisüberschreitung durch den Sicherheitsrat die Maßnahme des Sicherheitsrates inzident überprüfen kann, werden willkürliche Beschlüsse verhindert, und die durch die Resolutionen mit Durchgriffswirkung Betroffenen sind nicht gänzlich schutzlos gestellt. Das Statut des Jugoslawien-Tribunals entspricht den internationalen Rechtsschutzgarantien.

5. Ergebnis

Als Ergebnis ist festzuhalten, daß die Durchgriffswirkung völkerrechtlich zulässig und mit den Vorgaben der Charta vereinbar ist. Der Sicherheitsrat handelt beim

---

[315] Art. 10 Tribunal-Statut: "Ne bis in idem - 1. Niemand darf wegen Handlungen, die nach diesem Statut schwere Verstöße gegen das humanitäre Völkerrecht darstellen, vor ein einzelstaatliches Gericht gestellt werden, wenn gegen ihn wegen derselben Handlung bereits vor dem Internationalen Gericht verhandelt wurde. 2. Eine Person, die wegen Handlungen, die schwere Verstöße gegen das humanitäre Völkerrecht darstellen, vor ein einzelstaatliches Gericht gestellt wurde, darf in der Folge von dem Internationalen Gericht nur dann belangt werden, a) wenn die Handlung, derentwegen sie vor Gericht gestellt wurde, als ein gewöhnliches Verbrechen gewertet wurde: oder b) wenn das einzelstaatliche Gerichtsverfahren nicht unparteilich und unabhängig war, wenn es darauf ausgerichtet war, den Angeklagten vor der internationalen strafrechtlichen Verantwortlichkeit zu schützen, oder wenn der Fall nicht mit der gebotenen Sorgfalt verfolgt wurde. 3. Bei der Bemessung der Strafe, die über eine eines Verbrechen nach diesem Statut für schuldig befundene Person verhängt werden soll, berücksichtigt das Internationale Gericht, inwieweit diese Person bereits eine von einem einzelstaatlichen Gericht wegen derselben Handlung verhängte Strafe verbüßt hat."

[316] Vgl. *Thürer,* Nürnberger Tribunal, Anm. 306, S. 500/501.

Erlaß von Maßnahmen mit Durchgriffswirkung nicht *ultra vires*. Der Sicherheitsrat bewegt sich im Rahmen seines weitgefaßten Handlungsspielraumes von Kapitel VII, wobei der in der Charta nicht ausdrücklich vorgesehene Zugriff auf Einzelne auf eine extensive Auslegung von Kapitel VII und 'implied powers' gestützt werden kann. Aufgrund des nahezu unbegrenzten Handlungsspielraumes des Sicherheitsrates war die Entwicklung zur Durchgriffswirkung in der Charta bereits angelegt, da die Möglichkeit des Erlasses von Maßnahmen mit Durchgriffswirkung für den Sicherheitsrat zur Erfüllung seiner neuen Ordnungsfunktion insbesondere in den 'failed states' aus Effektivitätsgesichtspunkten notwendig ist. Der Sicherheitsrat hat durch die Resolutionen mit Durchgriffswirkung auch nicht in die Souveränität und die inneren Angelegenheiten der Mitgliedstaaten eingegriffen.

Der Sicherheitsrat hat auch die UNCC, das Jugoslawien- und das Ruanda-Tribunal auf der Grundlage von Kapitel VII als Maßnahme nach Art. 41 im Rahmen seiner Kompetenzen errichtet. Durch die Errichtung der *Ad hoc*-Tribunale hat der Sicherheitsrat keine institutionellen Kompetenzen der Mitgliedstaaten, Organe und betroffenen Einzelnen verletzt. Nachteilig für die betroffenen Einzelnen ist die innerhalb des institutionellen Gefüges der UN fehlende Möglichkeit, die Sicherheitsrats-Resolutionen gerichtlich auf ihre Rechtmäßigkeit überprüfen zu lassen. Eine generelle Befugnis zur Überprüfung von Sicherheitsrats-Resolutionen besteht nicht für den IGH, wobei der IGH zu dieser Frage selbst nicht abschließend Stellung genommen hat. Eine offensichtliche Befugnisüberschreitung durch den Sicherheitsrat kann daher nur zu einer inzidenten Überprüfung der Maßnahme seitens des IGH führen.

5. Kapitel

Verfassungsrechtliche Beurteilung der Durchgriffswirkung und der Entwicklung der UN zur Supranationalen Organisation

1. Einleitung

Bedingt durch die Durchgriffswirkung der Sicherheitsrats-Resolutionen sind die UN als zwischenstaatliche Einrichtung iSd. Art. 24 I GG zu qualifizieren[1], so daß sie auch in der Bundesrepublik Deutschland unmittelbar anwendbare Normen erlassen können.[2] Aufgrund dieser Entwicklung entsteht ein verfassungsrechtliches Spannungsfeld:

Bei der Qualifizierung der UN als zwischenstaatliche Einrichtung iSv. Art. 24 I GG erfordert die Übertragung von Hoheitsrechten eine gesetzliche Grundlage. Die Bundesrepublik hat bei ihrem Beitritt nicht explizit Hoheitsrechte durch Gesetz auf die UN übertragen. Das Zustimmungsgesetz, das gemäß Art. 59 II 1 GG den Beitritt zu den UN ermöglicht hat, könnte eine ausreichende Rechtsgrundlage iSv. Art. 24 I GG für die dynamische Weiterentwicklung der UN sein. Falls die Weiterentwicklung nicht vom Zustimmungsgesetz erfaßt ist, wäre neben dem Beitrittsgesetz von 1973 ein weiterer spezieller Übertragungsakt notwendig. Ein solcher ist nicht erforderlich, falls ein Beitrittsgesetz iSv. Art. 59 II 1 GG zu einem Übertragungsgesetz iSv. Art. 24 I GG mutieren kann.

---

1 So für die UN, bestimmte (Hilfs-)Organe der UN und das Jugoslawien-Tribunal *M. Herdegen*, "Die Befugnisse des UN-Sicherheitsrates", 236 Schriftenreihe/Juristische Studiengesellschaft Karlsruhe (1998), S. 35; anderer Ansicht *B. Simma*, Diskussionsbeitrag, "Diskussion zu den Referaten Thürer, Herdegen, Hohloch" in *D. Thürer/M. Herdegen/G. Hohloch (Hrsg.)*, "Der Wegfall effektiver Staatsgewalt: 'The Failed State'", 34 Berichte der Deutschen Gesellschaft für Völkerrecht, 24. Tagung in Leipzig, April 1995 (1996), S. 135 ff., 138: " ... Wenn der Sicherheitsrat wirklich unter Art. 24 Abs. 1 GG subsumiert würde, dann würde ich mich über eine diesbezügliche "Solange"-Entscheidung wirklich freuen. Denn wenn man insbesondere die Art und Weise untersucht, wie der Sicherheitsrat, vor allem durch die ihm unterstellten Sanktionsausschüsse, die praktische Durchführung der wirtschaftlichen Zwangsmaßnahmen handhabt, so stellt sich wirklich die Frage, ob unter dem Gesichtspunkt der Legalität oder Legitimität Entscheidungen des Sicherheitsrates unter solchen Umständen unmittelbar in einen Staat "hereingelassen" werden dürfen ... ."

2 *G. Biehler*, "Souveränität im Wandel", 35:1 Der Staat (1996), S. 99 ff., 104 Fn. 18 spricht in diesem Zusammenhang von einer Kompetenz-Kompetenz.

Eine in einem Zustimmungsgesetz erteilte Ermächtigung kann unter bestimmten, festzulegenden Voraussetzungen als Zustimmung zu der autonomen Weiterentwicklung einer zwischenstaatlichen Einrichtung verstanden werden. Aus der Auffassung des Bundesverfassungsgerichtes ergibt sich, daß alle Aktivitäten der UN, die in der Satzung selbst unmittelbar angelegt sind, auch durch das Zustimmungsgesetz eine Ermächtigung gefunden haben.[3] Die aus dem Zustimmungsgesetz abgeleitete Zustimmung kann daher auch eine dynamische Weiterentwicklung umfassen. Die Vorhersehbarkeit der Entwicklungen im Zeitpunkt der Zustimmung ist ein Kriterium für den Umfang einer solchen konkludenten Zustimmung.

Die Bindung der Mitgliedstaaten an mit dem nationalen Recht unvereinbare internationale Maßnahmen ist ein weiteres Konfliktfeld. Grundsätzlich untersagt Art. 16 II GG a. F. die Auslieferung deutscher Staatsangehöriger an das Ausland. Art. 16 II 2 GG n. F. ermöglicht eine abweichende gesetzliche Regelung für die Auslieferung an einen internationalen Gerichtshof, soweit rechtsstaatliche Grundsätze gewahrt sind. Die Auslieferung deutscher Staatsangehöriger an das Jugoslawien-Tribunal nach Art. 29 Tribunal-Statut[4] und an das ICC[5] muß diese Vorausssetzungen erfüllen.

---

3 BVerfGE 58, 1 (36 ff.); 68, 1 (99 ff.).

4 Art. 29 Tribunal-Statut: "Zusammenarbeit und Rechtshilfe - 1. Die Staaten arbeiten bei den Ermittlungen gegen Personen, die der Begehung schwerer Verstöße gegen das humanitäre Völkerrecht beschuldigt werden, und bei deren strafrechtlicher Verfolgung mit dem Internationalen Gericht zusammen. 2. Die Staaten kommen jedem Rechtshilfeersuchen und jeder von einer Strafkammer erlassenen Verfügung unverzüglich nach, insbesondere, jedoch nicht ausschließlich, in bezug auf
a) die Ermittlung von Personen oder deren Aufenthalt;
b) die Vernehmung von Zeugen und das Beibringen von Beweisen;
c) die Zustellung von Schriftstücken;
d) die Festnahme oder Inhaftierung von Personen;
e) die Übergabe oder Überstellung des Angeschuldigten an das Internationale Gericht."
Vgl. den inhaltlich entsprechenden Art. 28 des Statuts des Ruanda-Tribunals.

5 Art. 91 I ICC-Statut: "*Überstellung von Personen an den Gerichtshof* - Der Gerichtshof kann jedem Staat, in dessen Hoheitsgebiet sich eine Person vermutlich befindet, ein Ersuchen um Festnahme und Überstellung dieser Person samt den in Artikel 91 genannten zu seiner Begründung beigebrachten Unterlagen übermitteln und diesen Staat um Zusammenarbeit bei der Festnahme und Überstellung der Person ersuchen. Die Vertragsstaaten leisten dem Ersuchen um Festnahme und Überstellung im Einklang mit diesem Teil und den in ihrem innerstaatlichen Recht vorgesehenen Verfahren Folge. Nach Art. 88 ICC-Statut haben die Vertragsstaaten dafür zu sorgen, daß in ihrem innerstaatlichen Recht für alle in diesem Teil aufgeführten Formen der Zusammenarbeit

2. UN als zwischenstaatliche Einrichtung iSv. Art. 24 I GG

Die UN oder der Sicherheitsrat[6] haben sich durch die Durchgriffswirkung der Maßnahmen des Sicherheitsrates zu einer zwischenstaatlichen Einrichtung iSv. Art. 24 I GG entwickelt: Unabhängig von der Durchgriffswirkung bestanden im institutionellen Rahmen der UN bereits zuvor vereinzelte supranationale Züge. Mit der Durchgriffswirkung weisen die Entscheidungen des Sicherheitsrates das für die Supranationalität entscheidende Element auf. Dem Sicherheitsrat stehen insoweit eindeutig supranationale Eingriffsbefugnisse zu, so daß sich die UN bezüglich der Durchgriffswirkung zu einer Organisation mit supranationalen Befugnissen entwikelt haben. Daß die UN als zwischenstaatliche Einrichtung iSv. Art. 24 I GG anzusehen sind, könnte aus Gründen der Legitimität und Legalität und des Fehlens einer diesbezüglichen *Solange*-Entscheidung zweifelhaft sein.[7] Diesen Kritikpunkten ist zuzugestehen, daß aufgrund der Konzeption der UN als traditioneller Internationaler Organisation systemimmanente Schwächen bei der Entwicklung der UN zu einer Supranationalen Organisation, wie z.B. eine Kollision von einer Maßnahme mit Durchgriffswirkung und entgegenstehendem nationalen Recht, unvermeidlich sind. Diese Gründe können jedoch nicht dazu führen, die Existenz bestehender supranationaler Tendenzen im Rahmen der UN aus rechtlichen Gründen abzulehnen.

Daß die UN in die Rolle einer Supranationalen Organisation iSv. Art. 24 I GG hineingewachsen sind[8], ist anhand der Vorgaben von Art. 24 I GG und nicht aufgrund einer rechtlichen Bewertung des Entwicklungsprozesses zu ermitteln. Die Kriterien für die Anwendbarkeit von Art. 24 I GG haben sich in Literatur und Rechtsprechung hauptsächlich anhand der Europäischen Gemeinschaften entwickelt. In einem vergleichbaren Maße ist die Supranationalität innerhalb der UN nicht ausgebildet. Es ist daher offensichtlich, daß die Qualifikation der UN als zwischenstaatliche Einrichtung iSv. Art. 24 I GG zu rechtlichen Unstimmigkeiten führt, zumal sich die supranationalen Befugnisse im Rahmen der UN erst mit der Zeit deutlich herausgebildet haben.

---

entsprechende Verfahren zur Verfügung stehen."

6 Die Supranationalität eines Organs innerhalb der Organisation ist ausreichend, um den supranationalen Charakter einer Organisation zu begründen, vgl. *supra* Kapitel I.

7 So *Biehler*, Anm. 2, S. 105; *Simma* in *Thürer/Herdegen/Hohloch (Hrsg.)*, Diskussionsbeitrag, Anm. 1, S. 138.

8 *Ch. Tomuschat*, "Sanktionen durch internationale Strafgerichtshöfe", Verhandlungen des 60. Dt. Juristentages, Bd. II/1 (1994) Sitzungsbericht Q 53 ff., Q 67 (Sanktionen).

Entscheidendes Kriterium für die Zwischenstaatlichkeit iSv. Art. 24 I GG ist die Übertragung von Hoheitsrechten mit Durchgriffseffekt seitens der Mitgliedstaaten. Die vom Sicherheitsrat nach Art. 25 und 41 UN-Charta erlassenen Beschlüsse mit Durchgriffswirkung wirken direkt im staatlichen Rechtsraum und sind als Ausübung übertragener Hoheitsgewalt iSv. Art. 24 I GG anzusehen.[9] Die UN werden daher aufgrund der Sicherheitsrats-Maßnahmen mit Durchgriffswirkung von Art. 24 I GG erfaßt.

3. Gesetzliche Grundlage der Übertragung von Hoheitsrechten

Die Bundesrepublik müßte den UN diese Hoheitsrechte durch Gesetz übertragen haben. Eine ausdrückliche Übertragung durch ein Gesetz iSv. Art. 24 I GG von Befugnissen mit Durchgriffswirkung an die UN ist nicht erfolgt. Die Charta enthält keine Vorschriften, die dem Sicherheitsrat und den UN der Zustimmungserklärung entsprechende Befugnisse ausdrücklich zuerkennen. Aufgrund des einer zwischenstaatlichen Organisation eigenen Integrationsprozesses folgt hieraus jedoch nicht, daß den Anforderungen von Art. 24 I GG nicht entsprochen werden könne.[10] Eine Übertragung könnte nämlich mit dem Beitrittsgesetz von 1973 iSv. Art. 59 II GG, mit dem die Bundesrepublik den UN beigetreten ist, erfolgt sein. Voraussetzung hierfür ist, daß die spätere Praxis des Sicherheitsrates noch als vorhersehbare und von der parlamentarischen Zustimmung gedeckte Konkretisierung der UN-Charta angesehen werden kann.[11]

Die supranationalen Befugnisse waren zum Zeitpunkt des Beitritts zwar in der Charta angelegt, hatten sich aber noch nicht offen. herausgebildet. Nach Ansicht des Bundesverfassungsgerichtes ist die Fortbildung des Vertragsrechts durch eine "authentische" Interpretation (dynamische Auslegung) vom Vertragsgesetz nach Art. 59 II 1 GG gedeckt.[12] Dies gelte insbesondere für Verträge zur Gründung Internationaler Organisationen hochpolitischen Charakters mit weitgefaßten normativen Aufgabenbestimmungen und Zielvorgaben, die auf ein dynamisches Handeln der Mitglieder angelegt seien.[13]

---

[9] Anderer Ansicht noch *Tomuschat*, Bonner Kommentar, Art. 24 (Zweitbearbeitung 1981), Art. 24 Rdnr. 46; zustimmend in *Tomuschat*, Sanktionen, Anm. 8, Q 67.

[10] BVerfGE 68, 1 (89).

[11] *Herdegen*, Befugnisse, Anm. 1, S. 34.

[12] BVerfGE 90, 286 (361 ff.).

[13] Vgl. *O. Rojahn* in *I. v. Münch/Ph. Kunig (Hrsg.)*, Grundgesetz-Kommentar, Bd. 2 Art. 20 - 69, 4./5. Aufl. (2001), Art. 59 Rdnr. 44.

Auch eine Übertragung des Rechts an eine zwischenstaatliche Einrichtung zur Spezifizierung und Weiterentwicklung ihrer Kompetenzen ist zulässig.[14] Die Internationalen Organisationen mit eigener Organstruktur entwickeln sich durch die Beschlüsse ihrer Organe auf der Grundlage und im Rahmen ihrer Gründungsverträge weiter.[15] Im Fall der UN hat die Weiterentwicklung eines zwischenstaatlichen Zusammenschlusses aufgrund der erweiterten Kompetenz der Organe zum ersten Mal einen unmittelbaren Eingriffscharakter erreicht.

Es schließt sich die Frage an, ob die im Beitrittsgesetz erteilte Ermächtigung als Zustimmung zu der autonomen Weiterentwicklung der UN als klassischer Internationalen Organisation zu einer Supranationalen Organisation verstanden werden kann[16] und nach welchen Kriterien der Umfang einer solchen Ermächtigung zu beurteilen ist.

a. Erforderlichkeit der Ermächtigung zur Hoheitsübertragung durch Gesetz

aa. Sonderorganisationen der UN

Die Rechtsakte verschiedener UN-Sonderorganisationen im Bereich der Luftfahrt, Gesundheit und des Fernmeldewesens weisen einen supranationalen Effekt auf. Diese supranationalen Züge ermöglichen die innerstaatliche Wirkung der Rechtsakte ohne zusätzliche nationale Verfahren, um eine einheitliche Anwendung der technischen Standards und Verwaltungstätigkeiten in den Mitgliedstaaten zu gewährleisten.[17]

Die Mitgliedstaaten können die Bindung an diese Rechts- oder Verwaltungsvorschriften aber z.B. durch 'contracting-out' ablehnen und somit ein zwingendes, direktes Inkrafttreten der Rechtsakte im nationalen Rechtsraum verhindern. Dadurch daß die zuständigen nationalen Organe tätig werden können, handelt es sich lediglich um eine rechtstechnisch erleichterte Durchführung der Verwaltungsvorschriften im deutschen Recht.[18] Die Mitgliedstaaten müssen die

---

[14] *H. Mosler*, "Die Übertragung von Hoheitsgewalt" in *J. Isensee und P. Kirchhof (Hrsg.)*, Handbuch des Staatsrechts der Bundesrepublik Deutschland, Bd. VII Internationale Beziehungen (1992), § 175 Rdnr. 42.

[15] *Mosler* in *Isensee/Kirchhof (Hrsg.)*, Anm. 14, § 175 Rdnr. 42.

[16] Vgl. *Mosler* in *Isensee/Kirchhof (Hrsg.)*, Anm. 14, § 175 Fn. 26 bezüglich der Problematik der Friedenstruppen: "... wieweit die im Zustimmungsgesetz gegebene Ermächtigung als Zustimmung zu der autonomen Weiterentwicklung einer zwischenstaatlichen Einrichtung extrapoliert werden kann."

[17] *Mosler* in *Isensee/Kirchhof (Hrsg.)*, Anm. 14, § 175 Rdnr. 21.

[18] *Mosler* in *Isensee/Kirchhof (Hrsg.)*, Anm. 14, § 175 Rdnr. 21.

Beschlüsse der Sonderorganisationen nicht gegen ihren Willen befolgen. Eine Übertragung von Hoheitsrechten hat daher nicht stattgefunden, so daß kein Eingriff in den nationalen Rechtsraum im Sinne des Art. 24 I GG vorliegt.[19] Eine solche Ausgestaltung des Rechtsverhältnisses der Bundesrepublik zu Internationalen Organisationen ist von der allgemeinen Vertragsschlußkompetenz des Art. 59 GG umfaßt[20], so daß kein weiterer gesetzlicher Übertragungsakt erforderlich ist.

bb. Sicherheitsrats-Maßnahmen mit Durchgriffswirkung

Eine Ermächtigung zur Hoheitsübertragung durch Gesetz ist aber für die Sicherheitsrats-Maßnahmen mit Durchgriffswirkung zu fordern. Da die Resolutionen im Rahmen von Kapitel VII für die Mitgliedstaaten bindend sind und diese den Verpflichtungen im Zweifel auch gegen ihren Willen folgen müssen, ist aufgrund der Durchgriffszuständigkeit des Sicherheitsrates Art. 24 I GG zu beachten.

Angesichts des inhaltlichen Regelungsgehaltes der Resolutionen ist für die verfassungsrechtliche Betrachtung zunächst das Jugoslawien-Tribunal von größter Bedeutung. In den anderen Fällen der Durchgriffswirkung, die sich hauptsächlich auf den Bereich des 'failed state' erstrecken, wird die institutionelle Struktur der Bundesrepublik nicht betroffen. Unabhängig davon ist die Erweiterung der Kompetenz durch den Sicherheitsrat in Hinblick auf die ursprünglich beschränkte Befugnisübertragung seitens der Mitgliedstaaten jedoch von allgemeiner verfassungsrechtlicher Bedeutung. Der Sicherheitsrat verfügt hiermit über die Möglichkeit, jederzeit in der Bundesrepublik Deutschland unmittelbar anwendbare Maßnahmen zu erlassen, an die die Rechtsanwendungsorgane und die Bürger gebunden sind.

Die Sicherheitsrats-Resolutionen finden nicht als allgemeine Regeln des Völkerrechts auf der Grundlage von Art. 25 GG Eingang in die deutsche Rechtsordnung, da Art. 25 GG nur generelle und keine Einzelfälle behandelnde völkerrechtliche Regelungen erfaßt.[21]

Der Sicherheitsrat hat bei der Errichtung des Jugoslawien-Tribunals, dessen verfahrensrechtliche Vorschriften supranationalen Charakter haben, ein

---

[19] So *Tomuschat*, Anm. 9, Art. 24 Rdnr. 9.

[20] *Mosler* in *Isensee/Kirchhof (Hrsg.)*, Anm. 14, § 175 Rdnr. 21.

[21] *K.-H. Seifert/D. Hömig*, Grundgesetz für die Bundesrepublik, 6. Aufl. (1999), Art. 25 Rdnr. 2.

Nebenorgan mit Hoheitsrechten ausgestattet, ohne daß die Charta oder der Sicherheitsrat originär selbst eine solche supranationale Struktur aufwiesen.

Aus der anläßlich der Beteiligung Deutscher an Friedenstruppen der UN geführten Diskussion zu Art. 24 II GG ergibt sich, daß eine Ermächtigung zur Hoheitsübertragung erforderlich ist, wenn eine Internationale Organisation wie die UN, die keine konstitutionelle supranationale Struktur besitzt, Organe schafft, zu deren Aufgaben die Ausübung von Hoheitsrechten gehört.[22] Die Unterstellung eines deutschen Kontingents unter die vom Generalsekretär der UN erlassenen Bestimmungen ist ein Fall der Hoheitsübertragung auf der Grundlage von Art. 24 II GG.[23]

Insbesondere für die Errichtung des Jugoslawien-Tribunals als Nebenorgan mit supranationalen Befugnissen ist daher eine Ermächtigung zur Hoheitsübertragung durch Gesetz erforderlich.

b. Verhältnis von Übertragungsgesetz iSv. Art. 24 I und Vertragsgesetz iSv. Art. 59 II 1 GG

Das Verhältnis von einem Übertragungsgesetz iSv. Art. 24 I GG und dem Beitrittsgesetz iSv. Art. 59 II 1 GG wird in der Literatur unterschiedlich beschrieben. So wird Art. 24 I GG als *lex specialis*[24] und als qualifiziertes Zustimmungsgesetz nach Art. 59 II 1 GG[25] angesehen. Außerdem wird von einem Nebeneinander von Art. 24 I GG und Art. 59 II 1 GG ausgegangen.[26] Es besteht jedoch Einigkeit darüber, daß zur Ausstattung einer Internationalen Organisation mit Hoheitsrechten nicht zwei Gesetze ergehen müssen.[27] Es ist daher möglich, daß

---

22 *Mosler* in *Isensee/Kirchhof (Hrsg.)*, Anm. 14, § 175 Rdnr. 22.

23 *J. Abr. Frowein/T. Stein*, "Der völkerrechtliche Status von VN-Friedenstruppen und seine Bedeutung für das deutsche Recht" in *R. Bernhardt/J. Frowein/H. Steinberger (Hrsg.)*, Rechtliche Aspekte einer Beteiligung der Bundesrepublik Deutschland an Friedenstruppen der Vereinten Nationen, 101 Materialien des Kolloquiums vom 17./18.8.1989, S. 1 ff., 14; *Mosler* in *Isensee/Kirchhof (Hrsg.)*, Anm. 14, § 175 Rdnr. 22.

24 *K. Stern*, Das Staatsrecht der Bundesrepublik Deutschland, Bd. I, 2. Aufl. (1984), § 15 II 7 b, S. 533 f.

25 *Tomuschat*, Anm. 9, Art. 24 Rdnr. 29.

26 *A. Randelzhofer* in *Th. Maunz/G. Dürig/u.a.*, Grundgesetz, Bd. III, Art. 20a-53, Lieferungen 1 bis 39, Art. 24 (1992), Art. 24 Rdnr. 63.

27 So *H.-P. Ipsen*, Europäisches Gemeinschaftsrecht (1972), S. 60 ff.; *Rojahn* in *v. Münch/Kunig (Hrsg.)*, Anm. 13, Art. 24 Rdnr. 32; *Tomuschat*, Anm. 9, Art. 24 Rdnr. 28; *M. Zuleeg* in *E. Denninger (Hrsg.)*, Kommentar zum Grundgesetz für die

ein Gesetz die Funktion eines Vertragsgesetzes iSv. Art. 59 II 1 GG und eines Übertragungsgesetzes nach Art. 24 I GG übernimmt.

c. *Zustimmungsgesetz iSv. Art. 59 II 1 GG als Übertragungsgesetz iSv. Art. 24 I GG*

Damit ein Vertragsgesetz iSv. Art. 59 II 1 GG auch die Funktionen eines Gesetzes nach Art. 24 I GG übernehmen kann, müßte ein Gesetz von einem Zustimmungsgesetz iSv. Art. 59 II 1 GG zu einem Übertragungsgesetz nach Art. 24 I GG mutieren können.

Nach einer Ansicht in der Literatur erstreckt sich ein Vertragsgesetz iSv. Art. 59 II 1 GG aber nicht auf die einzelnen Rechtsakte des Hoheitsträgers, da Art. 59 II nicht dazu bestimmt ist, einer Internationalen Organisation die Ausübung von Hoheitsbefugnissen in der Bundesrepublik zu ermöglichen.[28] Art. 24 I GG würde sonst leerlaufen.

Dies schließt jedoch nicht aus, daß ein Beitrittsgesetz iSv. Art. 59 II 1 GG nicht die Funktion eines Übertragungsgesetzes nach Art. 24 I GG übernehmen kann, solange den Anforderungen des Art. 24 I GG genügt wird.

Das Bundesverfassungsgericht hat die Zustimmung der Bundesregierung zur Übertragung des Rechts, über die Einsatzfreigabe von im Bundesgebiet stationierten nuklearen Waffensystemen zu entscheiden, als durch die Zustimmungsgesetze von 1955 im Rahmen von Art. 24 I gedeckt angesehen:

> "Nach Art. 24 I GG ist es dem Gesetzgeber vorbehalten, selbst zu entscheiden, ob und in welchem Umfang Hoheitsrechte auf eine zwischenstaatliche Einrichtung übertragen werden sollen. Die Übertragung erfolgt durch völkerrechtliche Akte; die Ermächtigung hierzu muß 'durch Gesetz' erfolgen. Dieser verfassungsrechtlichen Anforderung ist im vorliegenden Fall durch das Gesetz betreffend den Beitritt der Bundesrepublik Deutschland zum Brüsseler Vertrag und zum Nordatlantikvertrag vom 24. März 1995 (BGBl. II S. 256) sowie durch das Gesetz betreffend den Vertrag vom 23. Oktober 1954 über den Aufenthalt ausländischer Streitkräfte in der Bundesrepublik Deutschland vom 24. März 1955 (BGBl. II S. 253) genügt ... ."[29]

Bundesrepublik Deutschland, Bd. 2, 3. Aufl. (2001), Art. 24 Rdnr. 19.

[28] *Rojahn* in *v. Münch/Kunig (Hrsg.)*, Anm.13, Art. 24 Rdnr. 33.

[29] BVerfGE 68, 1 (97/98).

Eine andere Verfassungsinterpretation, die die deutsche Bundesregierung bei jedem Schritt an die Zustimmung des Gesetzgebers bände, liefe auch Gefahr, die internationale Handlungsfähigkeit Deutschlands zu beeinträchtigen.[30]

Das Zustimmungsgesetz muß aber auch den besonderen Anforderungen von Art. 24 I GG genügen.[31]

d. *Vorgaben von Art. 59 II 1 GG*

Grundsätzlich bedarf die Inhaltsänderung eines bestehenden Vertrages, die durch einen Änderungsvertrag erfolgt, der Zustimmung des Gesetzgebers nach Art. 59 II 1 GG.[32] Völkerrechtliche Verträge erfahren angesichts neuer Entwicklungen eine dynamische Auslegung.[33] Die Zulässigkeit einer solchen Evolution[34] hängt davon ab, inwieweit eine derartige Fortentwicklung bei der Zustimmung zu dem Vertrag antizipiert wurde.[35] Vom Zustimmungsgesetz nach Art. 59 II 1 GG ist nach Auffassung des Bundesverfassungsgerichtes eine Weiterentwicklung umfaßt, die sich an den Zielvorgaben orientiert und auf den Gründungsvertrag stützt:

> "Der Gesetzgeber, der einem völkerrechtlichen Vertrag zustimmt, tut das in Kenntnis dieser Bedeutung von Präambeln und Zielvorgaben. Eine - interpretative - Fortbildung des Vertragsrechts durch sogenannte authentische Interpretation und eine sich auf dieser Grundlage entfaltende oder jene Rechtsfortbildung allererst bewirkende Vertragspraxis stützt sich mithin auf den bestehenden Vertrag und ist deshalb vom Zustimmungsgesetz nach Art. 59 II 1 GG gedeckt."

---

[30] *H. Klein*, "Die Funktion des Parlaments im politischen Prozeß", Manuskript Vortrag Deutsche Vereinigung für Parlamentsfragen (März 1997), S. 9.

[31] Vgl. BVerfGE 90, 286 (361 f.): "... Engere Grenzen gelten nur bei besonderen Bestimmtheitsanforderungen, wie sie etwa Art. 24 I GG verlangt."; BVerGE 89, 155 (187 ff.); BVerfGE 68, 1 (98).

[32] BVerfGE 90, 286 (361 f.); *Seifert/Hömig*, Anm. 21, Art. 59 Rdnr. 8.

[33] BVerfGE 90, 286 (361 f.).

[34] Das BVerfG spricht allgemein von Auslegung oder Fortbildung des zugrundeliegenden Vertragswerkes, vgl. BVerfGE 73, 339 (376) unter Hinweis auf das Wesen der Integration als Prozeß, in dem möglicherweise Gemeinschaftsrechtsakte aufgrund der " ... Auslegung oder Fortbildung des zugrundeliegenden Vertragsrecht" ergehen könnten. Nach Ansicht des BVerfG bestehen in der völkerrechtlichen Praxis fließende Übergänge zwischen Vertragsauslegung und Vertragsänderung, BVerfGE 90, 286 (361 f.).

[35] *G. Ress*, "Verfassungsrechtliche Auswirkungen der Fortentwicklung völkerrechtlicher Verträge" in *W. Fürst/R.Herzog/D.Umbach (Hrsg.)*, Festschrift für W. Zeidler, Bd. II (1987), S. 1775 ff., 1779.

Da die Entwicklung der UN zu einer Supranationalen Organisation hinsichtlich der Durchgriffswirkung der Sicherheitsrats-Maßnahmen in der Charta angelegt war und sich somit auf den Gründungsvertrag der UN stützt, ist diese Vertragspraxis vom Zustimmungsgesetz nach Art. 59 II 1 GG nach den genannten Kriterien umfaßt, insbesondere da durch diese die Zielvorgaben der UN verwirklicht werden. Die Einrichtung eines Nebenorgans mit supranationalen Befugnissen ist von der Zustimmung umfaßt, wenn eine solche Entwicklung vorhersehbar gewesen ist.

4. Kriterien des Art. 24 I GG

Die Zustimmung müßte den Anforderungen des Art. 24 I GG genügen. Da nicht zwei Gesetze zur Ausstattung einer Internationalen Organisation mit Hoheitsrechten erforderlich sind, könnte das Beitrittsgesetz der Bundesrepublik zur UN von 1973 als Ermächtigungsgrundlage ausreichen. In diesem Zusammenhang ist insbesondere fraglich, inwieweit das Beitrittsgesetz eine ausreichende Rechtsgrundlage für eine derart erhebliche autonome Weiterentwicklung der UN darstellen kann.

a. Kriterien des Bundesverfassungsgerichtes

Das Bundesverfassungsgericht hat die strikte Bindung an den Gesetzesvorbehalt des Art. 24 I GG für solche Verträge gelockert, die ein Integrationsprogramm festlegen, das schrittweise in einem längeren zeitlichen Prozeß durch einzelne Vollzugsakte verwirklicht wird, um den im Gründungsvertrag angestrebten Endzustand herbeizuführen[36]. Es bedarf im Rahmen von Art. 24 I GG nicht zwingend für jeden Vollzugsakt eines gesonderten Gesetzes[37]:

> "Auch dort, wo nicht schon der Gründungsvertrag selbst jeden dieser Abläufe nach Inhalt, Form und Zeitpunkt festgelegt hat, bedarf es für derartige Vollzugsschritte nicht von vorneherein jeweils eines gesonderten Gesetzes im Sinne des Art. 24 I GG."[38]

---

[36] *Rojahn* in *v. Münch/Kunig (Hrsg.)*, Anm. 13, Art. 24 Rdnr. 31.
[37] *Rojahn* in *v. Münch/Kunig (Hrsg.)*, Anm. 13, Art. 24 Rdnr. 31.
[38] BVerfGE 58, 1 (37).

Ein solches Gesetz ist nach Ansicht des Bundesverfassungsgerichtes entbehrlich, wenn der künftige Vollzugsverlauf im Gründungsvertrag hinreichend bestimmbar normiert gewesen ist.[39]

Wesentliche Änderungen des angelegten Integrationsprogramms seien hingegen nicht mehr von dem ursprünglichen Zustimmungsgesetz nach Art. 24 I GG umfaßt:

> "Allerdings muß ein derartiger Vollzugsschritt im Gründungsvertragswerk oder in dem dazu ergangenen Gesetz hinreichend bestimmbar angelegt sein; wesentliche Änderungen des dort angelegten Integrationsprogramms und seiner Vollzüge etwa sind nicht mehr von dem ursprünglichen Zustimmungsgesetz nach Art. 24 I GG gedeckt. Dazu kann je nach der Art der zwischenstaatlichen Einrichtung auch die zeitliche Stufung des Kompetenzzuwachses der zwischenstaatlichen Einrichtung gehören."[40]

Soweit es sich bei dem Hoheitsrecht um eine technisch-instrumentale Ergänzung zur wirksamen Erfüllung einer bereits wirksam wahrgenommenen Kompetenz handelt, ist nach Auffassung des Bundesverfassungsgerichtes kein zusätzliches Gesetz nach Art. 24 I GG erforderlich:

> "Hierzu genügt es festzustellen, daß je technischer das zu übertragene Hoheitsrecht ist, je mehr es sich vor dem Gesamtgefüge der schon übertragenen Hoheitsrechte als bloße technisch-instrumentale Ergänzung im Hinblick auf die wirksame Verfolgung bereits wahrgenommener Aufgaben und ausgeübter Kompetenzen darstellt, desto weniger ist vom Sinn des Art. 24 I GG her ein zusätzliches Übertragungsgesetz geboten."[41]

Problematisch ist, wann eine wesentliche Änderung oder Erweiterung des Integrationsprogramms vorliegt, die nicht von dem ursprünglichen Zustimmungsgesetz gedeckt ist. Das Bundesverfassungsgericht hat die Voraussetzungen für eine solche wesentliche Änderung nicht positiv formuliert.

In der *Nachrüstung*-Entscheidung[42] hat das Bundesverfassungsgericht bezüglich der hinreichenden Bestimmbarkeit des in den Bündnisverträgen von 1955 angelegten Integrationsprogrammes festgestellt:

---

[39] BVerfGE 58, 1 (37).
[40] BVerfGE 58, 1 (37).
[41] BVerfGE 58, 1 (37).
[42] BVerfGE 68, 1 (98).

> "Die Maßstäbe solcher hinreichender Bestimmbarkeit müssen dabei aus der jeweiligen Eigenart des vom Gründungsvertrag geregelten Lebenssachverhaltes im Lichte der durch Art. 24 I GG geschützten Rechtsgüter wie auch der durch die Vorschrift ermöglichten Gestaltungsfreiheit und ihrer Praktikabilität im internationalen Bereich entnommen werden."[43]

Das Bundesverfassungsgericht hat in diesem Urteil die Zustimmungsgesetze zu den Bündnisverträgen von 1955 als ausreichend zur Übertragung des Rechts angesehen, über die Einsatzfreigabe von im Bundesgebiet stationierten nuklearen Waffensystemen zu entscheiden. Es hat ausgeführt, daß das im Vertrag angelegte Programm nicht näher umschrieben und der politische und rechtliche Verlauf nicht genau vorgezeichnet sind, was an der Eigenart des Sachbereichs liege.[44] Aufgrund der ständigen Veränderungen des politischen und strategischen Umfeldes würden Konzeptionen und Planungen in einem kurzen zeitlichen Abstand hinfällig, so daß der Sachbereich des Nordatlantikpaktes äußerst dynamisch sei.[45]

Das Bundesverfassungsgericht nimmt in diesem Urteil die Begrenzung auf technisch-instrumentale Hoheitsrechte nicht wieder auf und schwächt den Vorbehalt des Gesetzes nach Art. 24 I GG dadurch ab.[46] Hierdurch wird auch die vom Bundesverfassungsgericht im *Maastricht*-Urteil herausgestellte Funktion, die Grenzen zwischenstaatlicher Durchgriffsbefugnisse bestimmbar zu normieren[47], nur unvollkommen erfüllt.[48]

Das Bundesverfassungsgericht hält ein gesondertes Gesetz nach Art. 24 I GG für entbehrlich, wenn die Rechte und Pflichten der Bundesrepublik, die aus der Mitgliedschaft entstehen, für den Gesetzgeber voraussehbar im Vertrag umschrieben und durch ihn im Zustimmungsgesetz hinreichend bestimmbar normiert worden sind. Spätere wesentliche Änderungen des Integrationsprogrammes und seiner Handlungsermächtigungen sind nicht mehr vom Zustimmungsgesetz des Vertrages gedeckt.

---

43 BVerfGE 68, 1 (99); vgl. auch BVerfGE 89, 155 (187 f.).

44 BVerfGE 68, 1 (90).

45 BVerfGE 68,1 (100).

46 *Rojahn* in *v. Münch/Kunig (Hrsg.)*, Anm. 13, Art. 24 Rdnr. 31.

47 BVerfGE 89, 155 (187).

48 *Rojahn* in *v. Münch/Kunig (Hrsg.)*, Anm. 13, Art. 24 Rdnr. 31.

b. *Kriterien der Literatur*

In der Literatur wird vorgeschlagen, zur Beurteilung der Zustimmung der autonomen Entwicklung einer Internationalen Organisation die Abstimmungsmodalitäten in den Organen heranzuziehen, die die Veränderung bewirken können.[49] Sofern die Stimmen der Vertreter der Bundesrepublik zu Beschlüssen erforderlich sind und ohne ihre Zustimmung eine Bindung nicht eintritt, bleibt die Entwicklung unter der Kontrolle der Bundesrepublik.[50] Soweit Mehrheitsentscheidungen vorgesehen sind, welche die Minderheit binden, sei die sich im Rahmen der Leitvorstellungen der Grundverträge haltende fortschreitende Integration von einem einzigen Mitgliedstaat nicht aufzuhalten.[51]

Dieses Kriterium ist innerhalb des konstitutionellen Rahmens der UN nur für Entscheidungen der Generalversammlung und nicht für Beschlüsse des Sicherheitsrates anwendbar. Da der Bundesrepublik kein Vetorecht im Sicherheitsrat zukommt, ist ihre Zustimmung für den Erlaß der Resolutionen nicht notwendig. Eine Bindung an die Maßnahmen des Sicherheitsrates kann für die Bundesrepublik aus diesem Grund aber nicht ausgeschlossen werden. Ebensowenig kann das Kriterium der Abstimmungsmodalitäten innerhalb der Organe die Zustimmung der Bundesrepublik zu einer autonomen Entwicklung ausschließen. Die Anwendung dieses Kriteriums macht entgegen der Rechtsprechung des Bundesverfassungsgerichtes eine Bindung an die Entscheidungen eines internationalen Organs von einer Zustimmung zu jeder einzelnen Entscheidung abhängig. Eine Zustimmung zu jeder Entscheidung ist aufgrund des evolutiven Charakters der Verträge selbst im Rahmen von Art. 24 I GG nicht für jede Maßnahme der Internationalen Organisation erforderlich. Richtig ist, daß eine Bindung der Bundesrepublik an Maßnahmen, denen sie selbst zugestimmt hat und an Maßnahmen, die aufgrund einer Mehrheitsentscheidung ergangen sind, nicht ausgeschlossen werden kann. Die Abstimmungsmodalitäten können bei der Beurteilung im Rahmen von Art. 24 I GG mit berücksichtigt werden, sind aber nicht das einzige entscheidende Kriterium.

---

[49] *Mosler* in *Isensee/Kirchhof (Hrsg.)*, Anm. 14, § 175 Rdnr. 44.

[50] *Mosler* in *Isensee/Kirchhof (Hrsg.)*, Anm. 14, § 175 Rdnr. 44.

[51] *Mosler* in *Isensee/Kirchhof (Hrsg.)*, Anm. 14, § 175 Rdnr. 44.

5. Anwendung der Kriterien auf die Sicherheitsrats-Maßnahmen mit Durchgriffswirkung

Gemessen an den vom Bundesverfassungsgericht aufgestellten Kriterien müßte die Einräumung der Durchgriffskompetenz an den Sicherheitsrat keines gesonderten Gesetzes nach Art. 24 I GG bedurft haben und bereits durch das Zustimmungsgesetz zur Charta selbst verfassungsrechtlich gedeckt sein, damit sie verfasssungsrechtlich zulässig ist.

a. Durchgriffswirkung der Sicherheitsrats-Maßnahmen

Die Durchgriffswirkung der Sicherheitsrats-Maßnahmen war in der Charta bereits angelegt. Damit die Durchgriffskompetenz keine wesentliche Änderung oder Erweiterung des Integrationsprogramms, wie es in der Charta angelegt ist, darstellt, dürfte es sich um keine neuartige Kompetenz handeln.[52]

Die Durchgriffskompetenz verleiht den Beschlüssen die von Kapitel VII angestrebte Effektivität. Insoweit handelt es sich um eine Kompetenz, die die bereits wahrgenommenen Kompetenzen des Sicherheitsrates ergänzt. Der Sicherheitsrat nimmt mit der Durchgriffswirkung keine andere sachliche Kompetenz wahr, sondern erweitert den Adressatenkreis der Resolutionen um Einzelne und nichtstaatliche Einheiten, um die Maßnahmen überhaupt durchsetzen zu können. Seine sachlichen Kompetenzen innerhalb von Kapitel VII werden durch den Erlaß von Maßnahmen mit Durchgriffswirkung nicht ausgedehnt. Vielmehr hält der Sicherheitsrat die Resolutionen mit Durchgriffseffekt zur Wahrung des Weltfriedens angesichts der äußeren politischen Umstände wie in den 'failed states' für erforderlich. Die Beurteilung der Erforderlichkeit liegt im weiten Ermessen des Sicherheitsrates, das in der Charta, wie sich auch aus den Gründungsmaterialien ergibt, von vorneherein als Entwicklungsprozeß angelegt war.

Dem Sicherheitsrat und der von ihm wahrgenommenen Aufgabe der Wahrung des Weltfriedens ist in der Charta eine herausragende Stellung und die Möglichkeit des Erlasses von bindenden Maßnahmen innerhalb von Kapitel VII eingeräumt worden.

Der Sicherheitsrat sollte durch das Ermessen in die Lage versetzt werden, seine Maßnahmen rasch an veränderte äußere politische Umstände anzupassen. Da das

---

[52] Vgl. BVerfGE 58, 1 (38).

Verständnis der der Charta zugrundeliegenden Wertentscheidungen, wie es sich aus der Präambel und den in Art. 1 niedergelegten Zielen und in Art. 2 niedergelegten Grundsätzen ergibt, aufgrund politischer Veränderungen einem ständigen Wandel unterliegt, konnte dieser dynamische Integrationsprozeß innerhalb der UN nicht abschließend im voraus vertraglich festgelegt werden.[53] Die Charta umschreibt unter diesen Voraussetzungen das in ihr als möglich angelegte Integrationsprogramm hinreichend genau.

Insoweit ergibt sich auch aus den Art. 25 und 48 der Charta nichts anderes, da sie die Verpflichtung zur Durchführung der Sicherheitsrats-Beschlüsse für die Mitgliedstaaten konkretisieren, aber keine Verpflichtung Einzelner und nichtstaatlicher Einheiten durch den Sicherheitsrat ausschließen.

Diese der Charta inhärente Dynamik der Befugnisse des Sicherheitsrates müßte für den Gesetzgeber auch bei der Zustimmung erkennbar gewesen sein. Durch den Beitritt zur Charta der UN, dem der deutsche Bundestag mit Gesetz vom 6.06.1973[54] zugestimmt hat, hat sich die Bundesrepublik Deutschland uneingeschränkt für eine Mitwirkung am Friedenssicherungssystem der UN entschieden[55]:

> "Als vollberechtigtes Mitglied der Weltorganisation wird die Bundesrepublik Deutschland in Partnerschaft mit allen Mitgliedstaaten der Vereinten Nationen die Anstrengungen der Vereinten Nationen zur Sicherung des Friedens unterstützen."[56]

Zum Zeitpunkt des Beitritts der Bundesrepublik Deutschland im Jahre 1973 war bereits erkennbar, daß eine graduelle Erweiterung der Kompetenzen des Sicherheitsrats im Rahmen der Charta durch Rechtsfortbildung erfolgt. Zu diesem Zeitpunkt hatte der Sicherheitsrat das Friedenssicherungssystem über den Wortlaut der Charta hinaus um Friedenstruppen erweitert.[57]

---

53 Vgl. Argumentation des BVerfG für Zustimmungsgesetze zum Nordatlantikpakt, BVerfGE 68, 1 (100).

54 Gesetz zum Beitritt der Bundesrepublik Deutschland zur Charta der Vereinten Nationen v. 6.06.1973, BGBl. II 1973, S. 430 ff.

55 Vgl. BVerfGE 90, 286 (379).

56 Denkschrift der Bundesregierung zum Entwurf eines Gesetzes zum Beitritt der Bundesrepublik Deutschland zur Charta der Vereinten Nationen, BT-Dr. VII/154, S. 43.

57 Vgl. BVerfGE 90, 286 (379).

Es war zu diesem Zeitpunkt auch offensichtlich, daß der Sicherheitsrat, wie von Art. 24 vorgesehen, allein für die Friedenssicherung zuständig ist.[58] Der Versuch der Generalversammlung, den Sicherheitsrat aus seiner Monopolstellung mit der Resolution 377 (V) "Uniting for Peace"[59] zu verdrängen, war bereits als gescheitert anzusehen.[60]

Der Sicherheitsrat hatte sich zu diesem Zeitpunkt des Mechanismusses nach Art. 39 in den Fällen von Korea, Süd-Rhodesien und Südafrika bedient. Am Beispiel des Korea-Krieges zeichnete sich ab, wie sehr die Handlungsfähigkeit des Sicherheitsrates dem politischen Klima und der Ausübung des Veto-Rechts unterworfen ist. Die Verabschiedung der zwei Resolutionen, mit denen er nach dem Angriff Nordkoreas auf die Republik Korea 1950 den Mitgliedstaaten eine Hilfeleistung an Korea zur Abwehr des Angriffs und die Bereitstellung von Truppen empfahl, war nur möglich, weil die Sowjetunion zu dieser Zeit an den Sitzungen des Sicherheitsrates nicht teilnahm und daher kein Veto einlegen konnte. Im Zusammenhang mit dem Korea-Krieg stellte sich auch die Frage der mangelnden Zuständigkeit des Sicherheitsrates wegen einer Verletzung von Art. 2 Ziff. 7, so daß die möglichen Konfliktfelder von Maßnahmen des Sicherheitsrates bereits aufgezeigt waren.

Zwar gab es zum Zeitpunkt des Beitritts der Bundesrepublik noch keine Resolutionen mit Durchgriffswirkung, zumal der Sicherheitsrat erst mit Wegfall des Ost-West-Gegensatzes an wirklicher Handlungsfähigkeit gewonnen hat. Die sich im Sicherheitsrat widerspiegelnde weltpolitische Einigkeit hat der Sicherheitsrat erst beim Überfall des Iraks auf Kuwait eindrucksvoll unter Beweis gestellt.

Auch hierdurch war die Vorhersehbarkeit einer derartigen Entwicklung war für den Gesetzgeber nicht ausgeschlossen. Den Maßnahmen mit Durchgriffswirkung liegen Verletzungen des humanitären Völkerrechts zugrunde. Im Bereich des humanitären Völkerrechts werden Einzelpersonen bereits in den klassischen

---

58 Vgl. zur zentralen Rolle des Sicherheitsrates *Ch. Tomuschat*, "Die Zukunft der Vereinten Nationen", 2 Europa-Archiv (1992), S. 42 ff., 43 (Zukunft).

59 General Assembly, Resolution 377 (V) v. 3.11.1950, "Uniting for Peace", 5 GAOR 10, Supplement No. 20 (A/1775). Mit der Resolution hat sich die Generalversammlung während des Korea-Konflikts selbst das Recht zugesprochen, bei Lähmung des Sicherheitsrates auf Grund eines Vetos Empfehlungen zur Ergreifung kollektiver Maßnahmen auszusprechen.

60 *Tomuschat*, Zukunft, Anm. 58, S. 43.

kriegsrechtlichen Kodifikationen berechtigt und verpflichtet.[61] So regelt die Haager Landkriegsordnung[62] in Art. 4 den Eigentumsschutz des Kriegsgefangenen, Art. 9 die Pflicht des Kriegsgefangenen zur Angabe des Namens und Dienstgrades und Art. 46 den Schutz des Lebens, Privateigentums und der religiösen Überzeugung der Zivilpersonen in besetzten Gebieten. Deutlicher wird die Berechtigung und Inpflichtnahme von Einzelpersonen in den Vier Genfer Abkommen von 1949[63]. Hiernach können auch Einzelne unmittelbar berechtigt und verpflichtet werden.[64]

Diese im Bereich des humanitären Völkerrechts angelegte Möglichkeit, Einzelne zur Verantwortung zu ziehen, wird durch die Maßnahmen mit Durchgriffswirkung lediglich umgesetzt und auf einen weiteren Anwendungsbereich ausgedehnt. Die spätere Praxis des Sicherheitsrates war für die Bundesrepublik daher bereits bei ihrem Beitritt in ausreichendem Maße voraussehbar und ist als von der parlamentarischen Zustimmung gedeckte Konkretisierung der UN-Charta anzusehen.

b. *Errichtung des Jugoslawien-Tribunals*

aa. *Zustimmungsgesetz zur UN-Charta*

Auch die Errichtung des Jugoslawien-Tribunals als Nebenorgan mit Durchgriffseffekt ist für die Bundesrepublik zum Zeitpunkt ihres Beitritts vorhersehbar gewesen. Zwar wurden bereits im Nürnberger Verfahren Einzelpersonen für schwere Verstöße gegen grundlegende internationale Regeln zur Sicherung von Frieden und Mitmenschlichkeit unmittelbar kraft Völkerrechts bestraft.[65] Die ILC hatte im Jahre 1954 die Erstfassung eines Strafgesetzbuches des Völkerstrafrechts verfaßt.[66] Auch wurde nach dem Nürnberger Verfahren ein Sonderausschuß der

---

[61] Vgl. *K. Ipsen* in *K. Ipsen (Hrsg.)*, Völkerrecht, 4. Aufl. (1999), . 67 Rdnr. 3 ff.

[62] IV. Haager Abkommen betreffend die Gesetze und Gebräuche des Landkrieges nebst Anlage (Haager Landkriegsordnung), RGBl. 1910, S. 107 ff.

[63] I. Genfer Abkommen zur Verbesserung des Loses der Verwundeten und Kranken der Streitkräfte im Felde, BGBl. II 1954, S. 783 ff.; II. Genfer Abkommen zur Verbesserung des Loses der Verwundeten, Kranken und Schiffbrüchigen der Streitkräfte zur See, BGBl. II 1954, S. 813 ff.; III. Genfer Abkommen über die Behandlung der Kriegsgefangenen, BGBl. II 1954, S. 838 ff.; IV. Genfer Abkommen zum Schutze der Zivilpersonen in Kriegszeiten, BGBl. II 1954, S. 917 ff.

[64] Vgl. *Ipsen* in *Ipsen (Hrsg.)*, Anm. 61, § 67 Rdnr. 3.

[65] *Ch. Tomuschat*, "Von Nürnberg nach Den Haag", 3-4:70 Die Friedenswarte (1995), S. 143 ff., 144.

[66] Abgedruckt in United Nations, The Work of the International Law Commission, 4. Aufl. (1988), S. 141.

Generalversammlung damit beauftragt, das Statut eines Internationalen Strafgerichtshofs zu entwerfen[67], das aber keine weitere Entwicklung einleitete.

Aufgrund der langwierigen Diskussionen zur Errichtung eines Internationalen Strafgerichtshofes, für den eine vertragliche Grundlage für erforderlich gehalten wurde[68], mag die Errichtung des *Ad hoc*-Tribunales für das ehemalige Jugoslawien durch eine Sicherheitsrats-Resolution für manche überraschend gekommen sein. Dies ändert jedoch nichts daran, daß das in der Charta vorgesehene dynamische Handlungspotential des Sicherheitsrates der Bundesrepublik bereits bei ihrem Beitritt bekannt gewesen ist. Da die in Art. 41 vorgesehenen Möglichkeiten friedlicher Sanktionsmaßnahmen lediglich beispielhaften Charakter haben und der Sicherheitsrat bei der Errichtung der Tribunale im humanitären Völkerrecht bestehende Pflichten aufgegriffen hat, lag die Entwicklung im Bereich des Möglichen und Voraussehbaren.

Für die Bundesrepublik war eine solche Entwicklung bei ihrem Beitrittszeitpunkt daher vorhersehbar und sie ist vom Zustimmungsgesetz als umfaßt anzusehen.

bb. Jugoslawien-Strafgerichtshof-Gesetz

Außerdem kann das deutsche Jugoslawien-Strafgerichtshof-Gesetz (JSG)[69] als *ex post*-Ratifikation des Durchgriffs auf den Einzelnen durch den Gesetzgeber anzusehen sein.[70]

Das JSG könnte als innerstaatliche Grundlage für die Wahrung von Hoheitspflichten ausreichen. Das Gesetz müßte dann Übertragungsgesetz iSv. Art. 24 I GG sein, indem es den im Tribunal-Statut eingeräumten hoheitlichen Befugnissen des Tribunals Rechnung trägt.

Das Tribunal nimmt Hoheitsbefugnisse wahr, insbesondere in Art. 29 Nr. 2 Tribunal-Statut, wonach die Staaten allen Rechtshilfeersuchen und von den Strafkammern erlassenen "Anordnungen" unverzüglich nachzukommen haben, und in Art.

---

67 Report of the 1953 Committee on International Criminal Jurisdiction, 9 GAOR 23 (1954), Suppl. No. 12 (A/2654), S. 23.

68 *K. Oellers-Frahm*, "Die Einsetzung des 'Internationalen Tribunals über Kriegsverbrechen im ehemaligen Jugoslawien' durch den Sicherheitsrat" in *U.Beyerlin/M. Bothe/R. Hofmann/E.-U. Petersmann (Hrsg.),* Recht zwischen Umbruch und Bewahrung, Festschrift für R. Bernhardt (1995), S. 733 ff., 734.

69 Gesetz über die Zusammenarbeit mit dem Internationalen Strafgerichtshof für das ehemalige Jugoslawien (Jugoslawien-Strafgerichtshof-Gesetz), BGBl. I 1995, S. 485 ff.

70 *Herdegen*, Befugnisse, Anm. 1, S. 35.

18 Tribunal-Statut, der die Möglichkeit der Ermittlungstätigkeit der Anklagebehörde des Gerichtshofes im Hoheitsbereich der einzelnen Staaten vorsieht.

Das Jugoslawien-Strafgerichtshof-Gesetz (JSG) regelt die sich aus dem Tribunal-Statut ergebenden weitreichenden Verpflichtungen der Bundesrepublik Deutschland im einzelnen: § 1 I JSG normiert die Pflicht der Bundesrepublik Deutschland zur Zusammenarbeit mit dem Tribunal, § 3 JSG dient der Umsetzung der sich aus dem Statut ergebenden Pflicht der Staaten, Personen in Haft zu nehmen und zwecks Verhandlung oder Vollstreckung einer Strafe dem Gerichtshof zu überstellen. Für dieses Überstellungsverfahren erklärt § 3 II und IV JSG nur einzelne Vorschriften des IRG[71] für anwendbar, so daß den nationalen Stellen und auch den deutschen Gerichten nur geringe Überprüfungskompetenzen im Vergleich zum vertraglichen Auslieferungsverfahren zustehen.[72] Der Erkenntnisspielraum ist im wesentlichen auf die fehlende Zuständigkeit des Gerichtshofes[73] und die Feststellung, ob die ermittelte Person mit der vom Gerichtshof gesuchten Person identisch ist[74], beschränkt. Die Auslieferung darf nicht etwa wegen fehlenden hinreichenden Tatverdachts (§ 10 II IRG) oder wegen der Besorgnis, der Grundsatz der Spezialität des Auslieferungsverfahrens werde nicht gewahrt werden (§ 11 IRG), abgelehnt werden. Auch eine Aufhebung oder Außervollzugsetzung des Auslieferungshaftbefehls wegen Überschreitung der gesetzlichen Frist (§ 16 II IRG) oder wegen des Verhältnismäßigkeitsgrundsatzes (§ 25 IRG) ist nicht möglich.

Nach § 4 I JSG sind die §§ 59 bis 67 IRG gegenüber dem Gerichtshof anwendbar, so daß diesem auf sein bloßes Ersuchen hin Anspruch auf jegliche Rechtshilfeleistungen, die auch ausländischen Staaten gewährt werden, eingeräumt wird.

---

[71] Neufassung des Gesetzes über die internationale Rechtshilfe in Strafsachen, BGBl. I 1994, S. 1537 ff.

[72] *T. Trautwein*, "Zum Gesetz über die Zusammenarbeit mit dem Internatonalen Strafgerichtshof für das ehemalige Jugoslawien", 48:25 NJW (1995), S. 1658 f., 1659; Entwurf eines Gesetzes über die Zusammenarbeit mit dem Internationalen Strafgerichtshof für das ehemalige Jugoslawien, BT-Drs. 13/57, S. 10.

[73] *Trautwein*, Anm. 72, S. 1659.

[74] Entwurf eines Gesetzes über die Zusammenarbeit mit dem Internationalen Strafgerichtshof für das ehemalige Jugoslawien, BT-Drs. 13/57, S. 8.

Durch die Ausstattung mit Hoheitsrechten ist das Jugoslawien-Tribunal als zwischenstaatliche Einrichtung iSv. Art. 24 I GG anzusehen.[75] Das Gesetz trägt dieser Tatsache insbesondere durch den eingeschränkten Beurteilungsspielraum der nationalen Behörden Rechnung. Daß dieser "... eine Belastung für das richterliche Selbstverständnis darstellen kann"[76], ist in Hinblick auf die völkerrechtliche Einbindung Deutschlands in die UN hinzunehmen.[77]

c. *Ergebnis*

Durch den Erlaß von Maßnahmen mit Durchgriffswirkung nimmt der Sicherheitsrat keine neue Kompetenz wahr[78], da die Durchgriffskompetenz keine wesentliche Änderung des in der Charta angelegten dynamischen Prozesses darstellt. Dem Sicherheitsrat wird in der Charta ein weites Ermessen zur Erfüllung seiner Aufgaben eingeräumt, das auch den Erlaß von Maßnahmen mit Durchgriffseffekt aus Effektivitätsgesichtspunkten beinhaltet. Für die Bundesrepublik war diese der Charta inhärente Dynamik hinsichtlich der herausragenden Position des Sicherheitsrates zum Zeitpunkt ihres Beitritts zu den UN erkennbar. Daß diese Dynamik mit Ende des Ost-West-Konfliktes einen Aufschwung erhalten hat und zu der Errichtung von *Ad hoc*-Tribunalen für das ehemalige Jugoslawien und Ruanda geführt hat, ist für die Vorhersehbarkeit der Entwicklung der Durchgriffswirkung unbeachtlich, da die Maßnahmen mit Durchgriffswirkung aufgrund ihrer Ordnungsfunktionen im Bereich des humanitären Völkerrechts bereits bestehende Verpflichtungen durchsetzen. *Herdegen* verweist zur Frage der Vorhersehbarkeit darauf, daß der parlamentarische Gesetzgeber beim deutschen Beitritt zur NATO und beim Abschluß des Vertrages über den Aufenthalt ausländischer Streitkräfte in der Bundesrepublik auch nicht zwingend davon ausgegangen sein muß, daß es sich nach der späteren Rechtsprechung des Bundesverfassungsgerichtes um die Übertragung von Hoheitsrechten gehandelt hat.[79]

Ausreichende Rechtsgrundlage iSv. Art. 24 I GG für die Errichtung des Jugoslawien-Tribunals als Nebenorgan mit supranationalen Befugnissen ist das Jugos-

---

[75] *Trautwein*, Anm. 72, S. 1659; Entwurf eines Gesetzes über die Zusammenarbeit mit dem Internationalen Strafgerichtshof für das ehemalige Jugoslawien, BT-Drs. 13/57, S. 7.

[76] Entwurf eines Gesetzes über die Zusammenarbeit mit dem Internationalen Strafgerichtshof für das ehemalige Jugoslawien, BT-Drs. 13/57 S. 10.

[77] *Trautwein*, Anm. 72, S. 1659.

[78] Anderer Ansicht *Biehler*, Anm. 2, S. 105.

[79] *Herdegen*, Befugnisse, Anm. 1, S. 35.

lawien-Strafgerichtshof-Gesetz, das als *ex post*-Ratifikation für den unmittelbaren Zugriff angesehen werden kann. Auch das Zustimmungsgesetz zur Charta stellt eine ausreichende gesetzliche Grundlage für das Vorgehen des Sicherheitsrates dar.

6. Grenzen von Art. 24 I GG

Die Übertragung der Durchgriffskompetenz an den Sicherheitsrat dürfte inhaltlich nicht gegen Art. 24 I GG verstoßen.

Eine Übertragung nach Art. 24 I GG muß die wesentlichen Strukturen des Grundgesetzes wahren. Art. 24 I GG findet seine Schranken an den wesentlichen Prinzipien des Grundgesetzes:

> "Die Vorschrift ermächtigt nicht dazu, im Wege der Einräumung von Hoheitsrechten für zwischenstaatliche Einrichtungen die Identität der geltenden Verfassungsordnung der Bundesrepublik Deutschland durch Einbruch in ihr Grundgefüge, in die sie konstituierenden Strukturen, aufzugeben."[80]

a. Grundrechtsschutz

Die unverzichtbaren Prinzipien sind durch die der Verfassungsänderung entzogenen Bestimmungen des Art. 79 III GG, der die Grundsätze der Art. 1 und 20 GG einschließt, geschützt.[81] Nach Ansicht des Bundesverfassungsgerichtes sind neben den in Art. 1 und 20 GG[82] enthaltenen Grundsätzen auch die fundamentalen Rechtsgrundsätze, die in den Grundrechten des Grundgesetzes anerkannt und verbürgt sind, ein unaufgebbarer Bestandteil des Verfassungsgefüges.[83] Auch Akte

---

[80] BVerfGE 73, 339 (375 f.) mit Bezug auf den den Anforderungen entsprechenden Grundrechtsschutz des EuGH, BVerfGE 58, 1 (30).

[81] *Mosler* in *Isensee/Kirchhof (Hrsg.)*, Anm. 14, § 175 Rdnr. 66; BVerfGE 37, 271 (279): "... die Grundstruktur der Verfassung"; BVerfGE 37, 271 (296): "... mit den elementaren Grundsätzen des GG und seiner Wertordnung im Einklang."

[82] Nach Art. 79 III GG bezieht sich das absolute Änderungsverbot nur auf die in Art. 1 und 20 GG niedergelegten Grundsätze und nicht auf die einzelnen Grundrechte. Auch die durch Art. 20 GG garantierten rechtsstaatlichen Grundsätze werden eng umgrenzt, so daß die einzelnen vom Rechtsstaatsprinzip abgeleiteten Rechtsgrundsätze wie z.B. der Grundsatz der Verhältnismäßigkeit und das Prinzip eines möglichst lückenlosen Rechtsschutzes, nicht erfaßt sind, vgl. *Seifert/Hömig*, Anm. 21, Art. 79 Rdnr. 4.

[83] BVerfGE 58, 1 (40).

einer Supranationalen Organisation betreffen die Grundrechtsberechtigten in Deutschland und berühren damit die Gewährleistungen des Grundgesetzes.[84]

Art. 24 I GG gestatte es daher nicht, den Grundrechtsteil des Grundgesetzes vorbehaltlos zu relativieren[85]:

> "Ein unaufgebbares, zur Verfassungsstruktur des Grundgesetzes gehörendes Essentiale der geltenden Verfassung der Bundesrepublik Deutschland ist der Grundsrechtsteil des Grundgesetzes. Ihn zu relativieren, gestattet Art. 24 GG nicht vorbehaltlos."[86]

Im *Solange II*-Beschluß[87] führt das Bundesverfassungsgericht in Anlehnung an den *Solange I*-Beschluß aus, daß die Rechtsprinzipien, die dem Grundrechtsteil des GG zugrundeliegen, unverzichtbar sind und normiert die Voraussetzungen für den Vorrang des Gemeinschaftsrechts:

> "Art. 24 I GG gestattet nicht vorbehaltlos, diese Rechtsprinzipien zu relativieren. Sofern und soweit mithin einer zwischenstaatlichen Einrichtung im Sinne des Art. 24 I GG Hoheitsgewalt eingeräumt wird, die im Hoheitsbereich der Bundesrepublik Deutschland den Wesensgehalt der vom Grundgesetz anerkannten Grundrechte zu beeinträchtigen in der Lage ist, muß, wenn damit der nach Maßgabe des Grundgesetzes bestehende Rechtsschutz entfallen soll, stattdessen eine Grundrechtsgeltung gewährleistet sein, die nach Inhalt und Wirksamkeit dem Grundrechtsschutz, wie er nach dem Grundgesetz unabdingbar ist, im wesentlichen gleichkommt."[88]

Diese Voraussetzungen sind nach Ansicht des Bundesverfassungsgerichtes für die Europäischen Gemeinschaften nunmehr gegeben. Das Bundesverfassungsgericht hat seine Gerichtsbarkeit gegenüber sekundärem Gemeinschaftsrecht unter diesen Voraussetzungen zurückgenommen. Das bedeutet aber nicht, daß die Grundrechte, wie z.B. das Rechtsschutzprinzip, in derselben Art und Weise wie im deutschen Recht in der zwischenstaatlichen Einrichtung verwirklicht sein müssen.[89]

---

84 BVerfGE 73, 339 (386).

85 BVerfGE 37, 271 (279 f., 291, 296); *Randelzhofer* in *Maunz/Dürig/u.a.*, Anm. 26, Art. 24 Rdnr. 16 ff.; *Rojahn* in *v. Münch/Kunig (Hrsg.)*, Anm. 13, Art. 24 Rdnr. 29 ff., 31; *Tomuschat,* Anm. 9, Art. 24 Rdnr. 49 ff.

86 BVerfGE 37, 271 (280).

87 BVerfGE 73, 339 ff.

88 BVerfGE 73, 339 (376).

89 BVerfGE 58, 1 (41); *Mosler* in *Isensee/Kirchhof (Hrsg.)*, Anm. 14, § 175 Rdnr. 66.

Im *Solange II*-Beschluß hat das Bundesverfassungsgericht die im *Solange I*-Beschluß aufgestellten Forderungen nach einer völligen Adäquanz des Grundrechtsschutzes wie nach einem vom Parlament beschlossenen, kodifizierten Grundrechtskatalog aufgegeben.

b. Anwendbarkeit der für die Europäischen Gemeinschaften entwikelten Schranken auf die UN

Die vom Bundesverfassungsgericht für die Europäischen Gemeinschaften entwikelten Schranken einer Hoheitsübertragung nach Art. 24 I GG sind erst recht im Rahmen der UN anzuwenden. Der Integrationsprozeß ist in der Charta in einem unvergleichbar geringerem Maße konstitutionell als in den Europäischen Gemeinschaften angelegt. Die Entwicklungen innerhalb der UN sind schwerer vorauszusehen und stark an die äußeren politischen Umstände gekoppelt. Die Sicherheitsrats-Resolutionen statuieren aufgrund ihres Durchgriffseffekts direkt Verpflichtungen für Einzelpersonen, die dadurch grundsätzlich in ihren Rechten verletzt sein könnten.

Im Bereich des deutschen Verfassungsrechts sind die Schranken des Art. 24 I GG für eine Wahrung der verfassungsrechtlichen Grundstruktur unverzichtbar.

c. Vereinbarkeit der Sicherheitsrats-Resolutionen mit Durchgriffswirkung mit Art. 19 IV 1 GG

Art. 19 IV 1 GG gewährleistet dem Einzelnen einen lückenlosen gerichtlichen Rechtsschutz gegen behauptete rechtswidrige Eingriffe der öffentlichen Gewalt in seine Rechte.[90] Öffentliche Gewalt im Sinne von Art. 19 IV 1 GG sind nur Akte der durch das GG gebundenen deutschen öffentlichen Gewalt[91], so daß Art. 19 IV 1 GG keine Auffangzuständigkeit deutscher Gerichte für Akte Supranationaler Organisationen für natürliche Personen in der Bundesrepublik darstellt.[92]

Im Rahmen der Schranken von Art. 24 GG ist eine Übertragung von Hoheitsrechten nur bei grundsätzlicher Gewährleistung eines anderweitigen, zwischenstaatlichen Rechtsschutzes zulässig.[93]

---

90 BVerfGE 22, 106 (110); 58, 1 (40); 78, 88 (99).
91 BVerfGE 1, 10 (10 f.); 58, 1 (27).
92 BVerfGE 58, 1 (29 f.); 73, 271 (372 f.).
93 BVerfGE 58, 1 (40 ff.).

Bei der Frage des Rechtsschutzes gegen Sicherheitsrats-Resolutionen mit Durchgriffswirkung stellt sich weniger das Problem der Zurücknahme der Gerichtsbarkeit durch das Bundesverfassungsgericht als die Frage, ob im Rahmen der UN ein Art. 19 IV 1 GG entsprechender Rechtsschutz grundsätzlich gewährleistet ist.

Innerhalb des konstitutionellen Systems der UN können Sicherheitsrats-Resolutionen nur bei einem extremen Befugnismißbrauch seitens des Sicherheitsrates auf ihre Rechtmäßigkeit inzident durch den IGH überprüft werden. Für die betroffenen Einzelnen besteht keine Möglichkeit, ein solches Verfahren zu initiieren, so daß ihnen Verpflichtungen auferlegt werden können, die sie in keinem institutionalisierten Verfahren auf ihre Rechtmäßigkeit überprüfen lassen können. Auch die Mitgliedstaaten können die Rechte der Einzelpersonen nicht stellvertretend wahrnehmen.

Im deutschen Recht können sich Einzelne zur Überprüfung von Sicherheitsrats-Resolutionen auch nicht an das Bundesverfassungsgericht wenden, da mit der Verfassungsbeschwerde nach Art. 93 I Nr. 4 a GG, §§ 13 Nr. 11, 90 ff. BVerfGG nur Akte der öffentlichen Gewalt der Bundesrepublik Deutschland[94] und nicht Akte supranationaler Organe[95] angegriffen werden können. Entgegen dieser Rechtsprechung könnte nach dem *Maastricht*-Urteil des Bundesverfasssungsgerichtes eine Verfassungsbeschwerde auch unmittelbar gegen Gemeinschaftsrechtsakte zur Verfügung stehen:

> "Das Bundesverfassungsgericht gewährleistet durch seine Zuständigkeit, daß ein wirksamer Schutz der Grundrechte für die Einwohner Deutschlands auch gegenüber der Hoheitsgewalt der Gemeinschaften generell sichergestellt und dieser dem vom Grundgesetz als unabdingbar gebotenen Grundrechtsschutz im wesentlichen gleich zu achten ist, zumal den Wesensgehalt der Grundrechte generell verbürgt. Das Bundesverfassungsgericht sichert so diesen Wesensgehalt auch gegenüber der Hoheitsgewalt der Gemeinschaft. Auch Akte einer besonderen, von der Staatsgewalt der Mitgliedstaaten geschiedenen öffentlichen Gewalt einer supranationalen Organisation betreffen die Grundrechtsberechtigten in Deutschland. Sie berühren damit die Gewährleistungen des Grundgesetzes und die Aufgaben des Bundesverfassungsgerichts, die den Grundrechtsschutz in Deutschland und insoweit nicht nur gegenüber deutschen Staatsorganen zum Gegenstand haben. Allerdings übt das Bundesverfassungsgericht seine Gerichts-

---

[94] Ständige Rechtsprechung seit BVerfGE 1, 10.
[95] BVerfGE 22, 293 (295 ff.).

barkeit über die Anwendbarkeit von abgeleitetem Gemeinschaftsrecht in Deutschland in einem 'Kooperationsverhältnis' zum Europäischen Gerichtshof aus, in dem der Europäische Gerichtshof den Grundrechtsschutz in jedem Einzelfall für das gesamte Gebiet der Europäischen Gemeinschaften garantiert, das Bundesverfassungsgericht sich deshalb auf eine generelle Gewährleistung der unabdingbaren Grundrechtsstandards beschränken kann."[96]

Die überwiegende Literaturmeinung bejaht unter Bezugnahme auf die Ausführungen des Bundesverfassungsgerichtes, daß auch die Wahrung des Grundrechtsschutzes gegenüber anderen als deutschen Staatsorganen zu den Aufgaben des Bundesverfassungsgerichtes gehöre.[97] Eine endgültige Klärung dieser Frage wird erst durch eine eindeutige Entscheidung des Bundesverfassungsgerichtes erreicht werden.

Einzelpersonen sind auch nicht zur Einleitung eines abstrakten Normenkontrollverfahrens nach Art. 93 I Nr. 2 GG berechtigt.[98]

Da für den Einzelnen keine Möglichkeit besteht, gerichtlichen Rechtsschutz gegen die Sicherheitsrats-Resolutionen mit Durchgriffseffekt zu erlangen, besteht im Rahmen der UN kein dem in Art. 19 IV 1 GG gewährleisteten vergleichbarer Rechtsschutz.

d. Jugoslawien-Tribunal

aa. Vereinbarkeit der Auslieferungsersuchen mit Art. 16 II GG a. F.

Mit der Resolution 827 (1993) hat der Sicherheitsrat den Staaten die Pflicht auferlegt, dem Tribunal Rechts- und Amtshilfe zu leisten.[99] Das Tribunal-Statut

---

96 BVerfGE 89, 155 (175), Nr. 2 b).

97 *H. Gersdorf*, "Das Kooperationsverhältnis zwischen deutscher Gerichtsbarkeit und EuGH", 109 DVBl. (1994), S. 674 ff., 675; *Ch. Tomuschat*, "Die Europäische Union unter der Aufsicht des Bundesverfassungsgerichtes", 20-21:10 EuGRZ (1993), S. 489 ff., 490; *Ch. Tietje*, "Europäischer Grundrechtsschutz nach dem Maastricht-Urteil, 'Solange III'? - BVerfG, NJW 1993, S. 3047", 34:3 JuS (1994), S. 197 ff., 199 f.; *R. Wittkowski*, "Das Maastricht-Urteil des Bundesverfassungsgerichts v. 12.10.1993 als 'Solange III'-Entscheidung", 40 BayVBl. (1994), S. 359 ff., 362.

98 Der Kreis der zur Verfahrenseinleitung Berechtigten ist durch Art. 93 I Nr. 2 GG festgelegt und kann nicht im Wege der Analogie erweitert werden, BVerfGE 21, 53 f.

99 Vgl. zum Wortlaut von Art. 29 Tribunal-Statut *supra* Fn. 4; Art. 20 Tribunal-Statut: "Eröffnung und Führung des Verfahrens. 2. Eine Person, gegen die eine Anklage bestätigt worden ist, wird aufgrund einer Verfügung oder eines Haftbefehls des Internationalen Gerichts in Gewahrsam genommen, unverzüglich über die gegen sie

enthält in Art. 20 II und 29 II die Verpflichtung, Personen, gegen die der Gerichtshof eine von der Anklagebehörde erhobene Anklage bestätigt und deren Festnahme angeordnet hat, aufgrund eines Haftbefehls des Gerichtshofs in Haft zu nehmen und dem Gerichtshof zu überstellen.[100] § 3 I Jugoslawien-Strafgerichtshof-Gesetz dient der Umsetzung dieser Verpflichtung und unterscheidet nicht zwischen eigenen Staatsangehörigen und Staatsangehörigen anderer Staaten:

> "Auf Ersuchen des Gerichtshofes werden Personen, die sich im Geltungsbereich dieses Gesetzes aufhalten, zur Verfolgung wegen einer der Gerichtsbarkeit des Gerichtshofes unterliegenden Straftat oder zur Vollstreckung einer wegen einer solchen Straftat verhängten Sanktion in Haft genommen und an den Gerichtshof oder an den Staat, der die Vollstreckung einer vom Gerichtshof verhängten Sanktion übernommen hat, überstellt."

Für die Bundesrepublik Deutschland besteht daher eine völkerrechtliche Verpflichtung zur Auslieferung eigener Staatsangehöriger. Daß § 3 I JSG von "Überstellung" spricht, führt zu keinem anderen Ergebnis.[101]

Art. 16 II GG a. F. untersagte die Auslieferung Deutscher an das Ausland:

> "Kein Deutscher darf an das Ausland ausgeliefert werden"

und nach Art. 19 II GG darf kein Grundrecht in seinem Wesensgehalt angetastet werden. Grundsätzlich ist es einem Staat verwehrt, die Auslieferung an das Tribunal unter Berufung auf sein nationales Recht abzulehnen.[102] Dennoch haben einige Staaten - jedoch nicht die Bundesrepublik - den Vorbehalt geäußert, eigene Staatsangehörige aufgrund der nationalen Rechtslage nicht auszuliefern. Das Verbot der Anwendung von entgegenstehendem nationalen Recht hilft aber nicht über die zwingende Beachtung von Art. 16 II GG a. F. hinweg.

---

erhobene Anklage unterrichtet und an das Internationale Gericht überstellt."

100 Nach Art. 28 des Statuts des Ruanda-Tribunals haben Staaten dieselbe Verpflichtung zur Kooperation bei Festnahme und Auslieferung, so daß die folgenden Erwägungen auch für das Ruanda-Tribunal gelten.

101 *K. Schmalenbach,* "Die Auslieferung mutmaßlicher deutscher Kriegsverbrecher an das Jugoslawientribunal in Den Haag", 36:3 Archiv des Völkerrechts (1998), S. 285 ff., 295.

102 Report of the Secretary-General pursuant to paragraph 2 of Security Council Resolution 808 (1993) presented 3 May 1993, S/25704, abgedruckt in United Nations, International Criminal Tribunal for the former Yugoslavia, Basic Documents (1995), S. 155 ff., §§ 125-126: " ... creates a binding obligation on all States to take whatever steps are required to implement the decision."

Art. 16 II GG a. F. müßte zunächst überhaupt anwendbar gewesen sein, da er die Auslieferung Deutscher an das Ausland verboten hat. Qualitativ ist die Auslieferung an einen internationalen Gerichtshof zwar etwas anderes als die Auslieferung an einen fremden Staat[103], wenn der ausliefernde Staat an der Errichtung der internationalen Strafgewalt beteiligt war und diese die Grundsätze des 'fair trial' respektiert.[104] Der Begriff des "Auslandes" ist aber als Umschreibung für jede nichtdeutsche Staatsgewalt aufzufassen.[105] Da Art. 16 II GG a. F. die Überführung eines Deutschen in den Bereich einer nicht deutschen Hoheitsgewalt verhindern sollte[106], sollte Art. 16 II GG a. F. für eine internationale Strafgewalt, die durch die Staatengemeinschaft erschaffen wurde, nicht gelten.[107] Die Auslieferung an einen anderen Mitgliedstaat wäre nur dann keine Auslieferung an eine fremde Hoheitsgewalt, wenn der vollstreckende Staat im Wege einer "Organleihe" für eine internationale Organisation tätig werden würde.[108] Dann müßte der Mitgliedstaat von der Internationalen Organisation mit der Wahrnehmung der Strafvollstreckung betraut worden sein. Obwohl die nationalen Organe hinsichtlich der Einzelheiten der Vollstreckung der Aufsicht des Jugoslawien-Tribunals unterstehen und aus dem nationalen Rahmen ausgegliedert werden, erfolgt die Auslieferung an eine internationale Hoheitsgewalt.[109] Art. 16 II GG a. F. war daher grundsätzlich anwendbar.

Das Spannungsfeld zur völkerrechtlichen Verpflichtung zur Überstellung eigener Staatsangehöriger könnte sich durch den Vorrang der internationalen Verpflichtung, das Jugoslawien-Strafgerichtshof-Gesetz oder eine restriktive, völkerrechtsfreundliche Auslegung von Art. 16 II GG a. F. auflösen lassen.

---

[103] *C. Tomuschat,* "Ein Internationaler Strafgerichtshof als Element einer Weltfriedensordnung", 3 Europa-Archiv (1994), S. 61 ff., 69.

[104] Siehe hierzu *K. Oellers-Frahm*, "Cooperation: The indispensable prerequisite to the efficiency of international criminal tribunals", American Society of International Law, Proceedings of the 89th Annual Meeting - Structures of world order, April 5 - 8, 1995 (1995), S. 304 ff., 308.

[105] Vgl. BVerfGE 5, 81 ff.; 15, 249 ff.; 29, 183 ff.; *Schmalenbach*, Anm. 101, S. 295; *A. Zimmermann,* "Die Schaffung eines ständigen Internationalen Strafgerichtshof, 58:1 ZaöRV (1998), S. 47 ff., 101.

[106] BVerfGE 10, 136 (139); ebenso BGH St 12, 262 (264).

[107] So *Tomuschat*, Anm. 8, Q 68, der jedoch auch eine Ergänzung des Grundgesetzes fordert.

[108] *Schmalenbach*, Anm. 101, S. 296.

[109] *Schmalenbach*, Anm. 101, S. 298.

An der Kollision kann die völkerrechtliche Verpflichtung aus der Charta nichts ändern, da Völkervertragsrecht durch das Zustimmungsgesetz nach Art. 59 II 1 GG in der innerstaatlichen Rechtsordnung der Bundesrepublik den Rang von einfachem Bundesrecht wie das JSG einnimmt.[110]

Problematisch ist bei einer solchen Unvereinbarkeit einer internationalen Verpflichtung mit dem Verfassungsrecht insbesondere die Durchsetzung der internationalen Verpflichtung im nationalen Rechtsbereich durch die Rechtsanwendungsorgane. Eine solche dem geltenden Völkerrecht entgegenstehende nationale Regelung kann die Durchgriffswirkung der Maßnahme jedoch nicht verhindern.[111] Zum einen handelt der Staat, der eine entgegenstehende nationale Bestimmung erläßt, gegen gültiges Völkerrecht. Zum anderen beruht die Durchgriffswirkung darauf, daß Hoheitsbefugnisse ausgeübt werden, so daß die internationalen Rechtssetzungsakte im nationalen Bereich direkt wirksam sind. Daß sich die einzelnen Staaten auch tatsächlich entsprechend dieser Maßnahmen mit Durchgriffswirkung verhalten und den internationalen Verpflichtungen nachkommen, ist der angestrebte Zustand, wie er bislang wohl nur in den Europäischen Gemeinschaften verwirklicht ist. Im Rahmen der UN verbleibt den Mitgliedstaaten bei der Erfüllung der Verpflichtungen ein weiter Handlungsspielraum, da sie gerichtlich nicht in gleichem Maße wie in den Europäischen Gemeinschaften zur Einhaltung des internationalen Rechts gezwungen werden können. Hieraus kann jedoch nicht geschlossen werden, daß die Maßnahmen des Sicherheitsrates keine Durchgriffswirkung aufweisen, da das Vorliegen der Durchgriffswirkung nicht davon abhängt, daß die Staaten tatsächlich bereit sind, sich an die Resolution zu binden.

Auch das Jugoslawien-Strafgerichtshof-Gesetz kann die Unvereinbarkeit mit der internationalen Auslieferungsverpflichtung nicht verhindern, da das Strafgerichtshof-Gesetz als einfaches und nicht als verfassungsänderndes Gesetz ergangen ist, so daß Art. 16 II GG grundsätzlich vor-geht.[112] Zudem ist festzustellen, daß § 3 des Strafgerichtshof-Gesetzes eine Ausnahme hinsichtlich der Überstellung eigener Staatsangehöriger nicht enthält. Zwar wurde bei Erlaß des Strafgerichtshof-Gesetzes diskutiert, ob nicht ein Hinweis auf das Auslieferungsverbot des Art. 16 II GG a. F. hinzugefügt werden sollte[113], wobei der Hin-

---

[110] *Schmalenbach*, Anm. 101, S. 304.

[111] Anderer Ansicht *Simma* in *Thürer/Herdegen/Hohloch (Hrsg.)*, Anm. 1, S. 139.

[112] Vgl. so etwa *N. Röttgen* in der Bundestagsdebatte, Dt. BT, 13. Wahlperiode, 24. Sitzung, 9.03.1995, S. 1759, "... da das einfache Gesetz nicht geeignet ist, die Verfassung zu ändern"; *Schmalenbach*, Anm. 101, S. 294.

[113] Ergänzungsantrag der FDP-Abgeordneten, BT- StenBer. - Plenarprotokoll 13/24, S.

weis jedoch letztendlich unterblieb.[114] Aus dem Entwurf des Strafgerichtshof-Gesetzes ergibt sich eindeutig, daß die völkerrechtliche Verpflichtung zur Überstellung auch eigener Staatsangehöriger besteht.[115] Damit die Bundesrepublik ihrer Verpflichtung aus Art. 29 Tribunal-Statut ohne Verstöße gegen das Verfassungsrecht nachkommen kann, wird daher eine Änderung des Grundgesetzes für notwendig erachtet.[116]

Allenfalls eine restriktive, die internationale Verpflichtung beachtende Interpretation[117] könnte dazu führen, daß Art. 16 II GG a. F. der Auslieferungsverpflichtung nicht entgegenstand. Die Einbuße an Grundrechtssubstanz kann ihre verfassungsrechtliche Rechtfertigung in Art. 24 I GG finden.[118] Als absolute Grenze bezüglich der Grundrechte wird der unter Hinweis auf die Solange II-Entscheidung des Bundesverfassungsgerichtes der Wesensgehalt iSv. Art. 19 II GG angesehen.[119]

Nach der *ratio legis* von Art. 16 II GG a. F. sollte verhindert werden, daß Deutsche strafrechtlichen Verfahren ausgeliefert sind, die keine ausreichende Einhaltung rechtsstaatlicher Grundsätze und Grundrechte gewährleisten.[120] Der Wesensgehalt des Art. 16 II GG a. F. würde daher gewahrt. So könnten beispielsweise die anderen Mitgliedstaaten der Europäischen Union von dem Auslieferungsverbot ausgenommen werden, da sichergestellt ist, daß sie einen dem deutschen Grundrechtsschutz vergleichbaren Grundrechtsschutz gewährleisten.[121] Das Verfahren vor dem Jugoslawien-Gericht trägt den internationalen Verfahrensgewährleistungen in ausreichendem Maße Rechnung, so daß von einem

---

1765.

[114] Vgl. den Bericht des Rechtsausschusses in BT-Dr. 13/716, S. 4 bzw. BT-Dr. 13/9734.

[115] Entwurf eines Gesetzes über die Zusammenarbeit mit dem Internationalen Strafgerichtshof für das ehemalige Jugoslawien, BT-Drs. 13/57, S. 8.

[116] Vgl. auch den Vorschlag des Bundesrates, Art. 16 II GG zu ändern, BR-Drs. 991/94 (Beschluß); *Oellers-Frahm*, Cooperation, Anm. 104, S. 308; *Schmalenbach*, Anm. 101, S. 304.

[117] Eine solche Interpretation nimmt für Auslieferungsverfahren an das ICC *W. Bausback*, "Art. 16 II GG und die Auslieferung Deutscher an den neuen Internationalen Strafgerichtshof", 52:45 NJW (1999), S. 3319 f. vor.

[118] *Tomuschat* "Die staatsrechtliche Entscheidung für die internationale Offenheit" in *J.Isensee/P.Kirchhof (Hrsg.)*, Handbuch des Staatsrechts der Bundesrepublik Deutschland, Bd. VII Internationale Beziehungen (1992), § 172 Rdnr. 54.

[119] *A. Randelzhofer* in *Th. Maunz/G. Dürig (Hrsg.)*, Grundgesetz, Bd. II, Art. 20 a -53, Lieferungen 1 bis 39, Art. 24 (1992), Art. 24 Rdnr. 102.

[120] *Zimmermann*, Anm. 105, S. 102.

[121] *Zimmermann*, Anm. 105, S. 102 Fn. 263.

'fair trial' auszugehen ist. Die materielle Strafgewalt des Jugoslawien-Tribunals erstreckt sich weitgehend auf die völkerrechtlichen Kerndelikte. In 6 StGB spricht sich auch der deutsche Gesetzgeber für eine grundsätzlich unbeschränkte Strafwürdigkeit der Verletzung wesentlicher Rechtsgüter aus, die nicht von Ort oder Staatsangehörigkeit abhängig ist.[122] Diese völkerrechtsfreundliche Interpretation findet ihre Grundlage in Art. 24 I GG. Darüber hinaus wird sie im Schrifttum auf den Grundsatz der Völkerrechtsfreundlichkeit und das aus einer Gesamtschau von Art. 23 und 26 GG und der Präambel des Grundgesetzes abzuleitende Prinzip der offenen Staatlichkeit gestützt.[123]

Aus Gründen der Rechtssicherheit ist eine verfassungsrechtliche Änderung von Art. 16 II GG a. F. hilfreich und wünschenswert.[124] Eine Internationale Organisation ist kein Ausland im Sinne von Art. 16 II GG a. F., sondern eine zwischenstaatliche Einrichtung der Hoheitsrechte übertragen wurden.

bb. Vereinbarkeit der Auslieferungsersuchen mit Art. 16 II GG n.F.

Die mit den internationalen Auslieferungsverpflichtungen einhergehende verfassungsrechtliche Problematik hat zu einer Änderung von Art. 16 II GG a. F. geführt. Die Begründung zur Ergänzung des Art. 16 II GG a. F.[125] hat darauf hingewiesen, daß das JSG bezüglich der Auslieferung Deutscher bis zum In-Kraft-Treten der Grundgesetzänderung einschränkend dahingehend auszulegen war, daß Deutsche nicht an den Gerichtshof überstellt werden durften.

Nach der Ergänzung des Art. 16 II GG a. F. durch Art. 16 II 2 GG n. F.[126] ist eine Auslieferung Deutscher unter gewissen Voraussetzungen gestattet:

> "Kein Deutscher darf an das Ausland ausgeliefert werden. Durch Gesetz kann eine abweichende Regelung für Auslieferungen an einen Mitgliedstaat der Europäischen Union oder an einen internationalen Gerichtshof getroffen werden, soweit rechtsstaatliche Grundsätze gewahrt sind."

Nach Art. 16 II 2 GG n.F. ist die Auslieferung Deutscher nur an Gerichtshöfe möglich, die nach deutschem Verfassungsrecht als Gerichte anzusehen sind.[127]

---

[122] *Bausback*, Anm. 117, S. 3320.

[123] *Bausback*, Anm. 117, S. 3320.

[124] So für die Überstellung an internationale Strafgerichte im allgemeinen *Zimmermann*, Anm. 105, S. 102.

[125] BT-Drs. 14/2668, S. 5.

[126] BGBl. I 2000, S. 1633.

[127] *A. Uhle*, "Auslieferung und Grundgesetz", 54:27 NJW 2001, S. 1889 ff., 1892.

Entscheidend ist in diesem Zusammenhang die Bindung des entscheidenden Gerichts an rechtsstaatliche Grundsätze, die Gewähr eines entsprechenden Verfahrens, die Unabhängigkeit der entscheidenden Richter und das Verbot von Ausnahmegerichten.

Voraussetzung für den Erlaß eines die Auslieferung gestattenden Gesetzes ist nach dem Wortlaut des Art. 16 II 2 GG n. F., "daß rechtsstaatliche Grundsätze gewahrt sind". Zur Auslieferung eines Deutschen ist nach Art. 16 II 2 GG n. F. ein Parlamentsgesetz erforderlich, das die wesentlichen Ausprägungen des Rechtsstaatsprinzips beachtet, soweit hieraus Folgen für die Rechtsstellung der Deutschen in der Strafverfolgung entstehen können.[128]

Das Jugoslawien-Tribunal erfüllt die an einen internationalen Gerichtshof von Art. 16 II 2 GG n. F. gestellten Anforderungen. Das Tribunal ist an rechtsstaatliche Grundsätze gebunden und gewährt ein entsprechendes Verfahren (Art. 10, 20 und 21 Tribunal-Statut). Die Richter sind nach Art. 12 und 13 Tribunal-Statut unabhängig und es handelt sich nicht um ein nach Art. 101 S. 2 GG verbotenes Ausnahmegericht. Ausnahmegerichte sind Gerichte, die in Abweichung von den allgemeinen gesetzlichen Zuständigkeitsregelungen *ad hoc* zur Entscheidung bestimmter Einzelfälle gebildet werden.[129] Ein Ausnahmegericht liegt nicht vor, wenn die Zuständigkeit nach abstrakten und generellen Kriterien bestimmt ist.[130] Da die Zuständigkeit des Jugoslawien-Tribunals anhand abstrakter und genereller Merkmale festgelegt ist[131], stellt es kein Ausnahmegericht iSv. Art. 101 I S. 2 GG dar.

Das ICC erfüllt auch die Anforderungen an ein Gericht im Sinne des deutschen Verfassungsrechtes (siehe zu den allgemeinen Grundsätzen des Strafrechts Art. 22 bis 33 und zur Unabhängigkeit der Richter Art. 40 ICC-Statut), so daß die Auslieferung Deutscher auf der Grundlage eines Parlamentsgesetzes an das ICC möglich ist.

---

[128] *Uhle*, Anm. 132, S. 1893.
[129] BVerfGE 3, 213 (223).
[130] BVerfGE 3, 213 (223/224).
[131] *Tomuschat*, Sanktionen, Anm. 8, Q 65.

e. ICC

Auch bei den Auslieferungsersuchen des ICC, das allerdings auf vertraglicher Grundlage errichtet wurde[132], ergab sich dieselbe Kollision mit Art. 16 II GG a. F. wie beim Jugoslawien-Tribunal.

Nach Art. 86 ICC-Statut[133] besteht für die Vertragsstaaten die Pflicht, bei den Ermittlungen und der strafrechtlichen Verfolgung umfassend mit dem Gerichtshof zusammenzuarbeiten. Nach Art. 89 ff. ICC-Statut kann der ICC daher von jedem Staat aufgrund eines Festnahme- und Überstellungsersuchens iSv. Art. 91 ICC-Statut die Zusammenarbeit bei der Festnahme und Überstellung der Person fordern. Wie beim Jugoslawien-Tribunal wird nicht zwischen eigenen Staatsangehörigen des betroffenen Staates und Staatsangehörigen anderer Staaten differenziert. Daß die Vertragsstaaten nach Art. 89 I ICC-Statut dem Ersuchen des ICC im Einklang mit diesem Teil des Statuts und den in ihrem innerstaatlichen Recht vorgesehenen Verfahren Folge leisten, entbindet sie nicht von der Verpflichtung zur effektiven und zügigen strafrechtlichen Zusammenarbeit, die auch eine Auslieferung eigener Staatsangehöriger beinhalten kann.[134] In der Regierungsbegründung zum deutschen Zusammenarbeitsgesetz mit dem Internationalen Strafgerichtshof war daher auch ein Änderungsvorschlag des Grundgesetzes enthalten.[135]

Im Rahmen des ICC wäre eine völkerrechtsfreundliche Auslegung von Art. 16 II GG a. F. eher als beim Jugoslawien-Tribunal möglich gewesen, da die Bundesrepublik an der Errichtung des ICC mitgewirkt hat, die Ausgestaltung des Verfahrens beeinflussen konnte und bewußt Hoheitsgewalt übertragen hat.[136]

f. Andere Fälle der Durchgriffswirkung

In den anderen Fällen der Durchgriffswirkung liegen keine verfassungsrechtlichen Kollisionen vor, da im überwiegenden Regelungsbereich der Resolutionen mit

---

[132] Vgl. insoweit zum Entwurf des ICC-Statuts *Zimmermann*, Anm. 105, S. 101.

[133] Römisches Statut des Internationalen Strafgerichtshofes v. 17.07.1998, vorl. amtl. Übersetzung, Stand: 1.12.1998, A/CONF.183/9, http://www.un.org./Depts/german/instgh/instgh.html.

[134] Vgl. zum Erfordernis einer Änderung von Art. 16 II GG *H.-P. Kaul*, "Durchbruch in Rom", 46:4 Vereinte Nationen (1998), S. 125 ff., 129/130.

[135] BR-Drs. 991/94, S. 15.

[136] *Bausback*, Anm. 117, S. 3320.

Durchgriffswirkung im 'failed state' keine Hoheitsrechte ausgeübt werden, die das nationale Recht in der Bundesrepublik betreffen.

7. Ergebnis

Die in der Charta angelegte Durchgriffswirkung war zum Zeitpunkt des Beitritts der Bundesrepublik zu den UN für den bundesdeutschen Gesetzgeber vorauszusehen. Der Sicherheitsrat nimmt bei Erlaß der Maßnahmen mit Durchgriffswirkung keine neue Kompetenz wahr, sondern verschafft seinen Kompetenzen rechtsfortbildend die erforderliche Effektivität. Eine genauere Festlegung dieses dynamischen Prozesses war angesichts der Abhängigkeit der Funktionsfähigkeit des Sicherheitsrates von den politischen Gegebenheiten in der Charta nicht möglich.

Die Schaffung des Jugoslawien-Tribunals, das als ein "geradezu revolutionärer Qualitätssprung" bezeichnet wird[137], war für den Gesetzgeber zum Zeitpunkt des Beitritts zu den UN aufgrund des in der Charta angelegten Handlungspotentials des Sicherheitsrates vorhersehbar und ist als von der parlamentarischen Zustimmung umfaßte Konkretisierung der Charta anzusehen.[138] Das Jugoslawien-Strafgerichtshof-Gesetz kann auch als *ex post*-Ratifikation für den Durchgriff im Völkerstrafrecht angesehen werden.[139]

Bezüglich der anderen Fälle der möglichen Durchgriffswirkung bestehen bislang keine verfassungsrechtlichen Kollisionen. Der Sicherheitsrat kann jedoch auch in der Bundesrepublik Deutschland unmittelbar anwendbare Maßnahmen erlassen.

Hinsichtlich der Schranken von Art. 24 I GG ist festzustellen, daß der im Rahmen der UN nicht vorhandene Rechtsschutz Einzelner Art. 19 IV 1 GG verletzt, da für durch Sicherheitsrats-Resolutionen betroffene natürliche Personen bisher keine Möglichkeit besteht, diese gerichtlich auf ihre Rechtmäßigkeit überprüfen zu lassen.

Der eindeutigen völkerrechtlichen Verpflichtung zur Überstellung auch eigener Staatsangehöriger an das Jugoslawien-Tribunal und den ICC stand Art. 16 II GG a. F. entgegen, der in seiner jetzigen Fassung nicht den Anforderungen an die internationale Zusammenarbeit gerecht wurde und daher völkerrechtsfreundlich

---

[137] *Tomuschat*, Sanktionen, Anm. 8, Q 66.

[138] *Herdegen*, Befugnisse, Anm. 1, S. 35.

[139] *Herdegen*, Anm. 1, S. 35.

restriktiv ausgelegt werden sollte. Verfassungsrechtlich ist die Grundrechtsreduzierung durch Art. 24 Abs. 1 GG zu rechtfertigen. Eine Auslieferung Deutscher an einen internationalen Gerichtshof ist nunmehr unter den Voraussetzungen des Art. 16 II 2 GG n. F. möglich.

Schlußbemerkung - Thesen

1. Schlußbemerkung

Ziel der vorstehenden Betrachtungen war es, die völkerrechtlich bedeutsamen Entwicklungslinien zu supranationalen Strukturen innerhalb der UN aufzuzeigen. Über die rechtliche Bewertung und Einordnung dieser Tendenzen kann weiterhin mit guten Argumenten gestritten werden. Da die aktuellen Entwicklungen an der Schnittstelle von Recht und Politik angesiedelt sind, kommt insbesondere der völkerrechtlichen Diskussion eine hervorgehobene Bedeutung zu.

Es ist jedoch unverkennbar, daß sich das Völkerrecht in einem unaufhaltsamen Epochenwandel befindet.[1] Während bislang der Staat im Mittelpunkt des Völkerrechts stand, gewinnt zunehmend der Schutz, aber auch die Verpflichtung von Individuen an Bedeutung. Durch die Maßnahmen mit Durchgriffswirkung der UN, insbesondere des Sicherheitsrates, wird eine neue völkerrechtliche Unmittelbarkeit geschaffen. Weiterhin hat die zunehmende Übernahme von Ordnungsaufgaben durch den Sicherheitsrat von einer Konfliktbeendigung zu einer umfassenden Konfliktbewältigung geführt.

Hierdurch übernimmt der Sicherheitsrat die Rolle eines weltweit omnipotenten Akteurs, dem umfangreiche Befugnisse zustehen. Die Existenz einer internationalen Gemeinschaft und deren hoher Integrationsgrad engen die Handlungsfreiheit der souveränen Staaten ein.

Dieser Entwicklung steht die Befürchtung gegenüber, daß die Staaten in ihren Handlungsmöglichkeiten eingeschränkt werden und der Verbindlichkeit der Beschlüsse nicht entgehen können. Sowohl für Staaten als auch Individuen besteht keine ausreichende Rechtsschutzmöglichkeit. Hieran schließen sich Zweifel an, inwiefern der Sicherheitsrat aufgrund seiner Zusammensetzung und seines Entscheidungsmechanismusses tatsächlich der geeignete Vertreter der Staatengemeinschaft ist.

Diesen Einwänden ist jedoch der tatsächliche Aktionsradius des Sicherheitsrates gegenüberzustellen, der weiterhin durch mühsame Konsensbestrebungen gekennzeichnet ist. Außerdem liegt es in der Hand der Staaten, die weiterhin die

---

[1] So *C. Kreß*, "Staat und Individuum in Krieg und Bürgerkrieg", 52:42 NJW (1999), S. 3077 ff., 3082 im Zusammenhang mit der Diskussion um die Rechtmäßigkeit einer nicht vom Sicherheitsrat mandatierten humanitären Intervention.

vorrangigen Völkerrechtssubjekte sind, die gewünschten Rahmenbedingungen für das Handeln des Sicherheitsrates zu schaffen.

Es bleibt jedoch festzuhalten, daß sich innerhalb der UN eindeutig supranationale Strukturen herausgebildet haben.

2. Thesen

1. Entscheidendes Kriterium der Supranationalität ist die Übertragung von Hoheitsrechten mit Durchgriffswirkung durch die Mitgliedstaaten. Die Rechtsakte einer Supranationalen Organisation weisen Durchgriffswirkung auf, da durch sie Hoheitsrechte ausgeübt werden und sie unmittelbar anwendbar sind. Unmittelbare Anwendbarkeit liegt vor, wenn die Maßnahmen ohne nationalen Umsetzungsakt im nationalen Rechtsraum wirksam sind und unmittelbar an Einzelpersonen und nationale Rechtsanwendungsorgane gerichtet sind. Einige internationale Verwaltungsunionen des 19. Jahrhunderts weisen schwach ausgeprägte supranationale Ansätze auf. In europäischen Organisationen des 20. Jahrhunderts sind vermehrt supranationale Befugnisse festzustellen, insbesondere innerhalb der Europäischen Gemeinschaften.

2. Im Rahmen der UN und ihren Sonderorganisationen als klassischer Internationaler Organisation sind vereinzelt supranationale Befugnisse festzustellen. Supranationale Züge weisen in der institutionellen Struktur der UN das 'Headquarters Agreement', friedenserhaltende Aktionen der UN und das Verwaltungsgericht der UN auf. Die Meeresbodenbehörde der 3. UN-Seerechtskonvention verfügt über ausgeprägte supranationale Befugnisse, die im Gefüge der UN einzigartig sind.

Maßnahmen des Sicherheitsrates haben nach herkömmlicher Ansicht keine Durchgriffswirkung. Bisher hat kein nationales Gericht Sicherheitsrats-Resolutionen für unmittelbar anwendbar gehalten und Art. 25 UN-Charta auf seine Eignung zur Begründung der unmittelbaren Anwendbarkeit überprüft.

3. Innerhalb der UN bestehen individualschutzorientierte Entwicklungstendenzen zu einer Supranationalen Organisation. Aus der jüngeren Praxis der Sicherheitsrates ergibt sich, daß Resolutionen des Sicherheitsrates in verschiedenen Fallkonstellationen Durchgriffswirkung aufweisen. Der Sicherheitsrat übernimmt Ordnungsaufgaben, die originär der Hoheitsgewalt des Staates unterliegen und wirkt auf Rechtsverhältnisse zu Einzelpersonen direkt gestaltend ein. Der Sicherheitsrat übte bereits bei der Nichtigerklärung der südafrikanischen

Verfassung supranationale Befugnisse aus. Im 'failed state' hat sich der Sicherheitsrat am Wiederaufbau der inneren Struktur beteiligt (so z. B. in Kambodscha, Somalia und Bosnien-Herzegowina) und die Verantwortlichkeit nichtstaatlicher Einheiten für Verletzungen des humanitären Völkerrechts normiert (so z. B. in Somalia und Angola). Auch die verfahrensrechtlichen Vorschriften des Jugoslawien-Tribunalstatuts und des ICC-Statuts weisen Durchgriffswirkung auf.

Resolutionen haben keine Durchgriffswirkung, wenn der Sicherheitrat an die Einzelpersonen lediglich einen Appell richtet, ohne sie zu verpflichten.

4. Der Erlaß von Resolutionen mit Durchgriffswirkung ist mit den Vorgaben der Charta vereinbar. Die Durchgriffswirkung ist in der Charta zwar nicht explizit vorgesehen, aber angelegt und durch eine dynamisch-erweiternde Auslegung der Charta zu begründen. Der Sicherheitsrat bewegt sich im Rahmen seines weitgefaßten Handlungsspielraumes von Kapitel VII, wobei er durch 'implied powers' und aus Effektivitätsgesichtspunkten zum Zugriff auf Einzelne ermächtigt ist. Zulässigerweise hat der Sicherheitsrat die ihm übertragene Kompetenz erweitert. Der Sicherheitsrat hat auch bei der Errichtung der UNCC, der Jugoslawien- und Ruanda-Tribunale auf der Grundlage von Art. 41 nicht *ultra vires* gehandelt.

Für die betroffenen Einzelnen bedeutet die innerhalb des institutionellen Gefüges der UN fehlende Möglichkeit, Sicherheitsrats-Resolutionen gerichtlich auf ihre Rechtmäßigkeit überprüfen zu lassen, einen eingeschränkten Rechtsschutz.

5. Das Beitrittsgesetz von 1973 ist ausreichende Rechtsgrundlage iSv. Art. 24 I GG für die Weiterentwicklung der UN zu einer Supranationalen Organisation. Die in der Charta angelegte Durchgriffswirkung war zum Zeitpunkt des Beitritts der Bundesrepublik zu den UN für den Gesetzgeber vorauszusehen. Der Sicherheitsrat nimmt keine neue Kompetenz wahr, sondern verschafft seinen Kompetenzen rechtsfortbildend die erforderliche Effektivität. Der dynamische Prozeß konnte angesichts der Abhängigkeit der Funktionsfähigkeit des Sicherheitsrates von den politischen äußeren Umständen nicht genauer in der Charta festgelegt werden. Die Errichtung des Jugoslawien-Tribunals war für den Gesetzgeber vorhersehbar und ist innerstaatlich durch das Jugoslawien-Strafgerichtshof-Gesetz in ausreichender Weise legitimiert worden.

Hinsichtlich der Schranken einer Übertragung nach Art. 24 I GG ist festzustellen, daß der im Rahmen der UN nicht vorhandene Rechtsschutz Einzelner gegen Art. 19 IV 1 GG verstößt, da Einzelpersonen Sicherheitsrats-Resolutionen nicht gerichtlich auf ihre Rechtmäßigkeit überprüfen lassen können. Die sich durch das

Maastricht-Urteil des Bundesverfassungsgerichtes abzeichnende Möglichkeit einer Verfassungsbeschwerde gegen Gemeinschaftsrechtsakte ist nicht ohne weiteres auf Sicherheitsrats-Resolutionen übertragbar.

Der Kollision von Art. 16 II GG a. F. mit der Verpflichtung zur Auslieferung deutscher Staatsangehöriger an das Jugoslawien-Tribunal konnte mit einer restriktiven, völkerrechtsfreundlichen Auslegung von Art. 16 II GG a. F. begegnet werden. Die Reduzierung des Grundrechtes kann auf der Grundlage des Art. 24 Abs. 1 GG erfolgen, in den Grenzen des Wesensgehaltes. Die Auslieferung Deutscher an einen internationalen Gerichtshof ist unter den Voraussetzungen des Art. 16 II 2 GG n. F. möglich.

LITERATURVERZEICHNIS

G. H. Aldrich, "Individuals as subjects of international humanitarian law" in *J. Markarczyk (ed.)*, Theory of international law at the threshold of the 21st century. Essays in honour of K. Skubiszewski (1996), S. 851 ff.

J. E. Alvarez, "Judging the Security Council", 90:1 AJIL (1996), S. 1 ff.

J. E. Alvarez, "The once and future security council", Washington Quarterly, Spring (1995), S. 5 ff.

C. Alzamora, "The UN Compensation Commission: An Overview" in *R. Lillich (Hrsg.)*, The United Nations Compensation Commission, Thirteenth Sokol Colloquium (1995), S. 3 ff.

A. d'Amato, "The Invasion of Panama was a lawful response to tyranny", 84:2 AJIL (1990), S. 516 ff.

K. Ambos, "Observations from an International Criminal Law Viewpoint", 7:4 EJIL (1996), S. 519 ff.

K. Ambos, "Verbrechenselemente" sowie Verfahrens- und Beweisregeln des Internationalen Strafgerichtshofs", 54:6 NJW 2001, S. 405 ff.

E. J. de Aréchaga, "United Nations Security Council" in *R. Bernhardt (ed.)*, Encyclopedia of international law, Instalment 5 (1983), S. 345 ff.

M. H. Arsanjani, "The Rome Statute of the International Court", 93:1 AJIL (1999), S. 22 ff.

W. Bausback, "Art. 16 II GG und die Auslieferung Deutscher an den neuen Internationalen Strafgerichtshof", 52:45 NJW (1999), S. 3319 ff.

P. Badura, "Bewahrung und Veränderung demokratischer und rechtsstaatlicher Verfassungsstruktur in den internationalen Gemeinschaften", 23 VVDStRL (1966), S. 34 ff.

P. Bardehle, "Tendenzen und Probleme der Fortentwicklung der zivilen Komponente des UN Peace-keeping" in *W. Kühne*, Blauhelme in einer turbulenten Welt, 1. Aufl. (1993), S. 195 ff.

G. Biehler, "Souveränität im Wandel", 35 Der Staat (1996), S. 99 ff.

R. L. Bindschedler "International Organizations, general aspects" in *R. Bernhardt (ed.)*, 2 Encyclopedia of public international law (1995), S. 1289 ff.

A. Bleckmann, Grundgesetz und Völkerrecht (1975)

A. Bleckmann, "Sittenwidrigkeit wegen Verstoßes gegen den ordre public international", 34 ZaöRV (1974), S. 112 ff.

A. Bleckmann in *B. Simma (ed.)*, The Charter of the United Nations, A commentary (1994), Art. 2

A. Bleckmann, "Zur Funktion des Art. 24 GG" in *K. Hailbronner/G. Ress/T. Stein (Hrsg.)*, Staat und Völkerrechtsordnung, Festschrift für K. Doehring (1989), S. 63 ff.

N. M. Blokker/M. Kleiboer, "The Internationalization of Domestic Conflict: The Role of the Security Council", 9:1 LJIL (1996), S. 7 ff.

K.-H. Böckstiegel, "Ein Aggressor wird haftbar gemacht", 45:3 Vereinte Nationen (1997), S. 89 ff.

S. Bohr, "Sanctions by the United Nations Security Council and the European Community", 4 EJIL (1993), S. 256 ff.

M. Bothe, "Internationale Organisationen und das Rechtsstaatsprinzip" in *J. Jekewitz/K .H. Klein/J. D. Kühne/H. Petersmann/R. Wolfrum (Hrsg.)*, Des Menschen Recht und Verantwortung, Festschrift für K. J. Partsch zum 75. Geburtstag (1989), S. 493 ff.

M. Bothe, "Les limites des pouvoirs du Conseil de Sécurité" in *R.-J. Dupuy (éd.)*, Development of the role of the Security Council, Colloque, July 21-23, 1992 (1993), S. 67 ff.

R. A. Brand, "Security Council Resolutions: when do they give rise to enforceable legal rights? The United Nations Charter, the Byrd Amendment and a self-executing treaty analysis", 9 Cornell International Law Journal (1976), S. 298 ff.

I. Brownlie, Principles of public international law, 4. Aufl. (1990)

T. Bruha/ M. Krajewski, "Funktionswandel des Sicherheitsrats als Verfassungsproblem", 46:1 Vereinte Nationen (1998), S. 13 ff.

J. W. Brügel, "Das Treuhandsystem der Vereinten Nationen 1945 - 1960", 22 Europa-Archiv (1967), S. 683 ff.

B.- O. Bryde in *B. Simma (ed.)*, The Charter of the UN, A commentary (1994), Art. 48

B.-O. Bryde, "Sicherheitspolitik zwischen Regierung und Parlament", 8 Jura (1986), S. 363 ff.

T. Buergenthal, Law-Making in the International Aviation Organisation (1969)

C. Busse, "Völkerrechtliche Fragen zur Rechtmäßigkeit des Kosovo-Krieges", 32:10 ZRP (1999), S. 416 ff.

F. Capotorti, "Supranational Organizations" in *R. Bernhardt (ed.)*, 4 Encyclopedia of international law (2000), S. 737 ff.

A. Cassese, "Individuals" in *M. Bedjaoui (ed.),* International Law: Achievements and Prospects (1991), S. 113 ff.

A. Cassese, "*Ex iniuria ius oritur*: Are We Moving towards International Legitimation of Forcible Humanitarian Countermeasures in the World Community?", 10:1 EJIL (1999), S. 23 ff.

A. Cassese, "On the Current Trends towards Criminal Prosecution and Punishment of Breaches of International Humanitarian Law", 9:1 EJIL (1998), S. 2 ff.

A. Cassese, "The Statute of the International Criminal Court: Some Preliminary Reflections", 10:1 EJIL (1999), S. 144 ff.

O. Corten, "La résolution 940 du Conseil de sécurité autorisant une intervention militaire en Haïti: L'émergence d'un principe de légitimité démocratique en droit international?", 6:1 EJIL (1995), S. 116 ff.

J. R. Crook, "The United Nations Compensation Commission - A new structure to enforce state responsibility", 87:1 AJIL (1993), S. 144 ff.

G. Dahm, Völkerrecht, Bd. II (1961)

G. Dahm, Zur Problematik des Völkerstrafrechts (1956)

P. Daillier/A. Pellet, Droit international public, 5. Aufl. (1994)

J. Dehaussy in *J.-P. Cot/A. Pellet,* La Charte des Nations Unies (1969), Art. 108

D. Deiseroth, "'Humanitäre Intervention' und Völkerrecht", 52:42 NJW (1999), S. 3084 ff.

J. Delbrück, "Staatliche Souveränität und die neue Rolle des Sicherheitsrates der Vereinten Nationen", Verfassung und Recht in Übersee (1993), S. 6 ff.

J. Delbrück in *B. Simma (ed.),* The Charter of the UN, A commentary (1994), Art. 24, Art. 25

I. Detter, Law Making by International Organisations (1965)

D. C. Dicke/H.-W. Rengeling, Die Sicherung des Weltfriedens durch die Vereinten Nationen (1975)

R. Dixon, "New Developments in the International Criminal Tribunal for the Former Yugoslavia: Prominent Leaders Indicted and Jurisdiction Established", 8:2 LJIL (1995), S. 449 ff.

K. Doehring, "Die völkerrechtliche Beurteilung der Maßnahmen der Organe der Vereinten Nationen im Zusammenhang mit der Verfassungsreform in Südafrika" in *G. Ress (Hrsg.),* Verfassungsreform in Südafrika und Verfassungsgebung für Namibia/Südwestafrika (1986), S. 9 ff.

D. A. Donovan, "Cambodia: Building a Legal System from Scratch", 27:2 The International Lawyer (1993), S. 445 ff.

P.-M. Dupuy, "The Constitutional Dimension of the Charter of the United Nations Revisited", 1 Max Planck Yearbook of United Nations Law (1997), S. 1 ff.

R. Dupuy, "The United Nations Facing the Crisis of the Nation State" in *N. Jasentuliyana (ed.),* Perspectives on international law (1995), S. 201 ff.

J. Dutheil de la Rochère in *J.-P. Cot/A. Pellet,* La Charte des Nations Unies (1969), Art. 7

R. Eckertz, "Atomare Rüstung im Verfassungsstaat", 12 EuGRZ (1985), S. 165 ff.

M. Eisele, "Im Auftrag des Sicherheitsrats: Friedensmissionen der Vereinten Nationen", 46:1 Vereinte Nationen (1998), S. 1 ff.

P. M. Eisemann in *J.-P. Cot/A. Pellet,* La Charte des Nations Unies (1969), Art. 41

S. Engel, "The Changing Charter of the United Nations", 7 Yearbook of World Affairs (1953), S. 71 ff.

V. Epping in *K. Ipsen (Hrsg.),* Völkerrecht, 4. Aufl. (1999), §§ 8, 31, 33

F. Ermacora in *B. Simma (ed.),* The Charter of the UN, A commentary (1994), Art. 2 Ziff. 7

J. W. Eysinga, "Supranationalität" in *W. Schätzel/H. J. Schlochauer (Hrsg.),* Rechtsfragen der internationalen Organisation, Festschrift für H. Wehberg zu seinem 70. Geburtstag (1956), S. 130 ff.

B. Fassbender, "The United Nations Charter As Constitution of The International Community", 36 Columbia Journal of Transnational Law (1998), S. 529 ff.

B. B. Ferencz, "An International Criminal Code and Court: Where they stand and where they're going", 30 Columbia Journal of Transnational Law (1992), S. 375 ff.

H. Fischer in *K. Ipsen (Hrsg.),* Völkerrecht, 4. Aufl. (1999), §§ 55, 59

G. F. FitzGerald, "The ICAO - a case study in the implementation of decisions of a functional international organization" in *S. M. Schwebel,* The effectiveness of international decisions (1971), S. 156 ff.

Th. M. Franck, "The 'Powers of Appreciation': Who is the Ultimate Guardian of UN Legality?", 86:3 AJIL (1992), S. 519 ff.

Th. M. Franck/F. Patel, "UN Police Action in lieu of war: 'The old order changeth'", 85:1 AJIL (1991), S. 63 ff.

Th. M. Franck/N. S. Rodley, "After Bangladesh: The Law of Humanitarian Intervention by Military Force", 67:2 AJIL (1973), S. 275 ff.

J. Abr. Frowein in *B. Simma (ed.)*, The Charter of the UN, A commentary (1994), Art. 39

J. Abr. Frowein, "United Nations" in *R. Bernhardt (ed.)*, 4 Encyclopedia of public international law (2000), S. 1029 ff.

J. Abr. Frowein, "Der völkerrechtliche Status von VN-Friedenstruppen und seine Bedeutung für das deutsche Recht" in *R. Bernhardt/J. Abr. Frowein/H. Steinberger (Hrsg.)*, Rechtliche Aspekte einer Beteiligung der Bundesrepublik Deutschland an Friedenstruppen der Vereinten Nationen, Materialien des Kolloquiums vom 17./18.8.1989, Bd. 101 (1990), S. 1 ff.

H. Gading, Der Schutz grundlegender Menschenrechte durch militärische Maßnahmen des Sicherheitsrates (1996)

R. Geiger, Grundgesetz und Völkerrecht (1994)

R. Geiger in *B. Simma (ed.)*, The Charter of the UN, A commentary (1994), Art. 75

H. Gersdorf, "Das Kooperationsverhältnis zwischen deutscher Gerichtsbarkeit und EuGH", 109 DVBl. (1994), S. 674 ff.

T. G. Gill, "Legal and Some Political Limitations on the Power of the UN Security Council to Exercise its Enforcement Powers under Chapter VII of the Charter", 26 NYIL (1995), S. 33 ff.

C. Gloria in *K. Ipsen (Hrsg.)*, Völkerrecht, 4. Aufl. (1999), § 54

L. M. Goodrich/E. Hambro/A. P. Simons, Charter of the UN, 3. Aufl. (1969)

V. Gowlland-Debbas, "Security Council Enforcement Action and Issues of State Responsibility", 43 ICLQ (1994), S. 55 ff.

V. Gowlland-Debbas, "The Relationship between the International Court of Justice and the Security Council in the Light of the Lockerbie Case", 88:4 AJIL (1994), S. 643 ff.

B. Graefrath, "Jugoslawientribunal - Präzedenzfall trotz fragwürdiger Rechtsgrundlage", 47 Neue Justiz (1993), S. 433 ff.

B. Graefrath, "Leave to the Court what Belongs to the Court. The Libyan Case.", 4 EJIL (1993), S. 184 ff.

K. Harper, "Does the United Nations Security Council have the competence to act as court and legislature?", 27 New York University Journal of International Law and Policy (1994), S. 103 ff.

H. v. Heinegg in *K. Ipsen (Hrsg.)*, Völkerrecht, 4. Aufl. (1999), § 10

L. Henkin, "Resolutions of International Organizations in American Courts" in *F. Kalshoven/P. J. Kuyper/J. G. Lammers (eds.),* Essays on the Development of the International Legal Order (1980), S. 199 ff.

M. Herdegen, Die Befugnisse des UN-Sicherheitsrates, 236 Schriftenreihe/Juristische Studiengesellschaft Karlsruhe (1998)

M. Herdegen, "Der Sicherheitsrat und die autoritative Konkretisierung des VII. Kapitels der UN-Charta" in *U. Beyerlin/M. Bothe/R. Hofman/ E. U. Petersmann (Hrsg.),* Recht zwischen Umbruch und Bewahrung, Festschrift für R. Bernhardt (1995), S. 103 ff.

M. Herdegen, "Der Wegfall effektiver Staatsgewalt im Völkerrecht: 'The Failed State'" in *D. Thürer/M. Herdegen/G. Hohloch (Hrsg.),* "Der Wegfall effektiver Staatsgewalt: 'The Failed State'", 34 Berichte der Deutschen Gesellschaft für Völkerrecht, 24. Tagung in Leipzig, April 1995 (1996), S. 49 ff.

M. Herdegen, Diskussionsbeitrag in "VIII. Diskussionsrunde: Verteidigung der Menschenrechte versus staatliche Souveränität, 50 Dt. Anwaltstag in Bonn vom 12. - 15.05.1999", 53:29 NJW (1999), S. 2091 ff.

M. Herdegen in *Th. Maunz/G. Dürig u. a.,* Kommentar zum Grundgesetz, Bd. III, Art. 20 a-53, Lieferungen 1-39, Art. 25 (2000)

M. Herdegen, Internationales Wirtschaftsrecht, 2. Aufl. (1995)

M. Herdegen, "The 'Constitutionalization' of the UN Security System", 27 Vanderbilt Journal of transnational law (1994), S. 135 ff.

M. Herdegen, "Zur Geschäftsführung ohne Auftrag (negotiorum gestio) im Völkerrecht" in *K. Hailbronner/G. Ress/T. Stein (Hrsg.),* Staat und Völkerrechtsordnung, Festschrift für K. Doehring, (1989), S. 303 ff.

W. Heusel, "Resolutionen der Generalversammlung als Auslegungsmaßnahmen im deutschen Polizeirecht?", 42:35 NJW (1989), S. 2174 f.

R. Higgins, The development of international law through the political organs of the United Nations (1963)

M. Hilf in *B. Simma (ed.),* The Charter of the UN, A commentary (1994), Art. 22

F. Hoffmeister/S. Knoke, "Das Vorermittlungsverfahren vor dem Internationalen Strafgerichtshof - Prüfstein für die Effektivität der neuen Gerichtsbarkeit im Völkerstrafrecht", 59:2 Zeitschrift für ausländisches öffentliches Recht und Völkerrecht 1999, S. 785 ff.

C. Hollweg, "Das neue Internationale Tribunal der UNO und der Jugoslawienkonflikt", 48 JZ (1993), S. 980 ff.

C. Hollweg, "Der praktische Fall - Internationales Öffentliches Recht: Auslieferung eines bosnischen Serbenführers an das UN-Tribunal", 39 JuS (1994), S. 409 ff.

F. Honig, "Verwaltungsgericht der Vereinten Nationen" in *K. Strupp/ H.-J. Schlochauer (Hrsg.)*, Wörterbuch des Völkerrechts, Bd. III, 2. Aufl. (1962), S. 579 ff.

H.-P. Ipsen, Europäisches Gemeinschaftsrecht (1972)

H.-P. Ipsen, "Über Supranationalität" in *H. Ehmke/J. J. Kaiser/W. A. Kewenig/K. M. Meessen/W. Rüfner (Hrsg.)*, Festschrift für U. Scheuner zum 70. Geburtstag (1973), S. 211 ff.

K. Ipsen in *K. Ipsen (Hrsg.)*, Völkerrecht, 4. Aufl. (1999), §§ 42, 67

K. Ipsen, "Auf dem Weg zur Relativierung der inneren Souveränität bei Friedensbedrohung", 40:2 Vereinte Nationen (1992), S. 41 ff.

G. Jaenicke, "Die Sicherung des übernationalen Charakters internationaler Organisationen", 14 ZaöRV (1951/52), S. 46 ff.

G. Jaenicke in *B. Simma (ed.)*, The Charter of the UN, A commentary (1994), Art. 7

G. Jaenicke, "Supranationale Organisation" in *K. Strupp/H.-J. Schlochauer (Hrsg.)*, Wörterbuch des Völkerrechts, Bd. III, 2. Aufl. (1962), S. 423 ff.

H. Jarass in *H. Jarass/B. Pieroth (Hrsg.)*, Grundgesetz für die Bundesrepublik Deutschland, 5. Aufl. (2000)

Ch. C. Joyner, "Strengthening enforcement of humanitarian law: reflections on the international criminal tribunal for the former Yugoslavia", 6 Duke Journal of Comparative & International Law (1995), S. 79 ff.

W. Karl/B. Mützelburg in *B. Simma (ed.)*, The Charter of the UN, A commentary (1994), Art. 108

E. Kaufmann, Der Kampf um den Wehrbeitrag II (1973), S. 42 ff.

H.-P. Kaul, "Durchbruch in Rom", 46:4 Vereinte Nationen (1998), S. 125 ff.

H. Kelsen, The Law of the United Nations (1951)

W. A. Kewenig, "Die Problematik der Bindungswirkung von Entscheidungen des Sicherheitsrates" in *H. Ehmke/J. J. Kaiser/W. A. Kewenig (Hrsg.)*, Festschrift für U. Scheuner zum 70. Geburtstag (1973), S. 259 ff.

O. Kimminich, Einführung in das Völkerrecht, 4. Aufl. (1990)

F. L. Kirgis, "The Security Council's First Fifty Years", 89:3 AJIL (1995), S. 506 ff.

E. Klein, "Die Bedeutung der Nürnberger Prozesse für die Bewältigung des SED-Unrechts", 25:6 ZRP (1992), S. 208 ff.

E. Klein, "International régimes" in *R. Bernhardt (ed.)*, 2 Encyclopedia of public international law (1995), S. 1354 ff.

K. H. Klein, Die Übertragung von Hoheitsrechten (1952)

H. Klein, "Die Funktion des Parlaments im politischen Prozeß", Manuskript Vortrag Deutsche Vereinigung für Parlamentsfragen (März 1997)

E. Kordt, "Deutscher Zollverein" in *K. Strupp/H.-J. Schlochauer (Hrsg.)*, Wörterbuch des Völkerrechts, Bd. III, 2. Aufl. (1962), S. 351 ff.

A. Koller, Die unmittelbare Anwendbarkeit völkerrechtlicher Verträge und des EWG-Vertrages im innerstaatlichen Bereich, 8 Schweizerische Beiträge zum Europarecht (1971)

R. Kovar, Le pouvoir réglementaire de la Communauté européenne (1964)

C. Kreß, "Staat und Individuum in Krieg und Bürgerkrieg", 52:42 NJW (1999), S. 3077 ff.

M. Krökel, Die Bindungswirkung von Resolutionen des Sicherheitsrates der Vereinten Nationen gegenüber Mitgliedstaaten (1977)

W. Kühne, "Die UN zwischen neuen Aufgaben und Überforderung" in *Bundeszentrale für politische Bildung (Hrsg.)*, Informationen zur politischen Bildung, 1. Quartal (1995), S. 7 ff.

J. L. Kunz, "Supra-national organs", 46:4 AJIL (1952), S. 690 ff.

P. J. Kuyper, The implementation of international sanctions - the Netherlands and Rhodesia (1978)

B. Laubach, "Angriffskrieg oder Humanitäre Intervention?", 32:7 ZRP (1999), S. 276 ff.

E. Lauterpacht, "Implementation of Decisions of International Organization Law by National Authorities and Courts" in *S. M. Schwebel*, The effectiveness of international decisions (1971), S. 57 ff.

R. S. Lee, "The Rwanda Tribunal", 9:1 LJIL (1996), S. 37 ff.

G. Leibholz, "Zum Begriff der Supranationalität" in Recueil d'études de droit international en hommage à Paul Guggenheim (1968), S. 814 ff.

R. B. Lillich, "Humanitarian Intervention through the United Nations: Towards the Development of Criteria", 53/II ZaöRV (1993), S. 557 ff.

H. L. Mason, The European Coal and Steel Community (1955)

P. Mathijsen, Le droit de la CECA (1958)

Th. Maunz in *Th. Maunz/G. Dürig u a.*, Kommentar zum Grundgesetz, Bd. IV, Art. 53 a - 88, Art. 59 (1971)

K. M. Meessen, "Internationale Verhaltenskodizes und Sittenwidrigkeitsklauseln", 36:34 NJW (1983), S. 1131 f.

K. M. Meessen, "The application of rules of public international law within community law", 13 CMLR (1976), S. 485 ff.

W. Meng, Das Recht der Internationalen Organisationen - eine Entwicklungsstufe des Völkerrechts (1979)

E. Menzel, "Treuhandgebiete" in *K. Strupp/H.-J. Schlochauer (Hrsg.)*, Wörterbuch des Völkerrechts, Bd. III, 2. Aufl. (1962), S. 449 ff.

Th. Meron, "International Criminalization of internal atrocities", 89:3 AJIL (1995), S. 554 ff.

Th. Meron, "The Case for War Crimes Trials in Yugoslavia", 72 Foreign Affairs (1993), S. 122 ff.

V. Morris, "Prosecutor v. Kanyabashi, Decision on Jurisdiction, Case No. ICTR-96-15-T. International Criminal Tribunal for Rwanda, June 18, 1997", 92:1 AJIL (1998), S. 66 ff.

H. Mosler, "Die Übertragung von Hoheitsgewalt" in *J. Isensee und P. Kirchhof (Hrsg.)*, Handbuch des Staatsrechts der Bundesrepublik Deutschland, Bd. VII Internationale Beziehungen (1992), § 175

H. Mosler, "Wendung zum supranationalen Gedanken im Schuman-Plan", 3 Recht, Staat und Wirtschaft (1951), S. 245 ff.

M. L. Nash, Case note - Kangai v. Vance, 73:2 AJIL (1979), S. 297 f.

M. Nowak, UNO-Pakt über bürgerliche und politische Rechte und Fakultativprotokoll, CCPR-Kommentar (1989)

K. Oellers-Frahm, "Cooperation: The indispensable prerequisite to the efficiency of international criminal tribunals", American Society of International Law, Proceedings of the 89th Annual Meeting - Structures of world order, April 5 - 8, 1995 (1995), S. 304 ff.

K. Oellers-Frahm, "Das Statut des Internationalen Strafgerichtshofs zur Verfolgung von Kriegsverbrechen im ehemaligen Jugoslawien", 54 ZaöRV (1994), S. 416 ff.

K. Oellers-Frahm, "Die Einsetzung des 'Internationalen Tribunals über Kriegsverbrechen im ehemaligen Jugoslawien' durch den Sicherheitsrat", in *U. Beyerlin/M. Bothe/R. Hofmann/E.-U.Petersmann (Hrsg.)*, Recht zwischen Umbruch und Bewahrung, Festschrift für R. Bernhardt (1995), S. 733 ff.

S. Oeter, "Kriegsverbrechen in den Konflikten um das Erbe Jugoslawiens", 53:I ZaöRV (1993), S. 1 ff.

C. Parry and J. Grant, C. Parry/J. Grant/A. Parry/A. Watts (eds.), Encyclopaedic dictionary of international law (1988)

K. J. Partsch, "Der Sicherheitsrat als Gerichtsgründer", 42:1 Vereinte Nationen (1994), S. 11 f.

K. J. Partsch, "Individuals in international law" in *R. Bernhardt (ed.)*, 2 Encyclopedia of public international law (1995), S. 107 ff.

K. J. Partsch, "International law in municipal law: law and decisions of international organizations and courts" in *R. Bernhardt (ed.)*, 2 Encyclopedia of public international law (1995), S. 1228 ff.

A. Pellet, "Le tribunal criminel international pour l'ex-yougoslavie", 94 RGDIP (1994), S. 7 ff.

A. F. Perez, "On the way to the forum: the reconstruction of Art. 2 (7) and rise of federalism under the United Nations charter", 31:3 Texas International Law Journal, Summer 1996 (1996), S. 353 ff.

"Plenary Theme Panel: The challenge of non-state actors" in The challenge of non-state actors, ASIL, The American Society of International Law, Proceedings of the 92nd annual meeting, April 1 - 4, 1998, 92 ASIL Proc (1998), S. 20 ff.

A. Postiglione, The Global Village Without Regulations (1992)

A. Randelzhofer in *Th. Maunz/G. Dürig (Hrsg.)*, Grundgesetz, Bd. III, Art. 20a - 53, Lieferungen 1 bis 39, Art. 24 (1992)

St. R. Ratner, "The Cambodia Settlement Agreements", 87:1 AJIL (1993), S. 1 ff.

St. R. Ratner, The New UN Peacekeeping (1995)

D. Rauschning, "Das Ende des Treuhandsystems der Vereinten Nationen durch die Staatswerdung der ihm unterstellten Gebiete", 12 JIR (1965), S. 158 ff.

A. Reinisch, "Das Jugoslawien-Tribunal der Vereinten Nationen und die Verfahrensgarantien des II.VN-Menschenrechtspaktes. Ein Beitrag zur Frage der Bindung der Vereinten Nationen an nicht-ratifiziertes Vertragsrecht", 47 Austrian Journal of public and international law (1995), S. 173 ff.

P. S. Reinsch, Public international Unions (1911)

W. M. Reisman, "International law after the cold war", 84:4 AJIL (1990), S. 859 ff.

W. Reisman, "The constitutional crisis in the United Nations", 87:1 AJIL (1993), S. 83 ff.

G. Ress, "Verfassungsrechtliche Auswirkungen der Fortentwicklung völkerrechtlicher Verträge" in *W. Fürst/R. Herzog/D. C. Umbach (Hrsg.)*, Festschrift für W. Zeidler, Bd. II (1987), S. 1775 ff.

G. Ress, "Wechselwirkungen zwischen Völkerrecht und nationalem Recht" in *G. Ress/Ch. Schreuer (Hrsg.)*, Wechselwirkungen zwischen Völkerrecht und Verfassung bei der Auslegung völkerrechtlicher Verträge", 23 Berichte der Deutschen Gesellschaft für Völkerrecht, 18. Tagung in Salzburg vom 1. bis 4. April 1981 (1982), S. 7 ff.

P. Reuter, La Communauté de charbon et de l'acier (1953)

S. A. Riesenfeld, "The doctrine of self-executing treaties and US v. Postal: win at any price", 74:4 AJIL (1980), S. 892 ff.

G. Robbers, "Die Änderungen des GG", 42 NJW (1989), S. 1325 ff.

D. Robinson, "Defining "crimes against humanity" at the Rome Conference", 93:1 AJIL (1999), S. 43 ff.

P. Rösgen, Rechtsetzungsakte der Vereinten Nationen und ihrer Sonderorganisationen - Bestandsaufnahme und Vollzug in der BRD (1985)

O. Rojahn in *I. v. Münch/Ph. Kunig (Hrsg.)*, Grundgesetz-Kommentar, Bd. 2 Art. 20-69, 4./5. Aufl. (2001), Art. 24, Art. 59

N. Röttgen, Bundestagsdebatte, Dt. Bundestag, 13. Wahlperiode, 24. Sitzung, 9.03.1995, S. 1759

W. Rudolf, Völkerrecht und deutsches Recht (1967)

R. B. Russell/J. E. Muther, A History of the United Nations Charter (1958)

D. Sarooshi, "The Powers of the United Nations International Criminal Tribunals", 2 Max Planck Yearbook of United Nations Law (1998), S. 141 ff.

F. B. Sayre, "Legal problems arising from the UN Trusteeship System", 42 AJIL (1948), S. 263 ff.

H. G. Schermers, International institutional law, 2. Aufl. (1980)

Th. Schilling, "Die 'neue Weltordnung' und die Souveränität der Mitglieder der Vereinten Nationen", 33:1/2 Archiv des Völkerrechts (1995), S. 67 ff.

D. Schindler, "Schweiz" in *K. Strupp/H.-J. Schlochauer (Hrsg.)*, Wörterbuch des Völkerrechts, Bd. III, 2. Aufl. (1962), S. 225 ff.

K. Schmalenbach, "Die Auslieferung mutmaßlicher deutscher Kriegsverbrecher an das Jugoslawientribunal in Den Haag", 36:3 Archiv des Völkerrechts (1998), S. 285 ff.

Ch. H. Schreuer, Behandlung internationaler Organakte durch staatliche Gerichte (1977)

Ch. H. Schreuer, Decisions of international institutions before domestic courts (1981)

Ch. H. Schreuer, "Individuals in international law" in *R. Bernhardt (ed.)*, 2 Encyclopedia of public international law (1995), S. 957 ff.

Ch. H. Schreuer, "The relevance of United Nations decisions in domestic litigation", 27 ICLQ (1978), S. 1 ff.

Ch. Schreuer, "The Waning of the Sovereign State: Towards a New Paradigm for International Law?", 4 EJIL (1993), S. 447 ff.

K. D. Schwantes, Supranationalität (1962)

M. Schweitzer, Staatsrecht III, 7. Aufl. (2000)

T. A. Schweitzer, "The United Nations as a source of domestic law: can security council resolutions be enforced in American courts?", 4 Yale Studies in World Public Order (1978), S. 162 ff.

J. Schwob, "Tribunal administratif des Nations Unies", XXXV Annuaire français de droit international (1989), S. 358 ff.

E. Sciso, "Può la Corte internazionale di giustizia rilevare l'invalità di una decisione del Consiglio di sicurezza?", Riv. dir. int. (1992), S. 369 ff.

N.-J. Seeberg-Elverfeldt, Die Streitbeilegung im Tiefseebergbaurecht. Die Probleme nach der Seerechtskonvention unter besonderer Berücksichtigung des Rechtsschutzes Privater (1986)

I. Seidl-Hohenveldern, Völkerrecht, 10. Aufl. (2000)

K.-H. Seifert/D.Hömig, Grundgesetz für die Bundesrepublik, 6. Aufl. (1999)

D. Shraga/R. Zacklin, "The International Criminal Tribunal For Rwanda", 7:4 EJIL (1996), S. 501 ff.

D. Shraga/R. Zacklin, "The International Criminal Tribunal for the Former Yugoslavia", 5:3 EJIL (1994), S. 360 ff.

H. Siegler, Dokumente der Europäischen Integration, Bd. 1 (1961)

B. Simma, "Diskussion zu den Referaten Thürer, Herdegen, Hohloch" in *D. Thürer/M. Herdegen/G. Hohloch (Hrsg.),* "Der Wegfall effektiver Staatsgewalt: 'The Failed State'", 34 Berichte der Deutschen Gesellschaft für Völkerrecht, 24. Tagung in Leipzig, April 1995 (1996), S. 135 ff.

B. Simma, "NATO, the UN and the Use of Force: Legal Aspects", 10:1 EJIL (1999), S. 1 ff.

R. C. Slye, "Apartheid as a crime against humanity: a submission to the South African Truth and Reconciliation Commission", 20:2 Michigan Journal of International Law, Winter (1999), S. 267 ff.

R. Sonnenfeld, "The Obligation of UN Member-States 'to accept and carry out the decisions of the Security Council'", VIII Polish Yearbook of International Law (1977), S. 129 ff.

E. Stein, "Application and enforcement of international organization law by national authorities and courts" in *S. M. Schwebel,* The effectiveness of international decisions (1971), S. 66 ff.

T. Stein, "Das Attentat von Lockerbie vor dem Sicherheitsrat der Vereinten Nationen und dem Internationalen Gerichtshof", 31 Archiv des Völkerrechts (1993), S. 206 ff.

K. Stern, Das Staatsrecht der Bundesrepublik Deutschland, Bd. I, 2. Aufl. (1984)

R. Streinz, Europarecht, 3. Aufl. (1996)

P. Taylor/A. J. R. Grooms (eds.), International Organisations (1978)

E. Teubal de Alhadeff "Comment on self-executing treaties" in *M. Bothe/R. E. Vinuesa (Hrsg.),* International Law and Municipal Law, German-Argentinian Constitutional Law Colloquium (1982), S. 161 ff.

D. Thürer, "Der Wegfall effektiver Staatsgewalt: 'The failed State'" in *D. Thürer/M. Herdegen/G. Hohloch (Hrsg.),* Der Wegfall effektiver Staatsgewalt: "The failed State", 34 Berichte der Deutschen Gesellschaft für Völkerrecht, 24. Tagung in Leipzig April 1995 (1996), S. 9 ff.

D. Thürer, "Vom Nürnberger Tribunal zum Jugoslawien-Tribunal und weiter zu einem Weltstrafgerichtshof?", 4 SZIER (1993), S. 491 ff.

Ch. Tietje, "Europäischer Grundrechtsschutz nach dem Maastricht- Urteil, 'Solange III'? - BVerfG, NJW 1993, S. 3047", 34:3 JuS (1994), S. 197 f.

D. Tolbert, "The International Tribunal for the former Yugoslavia and the Enforcement of Sentences", 11:3 LJIL (1998), S. 655 ff.

Ch. Tomuschat, Bonner Kommentar, Art. 24 (Zweitbearbeitung 1981)

Ch. Tomuschat, "Die Europäische Union unter der Aufsicht des Bundesverfassungsgerichtes", 20-21:10 EuGRZ (1993), S. 489 ff.

Ch. Tomuschat, "Die internationale Gemeinschaft", 1/2 Archiv des Völkerrechts (1995), S. 1 ff.

Ch. Tomuschat, "Die staatsrechtliche Entscheidung für die internationale Offenheit" in *J. Isensee/P. Kirchhof (Hrsg.),* Handbuch des Staatsrechts der Bundesrepublik Deutschland, Bd. VII Internationale Beziehungen (1992), § 172

Ch. Tomuschat, "Die Zukunft der Vereinten Nationen", 2 Europa-Archiv (1992), S. 42 ff.

Ch. Tomuschat, "Ein Internationaler Strafgerichtshof als Element einer Weltfriedensordnung", 3 Europa-Archiv (1994), S. 61 ff.

Ch. Tomuschat, "Grundpflichten des Individuums nach Völkerrecht", 20 Archiv des Völkerrechts (1982), S. 289 ff.

Ch. Tomuschat, "International Criminal Prosecution: The Precedent of Nuremberg Confirmed", 5:2-3 Criminal Law Forum (1994), S. 237 ff.

Ch. Tomuschat, "International Law" in *Ch. Tomuschat (ed.),* The United Nations at Age Fifty (1995), S. 281 ff.

Ch. Tomuschat, "Obligations arising for states without or against their will", Recueil des cours (Collected courses of the Hague Academy of International Law), Tome 241 IV 1993 (1994), S. 197 ff.

Ch. Tomuschat, "Sanktionen durch internationale Strafgerichtshöfe", Verhandlungen des 60. Dt. Juristentages, Bd. II/1 (1994) Sitzungsbericht Q 53 ff.

Ch. Tomuschat, "The Lockerbie Case before the International Court of Justice", 48 ICJ Review (1992), S. 38 ff.

Ch. Tomuschat, "Von Nürnberg nach Den Haag", 70:3-4 Die Friedenswarte (1995), S. 143 ff.

T. Trautwein, "Das Internationale Jugoslawien-Tribunal und das Völkerrecht", 28:3 ZRP (1995), S. 87 f.

T. Trautwein, "Zum Gesetz über die Zusammenarbeit mit dem internationalen Strafgerichtshof für das ehemalige Jugoslawien", 48:25 NJW (1995), S. 1658 f.

R. Uerpmann, Die Europäische Menschenrechtskonvention und die deutsche Rechtsprechung, 1993

A. Uhle, "Auslieferung und Grundgesetz", 54:27 NJW (2001), S. 1889 ff.

A. Verdross/B. Simma, Universelles Völkerrecht, 3. Aufl. (1994)

H. Wassgren, "The UN Compensation Commission: Lessons of Legitimacy, State Responsibility, and War Reparations", 11:3 LJIL (1998), S. 473 ff.

G. Watson, "Constitutionalism, Judicial Review, and the World Court", 34:1 Harvard International Law Journal, Winter (1993), S. 1 ff.

R. Wedgwood, "International Criminal Tribunals and State Sources of Proof: The Case of Tihomir Blaški□", 11:3 LJIL (1998), S. 635 ff.

H. Wehberg, "Entwicklungsstufen der Internationalen Organisationen", 52 Friedenswarte (1953/55), S. 193 ff.

M. Weller, "The Lockerbie Case: a premature end to the 'new world order'?", 4 African Journal of international and comparative law (1992), S. 302 ff.

B. H. Weston, "Security Council Resolution 678 and Persian Gulf Decision Making: Precarious Legitimacy", 85:3 AJIL (1991), S. 516 ff.

H. Wilms, "Der Kosovo-Einsatz und das Völkerrecht", 32:6 ZRP (1999), S. 227 ff.

I. Winkelmann, "Bringing the Security Council into a New Era", 1 Max Planck Yearbook of United Nations Law (1997), S. 35 ff.

R. Wittkowski, "Das Maastricht-Urteil des Bundesverfassungsgerichts v. 12.10.1993 als 'Solange III'-Entscheidung", 40 BayVBl. (1994), S. 359 ff.

R. Wolfrum, Die Internationalisierung staatsfreier Räume (1984)

S. Yee, "The New Constitution of Bosnia and Herzegovina", 7:2 EJIL (1996), S. 176 ff.

R. Zacklin, The Amendment of the Constitutive Instruments of the United Nations and Specialized Agencies (1968)

A. Zimmermann, "Auf dem Weg zu einem deutschen Völkerstrafgesetzbuch", 35:3 ZRP 2002, S. 97 ff.

A. Zimmermann, "Die Schaffung eines ständigen Internationalen Strafgerichtshofes", 58:1 Zeitschrift für ausländisches öffentliches Recht und Völkerrecht (1998), S. 47 ff.

F. Zehetner, "Völker- und verfassungsrechtliche Probleme der Rhodesien-Resolutionen des Sicherheitsrats der Vereinten Nationen in Österreich" in *F.-W. Baer-Kaupert/G. Leistner/H. Schweiger (Hrsg.)*, Liber amicorum Aubin (1979), S. 315 ff.

M. Zuleeg in *E. Denninger (Hrsg.)*, Kommentar zum Grundgesetz für die Bundesrepublik Deutschland, 3. Aufl. (2001), Art. 24

M. Zuleeg, "Wandlungen des Begriffs der Supranationalität", 11:3 Integration (1988), S. 103 ff.

Schriften zum internationalen und zum öffentlichen Recht

Herausgegeben von Gilbert Gornig

Band 1 Michael Waldstein: Das Asylgrundrecht im europäischen Kontext. Wege einer europäischen Harmonisierung des Asyl- und Flüchtlingsrechts. 1993.

Band 2 Axel Linneweber: Einführung in das US-amerikanische Verwaltungsrecht. Kompetenzen, Funktionen und Strukturen der "Agencies" im US-amerikanischen Verwaltungsrecht. 1994.

Band 3 Tai-Nam Chi: Das Herrschaftssystem Nordkoreas unter besonderer Berücksichtigung der Wiedervereinigungsproblematik. 1994.

Band 4 Jörg Rösing: Beamtenstatut und Europäische Gemeinschaften. Eine Untersuchung zu den gemeinschaftsrechtlichen Anforderungen an die Freizügigkeit der Arbeitnehmer im Bereich des öffentlichen Dienstes. 1994.

Band 5 Wolfgang Wegel: Presse und Rundfunk im Datenschutzrecht. Zur Regelung des journalistischen Umgangs mit personenbezogenen Daten. 1994.

Band 6 Sven Brandt: Eigentumsschutz in europäischen Völkerrechtsvereinbarungen. EMRK, Europäisches Gemeinschaftsrecht, KSZE – unter Berücksichtigung der historischen Entwicklung. 1995.

Band 7 Alejandro Alvarez: Die verfassunggebende Gewalt des Volkes unter besonderer Berücksichtigung des deutschen und chilenischen Grundgesetzes. 1995.

Band 8 Martin Thies: Zur Situation der gemeindlichen Selbstverwaltung im europäischen Einigungsprozeß. Unter besonderer Berücksichtigung der Vorschriften des EG-Vertrages über staatliche Beihilfen und der EG-Umweltpolitik. 1995.

Band 9 Rolf-Oliver Schwemer: Die Bindung des Gemeinschaftsgesetzgebers an die Grundfreiheiten. 1995.

Band 10 Holger Kremser: "Soft Law" der UNESCO und Grundgesetz. Dargestellt am Beispiel der Mediendeklaration. 1996.

Band 11 Michael Silagi: Staatsuntergang und Staatennachfolge: mit besonderer Berücksichtigung des Endes der DDR. 1996.

Band 12 Reinhard Franke: Der gerichtliche Vergleich im Verwaltungsprozeß. Auch ein Beitrag zum verwaltungsrechtlichen Vertrag. 1996.

Band 13 Christoph Eichhorn: Altlasten im Konkurs. 1996.

Band 14 Dietrich Ostertun: Gewohnheitsrecht in der Europäischen Union. Eine Untersuchung der normativen Geltung und der Funktion von Gewohnheitsrecht im Recht der Europäischen Union. 1996.

Band 15 Ulrike Pieper: Neutralität von Staaten. 1997.

Band 16 Harald Endemann: Kollektive Zwangsmaßnahmen zur Durchsetzung humanitärer Normen. Ein Beitrag zum Recht der humanitären Intervention. 1997.

Band 17 Jochen Anweiler: Die Auslegungsmethoden des Gerichtshofs der Europäischen Gemeinschaften. 1997.

Band 18 Henrik Ahlers: Grenzbereich zwischen Gefahrenabwehr und Strafverfolgung. 1998.

Band 19 Heinrich Hahn: Der italienische Verwaltungsakt im Lichte des Verwaltungsverfahrensgesetzes vom 7. August 1990 (Nr. 241/90). Eine rechtsvergleichende Darstellung. 1998.

Band 20 Christoph Deutsch: Elektromagnetische Strahlung und Öffentliches Recht. 1998.

Band 21 Cordula Fitzpatrick: Künstliche Inseln und Anlagen auf See. Der völkerrechtliche Rahmen für die Errichtung und den Betrieb künstlicher Inseln und Anlagen. 1998.

Band 22 Hans-Tjabert Conring: Korporative Religionsfreiheit in Europa. Eine rechtsvergleichende Betrachtung. Zugleich ein Beitrag zu Art. 9 EMRK. 1998.

Band 23 Jörg Karenfort: Die Hilfsorganisation im bewaffneten Konflikt. Rolle und Status unparteiischer humanitärer Organisationen im humanitären Völkerrecht. 1999.

Band 24 Matthias Schote: Die Rundfunkkompetenz des Bundes als Beispiel bundesstaatlicher Kulturkompetenz in der Bundesrepublik Deutschland. Eine Untersuchung unter besonderer Berücksichtigung natürlicher Kompetenzen und der neueren Entwicklung im Recht der Europäischen Union. 1999.

Band 25 Hermann Rothfuchs: Die traditionellen Personenverkehrsfreiheiten des EG-Vertrages und das Aufenthaltsrecht der Unionsbürger. Eine Gegenüberstellung der vertraglichen Gewährleistungen. 1999.

Band 26 Frank Alpert: Zur Beteiligung am Verwaltungsverfahren nach dem Verwaltungsverfahrensgesetz des Bundes. Die Beteiligtenstellung des § 13 Abs. 1 VwVfG. 1999.

Band 27 Matthias Reichart: Umweltschutz durch völkerrechtliches Strafrecht. 1999.

Band 28 Nikolas von Wrangell: Globalisierungstendenzen im internationalen Luftverkehr. Entwicklung der Regulierung und Liberalisierung unter Berücksichtigung strategischer Allianzen und des Code-Sharing. 1999.

Band 29 Marietta Hovehne: Ein demokratisches Verfahren für die Wahlen zum Europäischen Parlament. Legitimation gemeinschaftlicher Entscheidungsstrukturen im europäischen Integrationsprozeß. 1999.

Band 30 Nina Kaden: Der amerikanische Clean Air Act und das deutsche Luftreinhalterecht. Eine rechtsvergleichende Untersuchung. 1999.

Band 31 Brigitte Daum: Grenzverletzungen und Völkerrecht. Eine Untersuchung der Rechtsfolgen von Grenzverletzungen in der Staatenpraxis und Folgerungen für das Projekt der International Law Commission zur Kodifizierung des Rechts der Staatenverantwortlichkeit. 1999.

Band 32 Andreas Fürst: Die bildungspolitischen Kompetenzen der Europäischen Gemeinschaft. Umfang und Entwicklungsmöglichkeiten. 1999.

Band 33 Gilles Despeux: Die Anwendung des völkerrechtlichen Minderheitenrechts in Frankreich. 1999.

Band 34 Michael Reckhard: Die rechtlichen Rahmenbedingungen der Sanktionierung von Beitragsverweigerung im System der Vereinten Nationen. 1999.

Band 35 Carsten Pagels: Schutz- und förderpflichtrechtliche Aspekte der Religionsfreiheit. Zugleich ein Beitrag zur Auslegung eines speziellen Freiheitsrechts. 1999.

Band 36 Bernhard Mehner: Die grenzüberschreitende Wirkung direktempfangbaren Satellitenfernsehens aus völkerrechtlicher Sicht. 2000.

Band 37 Karl-Josef Ulmen: Pharmakologische Manipulationen (Doping) im Leistungssport der DDR. Eine juristische Untersuchung. 2000.

Band 38 Jochen Starke: Die verfassungsgerichtliche Normenkontrolle durch den Conseil constitutionnel. Zum Kompetenztitel des Art. 61 der französischen Verfassung. 2000.

Band 39 Marco Herzog: Rechtliche Probleme einer Inhaltsbeschränkung im Internet. 2000.

Band 40 Gilles Despeux: Droit de la délimitation maritime. Commentaire de quelques décisions plutoniennes. 2000.

Band 41 Christina Hackel: Der Untergang des Landes Braunschweig und der Anspruch auf Restitution nach der Wiedervereinigung Deutschlands. 2000.

Band 42 Peter Aertker: Europäisches Zulassungsrecht für Industrieanlagen. Die Richtlinie über die integrierte Vermeidung und Verminderung der Umweltverschmutzung und ihre Auswirkungen auf das Anlagenzulassungsrecht der Bundesrepublik Deutschland. 2000.

Band 43 Karsten Bertram: Die Gesetzgebung zur Neuregelung des Grundeigentums in der ersten Phase der Französischen Revolution (bis 1793) und deren Bedeutung für die deutsche Eigentumsdogmatik der Gegenwart. 2000.

Band 44 Ulrike Hartmann: Die Entwicklung im internationalen Umwelthaftungsrecht unter besonderer Berücksichtigung von *erga omnes*-Normen. 2000.

Band 45 Thomas Jesch: Die Wirtschaftsverfassung der Sonderverwaltungsregion Hongkong. Eine Darstellung vor dem Hintergrund der Wiedereingliederung in die Souveränität der Volksrepublik China. 2001.

Band 46 Sven Gottschalkson: Der Ausschluß des Zivilrechtsweges bei Eigentumsverlusten an Immobilien in der ehemaligen DDR. 2002.

Band 47 Gilbert Hanno Gornig/Gilles Despeux: Seeabgrenzungsrecht in der Ostsee. Eine Darstellung des völkerrechtlichen Seeabgrenzungsrechts unter besonderer Berücksichtigung der Praxis der Ostseestaaten. 2002.

Band 48 Andreas Zühlsdorff: Rechtsverordnungsersetzende Verträge unter besonderer Berücksichtigung des Umweltrechts. 2003.

Band 49 Katja Schmitz: Durchgriffswirkung von Maßnahmen der UN und ihrer Sonderorganisationen unter besonderer Berücksichtigung von Resolutionen des UN-Sicherheitsrates - Die Entwicklung supranationaler Strukturen. 2003.

FSC
www.fsc.org
MIX
Papier | Fördert gute Waldnutzung
FSC® C083411

Kolibri 360 GmbH
Ferdinand-Jühlke-Straße 7
99095 Erfurt, Deutschland
produktsicherheit@kolibri360.de

Druck:
CPI Druckdienstleistungen GmbH
im Auftrag der
Kolibri 360 GmbH
Ferdinand-Jühlke-Str. 7
99095 Erfurt